普通高等院校汽车工程类规划教材

新能源汽车技术基础

邹政耀　王若平　主　编

赵伟军　王雪琴　副主编

清华大学出版社

北京

内 容 简 介

本书全面系统地论述了新能源汽车的定义与分类,阐述了环境和能量问题对于发展新能源汽车的必要性和发展现状及趋势;重点介绍了动力电池与能量存储、电驱动系统、纯电动汽车、混合动力汽车、燃料电池汽车的结构与原理以及设计方法等;对再生制动的基本原理也进行了介绍。书中内容既有在新能源汽车上已经广泛应用的成熟技术,又有一些国内外新技术,并且给出了直流无刷电动机控制器等相关电路图和设计实例。

本书内容丰富,理论性和实用性强,可作为高等院校车辆工程及其相关专业的教材,也可作为新能源汽车相关领域的工程技术人员、管理人员和科研人员的参考书。

图书在版编目(CIP)数据

新能源汽车技术基础/邹政耀,王若平主编.—北京:清华大学出版社,2020.5(2025.1重印)
普通高等院校汽车工程类规划教材
ISBN 978-7-302-54576-7

Ⅰ.①新… Ⅱ.①邹… ②王… Ⅲ.①新能源－汽车－高等学校－教材 Ⅳ.①U469.7

中国版本图书馆 CIP 数据核字(2019)第 290343 号

责任编辑:许 龙
封面设计:傅瑞学
责任校对:刘玉霞
责任印制:杨 艳

出版发行:清华大学出版社
      网 址:https://www.tup.com.cn,https://www.wqxuetang.com
      地 址:北京清华大学学研大厦 A 座   邮 编:100084
      社 总 机:010-83470000   邮 购:010-62786544
      投稿与读者服务:010-62776969,c-service@tup.tsinghua.edu.cn
      质量反馈:010-62772015,zhiliang@tup.tsinghua.edu.cn
印 装 者:北京同文印刷有限责任公司
经 销:全国新华书店
开 本:185mm×260mm   印 张:18.5   字 数:445千字
版 次:2020年5月第1版   印 次:2025年1月第6次印刷
定 价:55.00元

产品编号:079919-01

前　言

　　环境和能源问题,特别是环境问题是新能源汽车发展的主要推动力。2009 年 3 月 20 日我国发布了《汽车产业调整和振兴规划》,我国政府非常重视新能源及节能汽车的发展,启动了国家节能和新能源汽车示范工程,由中央财政安排资金给予补贴,支持大中城市示范推广混合动力汽车、纯电动汽车、燃料电池汽车等节能和新能源汽车。本书的内容将对新能源汽车的推广应用起到一定的帮助作用。

　　本书讨论了新能源汽车技术的有关内容。全书分为七章。第一章讨论了新能源汽车的定义与分类,阐述了环境和能量问题对于发展新能源汽车的必要性和发展现状及趋势;第二章重点介绍了动力电池与能量存储,包括飞轮电池和超级电容,还简单介绍了复合储能装置;第三章介绍了新能源汽车使用的主要电动机的类型及原理,且收录了轴向磁通盘式电动机的结构、工作原理和设计计算方面的内容,给出了一个永磁直流无刷电动机控制器的实例;第四章介绍了纯电动汽车的结构及类型,以及一个纯电动车的电源管理系统;第五章介绍了混合动力汽车的结构及原理,介绍了混合动力设计的一个实例和普锐斯混合动力传动模式;第六章介绍了燃料电池汽车的结构及原理;第七章对再生制动的基本原理进行了相关介绍。书中既有新能源汽车广泛应用的成熟技术,还介绍了一些国内外有关新能源汽车的新技术。

　　本书第一章由王若平编写,第二、三章由赵伟军和邹政耀编写,第四章由邹政耀改编,第五、六、七章由邹政耀、王雪琴编写。全书由邹政耀统稿。

　　在编写过程中引用了参考文献中的相关内容,对于引用资料的作者表示感谢。另外,还要感谢黄安琪、孙乐、高鸿儒、李雪婵、宋天一和袁培淳帮助整理资料。

　　由于新能源汽车技术还在发展中,很多相关的技术和理论还在研究过程中,加上作者水平有限,书中的疏漏和不当之处在所难免,敬请指正。

作　者

2019 年 10 月

目　录

第一章　绪论 ……………………………………………………… 1

　　第一节　新能源汽车的定义与分类 …………………………… 1

　　　　一、新能源汽车的定义 ……………………………… 1

　　　　二、新能源汽车的分类 ……………………………… 2

　　第二节　汽车对环境及能源的影响 …………………………… 4

　　　　一、汽车对环境的影响 ……………………………… 4

　　　　二、汽车对能源的影响 ……………………………… 6

　　　　三、发展新能源汽车的重要性 ……………………… 8

　　第三节　汽车新能源概述 ……………………………………… 9

　　　　一、电能 ……………………………………………… 11

　　　　二、氢能源 …………………………………………… 11

　　　　三、天然气 …………………………………………… 12

　　　　四、液化石油气 ……………………………………… 12

　　　　五、醇类燃料 ………………………………………… 13

　　　　六、二甲醚 …………………………………………… 13

　　　　七、太阳能 …………………………………………… 14

　　　　八、生物柴油 ………………………………………… 14

　　第四节　新能源汽车发展概述 ………………………………… 15

　　　　一、国外新能源汽车发展现状 ……………………… 15

　　　　二、国内新能源汽车发展现状 ……………………… 18

　　思考题 …………………………………………………………… 22

第二章　动力电池与能量存储 ……………………………………… 23

　　第一节　动力电池分类和基本要求 …………………………… 23

　　　　一、新能源汽车动力电池分类 ……………………… 23

　　　　二、电池的基本术语和性能指标 …………………… 24

　　　　三、新能源汽车对动力蓄电池的基本要求 ………… 28

　　第二节　电化学蓄电池组 ……………………………………… 29

　　　　一、铅酸蓄电池 ……………………………………… 30

　　　　二、氢电池 …………………………………………… 32

　　　三、动力锂离子电池 ································· 36

　　第三节　超级电容器 ································· 41

　　　一、超级电容器的技术指标 ····················· 42

　　　二、超级电容器的分类 ························· 43

　　　三、超级电容器结构与工作原理 ················· 44

　　　四、超级电容器的特点和优势 ··················· 47

　　　五、超级电容器在汽车上的应用 ················· 48

　　　六、超级电容器使用注意事项 ··················· 50

　　第四节　超高速飞轮 ································· 51

　　　一、超高速飞轮的工作原理 ····················· 52

　　　二、超高速飞轮的构造 ························· 54

　　　三、飞轮电池特性 ····························· 56

　　　四、超高速飞轮面临问题及解决方法 ············· 57

　　第五节　混合能量存储系统 ··························· 57

　　　一、混合储能系统优点 ························· 57

　　　二、几种典型的混合储能系统 ··················· 58

　　第六节　锂离子电池充电器 ··························· 60

　　第七节　电动汽车电池管理系统及实例 ················· 63

　　　一、概述 ····································· 63

　　　二、BMS 主要技术与功能 ······················ 64

　　　三、电池剩余电量的估算 ······················· 68

　　　四、均衡控制 ································· 72

　　　五、热管理 ··································· 75

　　　六、安全管理 ································· 75

　　　七、通信显示功能 ····························· 78

　　思考题 ··· 79

第三章　电驱动系统 ································· 80

　　第一节　新能源汽车电动机驱动系统特性要求 ··········· 81

　　　一、新能源汽车的驱动电动机特征与特点 ··········· 81

　　　二、新能源汽车驱动电动机设计要点 ············· 83

　　　三、新能源汽车驱动电动机 ····················· 84

　　　四、功率电子器件 ····························· 85

　　　五、微电子器件 ······························· 88

　　　六、控制策略 ································· 88

　　第二节　直流电动机驱动 ····························· 89

　　　一、工作原理及其性能 ························· 89

　　　二、组合电枢电压与励磁控制 ··················· 91

　　　三、直流电动机斩波控制 ······················· 92

　　四、斩波馈电直流电动机多象限控制 ………………………………… 96

第三节　感应电动机驱动 ……………………………………………………… 99

　　一、感应电动机的基本工作原理 ………………………………………… 99

　　二、稳态性能 …………………………………………………………… 101

　　三、恒压频比控制 ……………………………………………………… 103

　　四、电力电子控制 ……………………………………………………… 105

第四节　永磁无刷直流电动机驱动 …………………………………………… 106

　　一、永磁无刷直流电动机驱动的基本原理 …………………………… 107

　　二、永磁无刷直流电动机的结构和分类 ……………………………… 108

　　三、永磁体材料性能 …………………………………………………… 113

　　四、永磁无刷直流电动机的性能分析和控制 ………………………… 115

　　五、扩展转速技术 ……………………………………………………… 116

　　六、无检测器技术 ……………………………………………………… 117

第五节　盘式永磁电动机 ……………………………………………………… 118

第六节　开关磁阻电动机驱动 ………………………………………………… 125

第七节　永磁直流无刷电动机驱动控制器 …………………………………… 130

第八节　单相轴向磁通电动机整流子绕组简介 ……………………………… 137

思考题 …………………………………………………………………………… 138

第四章　纯电动汽车 …………………………………………………………… 139

第一节　纯电动汽车发展简介 ………………………………………………… 139

第二节　纯电动汽车发展现状 ………………………………………………… 140

　　一、国外发展现状 ……………………………………………………… 140

　　二、国内发展现状 ……………………………………………………… 141

第三节　纯电动汽车的关键技术 ……………………………………………… 143

第四节　纯电动汽车的基本结构 ……………………………………………… 144

　　一、纯电动汽车典型结构形式 ………………………………………… 144

　　二、电动机及其控制器的主要结构 …………………………………… 147

　　三、电池及管理系统主要结构 ………………………………………… 147

　　四、辅助系统的主要结构 ……………………………………………… 148

第五节　纯电动汽车电池管理系统与策略 …………………………………… 149

　　一、纯电动汽车电池管理系统作用 …………………………………… 149

　　二、电池管理系统设计要求 …………………………………………… 149

　　三、电池管理系统的实际举例 ………………………………………… 149

第六节　纯电动汽车设计原则 ………………………………………………… 150

　　一、纯电动汽车整车设计原则 ………………………………………… 150

　　二、传动系统参数设计 ………………………………………………… 150

　　三、动力电池的参数匹配 ……………………………………………… 152

第七节　高速电动汽车用二挡变速器 ………………………………………… 155

一、变速器发展现状 ……………………………………………… 155

二、换挡机构及换挡过程分析 …………………………………… 156

三、换挡机构参数对换挡特性的影响规律 ……………………… 157

四、电动汽车变速器的振动与噪声 ……………………………… 159

五、变速器参数匹配 ……………………………………………… 160

思考题 …………………………………………………………… 164

第五章　混合动力汽车 ……………………………………………… 165

第一节　概述 ……………………………………………………… 165

一、基本概念 ……………………………………………………… 165

二、混合动力汽车的主要组成 …………………………………… 166

三、混合动力汽车的优缺点 ……………………………………… 166

四、混合动力汽车的关键技术 …………………………………… 167

第二节　混合动力车的分类 ……………………………………… 168

一、按照动力系统结构形式划分 ………………………………… 168

二、按照混合度划分 ……………………………………………… 172

三、其他划分形式 ………………………………………………… 173

第三节　混合动力汽车的基本结构 ……………………………… 173

一、串联式混合动力电驱动系 …………………………………… 174

二、并联式混合动力电驱动系 …………………………………… 175

三、混联式混合动力电驱动系 …………………………………… 185

第四节　混合动力汽车能量管理 ………………………………… 189

一、能量的传递路线 ……………………………………………… 189

二、能量的控制策略 ……………………………………………… 189

第五节　混合动力汽车制动能量回收系统 ……………………… 193

一、制动能量回收系统的组成 …………………………………… 194

二、制动能量回收系统的原理 …………………………………… 194

三、混合动力汽车上常用的制动能量回收系统及控制策略 …… 197

第六节　串联式混合动力电驱动系设计 ………………………… 201

一、运行模式 ……………………………………………………… 202

二、控制策略 ……………………………………………………… 204

三、电驱动系参数的设计 ………………………………………… 205

四、设计实例 ……………………………………………………… 209

第七节　并联式混合动力驱动系统的设计 ……………………… 214

一、运行模式 ……………………………………………………… 214

二、控制策略 ……………………………………………………… 215

三、并联式电驱动系参数的设计 ………………………………… 218

四、并联式车辆仿真实例 ………………………………………… 227

第八节　混联式混合动力电动汽车的设计 ……………………… 228

一、运行模式 ···················· 228
二、控制策略 ···················· 230
三、混联式电驱动系参数设计 ···················· 234
四、混联式车辆仿真实例 ···················· 234
思考题 ···················· 240

第六章 燃料电池汽车 ···················· 241

第一节 燃料电池特点 ···················· 241
第二节 燃料电池的工作原理 ···················· 242
第三节 电极电位、电流-电压曲线 ···················· 246
第四节 燃料和氧化剂的消耗 ···················· 248
第五节 燃料电池系统特性 ···················· 249
第六节 燃料电池技术 ···················· 250
第七节 燃料供应 ···················· 257
第八节 无氢燃料电池 ···················· 260
第九节 燃料电池混合动力电驱动系设计 ···················· 260
思考题 ···················· 262

第七章 再生制动的基本原理 ···················· 263

第一节 概述 ···················· 263
第二节 制动中的能量损耗 ···················· 267
第三节 前后轮上的制动功率和能量 ···················· 269
第四节 电动汽车和混合动力电动汽车的制动系统 ···················· 272
一、串联制动 ···················· 272
二、并联制动 ···················· 275
三、防抱死制动系统 ···················· 276
四、BMW 制动能量回收技术 ···················· 277
五、永磁直流无刷电动机用于发电机时的控制电路 ···················· 278
第五节 电源管理系统 ···················· 280
思考题 ···················· 282

参考文献 ···················· 283

第一章 绪论

第一节　新能源汽车的定义与分类

一、新能源汽车的定义

根据我国汽车产业发展政策,国家发展和改革委员会公告[2007]第 72 号公布了《新能源汽车生产准入管理规则》,2009 年在国家《汽车产业调整振兴计划》的指导下,工业和信息化部公告[2009]第 44 号公布了《新能源汽车生产企业及产品准入管理规则》。其中对新能源汽车做出了明确的定义:新能源汽车是指采用非常规的车用燃料作为动力来源(或使用常规的车用燃料、采用新型车载动力装置),综合车辆的动力控制和驱动方面的先进技术,形成的技术原理先进、具有新技术和新结构的汽车。

2012 年 4 月 28 日国务院发布的《节能与新能源汽车产业规划(2012—2020 年)》(以下简称《产业规划》)进一步明确区分:新能源汽车是指采用新型动力系统,完全或主要依靠新型能源驱动的汽车。本规划所指新能源汽车主要包括纯电动汽车、插电式混合动力汽车、燃料电池汽车。节能汽车是指以内燃机为主要动力系统,综合工况燃料消耗量优于下一阶段目标值的汽车。发展节能与新能源汽车是降低汽车燃料消耗量,缓解燃油供求矛盾,减少尾气排放,改善大气环境,促进汽车产业技术进步和优化升级的重要举措。

2015 年 5 月 19 日国务院通过《中国制造 2025》,提出坚持"创新驱动、质量为先、绿色发展、结构优化、人才为本"的基本方针,坚持"市场主导、政府引导,立足当前、着眼长远,整体推进、重点突破,自主发展、开放合作"的基本原则,通过"三步走"实现制造强国的战略目标:

第一步,到 2025 年迈入制造强国行列。

第二步,到 2035 年中国制造业整体达到世界制造强国阵营中等水平。

第三步,到中华人民共和国成立 100 年时,综合实力进入世界制造强国前列。其中节能与新能源汽车作为十大领域之一。中央政府提出:继续支持电动汽车、燃料电池汽车发展,掌握汽车低碳化、信息化、智能化核心技术,提升动力电池、驱动电动机、高效内燃机、先进变速器、轻量化材料、智能控制等核心技术的工程化和产业化能力,形成从关键零部件到整车的完整工业体系和创新体系,推动自主品牌节能与新能源汽车同国际先进水平接轨。

二、新能源汽车的分类

根据《产业规划》,新能源汽车包括纯电动汽车、插电式混合动力汽车、燃料电池汽车等。

1. 纯电动汽车

纯电动汽车(electric vehicle,EV)是指以车载电源为动力,用电动机驱动车轮行驶,符合道路交通、安全法规各项要求的车辆。

纯电动汽车完全采用可充电式电池驱动,其基本结构并不复杂,电动发电机和车载电池是其中的关键部件,其中又以电池最为关键。其难点在于电力储存技术。

由于电力可以从多种一次能源获得,不必担心能源的日见枯竭,因此纯电动汽车具有广阔的使用前景,同时纯电动汽车无污染,低噪声,高能效,使电动汽车的研究和应用成为汽车工业的一个热点。目前,蓄电池单位质量储存的能量过少,充电后行驶里程不理想;高储量的电池使用寿命较短,由于没形成经济规模导致使用成本高,难以实现商业化运营。

对于电动汽车产业化进程而言,目前最大的障碍就是基础设施建设、整车价格以及维修。与混合动力相比,电动汽车更需要基础设施的配套,而这需要政府投入,相关企业合作共同建设,才有可能大规模普及推广。近年来在我国,继铅酸蓄电池类的纯电动汽车技术发展较为成熟之后,其他蓄电池也有了长足的发展。

2. 插电式混合动力汽车

混合动力汽车是指由两种能量转换器提供驱动动力的混合型电动汽车,即使用蓄电池和副能量单元的电动汽车,其副能量单元实际上是一部燃烧某种燃料的原动机或动力发电机组。目前,混合动力汽车多采用传统燃料的燃油发动机与电力混合。

插电式混合动力汽车(plug-in hybrid electric vehicle,PHEV)是新型的混合动力电动汽车。插电式混合动力驱动原理、驱动单元与纯电动车相同,唯一不同的是车上装备有一台发动机。

插电式混合动力汽车又区别于传统汽油动力与电驱动结合的混合动力:传统混合动力车的电池容量很小,仅在起/停、加/减速时供应/回收能量,不能外部充电,不能用纯电模式较长距离行驶;插电式混合动力车的电池容量相对比较大,可以外部充电,可以用纯电模式行驶,电池电量耗尽后再以混合动力模式(以内燃机为主)行驶,并适时向电池充电。

按照动力系统结构的不同,混合动力汽车可以分为串联式混合动力汽车、并联式混合动力汽车和混联式混合动力汽车。按照燃料种类的不同,又可以分为汽油混合动力和柴油混合动力两种。目前在国内市场上,混合动力汽车的主流是汽油混合动力,而国际市场上柴油混合动力车型发展也很快。

插电式混合动力汽车是传统内燃机汽车与电动汽车相结合的产物,其关键技术是混合动力系统,它的性能直接关系到混合动力汽车整车性能。混合动力汽车最突出的优势就是其燃油经济性,可以按平均需用的功率确定内燃机的最大功率,使内燃机处于油耗低、污染少的最优工况下工作,一般比传统燃料汽车节约燃油30%～50%,可以显著降低排放;同时电池可以方便地回收制动等工况时的能量;从普及推广的角度需要建设充电桩,发动机直接利用现有的加油站设施,无须新的投资。

但是插电式混合动力汽车存在着价格高、续航里程不长、维修更换电池成本高等问题。

目前,我国插电混合动力汽车技术发展较快,部分车型已处于技术成熟期。

3. 燃料电池电动汽车

燃料电池电动汽车是利用燃料电池,将燃料中的化学能直接转化为电能来进行动力驱动的新型汽车。

与混合动力汽车相比,燃料电池电动汽车完全不进行燃料的燃烧过程,而是通过电池直接将化学能转化为电能,依靠电动机驱动。与纯电动汽车相比,燃料电池汽车动力源主要是燃料电池,而不是蓄电池。燃料电池的能量转换效率比内燃机要高 2~3 倍,电池化学反应过程不会产生有害产物,噪声低。因此从能源的利用和环境保护方面来看,燃料电池电动汽车是一种理想车辆,代表着清洁汽车未来的发展方向。

燃料电池电动汽车使用的燃料包括氢、甲醇、汽油、柴油等,国际上普遍采用的是高能量密度的液态氢。

近几年,虽然国际上在燃料电池技术方面已经取得了重大进展,但在燃料电池汽车开发中仍然存在着技术性挑战,如燃料电池组的一体化、整车集成、产业化、商业化等。我国燃料电池电动汽车的研究水平与日本等发达国家还有距离,但我国汽车科研单位在这一领域也有很好的积累,上海乘用车有限公司自主研发的燃料电池轿车正在示范运行。

但是燃料电池电动汽车现在面临氢的制取和液态氢的储存、运输两大难题,能否有效地解决这两大难题将影响燃料电池汽车的发展前景;同时,燃料电池汽车的制造和维修成本也是制约燃料电池汽车产业化、商业化的重要因素。

4. 天然气汽车

天然气汽车是以天然气作为燃料的汽车,又称为"蓝色动力"汽车。按照天然气的化学成分和形态,分为压缩天然气汽车(CNG)、液化天然气汽车(LNG)和液化石油气汽车(LPG)三种。天然气汽车由于采用天然气为燃料,所以具有低污染、低成本、高安全性的特点,但动力性能较低,不易携带,而且一旦大规模投入使用,必须建立相应的加气站及为加气站输送天然气的管道,涉及城市建设规划、经费投入和环境安全等诸多因素,成本很高。

我国天然气资源丰富,天然气汽车技术发展较快,在气资源丰富的地区天然气汽车比较普及,截至目前,我国各大城市都建有各类加气站,城市公共交通、出租车大量使用各类天然气汽车。

5. 其他节能汽车

除了以上介绍的新能源汽车以外,还有以有机物质,如醇、醚为燃料的节能汽车。乙醇汽车用的燃料是乙醇汽油,乙醇汽车技术已经相对成熟,对传统内燃机发动机进行改动即可适应不同的乙醇汽油燃料。乙醇汽车在美国、巴西等乙醇资源丰富的国家发展较快。2017年国家发展改革委、国家能源局、财政部等十五部委联合印发了《关于扩大生物燃料乙醇生产和推广使用车用乙醇汽油的实施方案》。根据方案要求,到 2020 年,在全国范围都将推广使用车用乙醇汽油。

二甲醚汽车是用二甲醚作为压燃式发动机的燃料,使用方式有两种,一是将二甲醚作为点火促进物质;二是将纯液态二甲醚进行直接燃烧。我国二甲醚汽车技术开发已经取得了重要进展,如上海汽车集团已经成功开发出二甲醚城市公交客车,并开始了试运行。

第二节　汽车对环境及能源的影响

一、汽车对环境的影响

近几年,我国汽车工业发展迅速,截至 2018 年年底,全国汽车保有量达 2.4 亿辆,比 2017 年增加 2285 万辆,增长 10.51%。汽车工业飞速发展的同时,也给自然环境、人文环境及人类的生存和健康带来许多不利影响。

目前,内燃机汽车在国内外汽车市场上仍占绝大部分。汽车发动机燃烧燃料产生动力的同时排放出尾气。尾气的主要成分是二氧化碳(CO_2)、一氧化碳(CO)、氮氧化物(NO_x)和碳氢化合物(HC),还有铅尘和烟尘等污染物以及一些固体细微颗粒物。

二氧化碳是导致大气温室效应的主要气体之一。当大气中二氧化碳含量升高时,会增强大气对太阳光中红外线辐射的吸收,阻止地球表面的热量向外散发,使地球表面的平均气温上升,产生温室效应。2009 年世界二氧化碳排放总量就已超过 300 亿吨。目前,全世界二氧化碳的排放量超过 350 亿吨,其中汽车的排放量占 10%~15%。汽车尾气排放物中的二氧化碳占废气总量的 20%。据专家预测 2030 年二氧化碳排放量将超过 400 亿吨。图 1-1 所示为 1980—2016 年全球二氧化碳的排放量。

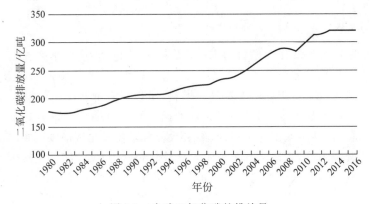

图 1-1　全球二氧化碳的排放量

汽车排放的二氧化碳会加速全球变暖,威胁人类生存环境。图 1-2 表示了 2005—2014 年间全球及中国二氧化碳排放总量的变化。由图可见,近几十年以来,全球及中国二氧化碳排放总量逐年增加,世界碳排放问题日益突出,形势日益严峻。据国际能源署统计,全球 23% 的二氧化碳来自于交通运输,可见汽车工业是影响碳排放量的一个重要因素。

2016 年亚洲二氧化碳排放总量达到了 174 亿吨,是美国的 2 倍,是欧洲的 3 倍。在亚洲,2016 年中国的排放占比超过了一半,其次是印度(12%)。根据《2018 全球碳预算》报告,2018 年全球二氧化碳排放将增长 2.7%(不确定性范围为 1.8%~3.7%),刷新了全球碳排放的纪录。

我国已成为世界第一大二氧化碳排放国。因此,推广使用新能源汽车,减少二氧化碳排放量是国家节能减排的必然选择。二氧化碳排放主要来自于化石能源的燃烧,而现时中国

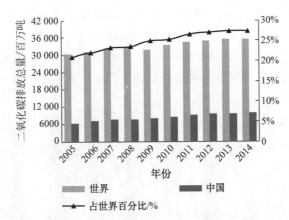

图 1-2 2005—2014 年全球及中国二氧化碳排放总量的变化

使用的能源超过 80％ 是化石能源——煤炭、石油、天然气,其中煤炭占绝大部分;还有一些二氧化碳排放来自于石灰石($CaCO_3$)煅烧,这主要是在水泥生产时排出的。在中国,超过 90％ 的能源消耗分布在三大领域:工业和第三产业,建筑,交通运输。在工业领域,二氧化碳排放主要集中在重化工产业,即钢铁冶金、化工、水泥、玻璃、陶瓷、烧砖等,而这些产业的产品主要用于房屋建筑业、基础设施、出口等。图 1-3 是 2000—2014 年中国二氧化碳排放总量及增长率。图 1-4 是 2005—2015 年中国二氧化碳排放总量及同比增速。

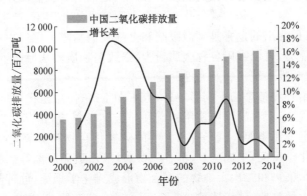

图 1-3 2000—2014 年中国二氧化碳排放总量及增长率

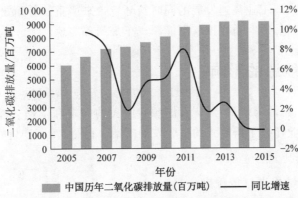

图 1-4 2005—2015 年中国二氧化碳排放总量及同比增速

由图 1-3 和图 1-4 可见,随着中国工业化进程的快速推进,二氧化碳排放量逐年升高,但增长率已经回落,说明中国政府一系列节能减排政策已经生效,抑制了二氧化碳排放量的增长速度。期间中国汽车产量从 2009—2018 年连续 10 年居世界第一位,最高产量已经接近 3000 万辆。可见汽车的节能减排迫在眉睫。图 1-5 是近年中国汽车产量及增长率。

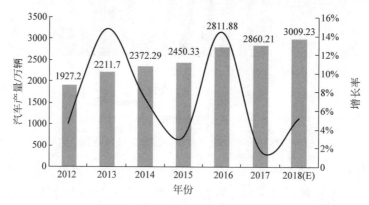

图 1-5　近年中国汽车产量及增长率

汽车尾气中的一氧化碳、碳氢化合物、氮氧化物、颗粒物对人类健康会产生直接危害。一氧化碳与血液中的血红蛋白结合的速度比氧快 250 倍,从而削弱血液向各组织输送氧的功能,危害中枢神经系统,造成人的感觉、反应、理解、记忆力等机能障碍,重者危害血液循环系统,导致生命危险。氮氧化物和碳氢化合物在太阳紫外线作用下,产生一种具有刺激性的化学烟雾,其对人体最突出的危害是刺激眼睛和上呼吸道黏膜。尾气中颗粒物成分很复杂,并具有较强的吸附能力,可以吸附各种金属粉尘、强致癌物质和病原微生物等。颗粒物随呼吸进入人体,会引起呼吸系统疾病及恶性肿瘤。

除了汽车尾气给环境带来的不利影响外,汽车在生产、使用至报废过程中都会造成环境污染。汽车制造过程中,塑料制件中使用的氟利昂破坏臭氧层,铅基涂料会造成铅污染,油漆溶剂的散溢也会造成污染等。汽车排入大气的碳氢化合物和氮氧化物等一次污染物,在阳光的作用下发生化学反应,生成臭氧、醛、酮、酸、过氧乙酰硝酸酯等二次污染物,参与光化学反应过程的一次污染物和二次污染物的混合物形成光化学烟雾,危害健康。修建公路、停车场和加油站占用大量耕地,破坏植被、造成水土流失,危害野生动物。汽车报废处理过程中会产生大量固体废弃物、废水、废油等,污染周边环境及地下水资源。

综上所述,鉴于汽车工业高速发展的同时给环境带来严重的负面效应,关注经济发展的同时提高节能环保意识,适时适度推广新能源汽车是当务之急。

二、汽车对能源的影响

传统汽车工业以石油为燃料,对化石能源有巨大的需求和依赖。近年来中国汽车社会化进程加快,汽车产业迎来了跨越式的蓬勃发展时期。但是,汽车产量的急剧增长对能源的负面影响也越来越突出。

1. 中国能源储量及进口依赖度

中国虽然是世界能源资源大国,能源资源丰富,但由于中国人口众多,人均能源资源相对贫乏。

2018 年自然资源部发布了《中国矿产资源报告 2018》(以下简称《报告》),《报告》显示:

(1) 截至 2017 年年底,我国已发现矿产 173 种,其中天然气水合物为新发现矿种,煤炭、石油、天然气、锰矿、金矿、石墨等主要矿产查明资源储量增长。

(2) 2017 年,全国油气勘查投资有所回升,非油气勘查投资继续下降。石油、天然气、页岩气剩余技术可采储量呈现增长趋势,但石油、天然气新增探明地质储量降至 10 年来最低点。石油与天然气开采业的固定投资自 2010 年以来低于煤炭开采和洗选业的固定投资,2017 年两者的固定投资基本相同。

(3) 自 2011 年以来,煤炭查明储量的增幅保持在 2%～4.5%,增速较缓。

(4) 2017 年,我国探明地质储量超过亿吨的油田 2 处、超过 500 亿 m^3 的天然气田 3 个。截至 2018 年 4 月底,我国页岩气累计探明地质储量已经超过万亿立方米。

(5) 石油、天然气剩余技术可采储量呈现增长趋势。石油剩余技术可采储量从 2011 年的 32.4 亿吨上升到 35.42 亿吨,天然气从 40 206.4 亿 m^3 上升到 55 220.96 亿 m^3。

(6) 页岩气剩余技术可采储量也呈上升趋势。我国在 2014 年首次探明页岩气的地质储量(1068 亿 m^3),2014 年,页岩气剩余技术可采储量为 254.6 亿 m^3。2017 年,页岩气剩余技术可采储量较 2014 年增长 6.79 倍。不过,在新增探明地质储量方面,我国石油、天然气和煤层气呈现下降趋势。自然资源部矿产资源保护监督工作小组指出,2017 年我国石油勘查新增探明地质储量从 2012 年的 15.22 亿吨降至 8.77 亿吨,天然气从 9610 亿 m^3 降至 5553.79 亿 m^3,煤层气从 1274 亿 m^3 降至 104.8 亿 m^3。其中,石油、天然气新增探明地质储量均降至近 10 年来的最低点。图 1-6 是近年我国石油进口及对外依存度。

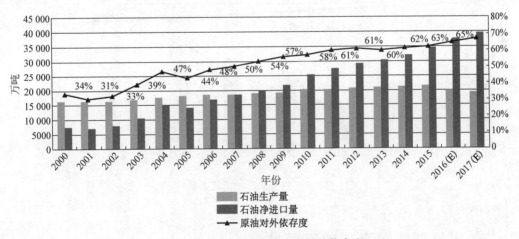

图 1-6 近年我国石油进口及对外依存度

图 1-7 是我国近 15 年来原油需求量与同比增长率。由图 1-6 可见,随着汽车工业的快速发展,我国石油进口依存度连年攀升,2017 年突破 65%,原油进口接近 4 亿吨。在石油消费总量上,我国已经成为仅次于美国的石油消费大国,能源问题显著突出。

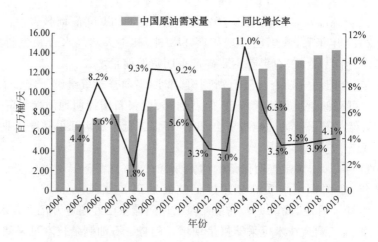

图 1-7　中国近 15 年来原油需求量与同比增长率

2. 汽车增长对石油资源需求影响

近年来我国汽车产业发展迅速,已成为全球第一大汽车市场。2018 年产销量双双突破 2800 万辆,保持全球第一,加上汽车保有量 2.45 亿,每年石油消耗量惊人。目前,我国人均 GDP 增加,各种消费结构升级是必然趋势,加之国家正处于工业化、城市化和机动化的重要阶段,汽车需求的快速增长不可避免,汽车化与石油消费的矛盾日益突出。图 1-8 是汽车成品油消耗走势。

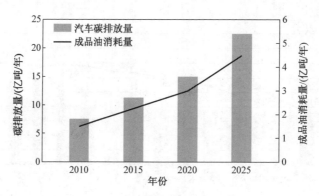

图 1-8　汽车成品油消耗走势

三、发展新能源汽车的重要性

如前所述,受环境、能源的制约,可持续发展成为汽车产业必须面对的战略问题,寻找和开发汽车新的能源以及新的汽车动力方式迫在眉睫。

20 世纪 90 年代以来,尤其是进入 21 世纪以来,随着科学技术的进步,以混合动力汽车、纯电动汽车、燃料电池汽车为代表的新能源汽车技术逐步涌现。随着国际能源供应的持续紧张、原油价格的持续上涨以及全球环境保护呼声的日益高涨,新能源汽车的技术研发和产业化发展受到了越来越多的重视,研发逐步成熟,尤其是向产业化、商业化逐步推广,以美国、欧洲和日本为代表的发达国家和以巴西为代表的发展中国家都积极展开了新能源汽车产业发展的实践。中国作为崛起中的大国,发展新能源汽车有着重大的现实意义和广阔前景。

近年来我国汽车工业发展速度很快,汽车的保有量增长速度非常明显,我国已经成为世界上汽车产业发展潜力最大的地区之一,而且在今后相当长的一段时期内,我国汽车产业仍将会保持一种较快的增长势头。随着汽车保有量的快速增长,温室气体排放大幅增加,能源问题日益严重,环境污染不断加剧,因此开发以新能源汽车为代表的节能环保汽车变得尤为重要。所以《节能与新能源汽车产业规划(2012—2020年)》和《中国制造2025》成为我国汽车产业发展的纲领性指导文件。

我国的可持续发展,仰赖能源的可持续发展,仰赖新能源的开发。长期以来,我国的工业呈粗放型经济增长方式,能源资源利用效率低下。按美元计算,我国现在每万美元GDP所消耗的能源数量是美国的3倍、德国的5倍、日本的近6倍。有资料显示:中国1吨煤产生的效率仅相当于美国的28.6%,欧盟的16.8%,日本的10.3%。我国33种主要产品的单位能耗比国际平均水平高出46%。我国能源利用效率比发达国家落后20年,相差10～20个百分点。我国能源需求还在快速持续增长,传统能源的短缺和有限性凸显新能源开发的必要性和紧迫性。纯电动汽车和燃料电池汽车在汽车使用过程中能够实现零排放,并完全摆脱了对石油资源的依赖,这将成为我国新能源汽车发展的最终目标。

在此背景下,中国发展新能源汽车,不仅有利于降低对石油的依赖、保证我国的能源安全,也有利于我国的环境保护和可持续发展,并为我国汽车产业实现跨越式发展提供重要的战略机遇。

第三节　汽车新能源概述

在能源短缺、环境恶化、生态平衡日益破坏的社会背景下,研究代用燃料问题已成为汽车产业实现可持续发展的必然选择。汽车新能源主要包括电能、氢能源、天然气、液化石油气(LPG)、醇类(甲醇、乙醇)燃料、二甲醚、太阳能、生物质能等,它们的优缺点及应用前景如表1-1所列。

表1-1　汽车新能源的比较与展望

新能源	主　要　优　点	主要缺点或问题	现状与前景
电能	1. 电能来源非常丰富,且来源方式多; 2. 污染及噪声很小; 3. 结构简单,维修方便	1. 蓄电池能量密度小,汽车续驶里程短,动力性较差; 2. 电池重量大,寿命短,成本较高; 3. 蓄电池充电时间长	1. 从总体看仍处于试验研究阶段,要完全解决技术上的难题并降低成本,还需要一定的时间; 2. 公认的未来汽车的主体

新能源	主 要 优 点	主要缺点或问题	现状与前景
氢气	1. 氢气的来源非常丰富; 2. 污染很小; 3. 氢的辛烷值高,热值高	1. 氢气生产成本高; 2. 气态氢能量密度小且储运不便,液态氢技术难度大,成本高; 3. 需要开发专用发动机	1. 仍处于基础研究阶段,制氢及储运技术有待突破; 2. 有希望成为未来汽车的重要组成,但前景尚难估量
天然气	1. 天然气资源丰富; 2. 污染小; 3. 天然气辛烷值高; 4. 天然气价格低廉	1. 建加气站网络要求投资强度大; 2. 气态天然气的能量密度小,影响续驶里程等性能; 3. 与汽油车比动力性低; 4. 储运有所不便	1. 在许多国家获得广泛使用并被大力推广; 2. 是21世纪汽车的重要类型
液化石油气	1. 液化石油气来源较为丰富; 2. 污染小; 3. 液化石油气辛烷值较高	面临天然气汽车类似问题,但程度较轻	1. 目前世界上液化石油气汽车的保有量达400多万辆; 2. 是21世纪汽车的重要品种
甲醇(乙醇)	1. 来源较为丰富; 2. 辛烷值高; 3. 污染较小	1. 甲醇的毒性较大; 2. 需解决分层问题; 3. 对金属及橡胶件有腐蚀性; 4. 冷起动性能较差	1. 已获得一定程度应用; 2. 可以作为能源的一种补充,在某些国家或地区可能保持较大的比例
二甲醚	1. 来源较为丰富; 2. 污染小; 3. 十六烷值高	面临与液化石油气类似的储运方面的问题	1. 正在研究开发; 2. 采用一步法生产二甲醚成本大幅下降后,可望有较好的发展前景
太阳能	1. 来源非常丰富,可再生; 2. 污染很小	1. 效率低; 2. 成本高; 3. 受时令影响	1. 正在研究; 2. 达到实用需相当长时间
生物质能	1. 来源丰富,可再生; 2. 污染小	1. 供油系部件易堵塞; 2. 冷起动性能差	可作为能源的一种补充,应用于某些国家或地区

表 1-2、表 1-3 分别列出了典型代用燃料的主要性质和燃烧特性。可以看出,二甲醚的热值高于甲醇和乙醇,其中甲醇最低。这三种代用燃料与汽油相比都具有燃用可能性。甲醇和乙醇的爆炸极限宽于汽油,有利于发动机的可操纵性。

与柴油相比,二甲醚的十六烷值高于柴油,C 比例较少,易于燃烧,而且自燃温度也低于柴油,这有利于发动机点火和起动。压缩天然气(CNG)是一种相当优良的代用燃料,其含 C量低于柴油,含 H 量明显高于柴油。但是其自燃温度偏高,点火有些困难。

表 1-2　汽油代用燃料的主要性质

燃 烧 性 能	二甲醚	丁烷	氢气	甲醇	乙醇	汽油
分子式	C_2H_6O	C_4H_{10}	H_2	CH_3O	C_2H_5O	—
相对分子质量	46.07	58.13	2.02	52.04	46.7	91.4
熔点/℃	−24.9	−0.5	—	—	—	—
液态密度/(kg·m^{-1})	668	610	71	769	—	750

续表

燃 烧 性 能	二甲醚	丁烷	氢气	甲醇	乙醇	汽油
热值/(kJ·kg^{-1})	28 430	45 740	120 100	20 100	26 900	43 400
爆炸极限/%	3.4~17	1.9~8.4	4.1~7.4	6.0~37	3.5~19	1.3~7.6
着火温度/℃	235	365	574	470	392	257

表 1-3 常用燃料和代用燃料的主要燃烧特性

燃 料 性 能	二甲醚	压缩天然气(CNG)	柴油	汽油
液态密度/(kg·m^{-3})	668	—	831	750
十六烷值	55~0	—	40~55	—
辛烷值	—	75	—	—
化学结构	$CH_3—O—CH_3$	CH_4+其他	—	—
化学当量空燃比	9.0	16.86	14.6	14.7
沸点/℃	-25	-162/-88	180/370	30/190

目前的代用燃料,其在性能上与现用的汽油、柴油基本相当,因此可以保证发动机的热效率、稳定性及其他重要性质。现分述如下。

一、电能

电能的来源方式很多,可由水能、风能、核能、煤炭等任何一种形式的能源转变而来,所以,电能很丰富。这就可以大力发展被称为"21世纪的重要交通工具"的电动汽车。电动汽车以其无污染、易起动、低噪声、易操纵等优点一直以来深受人们的赞许。因此,发展电动汽车势在必行。电动汽车是全部或部分由电能驱动电机作为动力系统,符合道路交通、安全法规各项要求的汽车。电动汽车包括纯电动汽车、混合动力电动汽车和燃料电池汽车三种类型,是最具代表性、最有前途的新能源汽车。但是需要注意的是,目前我国电能主要是火力发电,这会受到煤炭储量和火力发电排放烟雾污染环境的制约。

二、氢能源

氢气与天然气、汽油、液化石油气相比单位质量低热值高,约是汽油低热值的 2.7 倍;可燃极限宽,易于实现稀薄燃烧,提高经济性;同时可以降低最高燃烧温度,大幅度地降低 NO_x 排放。氢的自燃温度(585℃)比天然气(540℃)、汽油(228~501℃)高,有利于提高压缩比,提高氢能源内燃机的热效率。虽然氢能源的自燃温度比天然气、汽油等燃料高,但其点火能量很低,最低可到 0.02MJ,因此氢能源内燃机工作时几乎不失火,具有良好的起动性。氢能源有害物排放少,燃烧主要产物是水,不产生 CO 及 CH;由于氢气火焰的淬冷距离比汽油短,因此靠近缸壁激冷层可燃混合气燃烧更完全,NO_x 排放大大降低。

由于氢能源燃料电池系统在能量密度、体积、反应速度以及成本等方面的问题,以燃料电池为动力的汽车距产业化还有一段距离。内燃机燃料既可以实现氢能源清洁、可再生,又可以利用目前已经充分建立起来的内燃机工业基础,且氢气发动机热效率较高,综合效率与燃料电池效率相当,生产及使用成本低,在使用性能、成本等方面较容易得到发展和应用。

目前制约氢能源内燃机的因素主要有：

（1）氢气沸点低（−253℃），储存和运输性能差。

（2）制取困难。

三、天然气

我国天然气资源储量约 38 万亿 m^3，相对石油来说也是比较丰富的。天然气在汽车应用时污染小、价格较便宜、发动机使用寿命长，但使用有一定困难，储罐造价成本较高，所以，可研究开发新的储装技术，适当发展天然气汽车。液化石油气是由石油产品加工而成，其资源储量是有限的，但以其污染小、经济性好、储存运输方便等优点可作为汽车燃料的一种重要的补充。

天然气发动机主要分为两类：一类是火花塞点火式发动机，此类发动机普遍存在低中负荷时热效率低、稀燃能力差等问题；另一类是利用柴油引燃的柴油/天然气双燃料发动机，此类发动机需要两套燃料供给系统，存在低负荷时碳氢排放高的问题。国内学者研究发现柴油/天然气双燃料发动机燃烧模式主要以预混燃烧为主，因此，颗粒物和碳烟排放较低。

由于天然气汽车在排放方面具有明显的优越性，与使用汽油车相比，天然气汽车颗粒物排放几乎为零，NO_x、CO 和 HC 的排放也显著降低，所以发展天然气汽车在改善空气质量方面有着重要意义。与此同时，天然气汽车技术也得到了前所未有的发展，从过去的常压天然气汽车发展到压缩天然气（CNGV）和液化天然气汽车（LNGV）。

尽管如此，天然气汽车在使用中仍然存在一些问题，其中最为突出的是发动机功率下降、发动机腐蚀与早期磨损的问题。天然气汽车使用中的一个主要问题是发动机的功率比使用汽油时有明显下降。据资料报道，汽车在使用天然气作燃料时，功率一般要下降 15%左右，个别时候下降更多。功率下降的结果，一方面导致汽车重载、爬坡或加速时动力不足，另一方面导致燃料消耗相对增加，并增加污染物排放量。此外，汽车以天然气作燃料时，发现燃烧室部件明显腐蚀，甚至曲轴也出现腐蚀，气门、活塞环和汽缸磨损严重，与使用汽油时相比，汽车大修期通常要缩短 $1/3\sim1/2$。

四、液化石油气

液化石油气（LPG）是原油炼制汽油、柴油过程中的副产品，其来源比较广泛，可以从油田伴生气或天然气中通过炼油厂催化裂化装置获得。LPG 主要组分为丙烷（C_3H_8）、丁烷（C_4H_{10}）和少量烯烃等多种碳氢化合物。在常温下呈气态，加压至约 1.6MPa 或冷却后呈液态，液化后体积缩小为气态 1/250 左右，因此便于以液态储存和运输，是理想的新能源。其辛烷值在 $100\sim200$ 范围，相对于汽油机而言，抗爆性好，可以适当增加压缩比；热值与汽油值相近，可以提高动力性和经济性。LPG 是一种清洁燃料，由于火焰温度低于汽油和柴油，故 NO_x 排放量相应减少。LPG 常温下为气体，易与空气均匀混合，反应完全，CO 和微粒排放低，几乎无烟。废气中未燃烃成分稳定，在大气中不会形成有害的光化学烟雾。另外，LPG 和空气混合后进入发动机汽缸内，燃烧充分完全，积碳少，可以延长机油和发动机的寿命。

目前,LPG 在发动机上的应用研究主要是 LPG/柴油双燃料发动机,该发动机利用喷入的柴油将燃烧室内预混均匀的 LPG 与空气的混合气引燃,从而使发动机对外做功。在 LPG 缺乏时,也可以作为柴油机使用,这种发动机也需要在原机的基础上配一套供气系统和燃料储存系统。使用双燃料时,在不同的运行工况下,LPG 和柴油以不同的掺烧比在燃烧室中燃烧做功,保留柴油机功率大、转速高的特点的同时降低了排放,提高了燃油经济性。该能源目前存在的主要问题为:

(1) LPG 密度大于空气,容易沉积,一旦泄漏容易在小范围内形成可燃混合气。

(2) 在燃烧室中 LPG 黏度高,当烯烃含量过高时,容易发生胶结、积碳,对发动机气门、火花塞和活塞环造成破坏。

五、醇类燃料

在代用燃料中,醇类燃料是最有希望、最容易实现再生的液体新能源燃料。目前最广泛的醇类代用燃料为甲醇和乙醇。从表 1-2 中我们可以看到甲醇和乙醇热值较低,但由于其为含氧燃料,其理论空燃比比石油系燃料低,而且含氧百分率越大,理论空燃比越小,这样醇类燃料理论混合气热值与石油系燃料的理论混合气热值大致相当。在内燃机使用醇类代用燃料时,这一特性可以保证与原机同等的动力性。

表 1-4 是四种燃料理论空燃比和理论混合热值的比较。

表 1-4 四种燃料理论空燃比和理论混合热值的比较

特　性	甲醇	乙醇	汽油	柴油
低热值/$(MJ \cdot kg^{-1})$	19.916	26.778	43.932	42.677
理论空燃比	6.0	9.0	14.8	14.5
理论混合气热值/$(MJ \cdot kg^{-1})$	2.674	2.678	2.778	2.753
辛烷值	106~112	110	—	—
十六烷值	5	8		40~55

由表 1-4 可见,甲醇和乙醇的辛烷值很高,这一特点很适合将其作为汽油机的部分代用燃料使用。醇类燃料与柴油相比,其十六烷值、黏度、热值和密度等都比较低,与柴油之间不易溶解。但是,由于醇类燃料在柴油机上燃用时的热效率远高于其在汽油机上燃用时的热效率,加上其排污低,在增压柴油机上使用时(通过进气管)能降低进气温度,提高工质密度等,国内外对此进行了较系统的研究,结果表明:采用柴油机高压油泵供醇方式,碳烟微粒(PM)排放明显改善,NO_x 有所降低,HC 增加,CO 的变化与负荷有关。

醇类燃料在柴油机上以掺烧方式应用,即指醇类燃料和燃油按比例掺和应用,目前尚未规模推广。

六、二甲醚

二甲醚(DME)是一种最简单的醚类化合物,分子式为 CH_3OCH_3,在常温常压下为气体,在中等压力下为液体。液体二甲醚无色,几乎无臭,无毒,不致癌,腐蚀性小,对环境无污染。它的十六烷值较高(55 以上),适合在压燃式发动机上应用。对柴油机来说,燃料的自燃温度和低温流动性最为重要,DME 的自燃温度比柴油低 15℃,在缸内迅速与空气混合,滞燃期短,有利于发动机的冷起动,而且可以减少预混合燃烧量;DME 的汽化潜热大,约是柴油的 2 倍,DME 的蒸发能降低混合气温度,进一步降低 NO_x 排放。因此 DME 适用于高速柴油机。虽然十六烷值过高的燃料在燃烧过程中容易裂化,造成排气冒黑烟,燃料消耗量增大。但是 DME 分子间以 C—O 和 C—H 键结合,有利于减少生成的碳烟和颗粒。目前存在的主要问题有:

(1) 二甲醚黏度低,易引起高压供油系统泄漏和偶件的早期磨损,给实用化带来难度。

(2) 二甲醚燃烧与污染物排放研究方面存在薄弱环节。低温燃烧中,甲酸甲酯是否为主要燃烧产物,高温、高压条件下自燃着火的详细历程,其异构化和过氧化机理以及微量排放物生成机理均有待于研究。

七、太阳能

太阳能的热电利用是指将太阳辐射直接转换为热与电供人们使用。按太阳总辐射量空间分布,可分为最丰富区、很丰富区、丰富区和一般地带四个地区。而我国上述一、二、三地区占国土面积 96％以上,太阳能资源总量可达 1.7 万亿吨标准煤,发电可利用量达 22 亿 kW;预计成本 1kW·h 为 2.6~4.1 元,还是很合算的。我国已成为太阳能供热的世界第一。

但在汽车上主要是利用光伏发电供给电动汽车电能。目前主要以单晶硅电池为主,预计 2020 年可实现晶体硅电池和薄膜电池共同应用格局,再进一步发展多层复合砷化镓太阳能电池。当前我国太阳能光伏利用有了长足的进步,但是在汽车上使用还面临电池成本较高、结构空间大等部分关键技术影响,相关标准体系也不完善,成为太阳能汽车发展的瓶颈。

八、生物柴油

生物柴油是指以油料作物、野生油料植物、工程微藻等水生植物油脂以及动物油脂、餐饮废油等为原料,通过酯交换工艺制成的有机脂肪酸酯类燃料,简称 FAME,是生物质能的一种,是可代替石化柴油的再生性柴油燃料。生物柴油汽车就是指全部或部分使用生物柴油作为燃料的汽车。

生物柴油可以以 100％浓度用于柴油发动机,我国已经颁布了《柴油机燃料调和用生物柴油(BD100)》国家标准,但目前世界上主要的生物柴油还是将生物油与矿物油调和使用,生物油一般占生物柴油总体积的 2％~20％。目前行业上生物柴油的规模应用普遍在B5(5％的生物柴油＋95％的标准柴油)~B20(20％的生物柴油＋80％的标准柴油)之间。

生物柴油的最大优点是环保特性优良。根据美国科学家的研究结果,使用生物柴油可降低 90％的空气毒性,二氧化碳排放要比柴油减少 60％,能满足欧洲Ⅱ、Ⅲ排放标准;车辆成本低。使用生物柴油的汽车与普通柴油车相同,车辆无须任何改动;安全性好;具有较好的低温起动性和润滑性能。生物柴油的闪火点较高,毒性较低,是一种环境友好的可再生燃料。

生物柴油的缺点是燃烧效果差。生物柴油的黏度高于柴油,导致喷射效果不佳。由于生物柴油的低挥发性,造成燃烧不完全,影响汽车燃烧效率;制取生物柴油的成本较高;消耗大量耕地资源。生物柴油作为柴油替代燃料有着独特的优势,但由于原料和加工制取等原因,与石化柴油相比,生物柴油的氧化安定性很差,对生物柴油的实际使用和储存都造成了很大的困难。

生物柴油是一种清洁、优质的可再生性能源,在世界石油储量持续减少的今天,开发生物柴油具有极其重大的意义。

第四节　新能源汽车发展概述

在当前全球汽车工业面临能源环境问题巨大挑战的情况下,发展电动汽车,实现汽车能源动力系统的电气化,推动传统汽车产业的战略转型,在国际上已经形成了广泛共识。从2007年工信部颁布《新能源汽车生产企业及产品准入管理规则》以来,我国新能源汽车产业经历了示范、培育、引导、产业化等阶段的发展,目前已经初具规模。电动汽车一旦取得市场突破,必将对国际汽车产业格局产生巨大而深远的影响。

一、国外新能源汽车发展现状

20世纪70年代,由于汽车保有量呈几何级数增长,造成了严重的环境污染。尤其在一些大城市,随着一系列光化学污染等环境污染事件的发生,西方发达国家政府开始注重环境保护,一些著名的汽车公司转向研究和开发新能源汽车。从20世纪70年代起,世界发达国家均投入巨资进行电动汽车商业化开发和应用。到了20世纪90年代,欧美发达国家纷纷制定了汽车尾气排放标准并严格执行。2000年以后,美、日、德、欧盟等发达国家和地区先后投入巨资研发、扶植、发展新能源汽车产业。

1. 纯电动汽车和插电式混合动力汽车的发展

纯电动汽车问世于19世纪70年代,但由于电池性能不能满足需求,一度退出历史舞台。随着高性能锂离子电池和一体化电力驱动系统等技术的发展应用,纯电动汽车再次受到各国政府和企业的重视。纯电动汽车已在续驶里程、动力性、快充等方面取得了可喜的进展,即将进入实用化阶段。

纯电动汽车在美、日、欧等国家和地区得到小规模的商业化推广应用,目前世界上有近百万辆纯电动汽车在运行,主要应用在市政用车、公交车、公务用车和私人用车等领域。在电池技术突破尚未明朗前,国外纯电动汽车的发展重点一是发展小型乘用车,二是发展大型公交车及市政、邮政等特殊用途车辆。为满足用户使用需求,通常采用增程式方案,在纯电动汽车上增设常规能源系统为车辆补充电能。纯电动汽车的攻关重点集中在提高电池性能、降低成本方面。与传统汽车性能、成本比照,要满足产业化要求,纯电动汽车动力电池的质量能量密度需大幅提高,成本也需大幅下降。

其中美国特斯拉是纯电动车中的佼佼者。特斯拉(Tesla)是一家美国电动车及能源公司,产销电动车、太阳能板及储能设备,于2008年发布第一款汽车产品Roadster,为一款两门运动型跑车,2012 年发布了其第二款汽车产品 Model S,为一款四门纯电动豪华轿跑车,2017 年开始生产第三款汽车产品 Model 3。2018 年特斯拉中国工厂已经在上海落户,成为首个外资独资的海外车企。迄今为止有关特斯拉 Model 3 的各种故障和安全事故也经常见诸报端,说明纯电动汽车技术也还需要不断完善。

Model 3 电池上使用 21700 电芯,电池组能量密度提升,电池容量为 80kW·h(80 度电)。Model 3 的综合续驶里程为 500km 左右。双电动机性能版 0~96kW·h 的加速可达 3.5s,图 1-9 是特斯拉底盘。

图 1-9　特斯拉底盘

2. 混合动力汽车发展

日本最早开始混合动力汽车开发,并最先实现了产业化,截至 2017 年 1 月底,丰田在全球的混合动力汽车累计销量已突破 1000 万辆并开始盈利。普锐斯(Prius)于 1997 年 10 月底问世,目前已推出第三代产品,动力电池改为锂电池,其他性能也大幅改善。

自 1997 年丰田首先在日本推出 Prius 混合动力汽车以来,各大汽车企业纷纷推出混合动力汽车产品,如本田 Insight、通用 Saturn VUE、福特 Escape 等。随着技术的成熟和生产规模的扩大,成本大幅下降。欧洲混合动力汽车技术起步较晚,采取与美国合作方式共享混合动力总成技术,主要应用于采用传统技术油耗较高的车型上。我国也先后开展了混合动力汽车的研发和产业化。

国际上,混合动力商用车也取得了快速发展,已开发了混合动力公交车、市政用车和军车等。尤其是美国在混合动力公交客车的开发和应用上取得了一定的成果,目前已有多个车型在运行。欧洲客车和卡车生产商已将目光聚焦在混合动力技术上,德国奔驰和曼(Man)、瑞典沃尔沃和波兰索拉丽斯等相继开发了混合动力商用车。

混合动力技术是由单一发动机驱动向纯电动驱动转移的必经环节。合理采用混合动力技术可以较明显地节油减碳,并将成本控制在一定范围内,因此混合动力汽车已成为世界各国汽车公司产业化的重点。随着电池技术的逐步成熟,逐渐提高混合度以实现传统能源向电气化转化,是混合动力技术发展的方向。前期主要存在单电动机并联、双电动机并联和双电动机混联等方案,后期将向插电式方案发展,实现向纯电动方案过渡。在动力系统结构方面,混合动力汽车将向更高的集成度发展。根据车用能源的发展情况,有发动机与电动机集成、传动系与电动机集成两种趋势,从而实现向电动化转型。

丰田为第四代普锐斯提供了两种电池选择,即较为传统的镍氢电池和目前比较流行的锂离子电池。虽然两种电池的材料不同,但在制造成本、电池性能、电池体积等方面两种电池均有着类似的表象。两款电池的输出电压相近,锂离子电池的输出电压为 207.2V,镍氢电池则为 201.6V;所占的体积也相似,锂电池大小约为 30.5L(1.1 立方英尺),镍氢电池约为 35.5L(1.25 立方英尺)。主要目的是匹配不同驱动形式,减轻车身质量。

3. 燃料电池汽车发展

由于燃料电池汽车技术的战略意义十分重大,美、日、欧等发达国家和地区都在潜心致力于燃料电池汽车的研究,除国内的燃料电池开发计划外,美国通用与日本丰田、美国国际燃料电池公司与日本东芝、德国奔驰与西门子、法国雷诺与意大利 De Nora 公司等纷纷组成强大的跨国联盟,优势互补,联合开发并推出了一系列燃料电池汽车。

目前,燃料电池技术取得了较大进展,其中燃料电池膜的寿命已超过 5000h,电池堆实验室寿命也提高到 2000h 以上,燃料电池堆成本已降低至 94 美元/kW(按 50 万套的产量测算)。近年来,燃料电池出现模块化趋势,单个燃料电池模块的功率范围被界定在一定的范围之内,通过提高产品性能实现模块化组装,以满足不同车辆对燃料电池功率等级的要求。通过采用混合动力技术,优化蓄电池和燃料电池的能量分配,可以有效提高燃料电池的寿命、降低系统成本。燃料电池汽车技术攻关的焦点是提高可靠性、耐久性,近中期内将不会有重大突破。

日本丰田燃料电池汽车技术走在了世界前列,图 1-10、图 1-11 分别是丰田 Mirai 燃料电池汽车电力部分结构和电池部分。

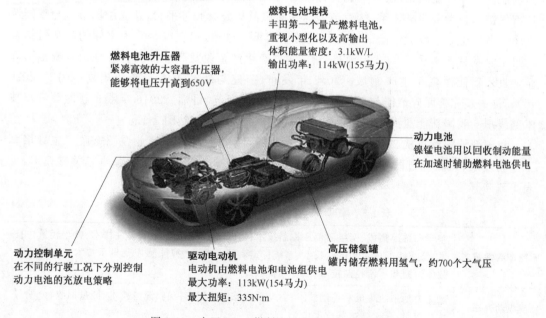

图 1-10　丰田 Mirai 燃料电池汽车电力部分结构

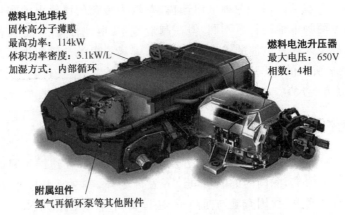

燃料电池堆栈
固体高分子薄膜
最高功率：114kW
体积功率密度：3.1kW/L
加湿方式：内部循环

燃料电池升压器
最大电压：650V
相数：4相

附属组件
氢气再循环泵等其他附件

图 1-11　丰田 Mirai 燃料电池汽车电池部分

二、国内新能源汽车发展现状

国内新能源汽车指导思想是从 1995 年政府"清洁汽车行动"开始，逐步清晰明朗，直至近年形成具体目标、政策和新能源汽车产业。2001 年新能源汽车研究项目被列入国家"十五"期间的"863"重大科技课题，2006 年 6 月"十一五"的"863"计划"节能与新能源汽车"重大项目通过论证。其重点任务是推进燃料电池汽车研发和示范运行，实现混合动力汽车规模产业化，拓展纯电动汽车的应用范围，进一步扩大代用燃料汽车的推广应用，促进节能与新能源汽车产业政策、法规和相关标准的研究与制订，完善相关检测评价能力，形成知识产权保护和投融资服务体系，构建节能与新能源汽车公共服务平台，建立中国节能与新能源汽车产业联盟；把握交通能源动力系统转型的重大机遇，建立以企业为主体的产学研结合的自主研发创新体系。2007 年颁布《新能源汽车生产企业及产品准入管理规则》，规范引导企业进入新能源汽车生产领域。2012 年发布《节能与新能源汽车产业规划（2012—2020年）》，进一步完善明确节能与新能源汽车产业规划、规范、目标。2016 年颁布新能源汽车技术路线图。我国新能源汽车产销量及汽车企业格局见图 1-12、图 1-13。

我国新能源汽车从 2008 年示范运行到 2019 年，新能源汽车产业在国家政府主导培育下蓬勃发展，先后经过国家科技部集中技术力量与资金组织攻克新能源汽车关键技术，见表 1-5。

表 1-5　国家科技部颁布的新能源汽车关键技术

整车共性技术	整车和系统集成、网络通信和控制技术、强电安全技术、电磁兼容性技术、整车轻量化技术、整车匹配标定和试验技术、系统标定和优化技术、智能感应及显示技术、失效模式、故障诊断和容错控制技术、热管理技术
纯电动汽车	动力电池系统集成和控制技术、驱动系统总成匹配和控制、充电技术、能量回收、分配与优化控制、高速减速器技术
混合动力汽车	机电耦合技术、动力电池系统集成和控制技术、驱动系统总成匹配和控制、整车和系统动态协调控制、能量回收、分配与优化控制、专用发动机、自动变速箱

燃料电池汽车	燃料电池发动机技术、燃料电池系统匹配与优化控制技术、驱动系统总成匹配和控制、动力电池系统集成和控制技术、能量回收、分配与优化控制技术、车载高压供氢系统
驱动电动机系统	驱动电动机及其控制技术、系统集成、系统热管理、位置/转速传感器、高性能绝缘材料、高性能永磁材料、电力电子元器件 IGBT
动力电池系统	动力电池及其成组技术、系统集成、电池管理系统、正负极材料、锂离子电池隔膜
电动辅助系统	电动空调、电动转向、电制动、电动真空系统、电动水泵、电动涡轮增压器

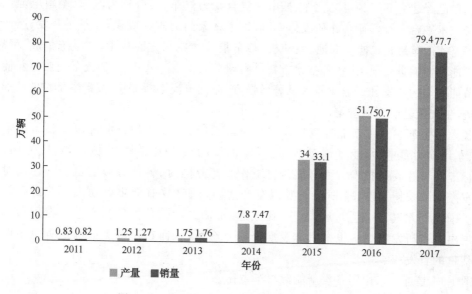

图 1-12　2011—2017 年我国新能源汽车产销量

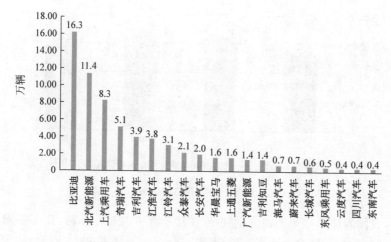

图 1-13　2018 年我国新能源汽车企业格局

　　我国在电动汽车领域已掌握了整车开发关键技术，形成了各类电动汽车的开发能力，自主开发出系列化产品，关键零部件产业化全面跟进。在混合动力汽车的核心——电池技术研发方面,我国已自主研制出容量为 6～100A·h 的镍氢和锂离子动力电池系列产品,能量密度和功率密度接近国际先进水平,同时突破了安全技术瓶颈,在世界上首次规模应用于城市公交大客车;自主开发的 200kW 以下永磁无刷电机、交流异步电机和开关磁阻电机,电动机质量比功率超过 1300W/kg,电动机系统最高效率达到 93%。近年来,力神、比亚迪、比克、万向等动力电池企业投入数十亿资金加快产业化建设,上海电驱动、大郡、湘潭电动机、南车时代等电动机企业加强与上下游企业合作,积极完善产业链建设,已形成 20 亿 A·h 以上的动力电池和全系列驱动电动机生产能力,能够满足 100 万辆混合动力及电动汽车的配套要求。

我国已经建立起了纯电动汽车、插电式混合动力汽车、混合动力汽车、燃料电池汽车动力系统技术平台和产学研合作研发体系,取得了一系列突破性成果,为整车开发、产业形成奠定了坚实的基础;掌握了电池、电动机、整车集成和控制方面技术,在系统集成、可靠性、节油性能等方面进步显著,各种技术方案可实现节油 10%～40%。各汽车企业对新能源汽车和节能汽车的研发和产业化投入显著增强,产业化步伐不断加快,关键零部件的产业化全面跟进,生产配套能力显著增强。

各大车企都成立了新能源汽车研发公司或部门,在节能与新能源汽车整车技术研究开发、车用动力蓄电池、驱动电动机、燃料电池发动机等关键零部件技术研究方面,以及技术标准和试验测试技术方面开展研究工作。与此同时,各地方政府也纷纷加大对新能源汽车产业的扶持力度,规划新能源汽车产业园,同时政府推出电动汽车获得高额补贴政策。国内的北汽、一汽、东风、上汽、比亚迪、奇瑞、吉利、长安等汽车企业在国际车展上频频展出自行研发的燃料电池汽车及混合动力汽车,从而在这场新能源的竞争中取得了不可估量的首发权。

图 1-14 是近年来中国各类新能源汽车占比。

图 1-14　近年来我国各类新能源汽车占比

2018 年,我国新能源汽车产销分别完成 127 万辆和 125.6 万辆,比上年同期分别增长 59.9% 和 61.7%。其中纯电动汽车产销分别完成 98.6 万辆和 98.4 万辆,比上年同期分别增长 47.9% 和 50.8%;插电式混合动力汽车产销分别完成 28.3 万辆和 27.124 万辆,比上年同期分别增长 122% 和 118%;燃料电池汽车产销均完成 1527 辆。

新能源汽车按分类来看,2018年纯电动乘用车产销分别完成79.2万辆和78.8万辆,比2017年同期分别增长65.5%和68.4%;插电式混合动力乘用车产销分别完成27.8万辆和26.5万辆,比2017年同期分别增长143.3%和139.6%。纯电动商用车产销分别完成19.4万辆和19.6万辆,产销量比上年同期分别增长3%和6.3%;插电式混合动力商用车产销均完成0.6万辆,比2017年同期均下降58%。

新能源汽车发展是我国的长期战略,各企业都在按国家新能源汽车技术路线图中明确的指标和时间表分步实施,各类型车技术路线图如图1-15～图1-17所示。

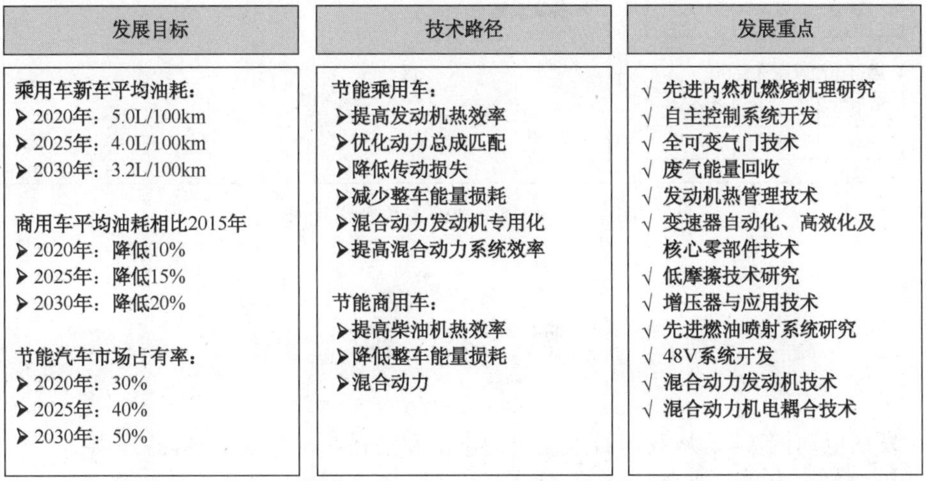

发展目标	技术路径	发展重点
乘用车新车平均油耗: ➤ 2020年:5.0L/100km ➤ 2025年:4.0L/100km ➤ 2030年:3.2L/100km 商用车平均油耗相比2015年 ➤ 2020年:降低10% ➤ 2025年:降低15% ➤ 2030年:降低20% 节能汽车市场占有率: ➤ 2020年:30% ➤ 2025年:40% ➤ 2030年:50%	节能乘用车: ➤提高发动机热效率 ➤优化动力总成匹配 ➤降低传动损失 ➤减少整车能量损耗 ➤混合动力发动机专用化 ➤提高混合动力系统效率 节能商用车: ➤提高柴油机热效率 ➤降低整车能量损耗 ➤混合动力	√先进内燃机燃烧机理研究 √自主控制系统开发 √全可变气门技术 √废气能量回收 √发动机热管理技术 √变速器自动化、高效化及核心零部件技术 √低摩擦技术研究 √增压器与应用技术 √先进燃油喷射系统研究 √48V系统开发 √混合动力发动机技术 √混合动力机电耦合技术

图1-15　节能汽车技术路线图

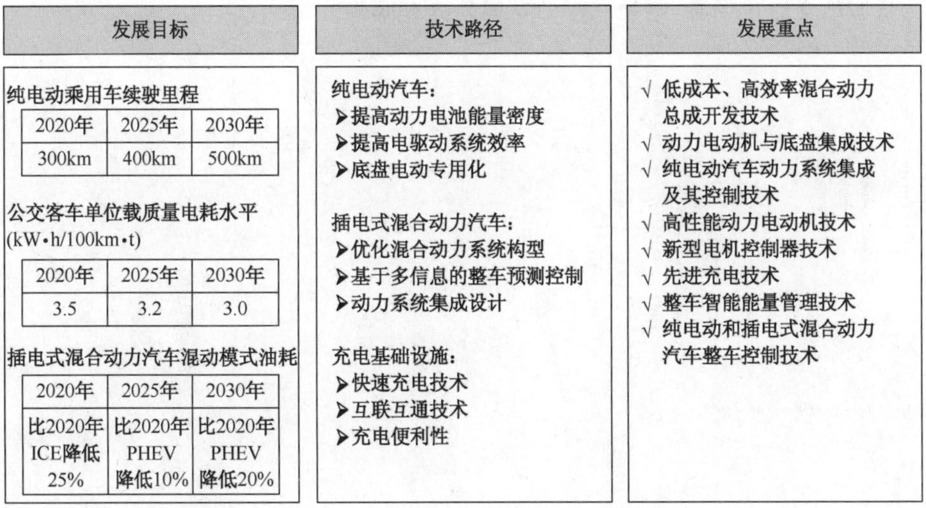

发展目标	技术路径	发展重点
纯电动乘用车续驶里程 | 2020年	2025年	2030年
300km	400km	500km | 公交客车单位载质量电耗水平 (kW·h/100km·t) | 2020年	2025年	2030年
3.5	3.2	3.0 | 插电式混合动力汽车混动模式油耗 | 2020年	2025年	2030年
比2020年ICE降低25%	比2020年PHEV降低10%	比2020年PHEV降低20%		纯电动汽车: ➤提高动力电池能量密度 ➤提高电驱动系统效率 ➤底盘电动专用化 插电式混合动力汽车: ➤优化混合动力系统构型 ➤基于多信息的整车预测控制 ➤动力系统集成设计 充电基础设施: ➤快速充电技术 ➤互联互通技术 ➤充电便利性	√低成本、高效率混合动力总成开发技术 √动力电动机与底盘集成技术 √纯电动汽车动力系统集成及其控制技术 √高性能动力电动机技术 √新型电机控制器技术 √先进充电技术 √整车智能能量管理技术 √纯电动和插电式混合动力汽车整车控制技术

图1-16　纯电动汽车技术路线图

发展目标	技术路径	发展重点
2020—2030年逐步由示范运行向大规模推广应用发展。 ➤ 燃料电池车发展规模： | 2020年	2025年	2030年 | |---|---|---| | 5000辆 | 5万辆 | 百万辆 | ➤ 燃料电池堆比功率(kW/kg) | 2020年 | 2025年 | 2030年 | |---|---|---| | 2 | 2.5 | 2.5 | ➤ 燃料电池堆耐久性(h) | 2020年 | 2025年 | 2030年 | |---|---|---| | 5000 | 6000 | 8000 |	➤ 燃料电池关键材料技术 ➤ 电堆技术 ➤ 系统集成与控制技术 ➤ 动力系统开发技术 ➤ 燃料电池汽车的设计与集成技术 ➤ 提高功率密度 ➤ 提高耐久性 ➤ 降低成本 ➤ 提高载氢安全	√ 新型燃料电池核心材料 √ 先进燃料电池电堆 √ 关键辅助系统零部件技术 √ 高性能燃料电池系统 √ 混合型燃料电池动力系统 √ 制氢运氢储氢及加氢基础设施

图 1-17　燃料电池汽车技术路线图

思 考 题

1. 发展电动汽车,请从我国石油能源的供给和消耗状况考虑,有哪些理由?
2. 比较汽车用新能源,哪种新能源最有前途?
3. 混合动力汽车为何油耗低? 我国发展混合动力汽车有哪些困难?
4. 国内外电动汽车的发展现状如何? 我国电动汽车的发展存在哪些优势和不足?
5. 从城市交通角度看,电动汽车的发展趋势有哪些?

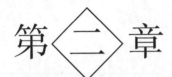

第二章 动力电池与能量存储

第一节　动力电池分类和基本要求

电池是电动汽车的动力源,是能量的存储装置。要使电动汽车能与燃油汽车相竞争,关键是开发出比能量高、比功率大、使用寿命长、成本低的电池。

一、新能源汽车动力电池分类

新能源汽车用动力电池品种繁多,用途广泛,外形差别大,其分类方法很多。

1. 按电池的工作性质及使用特征分类

按电池的工作性质及使用特征来分类,一般分为 4 类:

(1) 一次电池。又称"原电池",即放电后不能用充电的方法使它复原的电池。换言之,这种电池只能使用一次,放电后电池就只能被遗弃了。这类电池不能再充电的原因,或是电池反应本身不可逆,或是条件限制使可逆反应很难进行。如锌锰干电池、锌汞电池、银锌电池。

(2) 二次电池。又称"蓄电池",即放电后又可用充电的方法使活性物质复原而能再次放电,且可反复多次循环使用的一类电池。这类电池实际上是一个化学能量存储装置,用直流电将电池充足,这时电能以化学能的形式存储在电池中,放电时,化学能再转换为电能。如铅酸电池、镍镉电池、镍氢电池、锂离子电池、锌空气电池。

(3) 储备电池。又称"激活电池",是正、负极活性物质和电解液不直接接触,使用前临时注入电解液或用其他方法使电池激活的一类电池。这类电池的正、负极活性物质的化学变质或自放电,因与电解液的隔离而基本上被排除,从而使电池能长时间储存。如镁银电池、钙热电池、铅高氯酸电池。

(4) 燃料电池。又称"连续电池",即只要活性物质连续地注入电池,就能长期不断地进行放电的一类电池。它的特点是电池自身只是一个载体,可以把燃料电池看成一种需要电能时将反应物从外部送入电池的一种电池。如氢燃料电池、甲醇燃料电池等。

必须指出,上述分类方法并不意味着某一种电池体系只能分属一次电池、二次电池、储备电池或燃料电池。恰恰相反,某一种电池体系可以根据需要设计成不同类型的电池。如锌银电池,可以设计成一次电池,也可以设计成二次电池,或储备电池。

2. 按电池反应原理分类

按电池反应原理可以分为化学电池、物理电池和生物电池三大类。

（1）化学电池。利用物质的化学反应发电，化学电池按工作性质分为原电池、蓄电池、燃料电池和储备电池。

化学电池按电解质分为酸性电池、碱性电池、中性电池、有机电解质电池、非水无机电解质电池、固体电解质电池等。

化学电池按电池的特性分为高容量电池、密封电池、高功率电池、免维护电池、防爆电池等。

（2）物理电池。物理电池是利用光、热、物理吸附等物理能量发电的电池。如太阳能电池、超级电容器、飞轮电池等。

（3）生物电池。生物电池是利用生物化学反应发电的电池，如微生物电池、酶电池、生物太阳电池等。

二、电池的基本术语和性能指标

化学电池品种繁多，性能各异。常用以表征其性能的指标有电性能、力学性能、储存性能等，有时还包括使用性能和经济成本。

1. 电压

电压分电动势、端电压、工作电压，等等。

（1）电动势。电池的电动势，又称电池标准电压或理论电压，为组成电池的两个电极的平衡电位之差。

（2）端电压。电池的端电压是指电池正极与负极之间的电位差。

（3）开路电压。电池的开路电压是无负荷情况下的电池电压。开路电压不等于电池的电动势。电池的电动势是从热力学函数计算而得到的，而电池的开路电压则是实际测量出来的。

（4）工作电压。电池在某负载下实际的放电电压，通常是指一个电压范围。例如，铅酸蓄电池的工作电压在 2V/1.8V；镍氢电池的工作电压在 1.5V/1.1V；锂离子电池的工作电压在 3.6V/2.75V。

（5）额定电压。系指该电化学体系的电池工作时公认的标准电压。例如，锌锰干电池的额定电压为 1.5V，镍镉电池的额定电压为 1.2V，铅酸蓄电池的额定电压为 2V。

（6）终止电压。指放电终止时的电压值，视负载和使用要求不同而异。以铅酸蓄电池为例，电动势为 2.1V，额定电压为 2V，开路电压接近 2.1V，工作电压为 2V/1.8V，放电终止电压为 1.8V/1.5V（放电终止电压根据放电率的不同，其终止电压也不同）。

（7）充电电压。指外电路直流电压对电池充电的电压。一般的充电电压要大于电池的开路电压，通常在一定的范围内。例如，镍镉电池的充电电压在 1.45V/1.5V；锂离子电池的充电电压在 4.1V/4.2V；铅酸蓄电池的充电电压在 2.25V/2.7V。

（8）电压效率。指电池的工作电压与电池电动势的比值。电池放电，由于存在电化学极化、浓差极化和欧姆压降,使电池的工作电压小于电动势。改进电极结构(包括真实表面积、孔率、孔径分布、活性物质粒子的大小等)和加入添加剂(包括导电物质、膨胀剂、催化剂、疏水剂、掺杂等)是提高电池电压效率的两个重要途径。

2. 内阻

电池在短时间内的稳态模型可以看作一个电压源,其内部阻抗等效为电压源内阻,内阻大小决定了电池的使用效率。蓄电池的内阻包括正负极板的电阻、电解液的电阻、隔板的电阻和连接体的电阻。

(1)正负极板电阻。目前普遍使用的铅酸蓄电池正、负极板为涂膏式,由铅锑合金或铅钙合金板栅架和活性物质两部分构成。因此,极板电阻也由板栅电阻和活性物质电阻组成。板栅在活性物质内层,充放电时,不会发生化学变化,所以它的电阻是板栅的固有电阻。活性物质的电阻是随着电池充放电状态的不同而变化的。

当电池放电时,极板的活性物质转变为硫酸铅,硫酸铅含量越大,其电阻越大。而电池充电时将硫酸铅还原为铅,硫酸铅含量越小,其电阻越小。

(2)电解液电阻。电解液的电阻视其浓度不同而异。在规定的浓度范围内一旦选定某一浓度后,电解液电阻将随充放电程度而变。电池充电时,在极板活性物质还原的同时电解液浓度增加,其电阻下降;电池放电时,在极板活性物质硫酸化的同时电解液浓度下降,其电阻增加。

(3)隔板电阻。隔板的电阻视其孔率而异,新电池的隔板电阻趋于一个固定值,但随电池运行时间的延长,其电阻有所增加。因为,电池在运行过程中有些铅渣和其他沉积物沉积在隔板上,使得隔板孔率有所下降而增加了电阻。

(4)连接体电阻。连接体电阻包括单体电池串联时连接条等金属的固有电阻,电池极板间的连接电阻,以及正、负极板组成极群的连接体的金属电阻,若焊接和连接接触良好,连接体电阻可视为一固定电阻。

每只电池所呈现的内阻就是上述物体电阻的总和。电池的内阻在放电过程中会逐渐增加,而在充电过程中则逐渐减小。同批电池,内阻过大或过小都不正常,内阻过小可能意味微短路,内阻过大可能是极板老化、活性物质丧失、容量衰减,内阻变化可以作为电池裂化的充分性参考依据之一。

3. 容量和比容量

1)容量

指电池在充足电以后,在一定的放电条件下所能释放出的电量,以符号 C 表示,其单位为安时(A·h)或毫安时(mA·h),容量与放电电流大小有关,与充放电截止电压也有关系。电池的容量可分为理论容量、额定容量、实际容量和标称容量。

(1)理论容量。假设电极活性物质全部参加电池的电化学反应所能提供的电量,是根据法拉第定律计算得到的最高理论值。

(2)额定容量。额定容量也称保证容量,是指设计和制造电池时,按照国家或相关部门颁布的标准,保证电池在一定的放电条件下能够放出的最低限度的电量。

(3)实际容量。实际容量是指电池在一定的放电条件下实际放出的电量。它等于放电电流与放电时间的乘积,对于实用中的化学电源,其实际容量总是低于理论容量而通常比额定容量大 10%～20%。电池容量的大小与正、负极上活性物质的数量和活性有关,也与电池的结构和制造工艺以及电池的放电条件(电流、温度)有关。影响电池容量因素的综合指标是活性物质的利用率。活性物质利用得越充分,电池给出的容量就越高。采用薄型电极和多孔电极,以及减小电池内阻,均可提高活性物质的利用率,从而提高电池实际输出的容量。

(4) 标称容量。标称容量(或公称容量)是用来鉴别电池适当的近似值。在指定放电条件时,一般指 0.2C 放电时的放电容量。

2) 比容量

为了比较不同系列的电池,常用比容量的概念。比容量是指单位质量或单位体积的电池所能给出的电量,相应地称之为质量比容量或体积比容量。

电池在工作时通过正极和负极的电量总是相等的。但是,在实际电池的设计和制造中,正、负极的容量一般不相等,电池的容量受容量较小的电极的限制。实际电池中多为正极容量限制整个电池的容量,而负极容量过剩。

4. 能量

电池的能量是指在一定放电制度下,电池所能输出的电能,通常用瓦时(W·h)表示。电池的能量反映了电池做功能力的大小,也是电池放电过程中能量转换的量度,它影响电动汽车的行驶距离。

(1) 理论能量。假设电池在放电过程中始终处于平衡状态,其放电电压保持电动势的数值,而且活性物质的利用率为 100%,即放电容量等于理论容量,则在此条件下电池所输出的能量为理论能量,也就是可逆电池在恒温、恒压下所做的最大功。

(2) 实际能量。实际能量是指电池放电时实际输出的能量。它在数值上等于电池实际容量与电池平均工作电压的乘积。

(3) 比能量。比能量分为质量比能量和体积比能量。常用比能量来比较不同的电池系列。

质量比能量是指单位质量电池所能输出的能量,单位常用 W·h/kg。

体积比能量是指单位体积电池所能输出的能量,也称能量密度,单位常用 W·h/L。

比能量也分为理论比能量和实际比能量。

理论比能量指 1kg 电池反应物质完全放电时理论上所能输出的能量。根据正、负极活性物质的理论质量比容量和电池的电动势,电池的理论质量比能量可以直接计算出来。如果电解液参加电池的反应,还需要加上电解质的理论用量。理论比能量只考虑了按照电池反应式进行的完全可逆的电池反应条件下的比能量,因此是一种理想化的模型。对于实际应用的电池,实际比容量更有意义。因为电池反应不可能达到完全可逆的充放电和能量状态,而且实际电池中很多必要辅助材料占据了电池的质量和体积。

实际比能量是指质量 1kg 的电池在放电过程中实际输出的能量,表示为电池实际输出能量与整个电池质量(或体积)之比。由于各种因素的影响,电池的实际比能量远小于理论比能量。

电池的比能量是综合性指标,它反映了电池的质量水平。电池的比能量影响电动汽车的整车质量和续驶里程,是评价电动汽车的动力电池是否满足预定的续驶里程的重要指标。

5. 效率

动力电池作为能量存储器,充电时把电能转化为化学能储存起来,放电时把电能释放出来。在这个可逆的电化学转换过程中,有一定的能量损耗,通常用电池的容量效率和能量效率来表示。对于电动汽车,续驶里程是最重要的指标之一,在电池组电量和输出阻抗一定的前提下,根据能量守恒定律,电池组输出的能量转化为两部分,一部分作为热耗散失在电阻上,另一部分提供给电机控制器转化为有效动力,两部分能量的比率取决于电池组输出阻抗和电机控制器的等效输入阻抗之比,电池组的阻抗越小,无用的热耗就越小,输出效率就越大。

(1)容量效率。容量效率是指电池放电时输出的容量与充电时输入的容量之比。影响电池容量效率的主要因素是副反应。当电池充电时,有一部分电量消耗在水的分解上。此外,自放电、电极活性物质的脱落、结块、孔率收缩等也会降低容量输出。

(2)能量效率。能量效率也称电能效率,是指电池放电时输出的能量与充电时输入的能量之比。影响能量效率的因素是电池存在内阻,它使电池充电电压增加,放电电压下降。内阻的能量损耗以电池发热的形式损耗掉。

6. 功率与比功率

电池的功率是指电池在一定放电制度下,单位时间内输出的能量,单位为瓦(W)或千瓦(kW)。

单位质量或单位体积电池输出的功率称为比功率,单位为 W/kg 或 W/L。如果一个电池的比功率较大,则表明在单位时间内,单位质量或单位体积中输出的能量较多,即表示此电池能用较大的电流放电。因此,电池的比功率也是评价电池性能优劣的重要指标之一。

7. 放电电流和放电深度

在谈到电池容量或能量时,必须指出放电电流大小或放电条件,通常用放电率表示。

(1)放电率。指放电时的速率,常用"时率"和"倍率"表示。时率是指以放电时间(h)表示的放电速率,即以一定的放电电流放完额定容量所需的时间。倍率是指电池在规定时间内放出额定容量所输出的电流值,数值上等于额定容量的倍数。例如,2 倍率放电,表示放电电流数值为额定容量的 2 倍,若电池容量为 3A·h,那么放电电流应为 $2 \times 3 = 6A$。

(2)放电深度。表示放电程度的一种量度,为放电容量与总放电容量的百分比,简称 DOD(depth of discharge)。放电深度的高低和二次电池的充电寿命有很大的关系:二次电池的放电深度越深,其充电寿命就越短,因此在使用时应尽量避免深度放电。

8. 荷电

电池还有多少电量,又称剩余电量,常取其与额定容量或实际容量的比值,称为荷电程度。荷电是人们在使用中最关心的、也是最不易获得的参数数据,人们试图通过测量内阻、电压电流的变化等推算荷电量。但直到目前,任何公式和算法都不能得到统计数据的有效支持,指示的荷电程度总是非线性变化。

9. 储存性能和自放电

对于所有化学电源,即使在与外电路没有接触的条件下开路放置,容量也会自然衰减,这种现象称为自放电,也称荷电保持能力。

电池自放电的大小,用自放电率来衡量,一般用单位时间内容量减少的百分比表示:

　　自放电率＝(储存前电池容量－储存后电池容量)/储存前电池容量×100％

电池的自放电主要是由电极材料、制造工艺、储存条件等多方面因素决定的。从热力学的角度来看,电池的放电过程是体系自由能减少的过程,因此自放电的发生是必然的,只是速率有所差别。影响自放电率的因素主要是电池储存的温度和湿度条件等。温度升高会使电池内正负极材料的反应活性提高,同时电解液的离子传导速度加快,隔膜等辅助材料的强度降低,使自放电反应速率大大提高。如果温度太高,就会严重破坏电池内的化学平衡,发生不可逆反应,最终会严重损害电池的整体性能。湿度的影响与温度条件相似,环境湿度过高也会加快自放电反应。一般来说,低温和低湿的环境条件下,电池的自放电率低,有利于电池的储存。但是温度过低也可能造成电极材料的不可逆变化,使电池的整体性能大大降低。

电池的储存性能是指电池在一定条件下储存一定时间后主要性能参数的变化,包括容量的下降、外观情况和有无变形或渗液情况。国家标准均有电池的容量下降和外观变化及漏液比例的限制。

10. 寿命

电池的寿命分储存寿命和使用寿命。

(1) 储存寿命有"干储存寿命"和"湿储存寿命"两个概念。对于在使用时才加入电解液的电池储存寿命,习惯上也称为干储存寿命。干储存寿命可以很长。对于出厂前已加入电解液的电池储存寿命,习惯上称为湿储存寿命(或湿荷电寿命)。湿储存时自放电严重,寿命较短。

(2) 使用寿命是指电池实际使用的时间长短。对一次电池而言,电池的寿命是表征给出额定容量的工作时间(与放电倍率大小有关)。对二次电池而言,电池的寿命分充放电循环寿命和湿搁置使用寿命两种。

充放电循环寿命,是衡量二次电池性能的一个重要参数。在一定的充放电制度下,电池容量降至某一规定值之前,电池能耐受的充放电次数,称为二次电池的充放电循环寿命。充放电循环寿命越长,电池的性能越好。在目前常用的二次电池中,镉镍电池的充放电循环寿命为 500～800 次,铅酸电池为 200～500 次,锂离子电池为 600～1000 次,锌银电池很短,约为 100 次。

二次电池的充放电循环寿命与放电深度、温度、充放电方式等条件有关。减少放电深度(即"浅放电"),二次电池的充放电循环寿命可以大大延长。

三、新能源汽车对动力蓄电池的基本要求

新能源汽车对动力蓄电池的要求主要有:

（1）比能量高。为了提高电动汽车的续驶里程，要求车上的动力电池尽可能储存多的能量，但电动汽车又不能太重，其安装电池的空间也有限，这就要求电池具有高的比能量。

（2）比功率大。为了使电动汽车在加速行驶、爬坡能力和负载行驶等方面能与燃油汽车相竞争，就要求电池具有高的比功率。

（3）充电技术成熟、时间短。充电技术要有通用性，能够实现无线充电。在充电时间上能够实现快速充电。

（4）连续放电率高、自放电率低，电池能够适应快速放电的要求。自放电率要低，电池能够长期存放。

（5）适应车辆运行环境。电池能够在常温条件下正常稳定地工作，不受环境温度的影响，不需要特殊的加热、保温系统，能够适应电动汽车行驶时的振动。

（6）安全可靠。电池应干燥、洁净，电解质不会渗漏腐蚀接线柱、外壳。应不会引起自燃或燃烧，发生碰撞等事故时，不会对乘员造成伤害。废电池能够回收处理和再生利用，电池中有害重金属能够集中回收处理。电池组可以采用机械装置进行整体快速更换，线路连接方便。

（7）长寿命、免维护。电池的循环寿命不低于 1000 次，在使用寿命限定期间内，不需要进行维护和修理。

美国能源部（DOE）/新生代汽车联合体（PNGV）对混合动力车用蓄电池的性能要求如表 2-1 所示。

表 2-1　混合动力车用蓄电池的性能要求

性　　能	并联式（最小值）	串联式（最小值）
脉冲放电功率(18s)/kW	25	65
充电脉冲功率(10s)/kW	30	70
总能量/(kW·h)	0.3	3.0
最低效率/%	90	95
使用年限	10	10
操作电压范围/V	300～400	300～400
操作温度范围/℃	−40～52	−40～52
最大允许自放电/(kW·h·d⁻¹)	50	50

第二节　电化学蓄电池组

目前常用的车用动力蓄电池主要包括铅酸电池、镍氢电池和锂电池等。

铅酸电池广泛用做内燃机汽车的低压供电电源，是一种成熟的汽车电池，但存在以下主要的缺点：

（1）比能量低（28～45W·h/kg）。

（2）质量和体积太大，充电续驶里程较短。

（3）使用寿命较短。

（4）重金属铅和硫酸对环境污染比较严重。

因此,铅酸电池在电动汽车上的应用受到了很大的制约。

镍氢电池的出现是电池技术上的一次重大突破。镍氢电池有以下显著优点:

(1) 能量密度相对较高(60～70W·h/kg)。

(2) 无镉污染,被称为绿色电池。

(3) 可以大电流快速充放电。

(4) 电池的工作电压为1.2V,与镍镉电池有互换性。

但是,镍氢电池的重要原材料镍的价格最近几年涨幅较大,使得镍氢电池的应用受到了很大的制约。由于镍氢电池技术开发较早,产品化技术比较成熟,因此商业化的电动汽车主要采用该种电池。如丰田公司的混合动力汽车Prius以及本田公司的Civic中采用的都是日本松下公司技术生产的Ni/MH电池。目前国内和国外汽车公司开发的混合动力汽车也多数采用这种动力电池。

继镍氢电池之后,锂电池目前已经成为新能源汽车研究中的一个热点技术,锂电池具有以下优点:

(1) 单节工作中电压高达3.6～4.2V,相当于3节镍氢电池串联。

(2) 能量密度高,目前质量比能量可达到150W·h/kg,是镍氢电池的2倍左右。

(3) 能量效率高,锂离子电池能量效率可达99%以上。

(4) 自放电率小,一般自放电率小于6%。

(5) 循环使用寿命长,可以循环充放电500次以上。

(6) 无记忆效应。

(7) 可以进行大电流充放电。

(8) 不含重金属以及有毒物质,不污染环境,是理想的绿色储能电源。

一、铅酸蓄电池

铅酸蓄电池的应用历史最长,也是技术最成熟、成本售价最低廉的蓄电池,已实现大批量生产。

铅酸蓄电池因结构简单、价格便宜、内阻小、可以短时间供给起动机强大的起动电流而被广泛采用。

1. 铅酸蓄电池分类

按蓄电池极板结构分类,有形成式、涂膏式和管式蓄电池。

按蓄电池盖和结构分类,有开口式、排气式、防酸隔爆式和密封阀控式蓄电池。

按蓄电池维护方式分类,有普通式、少维护式、免维护式蓄电池。

按我国有关标准规定,主要蓄电池系列产品有:

起动型蓄电池:主要用于汽车、拖拉机、柴油机、船舶等起动和照明。

固定型蓄电池:主要用于通信、发电厂、计算机系统作为保护、自动控制的备用电源。

牵引型蓄电池:主要用于各种蓄电池车、叉车、铲车等动力电源。

铁路用蓄电池:主要用于铁路内燃机车、电力机车、客车起动、照明动力电源。

摩托车蓄电池:主要用于各种规格摩托车起动和照明。

煤矿用蓄电池：主要用于电力机车牵引动力电源。

储能用蓄电池：主要用于风力、水力发电电能储能。

2. 铅酸蓄电池组成

蓄电池的正负极板所能产生的电动势大约为2V，为了获得更高的电动势，汽车蓄电池通常要将多个2V的蓄电池单元串联起来。单格电池由正极板、负极板、隔板、电解液、电池盖板、加液孔塞和电池外壳组成，在制造蓄电池外壳时，将一个整体的外壳分成若干个单格，一般是将整个外壳分成3个或6个互不相通的单格，安装3组或6组极板组，形成6V或12V的蓄电池。

图2-1所示为铅酸蓄电池的基本构造。

正、负极板1：铅酸蓄电池的极板，依构造和活性物质化成方法可分为四类：涂膏式极板、管式极板、化成式极板、半化成式极板。

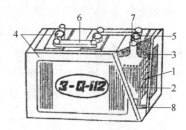

图2-1　铅酸蓄电池

1—正、负极板；2—隔板；3—电解液；4—电池壳盖；5—排气孔；6—连接条；7—极柱；8—鞍子

涂膏式极板（涂浆式极板）是由板栅和活性物质构成的。板栅的作用为支承活性物质和传导电流、使电流分布均匀。板栅的材料一般采用铅锑合金，免维护电池采用铅钙合金。正极活性物质主要成分为二氧化铅，负极活性物质主要成分为绒状铅。

隔板2：电池用隔板是由微孔橡胶、颜料玻璃纤维等材料制成的，它的主要作用是防止正、负极板短路，使电解液中正、负离子顺利通过，阻缓正、负极板活性物质的脱落，防止正、负极板因震动而损伤。因此要求隔板要有孔率高、孔径小、耐酸、不分泌有害杂质、有一定强度、在电解液中电阻小、具有化学稳定性的特点。

电解液3：电解液是蓄电池内部发生化学反应的主要物质，由纯硫酸和蒸馏水按一定的比例配制而成。两者以不同的比例混合后形成不同密度的电解液。蓄电池电解液的密度一般为$1.24\sim1.30g/cm^3$，使用中密度应根据地区、气候条件和制造厂的要求而定，见表2-2。

表2-2　不同地区和气候条件下电解液的相对密度

气候条件	完全充足电的蓄电池在25℃时的电解液相对密度	
	冬季	夏季
冬季温度低于−40℃的地区	1.30	1.26
冬季温度在−40℃以上的地区	1.28	1.24
冬季温度在−30℃以上的地区	1.27	1.24
冬季温度在−20℃以上的地区	1.26	1.23
冬季温度在0℃以上的地区	1.23	1.23

电池壳盖4：电池壳、盖是装正、负极板和电解液的容器，一般由塑料和橡胶材料制成。

排气孔5：一般由塑料材料制成，对电池起密封作用，阻止空气进入，防止极板氧化。同时可以将充电时电池内产生的气体排出电池，避免电池产生危险。使用前必须将排气栓上的盲孔用铁丝刺穿，以保证气体溢出通畅。

蓄电池除上述部件外，还有连接条6、极柱7、鞍子8、液面指示器等零部件。

3. 铅酸蓄电池的基本工作原理

蓄电池的工作过程就是化学能与电能的相互转化。当蓄电池将化学能转化为电能而向外供电时,称为放电过程;当蓄电池与外界直流电源相连而将电能转化为化学能储存起来时,称为充电过程。

当蓄电池充足电时,正极板上的活性物质是二氧化铅,负极板上的活性物质是纯铅。

放电过程:放电前,正极板上二氧化铅电离为四价铅离子(Pb^{4+})和二价氧离子(O^{2-}),铅离子附着在正极板上,氧离子进入电解液中,使正极板具有 2.0V 的正电位。负极板上的纯铅电离为二价铅离子(Pb^{2+})和两个电子(2e),铅离子进入电解液中,电子留在负极,使负极板具有 $-0.1V$ 的负电位。这样正负极板之间就有了电位差,这个电位差为 2.1V。

放电时,正极板上四价的铅离子与电子结合生成二价铅离子,进入电解液再与硫酸根离子结合生成硫酸铅(附着在正极上);负极板上,二价铅离子也同硫酸根离子结合生成硫酸铅(附着在负极板上)。电解液中的硫酸因氢离子和硫酸根离子的迁移而被消耗,生成了水。所以,放电后电解液的密度是逐渐下降的。

充电过程:如果把放电后的蓄电池接一直流电源,使蓄电池正极接上直流电源的正极,蓄电池的负极接直流电源的负极。当外加电源电压高于蓄电池电动势时,电流将以放电电流相反的方向流过蓄电池,使蓄电池正、负极发生与放电相反的化学反应。

充电时,正极板处外加电流将两个电子经外电路输送到负极板,正极板上原二价铅离子因失去两个电子而成为四价铅离子,再与水反应生成二氧化铅(附在正极板上)。而在负极板上,由于得到两个电子与原二价铅离子结合而生成纯铅(附在负极板上),与此同时,从正、负极上电离出来的硫酸根离子则与水中氢离子结合生成硫酸。所以充电时是水被消耗,硫酸增多,电解液密度上升。在充电过程中,上述化学反应不断进行。当充电进行到极板上的物质和电解液完全恢复到放电前的状态时,蓄电池即充电完毕。

综上所述,蓄电池充放电过程中的化学反应是可逆的。

总的反应式如下:

$$PbO_2 + 2H_2SO_4 + Pb \Longrightarrow 2PbSO_4 + 2H_2O \tag{2-1}$$

二、氢电池

作为绿色高能二次电池之一的镍金属氢化物二次电池,一般简称为镍氢(Ni/MH)电池,是一种高能绿色环保电池,该电池以储氢合金材料替代金属镉,消除了对环境的污染,同时具有高能量密度、大功率、高倍率放电、快速充电能力、无明显记忆效应等特点,是近20年来二次电池重点发展的方向之一。

1. 镍氢电池的工作原理及特点

镍氢电池采用 Ni 的氧化物作为正极,储氢金属作为负极,电解液一般选用 KOH 溶液。镍氢电池的电化学原理与传统的镉镍电池相比,主要差异在于储氢合金取代了镉负极。由 $Ni(OH)_2$ 正极材料和储氢合金(用 M 表示)负极材料组成电池的反应式可表述如下:

$$正极:Ni(OH)_2 + OH^- - e \underset{充放电}{\overset{}{\Longleftrightarrow}} NiOOH + H_2O \tag{2-2}$$

$$负极：H_2O + e \underset{充放电}{\overset{}{\rightleftharpoons}} \frac{1}{2}H_2 + OH^- \tag{2-3}$$

$$总反应：Ni(OH)_2 \underset{充放电}{\overset{}{\rightleftharpoons}} NiOOH + \frac{1}{2}H_2 \tag{2-4}$$

从方程式可以看出,充电时,负极析出氢气,储存在容器中,正极由氢氧化镍变成羟基氧化镍($NiOOH$)和 H_2O;放电时氢气在负极上被消耗掉,正极由羟基氧化镍变成氢氧化镍。

镍氢电池正常充放电反应表明,放电时负极里的氢原子转移到正极成为质子,充电时正极的质子转移到负极成为氢原子,不产生氢气。

镍氢电池非正常使用有两种:过充电和过放电。给电池充电时,可能由于没有适宜的充电控制方法来严格地控制充电,或者控制失灵,给电池充足电后未及时停止充电,造成过充电;电池在深放电使用中,串联电池组中容量小的电池,可能在其他电池推动下,出现反极的过放电情况。过充电时正极上的 $Ni(OH)$ 全部转化为 $NiOOH$,充电反应转变为在正极上发生电解水的析氧反应,负极生成电解水的析氢反应,由于有催化剂的氢电极面积大,而且氢气能够随时扩散到氢电极表面,因此,氢气和氧气能够很容易在蓄电池内部再化合生成水,使容器内的气体压力保持不变,这种再化合的速率很快,可以使蓄电池内部氧气的浓度不超过千分之几,而使 KOH 浓度和水的总量基本不发生变化,这就是氢镍电池过充电保护机理。

过放电时,正极上电化学活性的 $NiOOH$ 全部转化为 $Ni(OH)_2$,电极反应变为生成 H_2 的电解水反应,这时电池内氢气从正极上生成,在负极上复合,正负极之间电压为 $-0.2V$ 左右,这种现象称为电池反极,$-0.2V$ 为反极电压。过放电时电池会自动达到平衡状态,电池温度较同样电流过充电时低得多,这就是氢镍电池过放电保护机理。

从电池反应可以看出,镍氢电池具有长期过放电和过充电保护能力。镍氢电池可以做成密封型结构。镍氢电池的电解液多采用 KOH 水溶液,并加入少量的 $LiOH$。隔膜采用多孔维尼纶无纺布或尼龙无纺布等。为了防止充电过程后期电池内压过高,电池中装有防爆装置。

镍氢电池以氢氧化镍为正极,高能储氢合金材料为负极,这使得镍氢电池具有更大的能量。同镍镉电池相比,镍氢电池具有以下显著优点:

(1) 能量密度高,同尺寸电池,容量是镍镉电池的 1.52 倍。

(2) 环境相容性好,无镉污染,所以镍氢电池又被称为绿色环保电池。

(3) 可大电流快速充放电,充放电效率高。采用 0.2C 放电速率时,镍氢电池放出容量可达到标称容量的 90%,采用大电流(放电速率为 1C)放电时,镍氢电池放出的容量也能达到标称容量的 85% 以上。镍氢电池的自放电率很小。

(4) 电池工作电压为 1.2V。镍氢电池是镍镉电池的换代产品,电池的物理参数,如尺寸、质量和外观完全可与镍镉电池互换,电性能也基本一致,充放电曲线相似,放电曲线非常平滑,电量快要消耗完时,电压才会突然下降,故使用时可完全替代镍镉电池,而不需要对设备进行任何改造。

(5) 无明显的记忆效应。

(6) 低温性能好,耐过充放能力强。

镍氢电池的缺点是寿命不如镍镉电池,但也能达到 500 次循环寿命和国际电工委员会的推荐标准。由于采用金属氢化物(如稀土合金或 TiNi 合金)储氢材料作为负极活性物质,取代了致癌物质镉,不仅使这种新型电池成为一种集能源、材料、化学、环保于一身的绿色环保电池,而且使电池的比能量提高了近 40%,达到 60～80W・h/kg 和 210～240W・h/L。镍氢电池在 20 世纪 90 年代初逐步实现产业化。

2. 镍氢电池的命名及分类

根据 IEC(International Electrical Commission)标准(IEC 614361998.1)及国家标准(GB/T 15100—1994 和 GB/T 18288—2000),镍氢电池的标识由 5 部分组成:

(1) 电池种类,HR 表示圆柱形镍氢电池,HF 表示方形镍氢电池。

(2) 电池尺寸资料,包括圆形电池的直径、高度;方形电池的宽度、厚度、高度,数值之间用斜杠隔开,单位为 mm。在圆柱形电池中斜线左边的两个数字表示等于或略大于电池所规定的最大直径,右边的数字表示等于或略大于电池所规定的最大高度。在方形电池中,第一个斜线左边的数字表示电池所规定的最大宽度,中间的数字表示电池所规定的最大厚度,第二个斜线右边的数字表示电池所规定的最大高度,这三个数字都以所接近的下一个整数表示。

(3) 放电特性符号,L 表示适宜放电电流倍率在 0.5C 以内。

(4) 高温电池符号用 T 表示。

(5) 电池连接片表示,CF 代表无连接片,HH 表示电池串联连接用的连接片,HB 表示电池带并排串联连接用连接片。

例如,HR15/51 表示圆柱形镍氢电池直径为 15mm,高度为 51mm;HF18/07/49 表示方形镍氢电池宽 18mm,厚度为 7mm,高度为 49mm。

目前商品镍氢电池的形状有圆柱形、方形和扣式等多种类型。

3. 镍氢电池的组成

镍氢电池的设计源于镍镉电池,其主要改变是负极以储氢合金取代原来使用的镉,各种类型的镍氢电池都是由氢氧化镍正极、储氢合金负极、隔膜纸、电解液、正负极集流体、安全阀、密封圈、顶盖、外壳等组成。小型镍氢电池主要由正极、负极、隔膜三大部分组成,同时还预留一定的残余空间。AA型镍氢电池构成材料的基本体积比如图 2-2 所示。

1) 正极

镍氢电池正极采用高孔率泡沫镍或纤维镍做导电骨架,涂敷高密度氢氧化镍粉末,按电池的正极制造工艺可分为烧结式和泡沫镍式(含纤维镍式)两大类型。目前适用于镍氢电池正极的泡沫镍电极的厚度有1.7mm、2.0mm、2.4mm 三种规格,一般采

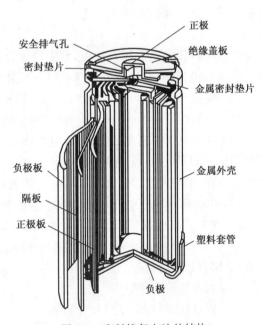

图 2-2　密封镍氢电池的结构

用 2.0mm。纤维式镍电极的制造是以活性物质、导电剂、添加剂为原材料,再经电化学浸渍处理或涂膏处理而制成的。活性物质氢氧化镍制造方法很多,其中以球形结构的高容量氢氧化镍品质最佳。镍电极的制作已从镍镉电池的烧结式电极转变为泡沫镍式电极。

2) 负极

镍氢电池负极是由骨架和储氢合金两部分组成,通过储氢合金粉与胶黏剂混合成膏状物质,再涂敷至泡沫镍基体与骨架组合为一体,经烘干、滚压制成。

3) 隔膜和电解液

镍氢电池隔膜与镍镉电池同样是采用尼龙无纺布或聚丙烯(PP)无纺布,由于尼龙无纺布在碱性电解液中会发生解离,在制作镍氢电池时较少使用。目前约 90% 以上都采用 PP 无纺布。镍氢电池使用的 PP 无纺布,因机械强度的问题,其厚度必须在 0.1mm 以上,一般常见为 0.12～0.13mm,这比锂离子二次电池所用的薄膜厚了很多。为提高镍氢电池的电容量,隔膜的薄化成为目前最重要的课题。

电解液吸附于各极片及隔膜中间,镍氢电池一般以 KOH 水溶液为电解液,有的加入少量 LiOH 或 NaOH。

4) 安全阀和外壳

在镍氢电池的顶部有可以重复使用的安全排气装置,即安全阀,它是镍氢电池的重要组成部分。在通常情况下过度充电产生的气体可以重新化合,以保持电池内部压力平衡。然而在错误的充电或不正确的操作条件下,氧气甚至氢气的生成速率大于重新化合的速率,这时电池的排气孔将打开,使压力降低,防止电池爆裂。当压力减小后,排气孔将恢复到初始状态,以重复使用。

外壳多采用镀镍薄钢板,即优质低碳钢,外表层镀 35mm 厚的镍,内表层大于等于 0.2mm,要求镀层均匀、致密,无锈点、擦伤、划痕等机械缺陷。塑料外壳多用于电动汽车所用的方形电池中。负极极耳有时省去,单靠负极与外壳内部及底部接触而导电,其导电性要比有极耳的负极差。在要求电池大电流放电时,这种电极耳是不可少的,否则将严重影响大功率放电性能。另外,正极帽中放气阀现多采用橡皮球,也可达到与弹簧同样的作用。

4. 镍氢电池发展方向

镍氢电池是镍镉电池的新发展方向,体积能量密度较高,对环境无污染,而且记忆效应很小,受到广大用户的欢迎。它具备较高的容量,可大电流放电,允许再充电次数高达 500～1000 次,价格日趋合理,并且可利用现行的镍镉蓄电池设施,因而获得广泛应用。镍氢电池领域的主要技术发展趋势如下:

(1) 研究低成本、高性能、高稳定性的储氢合金材料,使其对提高比能量和比功率有明显作用,如低廉动力电池用储氢合金的研制,以及准快速冷凝储氢合金生产新工艺的研究。

(2) 研究高表面导电性 $Ni(OH)_2$ 材料与集流体材料,进一步提高正极的利用率和高倍率放电性能。

(3) 研究新型正负极制作工艺。

(4) 电池壳薄形化和隔膜薄形化的技术途径。

(5) 电池结构与电池组内部优化设计技术。

(6) 电池内阻降低的各种技术途径。

（7）电池关键制备工艺技术研究。

（8）电池管理系统研究，电池组综合性能测试，电池工况仿真模拟系统研究。

（9）电池综合回收技术。

镍氢电池集材料、能源、信息技术于一身，被日本、美国等发达国家列为重点研究发展领域。发展镍氢电池产业可改善城市环境，使国民经济可持续发展，有助于便携式电子产品、无污染电动车等高新技术产业的发展，并将带动上游原材料工业的发展。随着市场的需求，新型绿色环保型镍氢电池正朝着低成本化、高容量化、轻量化、小型化、新品种化、长寿命化和更安全化等方向发展。镍氢电池产业将成为 21 世纪能源领域的重大产业之一。

三、动力锂离子电池

锂电池是一类由锂金属或锂合金为负极材料，使用非水电解质溶液的电池。锂电池分为一次锂电池与二次锂电池。锂电池最早由 Gilbert N. Lewis 于 1912 年提出并研究。由于锂电池中锂金属活性太强，容易析出形成结晶，发生危险。20 世纪 70 年代时，M. S. Whittingham 提出并开始研究锂离子电池。

所谓锂离子电池指的是电池内部已经没有单质锂的存在，锂的来源完全是依靠锂离子化合物来提供。20 世纪 90 年代初索尼公司将锂离子电池产业化，随后，锂离子电池革新了消费电子产品的面貌。

1. 锂离子电池的分类

含锂元素的电池包括两大类：不可充电的电池和可充电的电池。

不可充电的电池又称为一次电池，它只能将化学能一次性地转化为电能，不能将电能还原回化学能。如锂-二氧化锰一次电池、锂-亚硫酰氯一次电池。一般来说，锂电池都是一次电池。

而可充电的电池称为二次电池。它能将电能转变成化学能储存起来，在使用时，再将化学能转换成电能。它是可逆的，如市面上常见的锂离子手机电池。锂离子电池为典型的二次电池。

锂离子电池按电解质材料分类可分为两类，即聚合物锂离子电池（polymer lithiumion battery，PLB）和液态锂离子电池（liquefied lithium-ion battery，LIB）。

液态锂离子电池的电解质是液态的，聚合物电池的电解质是胶体型或者固态聚合物。聚合物锂电池的反应原理和液态锂离子电池一样，一般以软包的形式，形状可塑性强。从安全角度来讲，聚合物锂离子电池比液态锂离子电池更安全。

按外形分，有方形和柱形。

按外包材料分，有铝壳锂电池、钢壳锂电池、软包电池。

按正负极材料（添加剂）分，有钴酸锂（$LiCoO_2$）电池或锰酸锂（$LiMn_2O_4$）、磷酸铁锂电池、一次性二氧化锰锂电池。

2. 锂离子电池的主要特点

与传统的二次电池相比，锂离子电池有突出的优点：

（1）工作电压高。锂离子单体电池的工作电压在 3.7～3.8V，是镍镉和镍氢电池工作电压的 3 倍。

（2）比能量高。锂离子电池比能量目前已达 150W・h/kg 以上，是镍镉电池的 3～4 倍，镍氢电池的 2～3 倍。

（3）循环寿命长。目前锂离子电池循环寿命已达 1000 次以上，在低放电深度下可达几万次，超过了其他几种二次电池。

（4）自放电小。室温下充满电的锂离子电池储存 1 个月后的自放电率为 2% 左右，大大低于镍镉电池的 25%～30% 和镍氢电池的 30%～35%。

（5）无记忆效应。可以根据要求随时充电，且不会降低电池性能。

（6）可以快速充电。1C 充电 30min 容量可以达到标称容量的 80% 以上，磷铁电池可以达到 10min 充电到标称容量的 90%。（C 为充放电倍率＝充放电电流/额定容量，表示充放电快慢的一种量度。所用的容量 1h 放电完毕，称为 1C 放电。）

（7）可以随意并联使用。

（8）对环境无污染。锂离子电池中不存在有害物质，是名副其实的"绿色电池"。

当然，锂离子电池并不是完美的，不可避免存在一些缺点：

（1）锂离子电池成本高，与其他可充电池相比，其价格较贵。

（2）不可过充过放。过充电时，过量嵌入的锂离子会永久固定于晶格中，无法再释放，可导致电池寿命缩短。过放电时（电压小于 3.0V 时放电），电极脱嵌过多锂离子，可导致晶格坍塌，从而缩短寿命。

（3）由于错误使用会减少寿命，甚至可能导致爆炸，所以，锂离子电池设计时需要增加多种保护机制，包括保护电路、排气孔与隔膜。

3. 锂离子蓄电池的构造与工作原理

锂离子电池通常有圆柱形和长方形两种外形。图 2-3(a) 所示为圆柱形，图 2-3(b) 所示为长方形，由正极、负极、电解液和隔膜组成。

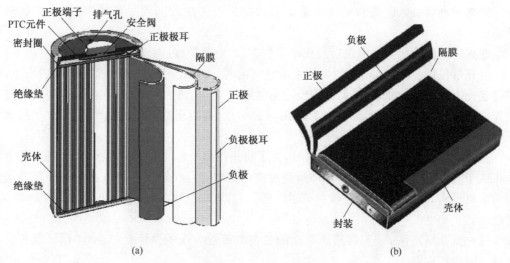

图 2-3　锂离子电池内部结构图

(a) 圆柱形；(b) 长方形

正极：正极是含锂的过渡金属氧化物组成的锂离子收集极及由铝薄膜组成的电流收集极。电池放电时从外电路获得电子的电极，此时电极发生还原反应，通常是电位高的电极。锂离子电池正极一般为钴酸锂、锰酸锂、磷酸铁锂或三元镍钴锰酸锂电极。

负极：由片状碳材料组成的锂离子收集极和铜薄膜组成的电流收集极组成。电池放电时向外电路输送电子的电极，此时电极发生氧化反应。常用的片状碳材料有石墨、石墨化碳材料、改性石墨、石墨化中间相碳微粒。

电解液：一种有机电解液，大部分是由六氟磷酸锂加上有机溶剂配成（六氟磷酸锂由五氯化磷和溶解在无水氟化氢中的氟化锂反应结晶而成）。

隔膜：一种特殊的复合膜，放置于正、负两极之间，其功能是隔离正、负极，阻止电子穿过，同时能够允许锂离子通过，以避免两极上的活性物质直接接触而造成电池内部的短路，从而完成电化学充放电过程中锂离子在正、负极之间的快速传输。目前主要是聚乙烯（PE）或者聚丙烯（PP）微孔膜。

电池内部采用螺旋绕制结构，另外还装有安全阀和 PTC 元件，以便电池在不正常状态及输出短路时保护电池不受损坏。

充电时，在电场的驱动下锂离子从正极晶格中脱出，经过电解质，嵌入到负极晶格中。放电时，过程正好相反，锂离子返回正极，电子则通过了用电器，由外电路到达正极与锂离子复合。

以 $LiFePO_4$ 为例，其化学反应方程式为

$$充电：LiFePO_4 - xLi^+ - xe^- \longrightarrow xFePO_4 + (1-x)LiFePO_4 \tag{2-5}$$

$$放电：FePO_4 + xLi^+ - xe^- \longrightarrow xLiFePO_4 + (1-x)LiFePO_4 \tag{2-6}$$

单节锂离子电池的电压为 3.6V，容量也不可能无限大，因此，常常将单节锂电池进行串、并联处理，以满足不同场合的要求。

4. 锂离子电池的保护

锂离子电池供电设备的安全性是人们目前最为关注的问题，所以对其的保护就非常重要。

锂离子电池的保护主要包括过充电保护、过放电保护、过电流及短路保护等。

过充电保护：当充电器对锂离子电池过充电时，为防止因温度上升所导致的内压上升，需终止充电状态。为此，保护器件需监测电池电压，当其到达电池过充电压时，即激活过充电保护功能，终止充电。图 2-4(a)为过充保护示意图，当充电时电池电压 V_{chg} 大于过充电压时，Q1 切断以终止充电。

过放电保护：当锂离子电池放电时，为了防止锂离子电池的过放电状态，当锂离子电池电压低于其过放电电压检测点时，即激活过放电保护，终止放电，并将电池保持在低静态电流的待机模式。图 2-4(b)为过放保护示意图，当放电时电池电压 V_{load} 小于过放电压时，Q1 切断以终止充电。

过电流及短路保护：当锂离子电池的放电电流过大或短路情况产生时，保护器件将激活过电流保护功能。

充放电时的温度控制：对充放电过程的温度控制也是需要考虑的。在高温时对锂离子电池充放电，会有爆炸的危险；在低温时充放电，会对电芯造成损害。

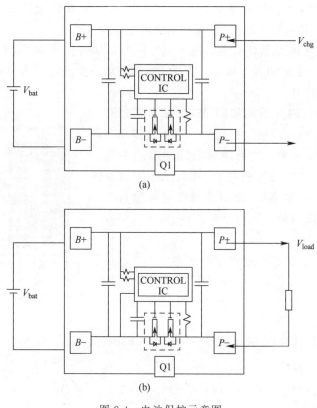

图 2-4　电池保护示意图

（a）过充；（b）过放

5. 磷酸铁锂电池

磷酸铁锂（$LiFePO_4$，简称 LFP，也叫锂铁磷）电池是指用磷酸铁锂作为正极材料的锂离子电池，其工作原理和普通锂离子电池是一样的。除具有普通锂电池的共性特点外，还有一些特点：

（1）$LiFePO_4$ 电池的标称电压是 3.2V（稳定的放电平台），终止充电电压是 3.6V，终止放电压是 2.0V。

（2）比容量大，高效率输出。标准放电为 2～5C，连续高电流放电可达 10C，瞬间脉冲放电（10s）可达 20C。

（3）工作温度范围宽广（−20～+75℃），高温时性能良好。外部温度 65℃ 时内部温度则高达 95℃，电池放电结束时温度可达 160℃，电池内部结构安全、完好。

（4）即使电池内部或外部受到伤害，电池也不燃烧、不爆炸，安全性最好。

（5）极好的循环寿命。经 500 次循环，其放电容量仍大于 95%；实验室制备的磷酸铁锂单体电池在进行 1C 的循环测试时，循环寿命高达 2000 次。

（6）过放电到 0V 也无损坏，零电压存放 7 天后电池无泄漏，性能良好，容量为 100%；存放 30 天后，无泄漏、性能良好，容量为 98%；存放 30 天后的电池再做 3 次充放电循环，容量又恢复到 100%。

（7）可快速充电，自放电少，无记忆效应。可大电流 2C 快速充放电，在专用充电器下，1.5C 充电 40min 内即可使电池充满，起动电流可达 2C。

（8）磷酸铁锂电池低温性能差。在 0℃时的容量保持率为 60%～70%，－10℃时为 40%～55%，－20℃时为 20%～40%。这样的低温性能不能满足动力电源的使用要求。但当前低温性能有所提升。

磷酸铁锂电池的内部结构如图 2-5 所示。左边是橄榄石结构的磷酸铁锂材料作为电池的正极，由铝箔与电池正极连接；中间是聚合物的隔膜，它把正极与负极隔开，但锂离子 Li^+ 可以通过而电子不能通过；右边是由碳（石墨）组成的电池负极，由铜箔与电池的负极连接。电池的上下端之间是电池的电解质，电池由金属外壳密闭封装。

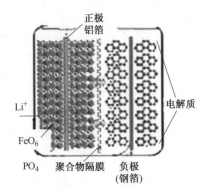

图 2-5　磷酸铁锂电池内部结构图

磷酸铁锂电池在充电时，正极中的锂离子 Li^+ 通过聚合物隔膜向负极迁移；在放电过程中，负极中的锂离子 Li^+ 通过隔膜向正极迁移。以下是磷酸铁锂电池的电化学反应方程式：

$$正极反应：LiFePO_4 \rightleftharpoons Li_{1-x}FePO_4 + xLi^+ + xe^- \tag{2-7}$$

$$负极反应：xLi^+ + xe^- + 6C \rightleftharpoons Li_xC_6 \tag{2-8}$$

$$总反应式：LiFePO_4 + 6xC \rightleftharpoons Li_{1-x}FePO_4 + Li_xC_6 \tag{2-9}$$

6. 聚合物锂离子电池

聚合物锂离子电池与液态锂离子电池工作原理是基本一致的，主要区别在于电解质的不同。液态锂离子电池使用液体电解质，而聚合物锂离子电池是以固体聚合物作为电解质。

所谓的聚合物锂离子电池是指在正极、负极与电解质这三种主要构成物中至少有一种或一种以上使用高分子材料。在目前所开发的聚合物锂离子电池系统中，高分子材料主要应用于正极及电解质。正极材料包括导电高分子聚合物或一般锂离子电池所采用的无机化合物，电解质则可以使用固态或胶态高分子电解质，或有机电解液。

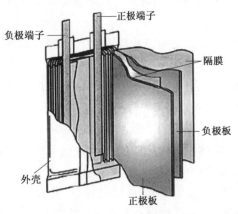

图 2-6　聚合物锂离子电池结构图

图 2-6 所示为聚合物锂离子电池结构图，当电池充电时，锂离子从正极中脱嵌，在负极中嵌入，放电时反之。这就需要一个电极在组装前处于嵌锂状态，一般选择相对锂而言电位大于 3V 且在空气中稳定的嵌锂过渡金属氧化物做正极，如 $LiCoO_2$、$LiNiO_2$、$LiMn_2O_4$。

作为负极的材料则选择电位尽可能接近锂电位的可嵌入锂化合物，如各种碳材料，包括天然石墨、合成石墨、碳纤维、中间相小球碳素等以及金属氧化物，包括 SnO、SnO_2、锡复合氧化物 $SnB_xP_yO_z$（$x=0.4\sim0.6$，$y=0.4\sim0.6$，$z=(2+3x+5y)/2$）等。

电解质采用 $LiPF_6$ 的乙烯碳酸酯（EC）、丙烯碳酸酯（PC）和低黏度二乙基碳酸酯（DEC）等烷基碳酸酯搭配的混合溶剂体系。

隔膜采用聚烯微多孔膜如 PE、PP 或它们的复合膜，尤其是 PP/PE/PP 三层隔膜不仅熔点较低，而且具有较高的抗穿刺强度，起到了热保险作用。

外壳采用钢或铝材料，盖体组件具有防爆断电的功能。

相较于传统的液态锂离子电池，聚合物锂离子电池拥有以下特点：

(1) 塑形灵活性；

(2) 更高的质量比能量；

(3) 电化学稳定窗口宽，可达 5V；

(4) 完美的安全可靠性；

(5) 更长的循环寿命，容量损失少；

(6) 体积利用率高。

由于用固体电解质代替了液体电解质，与液态锂离子电池相比，聚合物锂离子电池具有可薄形化、任意面积化与任意形状化等优点，因此可以用铝塑复合薄膜制造电池外壳，从而可以改善整个电池的比容量；聚合物锂离子电池还可以采用高分子作正极材料，其质量比能量将会比目前的液态锂离子电池提高 20% 以上。

第三节　超级电容器

超级电容器是指介于传统电容器和充电电池之间的一种新型储能装置，它既具有电容器快速充放电的特性，同时又具有电池的储能特性。

超级电容器储能机理在 1879 年由亥姆霍兹（Helmholz）发现，1947 年，Hame 等人首先开始了汞的电毛细管现象方面的研究。1957 年，Becker 首先提出了可以将较小的电容器用作储能器件，该种器件具有接近于电池的能量密度。随后，标准石油公司（SOHIO）在燃料电池的研究开发中认识到了石墨电极表面双电层电容的巨大利用价值，1962 年该公司生产了一种工作电压为 6V、以碳材料作为电极的电容器，体积和汽车蓄电池差不多。该电容器可以驱动小舟在湖面上行驶 10min 左右。稍后，标准石油公司将该项技术转让给日本 NEC 电气公司，NEC 公司从 1979 年开始生产"SuperCapacitor"品牌的大容量电容器，这也就是"超级电容器"名称的由来，并将该技术应用于电动汽车的电池启动系统，开始了超级电容器的大规模商业应用。NEC 还将超级电容器技术应用于电动汽车的电池启动系统，试图开发电化学电容的大规模商业应用。与此同时，日本松下公司设计了以活性炭为电极材料，以有机溶液为电解质的"GoldCapacitor"，这也就是"黄金电容"名称的由来。

使用过渡族金属氧化物或氮化物作为超电容电极活性物质的尝试开始于 20 世纪 70 年代，钌金属的氧化物电极被用作"UltraCapacitor"的电极材料。1990 年，Giner 公司推出了 RuO_x/Carbon/Nafion 电容器。图 2-7 为常见的超级电容器。

超级电容器比同体积的电解电容器容量大 2000～6000 倍，功率密度比电池高 10～100 倍，可以大电流充放电，充放电效率高，充放电循环次数可达 100 000 次以上，并且免维护。超级电容器的出现填补了传统的静电电容器和化学电源之间的空白，并以其优越的性能及广阔的应用前景受到了各个国家的重视。

图 2-7　超级电容器

一、超级电容器的技术指标

目前,对超级电容器性能的描述主要有以下指标。

1. 额定容量

额定容量指按规定的恒定电流(如 1000F 以上的超级电容器规定的充电电流为 100A,200F 以下的为 3A)充电到额定电压后保持 2～3min,在规定的恒定电流放电条件下放电到端电压为零所需的时间与电流的乘积再除以额定电压值,单位为法拉(F)。

2. 额定电压

额定电压即可以使用的最高安全端电压。此外还有浪涌电压,通常为额定电压的 105%;击穿电压,其值远高于额定电压的 1.53 倍,单位为伏特(V)。

3. 额定电流

额定电流指 5s 内放电到额定电压一半的电流,单位为安培(A)。

4. 最大存储能量

最大存储能量指额定电压下放电到零所释放的能量,单位为焦耳(J)或者瓦时(W·h)。

5. 能量密度

能量密度也称比能量。指单位质量或单位体积的电容器所给出的能量,单位为 W·h/kg 或 W·h/L。

6. 功率密度

功率密度也称为比功率。指单位质量或单位体积的超级电容器在匹配负荷下产生电/热效应各半时的放电功率。它表征超级电容器所能承受电流的能力,单位为 kW/kg 或 kW/L。

7. 等效串联电阻

等效串联电阻(ESR)其值与超级电容器电解液和电极材料、制备工艺等因素有关。通常交流 ESR 比直流 ESR 小,且随温度上升而减小。

8. 漏电流

漏电流指超级电容器保持静态储能状态时,内部等效并联阻抗导致的静态损耗,通常为加额定电压 72h 后测得的电流,单位为安培(A)。

9. 使用寿命

使用寿命指超级电容器的电容量低于额定容量的 20% 或 ESR 增大到额定值的 1.5 倍时的时间长度,因为此时可判断为其寿命终了。

10. 循环寿命

超级电容器经历 1 次充电和放电,称为 1 次循环或 1 个周期。超级电容器的循环寿命长,可达 10 万次以上。

二、超级电容器的分类

超级电容器的类型比较多,按不同方式可以分为多种产品。

1. 按电化学电容器储存电能的机理分类

根据电化学电容器储存电能的机理不同,可以分为双电层电容器和赝电容超级电容器(又称法拉第准电容器)。

碳基材料超级电容器能量储存的机理主要是靠碳表面附近形成的双电层,因此通常称为双电层电容,包括两类:

(1)平板型超级电容器。在扣式体系中多采用平板状和圆片状的电极,另外也有以 Econd 公司产品为典型代表的多层叠片串联组合而成的高压超级电容器,可以达到 300V 以上的工作电压。

(2)绕卷型溶剂电容器。采用电极材料涂覆在集流体上,经过绕制得到,这类电容器通常具有更大的电容量和更高的功率密度。

赝电容超级电容器主要有两种类型:

(1)金属氧化物超级电容器。金属氧化物包括 NiO_x、MnO_2、V_2O_5 等作为正极材料,活性炭作为负极材料制备的超级电容器。

(2)导电聚合物超级电容器。导电聚合物材料包括 PPY、PTH、PAni、PAS、PFPT 等经 P 型或 N 型或 P/N 型掺杂制取电极,以此制备超级电容器。

2. 按电解质分类

按电解质可以分为水性电解质和有机电解质类型。

1) 水性电解质

包括以下几类：

酸性电解质，多采用 36% 的 H_2SO_4 水溶液作为电解质。

碱性电解质，通常采用 KOH、NaOH 等强碱作为电解质，水作为溶剂。

中性电解质，通常采用 KCl、NaCl 等盐作为电解质，水作为溶剂，多用于氧化锰电极材料的电解液。

2) 有机电解质

通常采用 $LiClO_4$ 为典型代表的锂盐、$TEABF_4$ 为典型代表的季铵盐等作为电解质，有机溶剂如 PC、ACN、GBL、THL 等，电解质在溶剂中接近饱和溶解度。

三、超级电容器结构与工作原理

1. 超级电容器结构

超级电容器作为能源器件的一种，其结构与电解电容相似，包括电极活性物质、集流体、电解液、隔膜以及外包装等。

超级电容器单体电容的结构示意图如图 2-8 所示。

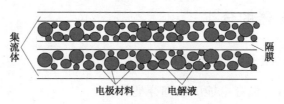

图 2-8　超级电容器单体结构示意图

在内部多并联在大容量电容器的结构上，常见的有叠片式结构，如图 2-9 所示。

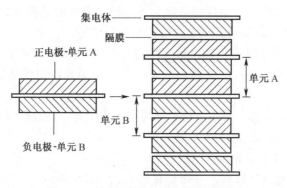

图 2-9　超级电容器叠片式结构示意图

超级电容器是一种与电池和传统物理电容器都不同的新型储能器件。由于它本质上还是电容原理，因此要使超级电容器的电容达到法拉级，甚至上万法拉，就必须使得极板的有效表面积尽可能大，极板之间的距离尽可能小。超级电容器性能的最核心影响因素是电极材料。常用的电极材料有如下几种：

活性炭电极材料：采用了高比表面积的活性炭材料经过成型制备电极。

碳纤维电极材料：采用活性炭纤维成型材料，如布、毡等经过增强，喷涂或熔融金属增强其导电性制备电极。

碳气凝胶电极材料：采用前驱材料制备凝胶，经过炭化活化得到电极材料。

碳纳米管电极材料：碳纳米管具有极好的中孔性能和导电性，采用高比表面积的碳纳米管材料，可以制得非常优良的超级电容器电极。

碳电极材料的表面积很大，电容的大小取决于表面积和电极的距离，这种碳电极的大表面积再加上很小的电极距离，使超级电容器的容值可以非常大，大多数超级电容器可以做到法拉级，一般容值为 15 000F。

2. 超级电容器原理

1）双电层电容器

超级电容器是一种电容量可达数千法拉的电容量极大的电容，根据电容器的原理，电容量取决于电极间距离和电极表面积，为了得到如此大的电容量，超级电容器应尽可能缩小电极间距离、增加电极表面积。为此采用了双电层原理和活性炭多孔化电极，其原理是依靠固-液界面的双电层达到存储电荷的目的，如图 2-10 所示。

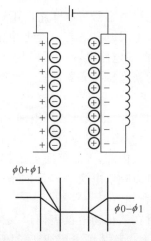

图 2-10　双电层电容的工作原理

充电时，在固体电极上电荷引力的作用下，电解液中的阴阳离子分别聚集在两个固体电极的表面，如图 2-11(a)所示。放电时，阴阳离子离开固体电极的表面，返回电解液本体，如图 2-11(b)所示。

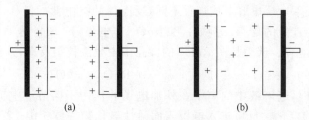

图 2-11　双电层电容器充放电示意图

(a) 充电；(b) 放电

一对固体电极浸在电解质溶液中,当电极和电解液接触时,由于库仑力、分子间力或者原子间力的作用,使固-液界面出现稳定的、符号相反的两层电荷,称为界面双电层。双电层电容的大小与电极电位和表面积的大小有关。双电层电容器电极通常由具有高比表面积的多孔碳材料组成。碳材料具有优良的导热和导电性能,其密度低,抗化学腐蚀性能好,热膨胀系数小,可以通过不同方法制得粉末、颗粒、块状、纤维、布、毡等多种形态。

双电层介质在电容器两电极施加电压时,在靠近电极的电介质界面上产生与电极所携带电荷相反的电荷并被束缚在介质界面上,形成事实上的电容器的两个电极。两电极的距离非常小,仅几纳米,同时活性炭多孔化电极可以获得极大的电极表面积,可以达到200m^2/g。因而这种结构的超级电容器具有极大的电容量并可以存储很大的静电能量。就储能而言,超级电容器的这一特性介于传统的电容器与电池之间。当两极板间电势低于电解液的氧化还原电极电位时,电解液界面上电荷不会脱离电解液,超级电容器为正常工作状态(通常为3V以下);如容器两端电压超过电解液的氧化还原电极电位时,电解液将分解,为非正常状态。随着超级电容器放电,正、负极板上的电荷被外电路泄放,电解液界面上的电荷相应减少。由此可以看出:超级电容器的充放电过程始终是物理过程,没有化学反应。因此性能是稳定的,与利用化学反应的蓄电池不同。

双电层电容器与铝电解电容器相比内阻较大,因此,可在无负载电阻情况下直接充电,如果出现过电压充电的情况,双电层电容器将会开路而不致损坏器件,这一特点与铝电解电容器的过电压击穿不同。同时,双电层电容器与可充电电池相比,可进行不限流充电,且充电次数可达1 000 000次以上,因此双电层电容器不但具有电容的特性,同时也具有电池特性,是一种介于电池和电容之间的新型特殊元器件。

2) 赝电容超级电容器

赝电容是在电极表面或者体相的二维或准二维空间上,电活性物质进行欠电位沉积,发生高度可逆的化学吸附/脱附或氧化/还原反应,产生与电极充电电位有关的电容。由于赝电容不仅发生在表面,而且可以深入内部,因而可获得比双电层电容器更高的电容量和能量密度。相同电极面积下,赝电容可以是双电层电容量的10~100倍。目前赝电容电极材料主要为一些金属氧化物和导电聚合物。

贵金属氧化物电容器,是通过在氧化物电极表面以及体相中发生快速氧化还原反应而达到储存电荷的目的,因此,其电容也称为赝电容或法拉第准电容。

在法拉第电荷传递过程中,一些金属(Pb、Bi、Cu)在Pt或Au上发生单层欠电势沉积或多孔过渡族金属氧化物(如RuO$_2$、IrO$_2$)发生氧化还原反应时,其放电和充电过程有如下现象:两电极电位与电极上施加或释放的电荷几乎呈线性关系。

如果该系统电压随时间呈线性变化,则产生几乎恒定的电流。此过程高度可逆,具有电容特征,但又和界面双电层电容形成过程不同,反应伴随有电荷的转移,发生了氧化还原反应,进而实现电荷与能量的储存。例如:以RuO$_2$作电极,H$_2$SO$_4$为溶液的超级电容器的电容主要取决于赝电容。认为是在RuO$_2$的微孔中发生法拉第反应,方程式为

$$RuO_2 + xH^+ + xe^- \longrightarrow RuO_2 \cdot x(OH)x \tag{2-10}$$

赝电容器充电时,电解液中的离子在外加电场的作用下向溶液中扩散到电极/溶液界面,而后通过界面的电化学反应进入电极表面活性氧化物的体相中;若电极材料是具有较大比表面积的氧化物,就会有相当多这样的电化学反应发生,大量的电荷就被存储在电极中,如图2-12(a)所示。放电时这些进入氧化物中的离子又会重新回到电解液中,同时所存

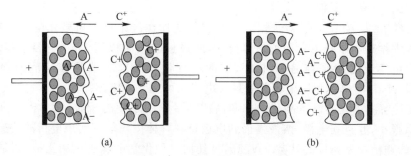

图 2-12 赝电容器充放电示意图
(a) 充电；(b) 放电

储的电荷通过外电路释放出来,如图 2-12(b)所示。

最初研究的金属氧化物超级电容器主要以 RuO_2 为电极材料,由于 RuO_2 的电导率比碳大 2 个数量级,在硫酸溶液中稳定,因此性能比双电层电容更好。目前的研究重点在于采用不同的方法制备高比表面积的 RuO_2 电极材料,主要有热分解法、溶胶-凝胶法等。已有报道中,RuO_2 的电极比容量最高为 1000F/g。

由于其价格昂贵,为了降低成本,一些研究者都在探讨用其他金属氧化物取代或者部分取代 RuO_2 作为电极材料。

导电聚合物超级电容器,是通过导电聚合物在充放电过程中的氧化、还原反应,在聚合物膜上快速产生 N 型或者 P 型掺杂,从而使聚合物储存很高密度的电荷,即产生赝电容。聚合物电容器的比容量比以活性炭为电极材料的双电层电容器要大 2~3 倍,其中具有代表性的聚合物有聚吡咯、聚噻吩、聚苯胺、聚丙苯、聚对苯等。

3）混合型超级电容器

超级电容器也可以在两极分别采用不同的电极材料,如一极是形成双电层电容的碳材料,另一极是利用赝电容储能的金属氧化物电极。在电压保持不变或略有提升的基础上,利用金属氧化物超级电容器的超大比能量与双电荷层超级电容器的有效配比,获得比双电荷层超级电容器高 4 倍的比能量。

此类电容器在工作时,既有双电层电容的贡献,又包含准电容的作用,因而其比能量较单纯的双电层电容器大大提高,同时可以具备较高的比功率和循环寿命。根据使用条件的不同,充放电次数可达 12 万次,甚至达到 50 万次。

四、超级电容器的特点和优势

超级电容器在分离出的电荷中存储能量,用于存储电荷的面积越大、分离出的电荷越密集,其电容量越大。

传统电容器的面积是导体的平板面积,为了获得较大的容量,导体材料卷制得很长,有时用特殊的组织结构来增加它的表面积。传统电容器是用绝缘材料分离它的两极板,一般为塑料薄膜、纸等,这些材料通常要求尽可能的薄。

在传统的能量储存元件中,电容器的功率高而能量低,电池则正好相反。当它们在高温和高循环的条件下使用时,将会缩短寿命,而在短期、高功率能量条件下应用时,又显得既笨重又昂贵。超级电容器则克服了上述缺点,其功率密度远高于普通电池,其能量密度也远高于常规电容器,具有如下特点。

(1)电容量大。超级电容器采用活性炭粉与活性炭纤维作为可极化电极,与电解液接触的面积大大增加。根据电容量的计算公式,两极板的表面积越大,则电容量越大。因此,一般双电层电容器容量很容易超过 1F,它的出现使普通电容器的容量范围骤然跃升了3～4 个数量级,目前单体超级电容器的最大电容量可达 5000F。

(2)妥善解决了存储设备高比功率和高比能量输出之间的矛盾,功率密度高。超级电容器的内阻很小,并且在电极/溶液界面和电极材料本体内均能够实现电荷的快速存储和释放,因而它的输出功率密度高达数 kW/kg,是任何一种化学电源所无法比拟的,是一般蓄电池的数十倍。一般来说,比能量高的储能体系其比功率不高,而一个储能体系的比功率高,则其比能量就不一定很高,许多电池体系就是如此。超级电容器可以提供 1～5kW/kg 的高比功率的同时,其比能量可以达 5～20W·h/kg。将它与蓄电池组结合起来,可构成一个兼有高比能量和高比功率输出的储能系统。

(3)充电时间短,充放电循环寿命很长。超级电容器最短可在几十秒内充电完毕,最长充电不过十几分钟,远快于蓄电池的充电时间。超级电容器在充放电过程中没有发生电化学反应,因而其循环寿命可达数万次以上,远比蓄电池的充放电循环寿命长,可达 500 000次,或 90 000h,而蓄电池的充放电寿命很难超过 1000 次。

(4)可以提供很高的放电电流,如 2700F 的超级电容器额定放电电流不低于 950A,放电峰值电流可达 1680A。

(5)可以在很宽的温度范围内正常工作(−40～+70℃),而蓄电池很难在高温或是低温环境下工作。

(6)可以任意并联使用以增加电容量,如采取均压后,还可以串联使用。

(7)储存寿命长。超级电容器充电后,虽然也有微小的漏电流存在,但这种发生在电容器内部的离子或质子迁移运动是在电场的作用下产生的,并没有出现化学或电化学反应,没有产生新的物质,且所用的电极材料在相应的电解液中也是稳定的,因此超级电容器的储存寿命几乎可以认为是无限的。

(8)高可靠性。超级电容器工作过程中没有运动部件,维护工作少,因此可靠性非常高。

(9)绿色环保。超级电容器在生产过程中不使用重金属和其他有害的化学物质,且自身寿命较长,因而是一种新型的绿色环保电源。

五、超级电容器在汽车上的应用

超级电容器具有广泛的用途。与燃料电池等高能量密度的物质相结合,超级电容器能提供快速的能量释放,满足高功率需求,从而使燃料电池可以仅作为能量源使用。目前,超级电容器的能量密度可高达 20kW/kg,已经开始抢占传统电容器和电池之间的这部分市场。

在那些要求高可靠性而对能量要求不高的应用中,可以用超级电容器来取代电池,也可以将超级电容器和电池结合起来,应用在对能量要求很高的场合,从而可以采用体积更小、更经济的电池。

　　超级电容器可以输出大电流,也可以快速吸收大电流。同化学充电原理相比,超级电容器的工作原理使这种产品的性能更稳定,因此,超级电容器的使用寿命更长。对于像电动工具和玩具这种需要快速充电的设备来说,超级电容器无疑是一种很理想的电源。

　　超级电容器的容量足够大,成本很低,对环境又无污染。大功率的超级电容器对于电动汽车的起动、加速和上坡行驶具有极其重要的意义:在汽车起动和爬坡时快速提供大功率电流;在汽车正常行驶时由蓄电池快速充电;在汽车刹车时快速存储发电机产生的大电流,因此可以减少电动汽车对蓄电池大电流充电的限制,大大延长蓄电池的使用寿命,提高电动汽车的实用性。鉴于电化学超级电容器的重要性,各工业发达国家都给予了高度重视,并成为各国重点的战略研究和开发项目。许多城市公交已经开始大规模使用超级电容公交车代替传统公交车,图 2-13 为上海市电容公交车。

图 2-13　上海市电容公交车

1. 在纯电动汽车上的应用及发展

　　超级电容器对整车动力性能的影响主要在于对续驶里程的影响。超级电容器的容量、能量密度、放电深度、功率密度等性能参数都会影响车辆行驶的能量消耗和续驶里程。

　　目前在国际上,污染小、节省能源的电动汽车已引起相当高的重视。在电动车的部件中,超级电容器凭借使用寿命长、安全性强等特点,已成为电动汽车开发的重要方向之一。这种以电容器为能源的电动客车无污染、零排放、低温特性好,适合于北方城市公交运行,具有良好的市场前景和社会效益。

　　将超级电容器应用到电动公交车上已经是一个很热门的话题了。由于公交线路站点是固定不变的,超级电容器的充电时间很短,在 1min 之内即可完成,所以可以利用公交车进站的时间充电,这样既不影响乘客的乘车时间,又不会像现在的有轨电车那样车顶上必须有两个"辫子",也省去了电车轨道设置的费用,看起来也更美观一些。超级电容器有个缺点就是能量密度小,充电一次只能续驶 20~25km,但它的充电速度快,充完就可以接着跑。

2. 在混合动力汽车上的应用

　　混合电动汽车的动力系统是以燃油发动机作为主要动力,其电力能量储存系统通常是二次电源,在内燃机车的电起动系统中采用超大容量电容器辅助起动装置,显示了较突出的优势,其表现在:

（1）由于起动功率的增加，缩短了柴油-发电机组的起动时间。柴油机旋转加速度增加，提高了燃油点燃质量。

（2）降低了起动时蓄电池组的最大电流负荷，有助于延长蓄电池的使用寿命。

（3）确保了起动的可靠性，特别是在低温以及蓄电池组亏电或参数变坏时尤为明显。

（4）在现有蓄电池技术状况下，可以有效减小蓄电池容量。

但超级电容器并不能完全取代电池，因为它的能量密度比较低。超级电容器单体的工作电压较低，因此要通过多个电容器单体的串联才能得到较高的工作电压，而多个单体串联对单体的统一性要求比较高，且串联起来后体系的容量又会成倍减少。现在这方面的很多工艺都还在研发当中。

超级电容的特性正好满足混合动力电动汽车的特殊要求。利用超级电容瞬时高功率特性，避免了要求发动机频繁起动和蓄电池提供瞬间大功率的特殊要求，还可以对制动能量进行回收利用，从而可以节约能源、减少排放污染，尤其适合经常在城市行驶的混合动力电动汽车。在回收制动能量方面，汽车在行驶过程中至少有30%的能量因热量散发和制动而消耗掉，特别是在城市行驶时，经常遇到红灯，这样不仅造成能源浪费，而且增加环境污染。如能把制动所消耗的能量回收起来用于汽车起动、加速，可谓一举两得。由于蓄电池充电是通过化学反应来完成的，所需时间较长，但制动时间较短，因而回收能量效果不佳。超级电容器独有的特性非常适合用于制动过程中能量回收，而且成本较低，应用前景广阔。

在为发动机冷起动时提供瞬时大功率方面，发动机的冷起动对蓄电池提出了特殊的要求，蓄电池必须提供瞬间大功率，发动机才可能起动。然而，一般蓄电池不具备这种特性，除非用起动点火型电池，但是起动点火型电池并不适合长时期小电流工作环境，而且在低温下经常失效。研究发现，如果把超级电容器和蓄电池联合用于发动机起动系统，发挥超级电容器的独有特性，构成新型的起动系统，这个问题就可迎刃而解。

六、超级电容器使用注意事项

（1）超级电容器具有固定的极性。在使用前，应确认极性。

（2）超级电容器应在标称电压下使用，当电容器电压超过标称电压时，将会导致电解液分解，同时电容器会发热，容量下降，而且内阻增加，寿命缩短，在某些情况下，可导致电容器性能崩溃。

（3）超级电容器不可应用于高频率充放电的电路中，高频率的快速充放电会导致电容器内部发热，容量衰减，内阻增加，在某些情况下会导致电容器性能崩溃。

（4）外界环境温度对于超级电容器的寿命有着重要的影响。电容器应尽量远离热源。

（5）当超级电容器被用作后备电源时的电压降。由于超级电容器具有内阻较大的特点，在放电的瞬间存在电压降，$\Delta V = IR$。

（6）使用中环境气体。超级电容器不可处于相对湿度大于85%或含有有毒气体的场所，这些环境下会导致引线及电容器壳体腐蚀，导致断路。

（7）超级电容器的存放。超级电容器不能置于高温、高湿的环境中，应在温度-30～+50℃、相对湿度小于60%的环境下储存，避免温度骤升骤降，因为这样会导致产品损坏。

（8）超级电容器在双面电路板上的使用。当超级电容器用于双面电路板上，需要注意连接处不可经过电容器可触及的地方，由于超级电容器的安装方式，会导致短路现象。

（9）当把电容器焊接在电路板上时，不可将电容器壳体接触到电路板上，否则焊接物会渗入至电容器穿线孔内，对电容器性能产生影响。

（10）安装超级电容器后，不可强行倾斜或扭动电容器，这样会导致电容器引线松动，导致性能劣化。

另外，超级电容器在焊接过程中应避免使电容器过热，若在焊接中使电容器出现过热现象，会降低电容器的使用寿命。例如，如果使用厚度为 1.6mm 的印制电路板，焊接过程应为 260℃，时间不超过 5s。电容器经过焊接后，电路板及电容器需要经过清洗，因为某些杂质可能会导致电容器短路。

电容器串联使用时，存在单体间的电压均衡问题，单纯的串联会导致某个或几个单体电容器过压，从而损坏这些电容器，整体性能受到影响，故在电容器进行串联使用时，需得到厂家的技术支持。

在使用超级电容器的过程中出现的其他应用上的问题，应向生产厂家咨询或参照超级电容器使用说明的相关技术资料执行。

超级电容器的出现，解决了能源系统中功率密度与能量密度之间的矛盾。随着超级电容器技术的进一步发展，它将取代当前频繁更换的蓄电池，且家用储能系统也有可能得到实现。作为一种储能巨大、充放电速度快、工作温度范围广、工作安全可靠、无须维护保养、价格低廉的储能系统，如能大量应用于电力系统，则必将推动技术进步并取得更大的经济效益。

第四节　超高速飞轮

将能量存储于旋转的飞轮，即以机械能的形式存储能量是一种很古老的储能思想，它作为一种简单的机械储能元件，已被人类利用了数千年。从古代陶工的制坯机械、古老的纺车，到 18 世纪工业革命时期发明的蒸汽机以及后来的汽车发动机都用到了飞轮。但是这些大大小小的飞轮有的是以匀速为目的，有的是满足即时储能的需要，储存的能量少，时间短，所以还不能称为真正现代意义上的储能飞轮。真正以大容量、长时间储能为目的的现代飞轮储能系统出现于 20 世纪 50 年代，但是限于当时的技术条件，储能飞轮并未取得很大的进展。直到 20 世纪 90 年代，主要由于以下几个方面技术的突破性进展，给飞轮储能技术带来了新的活力和契机。

高强度的各种复合材料的出现，比如碳素纤维和玻璃纤维的出现使得飞轮允许线速度可达 500～1000m/s，大大增加了飞轮的储能密度，也就是单位质量的动能储量。

近年来磁悬浮技术的发展，配合真空技术、高温超导技术，以及高磁能积的永磁材料的出现，极大地降低了飞轮支撑系统的机械摩擦和风阻，提高了飞轮转速。

各种电力电子元器件和高转速电动机的出现，为飞轮电池的电能变换和控制提供了极大的灵活性。

而在上述各种技术中，磁悬浮技术的发展是推动储能飞轮的研究和发展的重要因素。早期的飞轮大多数采用机械轴承（如宝石轴承等），机械轴承的摩擦损耗大，所以能量损失严重。将磁悬浮轴承应用于现代高性能飞轮电池，使人们利用高速旋转的飞轮转子大容量、长时间存储能量的梦想成为可能。

　　超高速飞轮,又称飞轮储能器或飞轮电池,它利用超高速旋转的飞轮储存能量,并通过机电能量转换装置实现机械能和电能的相互转换。基于其比能量高、比功率高、电能和机械能之间的转化效率高、能快速充电、可实现免维护和具有良好的性能价格比等特点,超高速飞轮在电动汽车、航空航天、电网调峰、风力发电系统的不间断供电及军事等领域有着广泛的应用前景。

　　研究证明,重 2200kg 的汽车,以维持 200～250km 的行程和 10s 的 10～96km/h 的加速过程,大约需要 78kW·h 存储能量以及 94kW 的发电功率。20 世纪 80 年代初,瑞士 Oerlikon 工程公司研制成功完全由飞轮供能的第一辆公共汽车,飞轮直径 1.63m,重 1.5t,在氢气环境里以 3000r/min 运行以降低风损。该车乘客为 70 名,行程大约 0.8km,每次靠站停车时,飞轮将需要充电 2min。经过多年的研究试验,美国飞轮系统公司(AFS)已经生产出了以克莱斯勒 LHS 轿车为原型的飞轮电池轿车 AFS20,这是一种完全由飞轮电池供电的电动汽车。它由 20 节飞轮电池驱动,每节电池直径 230mm,质量为 13.64kg。电池用市电充电需要 6h,而快速充电只需要 15min,一次充电行驶路程可达 560km。

一、超高速飞轮的工作原理

　　现代飞轮储能系统(flywheel energy storage system,FESS)是一种在机械能和电能之间进行能量转换的储能装置,所以也叫做飞轮电池(Fly Wheel Battery),或者电动机械电池(Eleetro-mechanical Battery)。飞轮电池是以高速旋转的飞轮转子的旋转动能的形式储存能量的。和传统的化学电池类似,飞轮电池的工作过程也可以分为充电和放电两种模式。但是和化学电池不同的是,飞轮电池的充放电是由发电/电动机以及与其连成一体的飞轮转子完成的,即是由同一个电动机分别工作在其电动和发电状态实现的。具体来说,飞轮电池的工作过程可以分为以下三个阶段:

　　(1) 当飞轮在充电时,从电网来的电能经功率电子变换,驱动和飞轮转子连成一体的电动机带动飞轮高速旋转,飞轮就以电能的形式把能量存储下来,从而完成电能-机械能的能量存储过程,此时电动机处于电动机工作状态。

　　(2) 在能量保持阶段,电动机几乎维持一个恒定的转速,直到接收到一个能量释放的控制信号。

　　(3) 当需要给负载供电时,高速旋转的飞轮转子作为原动机带动电动机发电,经功率变换器输出适用于负载的电流和电压,此时电动机处于发电机状态,从而完成机械能-电能转换的能量释放过程。由此,整个飞轮储能系统完成了一次电能的输入、储存和输出的过程。飞轮电池一般是由高速旋转的飞轮转子、电动机/发电机、轴承支承系统、功率变换装置、电子控制设备以及附加设备(如真空罩、紧急备用轴承)等组成,图 2-14 为飞轮储能系统的拓扑结构示意图。

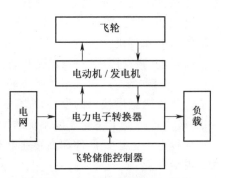

图 2-14　飞轮储能系统的拓扑结构图

　　飞轮储能器中没有任何化学活性物质,也没有任何化学反应发生。旋转时的飞轮是纯粹的机械运动,飞轮在转动时的动能为

$$E = \frac{1}{2} J \omega^2 = \frac{1}{2} m r^2 \omega^2 \tag{2-11}$$

式中,J 为飞轮的转动惯量;ω 为飞轮旋转的角速度;m 为飞轮质量;r 为飞轮半径。从该式可以看出,为了提高飞轮电池的储能量可以有两个途径:①增加飞轮转子的转动惯量 J;②提高飞轮的旋转速度 ω。

前一种方法对于固定应用场合,对飞轮电池的质量和大小没有严格要求时比较适用。飞轮的转动惯量正比于飞轮的直径和飞轮的质量,过于庞大、沉重飞轮在高速旋转时,会受到极大的离心力作用,往往超过飞轮材料的极限强度,很不安全。因此,用增大飞轮转动惯量的方法来增加飞轮的动能是有限的。飞轮的动能与角速度的平方成正比,在不增加飞轮直径和飞轮质量情况下,提高飞轮旋转的角速度,能够明显地提高飞轮的动能。现代飞轮储能器所用的飞轮,一般尽量做成尺寸小、质量轻、超高速旋转的小型飞轮,飞轮的转速可以达到 200 000r/min 以上。提高转速可以大大提高飞轮的储能量,是实现大容量储能的有效方法,当然,飞轮的最大转速受材料承载应力的限制。

1. 超高速飞轮的能量储存与释放

飞轮存储能量:

$$P_c(t) = [J_f \omega(t) + C_1 \omega^2(t) + C_2] \omega^2(t) \tag{2-12}$$

飞轮释放能量:

$$P_d(t) = [J_f \omega(t) + C_1 \omega^2(t) - C_2] \omega^2(t) \tag{2-13}$$

式中,P_c 为储存功率;P_d 为释放功率;J_f 为飞轮转子的转动惯量;ω 为飞轮转子的角速度;C_1 为空气阻力系数(由飞轮转子周围空气产生);C_2 为旋转阻力系数(由飞轮转子的惯性产生)。

在飞轮储存能量和释放能量过程中,要受到周围空气阻力的作用,因此超高速飞轮一般是在密封的真空外壳中高速旋转。

但飞轮角速度由 ω_{min} 逐渐增加到 ω_{max} 时,飞轮动能变化产生的阻力转矩随飞轮角速度变化是递增的,其关系是

$$\begin{cases} \dfrac{dE}{d\omega} = -M_h \omega \dfrac{dt}{d\omega} \\ M_h = -c_1 \omega^2(t) - c_2 \end{cases} \tag{2-14}$$

式中,M_h 为飞轮能量变化产生的阻力转矩。

2. 超高速飞轮的转动惯量

一般超高速飞轮多采用绕垂直轴旋转的结构形式,因为在地球重力场中,绕垂直轴旋转的超高速飞轮受地球重力场的影响较绕水平轴旋转的超高速飞轮小,而且绕垂直轴旋转的超高速飞轮的陀螺效应,更有利于飞轮储能器保持稳定的运转。

3. 超高速飞轮能量储存与释放工作循环

超高速飞轮的储能是重要的设计指标。超高速飞轮的能量储存与释放工作循环如图 2-15 所示,在飞轮储存能量时飞轮转子加速,之后飞轮保持匀速旋转,在飞轮释放能量时飞轮转子减速。

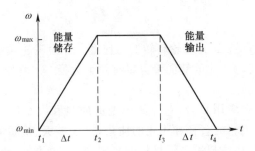

图 2-15 超高速飞轮能量储存与能量释放工作循环

飞轮在给定的最高转速 ω_{max} 与最低转速 ω_{min} 之间循环运转时,可以吸收和释放的能量大小为

$$\Delta E = \frac{1}{2} J \left(\omega_{max}^2 - \omega_{min}^2 \right) \qquad (2\text{-}15)$$

由此,引入定义

$$\alpha = 1 - \frac{\omega_{min}^2}{\omega_{max}^2} \qquad (2\text{-}16)$$

式中 α 称为放电深度。在通常情况下,选择最小转速为最大转速的 $1/2$,则总储能量的 $3/4$ 能量可以被利用,放电深度达 75%。

衡量任何储能装置性能的一个重要的指标就是其储能密度,即单位质量的储能装置所存储的能量。为了使飞轮电池小型化并且便于携带,所以设计飞轮时都希望其质量不能很大,同时又受到工作空间的限制,因此要求其具有较高的储能密度。要想获得较大的能量储存和较高的储能密度,强度大而密度小的材料是飞轮转子的理想材料。

形状系数用来衡量飞轮转子材料得到有效利用的程度,取决于飞轮转子的结构形状、飞轮材料的物理特性以及飞轮内部的应力分布。飞轮的形状(断面形状)有矩形、圆形、椭圆形、菱形等十几种形状,不同形状的飞轮,其形状系数也不同。对于金属材料的飞轮来说,由于金属属于各向同性材料,所以不存在等应力设计的问题,所以一般选择等厚度圆盘形状,目的是便于加工。

二、超高速飞轮的构造

图 2-16 给出了典型超高速飞轮的结构示意图,它主要由飞轮、电动机/发电机系统、旋转轴、轴承及真空室等组成。

1. 飞轮材料

由计算得知,一个直径为 230mm、质量为 13.5kg 的飞轮,要达到比能量 150W·h/kg 时,飞轮转速将达到 150 000~200 000r/min。在这样高的转速下,制造飞轮的材料所受到的离心力要比钢材的强度大 12 倍,离心力所

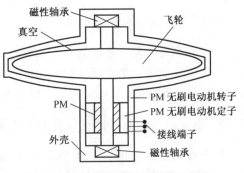

图 2-16 超高速飞轮的结构示意图

产生的应力过大时,飞轮破裂后的碎片会产生极大的破坏力,因此,飞轮的材料和形状是设计的重点。飞轮的形状通常采用等应力设计原则,即飞轮转子的每一部分都具有相等的应力。因此,飞轮厚度应随着转子半径的增加而递减。而且要求飞轮转子的材料绝对均匀和平衡,且必须有非常好的动平衡精度。

2. 电动机/发电机系统

超高速飞轮储能装置中有一个内置电机,它既是电动机也是发电机。在充电时,它作为电动机给飞轮加速;当放电时,它又作为发电机给外设供电,此时飞轮的转速不断下降;而当飞轮空闲运转时,整个装置则以最小损耗运行。

飞轮电动机必须满足飞轮储能系统的要求,具体要求主要有:

(1) 飞轮电动机应具有可逆性,能运行于电动和发电两种状态;

(2) 飞轮储能和转速平方成正比,因此要求飞轮电动机具有较高的运行速度;

(3) 储能和释能要求电动机能够适应大范围速度变化;

(4) 长时间不间断运行要求电动机有较长的使用寿命;

(5) 长时间的储能运行要求电动机空载损耗不能过大;

(6) 要求电动机有较大的转矩输出能力和功率容量;

(7) 要求电动机运行效率高、调速性能好。

从以上需求出发,现在常用的电动机有永磁无刷电动机、三相无刷直流电动机、磁阻电动机和感应电动机等,其中以永磁无刷直流/交流电动机应用居多,它具有调节控制方便、调速范围宽、转子损失低、易于实现双向功率转换等优点,同时其结构简单,可以根据飞轮电池的设计要求做成各种形状,因此在飞轮储能装置中具有很大的吸引力,尤其是应用在转速30 000r/min 以上的飞轮系统中。目前永磁电动机的转速可以达到 200 000r/min。美国 Indigo 能源公司的飞轮电池采用了三相高效的永磁无刷电动机,其能量转换效率大于 95%。

3. 飞轮转轴支承系统

飞轮电池储能的一个特点是,在相当长的待机时间里,飞轮仍不停地高速旋转。因此,要保存飞轮的旋转功能,消除轴承的摩擦损耗(这也是延长轴承寿命所必需的)是实现高效飞轮电池的关键,所以飞轮转子的轴承支承系统是飞轮实现高效储能的关键问题。飞轮电池对轴承支承系统的要求是承受重载,损耗少,寿命长,维护方便等。

飞轮电池的支承方式主要有超导磁悬浮、电磁悬浮、永磁悬浮、机械支承四种,以及它们的两两组合。

在早期的飞轮电池装置中,较多地采用陶瓷轴承、宝石轴承和滚动轴承等机械轴承,这类轴承方式由于存在机械摩擦和磨损,所以转速不高,寿命低,运行效率不高,一般适用于快速充放电系统,所以现代的新型飞轮储能系统大都不采用机械轴承。但是,由于其结构简单、紧凑、坚固,一般作为飞轮转子在紧急状态时的辅助轴承使用。

近年来,以超高速磁悬浮列车为代表,采用磁力将物体悬浮的技术已经趋于实用阶段。对于旋转体来说,替代过去的机械轴承,采用非接触的磁悬浮轴承成为飞轮电池的转子支承系统的理想选择,磁悬浮轴承技术具有以下特点:

(1) 非接触,没有磨损,寿命长且工作性能不变。

(2) 无须润滑,不需要润滑介质,故不用泵、管道、过滤器和密封件等,也不会因润滑剂泄漏而污染环境,并且能在高温或极低温($-253\sim450$℃)等特殊环境下工作。

(3)磁悬浮飞轮的转速只受转子离心力的限制,圆周转速高,因此转子角动量与质量比可以较大地提高,从而减轻了飞轮质量。

将磁悬浮轴承作为储能飞轮的支承元件是个非常不错的选择。近年来储能飞轮研究的大力发展和性能的提高在很大程度上也是得益于采用了磁悬浮轴承,磁悬浮轴承的发展为储能飞轮的研究开发开辟了一条新的途径。

4. 真空环境

在 200 000r/min 的超高转速条件下转动时,飞轮周围的空气会形成强烈的涡流,造成巨大的空气阻力,损耗飞轮的能量,这对转子的运动非常不利。为了减少飞轮室风力损耗,现代高速飞轮储能器是在高度密封的环境中运转的,真空容器的真空度在 $10^{-3}\sim10^{-4}$ Pa 以下,关键是解决真空容器的密封,以防止外部气体渗入真空容器中,以及解决飞轮系统材料逸出的气体,它同样会破坏真空容器的真空度。

5. 功率变换装置

功率变换装置的作用在于控制电动机,实现电能和机械能的相互转换。当飞轮储能时,交流配电系统的电能经过整流装置转换成直流电,然后由功率变换装置按照恒定转矩或恒定功率的原理控制电动机加速。达到一定转速后转入低压模式,由功率变换装置提供一低压来抵消电动机损耗,维持飞轮的转速。释能时电动机作为同步发电机运行,发出的电能先整流成直流电,再由稳压装置变换成稳定的直流电,电能经逆变器变换后转化为交流电输送给交流配电系统。如果配电系统是直流配电系统,则不需要与之相连的逆变环节。

6. 附加设备

附加设备包括辅助轴承以及真空室等,其中,机械辅助轴承又称为保持轴承或者叫着陆轴承。采用辅助轴承是基于以下两个原因:

(1)在日常维护中,电磁轴承不工作但要保持转子低速旋转,此时需要辅助轴承来支承转子。

(2)在运行过程中,电磁轴承因某种原因突然断电,出于安全性的考虑,需要辅助轴承临时支承转子直到转子完全停下来为止。

为减少风损,防止高速旋转的飞轮发生安全事故,飞轮系统一般放置在高真空的密封机壳内。虽然提高真空度能降低风损,但因为稀薄的气体环境使散热功能减弱,转子的温度易升高。

三、飞轮电池特性

作为电池家族的新成员,这种新型的动能电池与传统化学电池相比具有以下几方面突出的优点:

(1)能量转换效率高,工作效率高达 90%。

(2)储能密度高,储能密度大于 200W·h/kg,功率密度可达 5000W/kg。

(3)循环寿命长,无过充电和过放电问题。化学电池一般不能深度放电,也不能过充电,否则其寿命会急剧下降。而飞轮电池在深度放电时,其性能完全不受影响,而且在电力电子装置的协助下,容易防止过充电(实际上是限制转子的最高转速)。飞轮电池的寿命主要取决于其电力电子装置的寿命,故能够重复运行几百万次,一般使用寿命可达到 20 年左右。

(4) 容易测量放电深度,充电时间较短。飞轮电池只要测出转子的转速,就能确切知道其放电深度,而化学电池就没有这么容易了。另外,飞轮电池的充电一般在几分钟之内即可完成,而化学电池则需要几个小时,常见的需要七八个小时。

(5) 对温度不敏感。化学电池在高温或低温时其性能会急剧下降,而飞轮电池则不然。

(6) 对环境友好。化学电池在报废后会对环境产生恶劣影响,而且回收成本较高,飞轮电池是一种绿色电池,它不会对环境产生任何影响,因此在电动汽车方面的应用极具潜力。

(7) 低损耗。独一无二的轴承系统和真空工作环境使机械损耗可以被忽略,其他损耗也可通过设计使之最小化到可忽略的水平。

当然,飞轮储能系统也有其局限性,存在制造成本高、平稳性不好、抗震性能不佳等缺点,但是随着飞轮储能技术的继续发展和研究的不断深入,这些缺点将会逐步得到改善和解决。

四、超高速飞轮面临问题及解决方法

与固定的储能装置不同,超高速飞轮目前面临着两大问题:①当系统运行方向发生变化(比如车辆转弯或产生颠簸偏离直线行驶)时,飞轮将会产生陀螺力矩,陀螺力矩将严重影响系统的操纵性能;②当飞轮出现故障时,以机械能形式存储在飞轮中的能量就会在短时间内释放出来,产生的大功率输出将对系统及使用母体产生巨大破坏。例如,若 $1kW \cdot h$ 的飞轮失效,在 $1 \sim 5s$ 内将产生 $720 \sim 3600kW$ 的功率输出,因此故障抑制一直是超高速飞轮使用的巨大障碍。减小陀螺力矩的一个简单措施是使用多个小型飞轮,并把它们连接成组,一半以顺时针旋转,另一半以逆时针旋转,理论上,作用在使用系统上的总陀螺力矩为零。但实际上,这些飞轮的分布排列以及协调工作还存在许多问题,而且,这些飞轮总的比能量和比功率可能会小于单个飞轮的比能量和比功率。这种方法虽已有应用,但尚待完善。另一种新型抑制措施,是采用增大飞轮转子边缘的厚度,而不是按照等应力设计原则减小飞轮的边缘厚度,当飞轮转子出现故障时,转子边缘较厚的部分会首先脱落,起到保险丝的作用。国外发明的名为"凯芙拉"(Kavlar)的飞轮转子,使用强度高、密度小的碳纤维增强型环氧树脂复合材料,当飞轮受离心力作用而破坏时,这种材料会分散成絮状绒毛,不会造成危害,故选择超强复合材料是解决飞轮面临问题的安全措施之一。

第五节　混合能量存储系统

一、混合储能系统优点

近年来,能源成为整个人类所面临的重大课题之一。在不断开发新能源的同时,如何更有效地利用现有的能源已经被人们所日益重视。电能的存储和形式转换问题成为当今能源领域的热点研究问题。目前的新能源汽车上电能存储方式众多,但就储能机理而言,储能系统主要有蓄电池储能系统、飞轮储能系统和超级电容器储能系统几种。

在现阶段,无论超高速飞轮、超导电感、各类燃料电池和电化学蓄电池还是超级电容器都不能完全兼顾安全性、高比功率、高比能量、长使用寿命、技术成熟以及工作温度范围宽等多方面的要求。一般来说,比能量高的储能装置其比功率不会太高;同样,一个储能装置的比功率比较高,其比能量就不一定很高。这些能量源不能同时提供高比能量和高比功率,难于单独用作电动汽车的能源。采用混合能源系统,即混合动力系统成为电动汽车设计中一个实用的方案。

从广义上来讲,混合动力电动汽车指的是装备有两种具有不同特点驱动装置的车辆。这两个驱动装置中有一个是车辆的主要动力来源,它能够提供稳定的动力输出,满足汽车稳定行驶的动力需求;另外还有一个辅助驱动装置,它具有良好的变工况特性,能够进行功率的平衡、能量的再生与存储。

根据国际机电委员会下属的电力机动车技术委员会的建议,混合动力电动汽车是指由两种和两种以上的储能器、能源或转换器作驱动能源,其中至少有一种以上能提供电能的车辆。根据这个定义,混合动力电动汽车有很多种形式,一般可以分为油电混合、飞轮与电池混合、燃料电池与蓄电池混合以及电电混合等。为了避免混淆,业内通常用内燃机和蓄电池动力混合的车辆来代表混合动力电动汽车,把燃料电池与蓄电池的混合车型称为燃料电池电动汽车,而把蓄电池与电容器动力混合的车辆称为超级电容器辅助动力电动汽车等。

由于随着使用的能源数目的增加,整个动力系统的布置和控制难度加大,通常采用两种能源的混合动力系统(一个具有比较高的比能量,而另一个应有比较高的比功率),电动汽车使用混合动力系统具有以下优点:

(1) 实现了电动汽车对能量和功率要求的分离,使得电动汽车可使用蓄电池、燃料电池等高能量的能源和使用超级电容器、超高速飞轮等高功率的能源。

(2) 由于无须同时追求高比能量和比功率,能源的循环寿命得以延长,生产成本降低。

(3) 充分利用了电动汽车各种能源的优点。比如,蓄电池的技术成熟、成本低廉,燃料电池的高比能量和高燃油效率,超级电容器巨大的比功率和瞬间充/放电能力,超高速飞轮巨大的比功率和不受限制的使用寿命。

使用高比能量能源和高比功率能源的混合动力系统电动汽车在正常行驶条件下,高比能量的能源通过功率变换器向电动机供能。为了使高比功率的能源时刻都具有高功率输出能力,在车辆轻载行驶条件下,由高比能量的能源向高比功率的能源充电;在车辆加速或爬坡行驶时,高比功率的能源和高比能量的能源同时给电动机供能;当车辆制动或下坡行驶时,电动机工作于发电机模式,再生能量通过功率变换器为高比功率的能源充电,若高比功率的能源不能全部接收再生能源,剩余部分则由高比能量的能源吸收。

二、几种典型的混合储能系统

基于现有的各种能源技术,可用于电动汽车的混合动力系统包括蓄电池与蓄电池的混合功力、蓄电池与超级电容器的混合动力以及燃料电池与蓄电池的混合动力和飞轮混合电池。

1. 超级电容器与蓄电池混合

由于超级电容比能量低,难于满足电动汽车的实际应用,必须与其他的能源结合使用。作为电电混合的超级电容器和蓄电池混合储能系统,蓄电池提供高的能量密度,超级电容器提供高的功率密度,这样可以同时延长电动车的续驶里程、改善电动车的起步/加速性能并回收制动能量。这种混合储能结构的研究有助于加快实现用纯电动车越来越多地取代内燃机汽车的发展目标,减轻环境污染和能源危机。该混合动力系统需要在蓄电池和超级电容器之间安装功率变换器,这是基于超级电容器的工作电压比较低来考虑的(即使采用多个电容器组合使用,工作电压通常也小于100V)。目前,使用阀控铅酸电池和超级电容器的混合动力系统(由阀控铅酸电池输出车辆平均的能量消耗,超级电容器输出峰值功率)已经引起广泛关注。在车辆低功率行驶时,由阀控铅酸电池为超级电容器充电,而在车辆再生制动期间,由超级电容器吸收再生能量。其他可能的混合动力系统还有镍氢电池和超级电容器混合功力、锂离子电池和超级电容器混合动力。

2. 电性能的改善

采用超级电容器与蓄电池并联时启动过程的电压波形相比,启动瞬间电压跌落由仅采用蓄电池时的3.2V提升到7.2V;启动电流从560A提高到1200A;启动瞬时的电源输出功率从2kW提高到8.7kW;启动过程的平稳电压由7V提高到9.4V;启动过程的平稳电流由280A提高到440A;启动过程的电源平稳输出功率从2.44kW提高到4.12kW。

3. 启动性能的改善

超级电容器与蓄电池并联应用可以提高机车的启动性能,将超级电容器(450F/16.2V)与12V、45A·h的蓄电池并联启动安装1.9L柴油机的汽车,在10℃时平稳启动,尽管在这种情况中,当不连接超级电容器时,蓄电池也可以启动,但采用超级电容器与蓄电池并联时启动电动机的速度和性能都非常的好。由于电源的输出功率的提高,启动速度由仅用蓄电池时的300r/min增加到450r/min;尤其在提高汽车在冷天的起动性能(更高的启动转矩)上,超级电容器是非常有意义的,在-20℃时,由于蓄电池的性能大大下降,很可能不能正常启动或需多次启动才能成功,而超级电容器与蓄电池并联时则仅需一次点火,其优点是非常明显的。

4. 对蓄电池应用状态的改善

超级电容器与蓄电池并联时,由于超级电容器的等效串联电阻(ESR)远低于蓄电池的内阻,因此,在启动瞬间1200A启动电流中的800A电流由超级电容器提供,蓄电池仅提供400A的电流,明显低于仅采用蓄电池的560A,有效地降低了蓄电池极板的极化,阻止了蓄电池内阻的上升,使启动过程的平稳电压得到提高。

最主要的是蓄电池极板极化的减轻不仅有利于延长蓄电池的使用寿命,而且也可以消除频繁启动对蓄电池寿命的影响。

1)飞轮混合电池

超高速飞轮安装在化学电池或内燃机供能的汽车上,以起缓冲器作用,与系统协同工作,称之为飞轮混合电池。作为辅助动力源,超高速飞轮在电动汽车上的作用主要有两方面。

（1）稳定主动力源的功率输出，即在电动汽车起动、爬坡和加速时，飞轮储能器能够快速、大能量地提供动力（放电），为主动力源提供辅助动力，并减少主动力源的动力输出。

（2）提高制动时能量回收的效率，即在电动汽车下坡、滑行和制动时，飞轮储能器能够快速、大能量地储存动能（充电），充电速度不受活性物质化学反应速度的影响，提高了再生制动时能量回收的效率。

从汽车功率负载图中可以看到，稳定运行时，汽车功率需求仅为峰值功率的 1/4，这就迫切需要引入大功率输出储能系统，而飞轮系统具有满足这种输出功率和能量密度的特别要求。

现有的研究表明，合理设计混合飞轮电池，车辆运行可节能 30%，并能减少废气排放量 75%。理论上超高速飞轮具有很高的动能，但由于一般金属材料无法承受其高速旋转所产生的应力以及目前难以解决的陀螺力矩抑制问题，故在实际应用中还有很多的困难，但这并不能埋没超高速飞轮作为辅助动力源所表现出来的优点。

随着研究的深入和高强度碳纤维复合材料的发明，超高速飞轮会像蓄电池和燃料电池一样，作为独立的能源系统向用电系统供电。作为远期目标，有望成为具有最高比能量（比其他任何电池都高，甚至超过内燃机）和比功率的能源系统。

2）蓄电池和蓄电池混合动力

在蓄电池和蓄电池混合动力系统中，一种蓄电池具有高比能量，另一种蓄电池具有高比功率。考虑到技术成熟程度和造价，Zn 空气电池和阀控铅酸电池成为最佳选择。Zn 空气电池的比能量高达 230W·h/kg，用于提高车辆的续驶里程；阀控铅酸电池的比功率高达 300W/kg，用于车辆加速和爬坡行驶。这种混合动力方案克服了机械充电式 Zn 空气电池不能回收车辆再生制动能量的缺点。

其他可能的蓄电池和蓄电池的混合动力系统还包括 Zn 空气和 MH/Ni 混合动力系统、Zn 空气和锂离子混合动力系统。

3）燃料电池和蓄电池的混合动力

虽然燃料电池具有非常高的比能量，但比功率低并且难以实现再生能量回收，因此燃料电池和蓄电池的混合动力系统也是一种方案，其中，蓄电池的选择用于弥补燃料电池的缺点。SPFC（固体聚合物燃料电池）和 VRLA（密封式阀控铅酸电池），SPFC 和 MH/Ni 以及 SPFC 和 Li-ion 锂离子的混合动力都是常用的几种燃料电池和蓄电池的混合动力系统。

第六节　锂离子电池充电器

锂离子电池充电器的各项指标精度 ±1%。充电器输出电压 21.0V，电流 2.0A。适用于额定电压 18.0V，容量 2~8A·h，终止充电电压 21.0V 的锂离子电池充电。

图 2-17 是锂离子电池充电器原理图。

图 2-18 是锂离子电池充电器 PCB 图。

表 2-3 是锂离子电池充电器元件清单。元件精度要高。

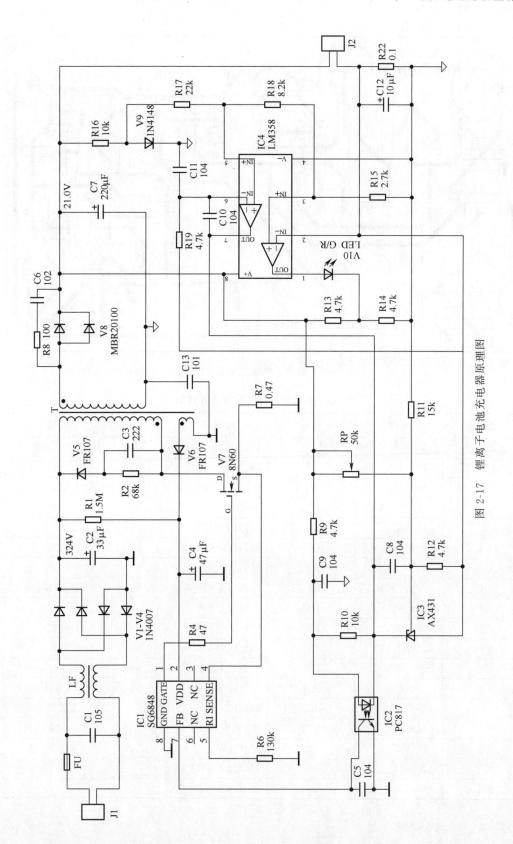

图 2-17　锂离子电池充电器原理图

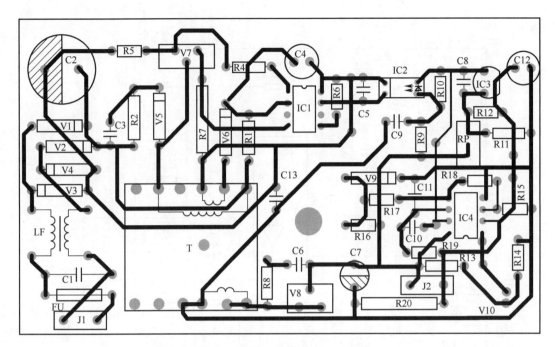

图 2-18 锂离子电池充电器 PCB 图

表 2-3 锂离子电池充电器元件清单

位号	规格	位号	规格	位号	规格
C1	105/275V	J1	CON1	R8	100 1/4W
C10	104/63V	J2	CON2	R9	4.7kΩ 1/6W
C11	104/63V	R1	1.5MΩ 1/4W	RP	50kΩ
C12	10μF/50V	R10	10kΩ 1/6W	V1	1N4007
C13	101/63V	R11	15kΩ 1/4W	V10	LED G/R
C2	33μF/400V	R12	4.7kΩ 1/6W	V2	1N4007
C3	222/1kV	R13	4.7kΩ 1/6W	V3	1N4007
C4	47μF/50V	R14	4.7kΩ 1/6W	V4	1N4007
C5	104/63V	R15	2.7kΩ 1/6W	V5	FR107
C6	102/63V	R16	10kΩ 1/6W	V6	FR107
C7	220μF/63V	R17	22kΩ 1/6W	V7	8N60
C8	104/63V	R18	8.2kΩ 1/6W	V8	MBR20100
C9	104/63V	R19	4.7kΩ 1/6W	V9	1N4148
FU	250V 1A	R2	68kΩ 1/2W		散热器
IC1	SG6848	R22	0.1/3W		印制电路板
IC2	PC817	R4	47 1/4W		导线等
IC3	AX431	R6	130kΩ 1/6W		
IC4	LM358	R7	0.47/2W		

第七节 电动汽车电池管理系统及实例

一、概述

在当今环境问题和能源问题日益严峻的大环境下,电动汽车成为能巧妙解决这两个问题的方案。在世界各国政府大力扶持和汽车工业未来发展的必然趋势的推动下,电动汽车得到了快速的发展。电动汽车的关键是电池管理系统(BMS),它是整个汽车的动力来源,其性能优劣决定着电动汽车的动力表现和续驶里程。BMS 的主要功能为防止电池在使用过程中的过度充电和过度放电,优化和均衡电池包中单体电池的不一致性,使电池组能发挥最大效益和延长使用寿命。BMS 具备实时检测单体电池和整组电池包的工作参数(电压、电流、温度等)的功能,这对预估整车的续驶时间和电池的安全性能是至关重要的。

1. BMS 结构

BMS 的主要任务是保证电池使用安全,提高电池利用率,延长电池的使用寿命,对单体电池进行检测,防止过充和过放,为用户提供电池的各种状态信息。BMS 系统的主要功能包括数据采集、电荷状态估计、均衡管理、热管理和数据通信。

BMS 是以处理器为核心的控制系统,它由处理器、传感器、执行器三部分组成,通过安装在电动汽车中的各种传感器,BMS 可以获得各种信息:电动汽车在运行时电池组的电压、电流、温度、剩余电量和充电状态下的充电方式以及充电电流等信息一并反馈给驾驶者,这些信息也可以传给处理器,通过数据处理,用来监测故障并发出各种警示信息和操作指令,使得电动汽车在安全的环境或者在最优化的状态下运行。

BMS 还能够解决和处理电池组中单体电池长久使用过程中产生的不一致性,实时监测和有效管理电动汽车的电池包的各个单体电池,均衡各块电池,使得电池的使用性能和使用寿命实现最优化和最大化。

2. BMS 简史和研究现状

在 20 世纪 30 年代,第一辆电动汽车诞生。相比于国内的情况,国外在对电池管理系统研究方面起步比较早。美国在电动汽车电池管理系统研究领域一直走在世界的前列。美国维拉诺瓦大学(Villanova University)较早地对电池荷电状态(state of charge,SOC)进行基于模糊逻辑的预测,得克萨斯大学奥斯汀分校(University of Texas at Auslin)最早提出了 BMS。

中国在"863"计划的推动下,在 BMS 的研究方面取得了长足的进步。2015 年 11 月,科技部发布了 2016 年国家"新能源汽车"试点专项文件,其中 BMS 被列为重点研究任务。国外的研究目前先进于国内,日本青森工业研究中心从 1997 年至今一直在进行 BMS 实际应用的研究。韩国研制出的 SAMSUNG SDI 电池管理系统能够对 40 个单体电池的电压、电流和温度信号进行监控,并均衡单体电池之间的差异。

3. BMS 未来发展方向

电动汽车自发明以来发展的时间并不长,而 BMS 作为电动汽车的关键技术,其未来发展方向主要有两点:

(1) 荷电状态(SOC)进一步精确。SOC 是电动汽车运行过程中一项重要的参数指标。如何通过采集电池组中每块电池的电压、充放电电流、温度等数据,建一个能够更加精准地预估电池的 SOC 的数学模型,这将会是电池管理系统在今后研究中的一个重点发展方向。

(2) BMS 均衡能力进一步提高。BMS 主要是要解决单体电池之间的不一致性。电动汽车的动力电池是由很多个单体电池串联组成的,由于在每块电池生产过程中不可能做到完全一模一样,即使是同一型号、同一规格的电池其电压、电阻、电池容量等物理参数都会有一定的差异,而且在使用过程中这种差异可能会进一步放大,在多次充放电后,电池之间会更加不均衡,这会严重影响电池组的效率和安全。所以如何在均衡充电方面对不一致性进行补偿,保持每个电池之间的相对一致性将会是未来电池管理系统的另一个发展方向。

二、BMS 主要技术与功能

电动汽车动力电池包是新能源汽车的核心部件,为整车提供驱动电能,目前电动汽车常用的动力电池主要有铅酸电池、氢镍电池和锂离子电池。电池系统作为电动汽车的动力源,它的优劣严重影响电动汽车的性能,因此电池管理系统就变得越来越重要。电池管理系统作为电池包的控制器,能够实时监测电池包内电池参数并估计其荷电状态,为驾驶员提供剩余电量、续驶里程等信息;能防止电池过充、过放、过压、过流、过高温,其优劣直接决定着动力电池组的使用寿命。一个合适的电池管理系统能够在充分发挥电池优越性能的同时,给予电池最佳的保护,保证电池性能,延长电池寿命,降低电动汽车运行成本。电池管理系统原理如图 2-19 所示。

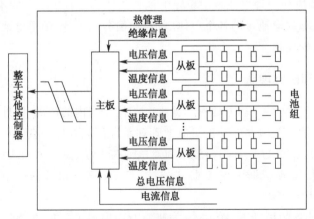

图 2-19　电池管理系统原理图

BMS 与动力电池密切相关,不论车辆是在充电还是在正常运行使用,BMS 都需要准确可靠地完成对各单体电池的电流、电压、温度等状态的实时检测和诊断。BMS 还能够解决和处理电池组中单体电池长久使用过程中产生的不一致性,实时监测和有效管理电动汽车的电池包的各个单体电池,均衡各块电池,使得电池的使用性能和使用寿命实现最优化和最大化。BMS功能的完善与否和它的性能优劣直接决定电动汽车整个电池组的使用效率和使用寿命。

电池管理是基于微计算机技术、自动控制技术和检测技术对电池组运行状态的动态监控、精确测量、安全保护,并使电池工作在最佳状态,以提高电池组的可靠性,达到延长使用寿命、降低运行成本的目的。电池管理系统作为电动汽车能量的控制核心,具备实时监测电池信息、准确估算荷电状态、实现多项安全保护、提供良好人机交互以及与整车控制器的信息快速传递等功能。纯电动汽车电池管理系统主要包含数据采集、电池状态计算、能量管理、安全管理、热管理、均衡电路、温度控制、通信功能、人机接口等功能,如图2-20所示。

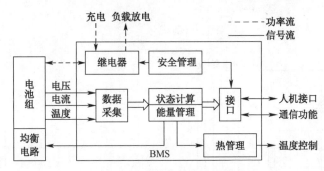

图 2-20　电池管理系统主要功能

1. 数据采集

数据采集是BMS的重要功能之一,采集精度和速率表征了BMS的优劣。根据采集的数据,判断电池状态。这里介绍几种电压、温度、电流的采集方法。

1) 单体电池电压采集

单体电池电压是BMS控制策略中的重要因素之一,要求采集精度较高,一般要求误差在3mV以内。采集单体电池电压主要有以下几种方法:

(1) 继电器阵列法。由端电压传感器、继电器门阵列、A/D转换芯片、光耦和多路模拟开关组成。主要在需要测量的电池单体电压较高而且精度要求也高的场合使用,如图2-21所示。

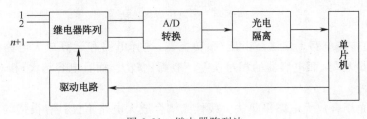

图 2-21　继电器阵列法

(2) 恒流源法。由运放和场效应管组合构成减法运算恒流源电路组成。此方法结构较简单,共模抑制能力强,采集精度高,具有很好的实用性,如图2-22所示。

(3) 隔离运放采集法。由隔离运算放大器、多路选择器等组成。此系统采集精度高,可靠性强,但是成本较高,如图2-23所示。

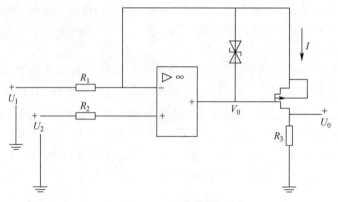

图 2-22　恒流源法

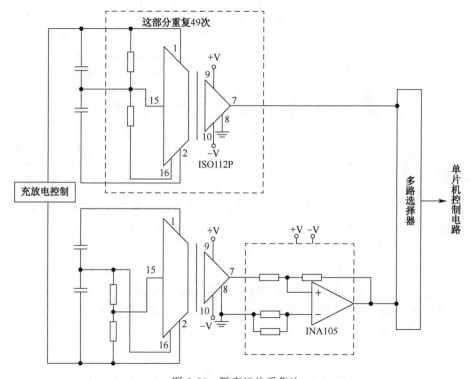

图 2-23　隔离运放采集法

（4）压/频转换电路采集法。由压/频转换器、选择电路和运算放大电路组成。在压控振荡器中含有电容器，而电容器的相对误差一般都比较大，而且电容越大，相对误差也越大，如图 2-24 所示。

（5）线性光耦合放大电路采集法。线性光耦合放大电路不仅具有很强的隔离能力和抗干扰能力，还使模拟信号在传输过程中保持较好的线性度，但是电路相对较复杂，精度影响因素较多，如图 2-25 所示。

2）单体温度信息采集

电池的性能受电池的温度影响很大，当在电池温度过高或过低进行充放电时会对电池的寿命有影响。对于精度要求并不高，一般要求误差在 1℃时，在硬件设计电路中往往选用

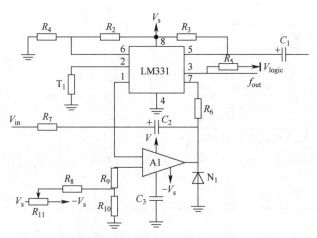

图 2-24　压/频转换电路采集法

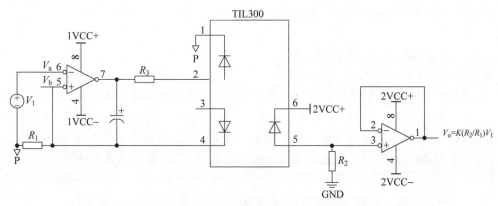

图 2-25　基于线性光耦合元件 TIL300 的电池单体电压采集电路原理图

NTC 或 DS18B20。

（1）热敏电阻采集法。利用热敏电阻的阻值随温度的变化而变化的特性，用一个定值电阻和热敏电阻串联构成一个分压器，从而把温度的高低转化为电压信号，再通过模/数转换得到温度的数字信息。热敏电阻成本低，但线性度不好，而且制造误差一般也比较大。

（2）热电偶采集法。采集双金属体在温度下产生不同的热电动势，通过查表得到温度值。由于热电动势值仅和材料有关，所以热电偶的准确度很高。但是由于热电动势都是毫伏等级的信号，所以需要放大，外部电路比较复杂。

（3）集成温度传感器采集法。集成温度传感器虽然很多都是基于热敏电阻式的，但都在生产过程中进行校正，所以精度可以媲美热电偶，而且直接输出数字量，很适合在数字系统中使用。

（4）电流的采集。电池包充放电电流的采集对于预估 SOC 及充放电保护有重要意义。在硬件电路中，往往采用霍尔电流传感器或分流器采集电流，精度误差要求在 1%。为了保证采集数据的精度，有的 OEM 厂商通过设计两路电流传感器来互相校正。主要方法如表 2-4 所示。

表 2-4　电池工作电流采集方法

项目	分流器	互感器	霍尔元件电流传感器	光纤传感器
插入损耗	有	无	无	无
布置形式	需插入主电路	开孔、导线传入	开孔、导线传入	—
测量对象	直流、交流、脉冲	交流	直流、交流、脉冲	直流、交流
电气隔离	无隔离	隔离	隔离	隔离
使用方便性	小信号放大、需控制处理	使用较简单	使用简单	—
使用场合	小电流、控制测量	交流测量、电网监控	控制测量	高压测量,店里系统常用
价格	较低	低	较高	高
普及程度	普及	普及	较普及	未普及

（5）电池包总电压采集。电池包总电压分为两路：包内电压和包外电压。通过包内与包外电压的对比来判断是否完成预充过程。采集精度不高。部分 BMS 厂家通过采集到的单体电压累计得到,也有通过分压电路采集得到。

三、电池剩余电量的估算

电池剩余电量也就是电池荷电状态（SOC）,它类似于传统汽车中的油量计,但是它反映的是电池的剩余容量。电池电量管理是电池管理的核心内容之一,对于整个电池状态的控制、电动车辆续驶里程的预测和估计具有重要的意义。由于动力电池荷电状态的非线性,并且受到多种因素的影响,导致电池电量估计和预测方法复杂,准确估计 SOC 比较困难。精确估计 SOC 可以达到以下目的：

（1）保护蓄电池。准确控制电池 SOC 范围,避免电池过充电和过放电。

（2）提高整车性能。SOC 不准确,则电池性能不能充分发挥,整车性能降低。

（3）降低对动力电池的要求。准确估算 SOC,电池性能可充分使用,降低对动力电池性能的要求。

（4）提高经济性。选择较低容量的动力蓄电池组可以降低整车制造成本。由于提高了系统的可靠性,后期维护成本降低。

1. 电池 SOC 的影响因素

影响电池 SOC 估算的因素主要可分为两类,即不可恢复性因素与可恢复性因素。不可恢复性因素是指使动力电池的实际容量发生了不可恢复性改变,而电池管理系统无法检测和更改的因素,主要包括电池板栅腐蚀、电池电极腐蚀及电池自放电等。不可恢复性因素通常是由制造工艺、内部结构和化学腐蚀等原因造成的。而可恢复性因素主要是指给电池的 SOC 带来实质性影响并随外界条件实时变化的因素,主要包括电池充放电倍率、电池循环寿命、电池内阻、温度及电池自放电等。由于不可恢复性因素难以检测,所以在对动力电池 SOC 进行在线估算时,主要考虑可恢复性的影响因素。下面将详细介绍各种可恢复性因素对 SOC 估算的变化影响。

1) 充放电倍率

在电池充放电时,一般使用充放电倍率来表示电池充放电电流的大小,充放电倍率为电池充放电电流对电池容量的比值,单位为库仑,用字母 C 表示。例如,对容量为 3000mA·h 的锂电池进行放电,1C 即表示放电电流为 3A。电池充放电倍率越大,电池 SOC 变化越快。同时,动力电池的实际可充电电量与可放电电量也会受到电池充放电倍率大小的影响,在电池 SOC 相同的状况下,如果以不同的放电倍率对电池放电,最终电池能够放出的电量是不同的。针对这个问题,德国科学家 Wilhelm Peukert 于 1897 年提出 Peukert 经验公式,总结了蓄电池放电电流 I 与电池可放电电量之间的关系,即

$$K = I^n t \quad (K \text{ 为常数}) \tag{2-17}$$

$$Q = It = I^{n-1} K \tag{2-18}$$

式中,I 为电池充放电电流;t 为电池放电时间;K 为常数,其大小为电池用 1C 电流放电时放电 1h 所放出的电量;n 为 Peukert 常数,它和电池的结构有关,对于某一类型的电池,n 值是固定常数,如锂电池、铅酸电池、镍氢电池等,它们的 n 值都不同,但均为大于 1 的常数。从上述公式可知,动力电池的放电倍率越大,其可放电电量越少,反之则增加,如图 2-26 所示。

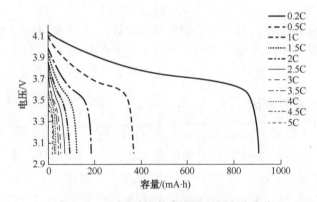

图 2-26　不同充放电倍率下的电压变化曲线

2) 电池温度

电池充放电过程中,其内部的电化学反应速率与温度有很大的相关性。若电池温度降低,其内部参与反应的活性物质减少,电化学反应速率降低,电池的可放电电量随之减少;若电池温度上升时,其内部参与反应的活性物质会增加,反应速率加快,电池的可放电电量增加。但是,当电池温度升高到某一临界值时,电池内部的电化学平衡会被破坏,可放电电量反而会下降。以一个额定容量为 500mA 的锂电池为例,在 -20℃、-10℃ 及 0℃ 温度下,电池以 0.5C 放电倍率恒流放电的放电曲线如图 2-27 所示。

3) 电池内阻

电池内阻主要包括欧姆内阻和极化内阻。欧姆内阻与电池结构、材料及制造工艺等因素有关,其阻值大小通常为定值。极化内阻是指在充放电过程中,由于电池内部的电化学反应产生极化现象引起的电阻,极化现象又包括电化学极化与浓度差极化两种,与充放电倍率和电池温度等因素有关,其变化过程大致如图 2-28 所示。

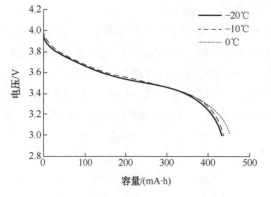

图 2-27　不同温度下的电池放电曲线

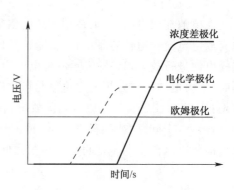

图 2-28　极化内阻特性曲线

4）循环使用寿命

电池的工作本身就是一个充放电循环过程，其中每一个充放电循环可称为一次循环使用，每一次循环使用电池内部都会发生一次可逆的电化学反应。随着电池的循环使用次数增加或长时间静置，其内部的化学活性物质逐渐老化，导致充放电过程电化学反应效率降低，使得动力电池的充放电效率不断下降，电池的使用寿命降低。在一定放电条件下，当电池工作至某一规定容量值前，电池能承受的循环使用次数，即为其循环使用寿命。对于锂电池，随着电池充放电次数的增加，电池内部材料会发生老化现象，使其内阻增大，容量减少。当电池的实际容量下降到额定容量的80％时，电池的循环使用次数可视为电池的循环使用寿命。

2. 常用的 SOC 估算方法

传统的 SOC 基本估算方法有内阻法、开路电压法和安时积分法等，近几年还在不断研发出新型的 SOC 估算方法，比如新研发的阻抗光谱法和线性模型法、卡尔曼滤波估计模型算法、自适应神经模糊推断模型和模糊逻辑算法模型等。测试稳定状态条件下的电池 SOC 时，适宜用开路电压的方法，但该方法不适宜单独用于电动汽车行驶过程中。开路电压法是其他 SOC 估算方法的补充。内阻法是依据当前的 SOC 与电池内阻之间的关系来预测 SOC，然而多方面因素引起内阻的测量结果可信度不够；另外，该方法复杂度较高且计算量较大，所以很难运用到实际操作中。安时积分法记录在电流积分方法下的蓄电池输入或输出的能量，然后依据充放电 SOC 的起始状态，推算出电池当前的 SOC。该方法简单易行，最为直接明显，在短时间内能够准确估算出电池的 SOC，但是在电池长时间工作时，会有较大累积误差。

安时积分法是实际应用中较常见的 SOC 估算方法，通常与其他几种方法组合使用，如安时内阻法、安时开路电压法、安时-Peukert 方程法，组合算法精度上比安时积分法高。目前，各种智能算法与新型算法在 SOC 估算中应用不是很成熟，某些复杂的算法在单片机系统中难以实现，在实际应用中不多见，但这是未来 SOC 估算方法的发展方向。

1）开路电压法

由于电池电动势与其 SOC 存在着对应关系，而在电池不接负载和电源、无充放电情况下，电池电动势又与开路电压在数值上接近，因此，可以根据一定的充电倍率时电池组的开路电压和 SOC 的对应曲线，通过测量电池组开路电压的大小，插值估算出电池 SOC 的值。

在电池充放电的初期和末期,电池的电压变化较大,所以该方法能得到较好的估算结果。开路电压估算法的缺点是如果要使电池端电压近似等于电池电动势,则电池需要经历一段很长的静置时间。因此,开路电压法并不适用于对电动汽车电池的实时监测,一般只适用于电动汽车的停驻状态,或作为判定电动汽车的初始值的依据。这种估算方法常与安时积分法结合使用,以期达到最佳测算效果,如图 2-29 所示。

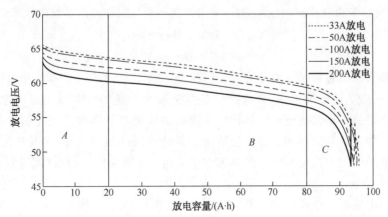

图 2-29　不同放电电流下的放电容量与放电电压的关系图

2) 安时积分法

安时积分法是目前应用最广泛的估算方法,它是通过计算进出电池的电量来估计 SOC,并根据电池自放电率、老化程度、电池温度及放电效率等对 SOC 进行适当修正的一种估算方法。如果充放电起始状态为 SOC。那么当前的状态为

$$\text{SOC}(t) = \alpha \cdot \beta \times \text{SOC}_0 - \frac{1}{\delta C}\int_0^t \eta \cdot I \, \mathrm{d}t \tag{2-19}$$

式中,α 为自放电的修正因子;β 为电池老化程度修正因子;C 为额定容量;δ 为电池总容量 C 的修正因子,与电池老化程度有关;I 为电池充放电电流;η 为充放电效率,不是常数。

安时积分法是基于黑箱理论提出的,将电池看作一个黑箱,不关心电池内部的复杂结构和电化学反应,只记录电池与外界的能量交换情况,监测进出电池的电量多少。该方法实时监测进出电池内部的电量,通过记录电量与时间的积分,即可给出电池在任意时刻的剩余电量。安时积分法适用于所有电动汽车电池,实现简单,工作稳定,受电池自身因素的限制较小。在实际应用中,常常将安时积分法与其他方法结合使用,以得到较好的精度。

3) 电池内阻法

电池内阻可分为交流阻抗和直流内阻,两种电池内阻都有较高的相关性。动力电池交流内阻是电池电压与电流之间的传递函数,表示对交变电流的反抗能力,需要用交流阻抗仪来测量。电池的交流内阻受温度的影响非常大,对于交流阻抗的测量是在电池处于静置后的开路状态还是在充放电过程中存在争议,因此很少在实车上应用。直流内阻在数值上等于在同一时间段内,动力电池的电压变化量与电流变化量的比值,反映动力电池对直流电的反抗能力。在实际的测量中,是将电池从开路状态开始恒流放电或充电,在相同的时间内,负载电压和开路电压的差值除以电流值即为直流内阻。在铅酸电池的放电后期,直流内阻增加较多,可以采用此方法对电池进行估算;但锂离子电池和镍氢电池与铅酸电池有不同

的直流内阻变化规律,因此很少用内阻法来估算锂离子或镍氢电池的 SOC。

4)卡尔曼滤波法

卡尔曼滤波法是一种线性递推最小方差的估算方法,该理论的基本思想是对动力系统的状态做出最小方差意义上的最优估计。卡尔曼滤波法利用上一时刻的状态估计值加上实时采集到的输出数据来更新对状态变量的估算,从而求出当前时刻的估计值。在动力电池的估算中,将电池看作动力系统,为系统的一个内部状态。其线性离散系统的状态空间模型为

$$x_{k+1} = Ax_k + Bu_k + w_k \tag{2-20}$$

$$y_k = Cx_k + Du_k + V_k \tag{2-21}$$

系统的输入向量通常包括电池温度、电流、前一时刻电池的剩余容量和内阻等变量,系统的输出 y_k 一般为电池的电压,系统的状态变量 & 为电池的 SOC。基于卡尔曼滤波法的估计算法的核心是一组包括电池的估计值及反映估计误差的协方差矩阵的递归方程,用协方差矩阵给出估计误差的范围。该方法适用于各种不同类型的电池,尤其适用于电流波动剧烈的混合电动汽车电池的估算。但是该方法的运算量非常大,对硬件配置要求较高。

5)神经网络法

由于动力电池是一个高度非线性的系统,很难准确地建立其充放电方程的数学模型。神经网络算法具有非线性、并行结构及学习能力的特性,不用考虑电池的内部结构。对于外部激励,只需根据大量样本数据进行训练,就可得出系统输入/输出之间关系,可以很好地模拟电池的动态特性。这种估算方法适用于所有电动汽车的电池,具有良好的实用性,并且估算精度较高。如果电池模型选择合适,并且有足够的样本数据,估算出 SOC 的值精度较高。其缺点是需要大量的参考样本进行训练,训练方法和训练数据都对估算误差影响很大。

四、均衡控制

任意一款纯电动汽车,其动力源都是由大量的电池单体通过串联、并联和混联的方式构成动力电池组组成,在电池制造过程中由于设备工艺的原因,使得各个电池之间存在着一定程度的性能差别,多个电池单体成组之后的电池最大可用容量利用率可能还不如单独使用一块电池的最大可用容量利用率,这不仅降低了动力电池组的使用寿命,缩短了续驶距离,而且加大了用车成本。

整个动力电池组容量利用率也会因为这种电池单体间的不一致性而降低。在电动汽车电池箱内,每个动力电池组模块一般都会配备一个电路保护板,保护板的作用就是避免电池组因为过充或过放而造成不可修复的伤害。比如在充电时,由于动力电池间的不一致,电路保护板检测在某块电池电压率先达到充电上限电压时,为了避免电池组过充,保护板就会切断电源,停止充电,而这时动力电池组内的其他电池仍然处于未满电状态,形成所谓的"木桶效应"。同理,在动力电池组放电时,电路保护板检测到某块电池电压率先达到放电下限电压时,为了避免电池组过放,保护板也会切断电源,停止放电,而这时候动力电池组内的其他电池仍然处于有电状态。所以,动力电池组中单体性能最差的电池就限制了整个电池组的最大可用容量,当出现动力电池组中某几块电池性能与其他电池有差别时,整个动力电池组的最大可用容量就会降低。由于存在动力电池组不一致性,使得动力电池组对电动车驱动电动机的输出功率也会受到约束,特别是当电动车车速较高,也就是动力电池组放电电流很

大时,电池组内会出现某些单体电池因为阻值较大发生工作电压降低过快的现象,该现象也会伤害动力电池组,所以此时就必须控制动力电池组的放电电流大小,从而使得动力电池组的输出功率不可避免地受到制约。对于成组后的动力电池组,由于行驶工况和工作环境的复杂多变性,使得动力电池组的放电电流变化范围大,变化频率快,这就更加剧了动力电池组的不一致性,必须要进行均衡处理使包内各节电池间的压差较小,以更好地延长电池包的使用寿命。由于生产工艺的限制,所有电池不可能完全相同,电池容量的差距从零到15%都是很正常的。电池均衡对于优化电池容量、提高电池使用寿命都有至关重要的作用。电池均衡有两种方法,即能量非耗散式均衡法和能量耗散式均衡法。

1. 能量非耗散式均衡法

能量非耗散式均衡(又称主动均衡)电路拓扑结构目前已出现很多种,本质上是利用储能元件和均衡能量传递通道,将其从能量较高的电池直接或间接转移至能量较低的电池。

1)电感型

如图 2-30 所示,电感型均衡电路结构就是将电感和控制开关接在相邻两节单体电池之间,均衡控制系统通过实时采集和监测电池参数变化情况来控制开关的开闭,将多余的电能先转化为电感的电磁能,然后电感上的电磁能转化为相邻电池的电能。其特点是均衡电流范围大,电路结构可扩展,而且电池电压的高低对能量的传递影响很小;其缺点是电能只能在相邻电池间进行传递,在电池组电池数目较多时不适用。

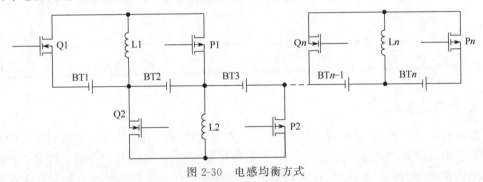

图 2-30 电感均衡方式

2)电容型

根据电容的数目不同,电容型均衡电路结构分为一对一和一对多两种,前者指的是在相邻两节电池上接上一个电容和控制开关,如图 2-31 所示,其原理与电感型均衡方式类似,也是均衡控制系统通过实时采集和监测电池参数变化情况来控制开关的开闭,将多余的电能先转化为电容的磁场能,然后电容上的磁场能转化为相邻电池的电能;后者指的是动力电池组各单体电池都共用一个公共电容,均衡系统直接通过控制一定的开关组合直接将电压最高和最低的电池相连来实现电量的转移。以上两种电容均衡电路结构,在动力电池组内部的均衡采用一对一电容均衡电路结构较好,而动力电池组之间的均衡

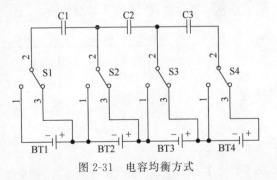

图 2-31 电容均衡方式

采用一对多电容均衡电路结构较好。总之,电容型均衡电路结构均衡效率较高,不过均衡变量只能是电压,而且完成均衡所需时间较长,成本也比被动均衡高。

3)变压器型

按照变压器类型的差别,可将变压器型均衡电路结构分为正激式、反激式、单磁芯式和多磁芯式等。图2-32所示为多磁芯变压器均衡电路结构,其工作原理是每个变压器的副边和各单体电池正负极相连,而原边分别与动力电池组总正负极相连,均衡控制系统通过实时采集和监测电池参数变化情况来控制开关的开闭,将多余的电能先转化为变压器的磁能,然后将变压器上的磁能转化为容量最低电池的电能。变压器型均衡电路结构的特点就是完成均衡功能的时间短、速度快,均衡控制模块高度集成,均衡效率高,不过变压器型可能发生的磁饱和漏磁现象都会对均衡电路结构的安全性和均衡效率产生影响。

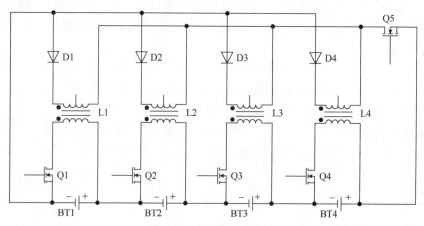

图 2-32　变压器均衡方式

2. 能量耗散式均衡法

能量耗散式均衡法(又称被动均衡)主要通过令电池组中能量较高的电池利用其旁路电阻进行放电的方式损耗部分能量,以期达到电池组能量状态一致,如混合动力汽车。该方法电路结构简单,如图2-33所示,被动均衡的电路结构是在各个单体电池上都并联上一个负载电阻和开关K,均衡控制系统通过实时采集和监测电池参数变化情况来控制开关K的开闭,将多余的电能转化为电阻的热能消耗掉。均衡过程一般在充电过程中完成。但是由于均衡电阻在分流的过程中,不仅消耗了能量,还会由于电阻的发热引起电路的热管理问题,所以只适合在静态均衡中使用,其高温升等特点加大了BMS中热管理模块的工作负荷,降低了系统的可靠性,不适用于动态均衡,仅适合于小型电池组或者容量较小的电池组。

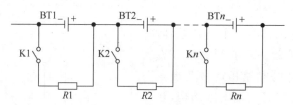

图 2-33　被动均衡电路

五、热管理

电动汽车自燃事件频出,究其原因主要与电池管理系统的热管理有关。由于过高或过低的温度都将直接影响动力电池的使用寿命和性能,有可能导致电池系统的安全问题,并且电池箱内温度场的长久不均匀分布将造成各电池模块、单体间性能的不均衡,因此电池热管理系统对于电动车辆动力电池系统而言是必需的。可靠、高效的热管理系统对于电动车辆的可靠安全应用意义重大。

1. 动力电池热管理系统的功能

(1)电池温度的准确测量和监控。
(2)电池组温度过高时的有效散热和通风。
(3)低温条件下的快速加热。
(4)有害气体产生时的有效通风。
(5)保证电池组温度场的均匀分布。

2. 电池内传热的基本方式

1)热传导
热传导指物质与物体直接接触而产生的热传递。电池内部的电极、电解液、集流体等都是热传导介质。
2)对流换热
对流换热指电池表面的热量通过环境介质(一般为流体)的流动交换热量,和温差成正比。
3)辐射换热
辐射换热主要发生在电池表面,与电池表面材料的性质相关。
电池组热管理系统按照传热介质分为空冷、液冷和相变材料冷却。空冷系统又分串行通风方式和并行通风方式两种。按照是否有内部加热或制冷装置可分为被动式和主动式两种,如图 2-34 所示。

六、安全管理

电动车辆动力电池系统电压常用的有 288V、336V、384V 以及 544V 等,已经大大超过了人体可以承受的安全电压。电动汽车动力电池系统电气绝缘性能是电池安全管理重要的内容,绝缘性能的好坏不仅关系到电气设备和系统能否正常工作,更重要的是还关系到人的生命财产安全。电动汽车电池组安全管理主要负责监控电池在工作过程中是否出现工作异常。一旦发现问题系统应能及时做出应急响应,保证电动汽车电池组的正常运行,防止发生爆炸等危险。动力电池安全管理系统的功能主要包括烟雾报警、绝缘检测、自动灭火、过电压和过电流控制、过放电控制、防止温度过高、在发生碰撞的情况下关闭电池等。动力电池在电动车辆上安装应用,因此必须满足车辆部件的耐振动、耐冲击、耐跌落、耐盐雾等强度要求,保证可靠应用。

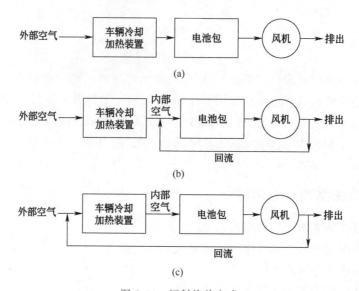

图 2-34　辐射换热方式

(a) 被动加热与散热——外部空气流通；(b) 被动加热与散热——内部空气流通；

(c) 主动加热与散热——外部空气流通

　　为满足防水、防尘要求，电池包应满足一定的 IP 防护等级，在极端工况下，通过电池安全管理系统应能实现电池包的高压断电保护、过流断开保护、过放电保护、过充电保护等功能。

1. 烟雾报警

　　在车辆行驶过程中由于路况复杂及电池本身的工艺问题，可能由于过热、挤压和碰撞等原因而导致电池出现冒烟或着火等极端恶劣的事故，若不能及时发现并得到有效处理，势必导致事故的进一步扩大，对周围电池、车辆以及车上人员构成威胁，严重影响车辆运行的安全性。动力电池管理系统中烟雾报警装置应安装于驾驶员控制台，在接收到报警信号时，迅速发出声光报警和故障定位，保证驾驶员能够及时发现，能接收报警器发出的报警信号。

　　由于烟雾的种类繁多，一种类型的烟雾传感器不可能检测所有的气体，通常只能检测某一种或两种特定性质的烟雾。在动力电池上应用，需要在了解电池燃烧产生的烟雾构成的基础上进行传感器的选择。一般电池燃烧产生大量的 CO 和 CO_2，因此可以选择对这两种气体敏感的传感器。在传感器的结构上需要适应于车辆长期应用的振动工况，防止由于路面灰尘、振动引起的传感器误动作，如图 2-35 所示。

2. 绝缘检测方法

1）漏电直测法

　　将万用表打到电流挡，串联在电池组正极与设备外壳（或者地）之间，可检测到电池组负极对壳体之间的漏电流。将万用表打到电流挡，串联在电池组负极与壳体之间检测电池组正极对壳体之间的漏电流。该方法简单易行，在现场故障检测、车辆例行检查中常用。

2）电流传感法

　　将电池系统的正极和负极动力总线同方向穿过电流传感器，当没有漏电流时，从正极流出的电流等于返回到电源负极的电流，因此，穿过电流传感器的电流为零，电流传感器输出

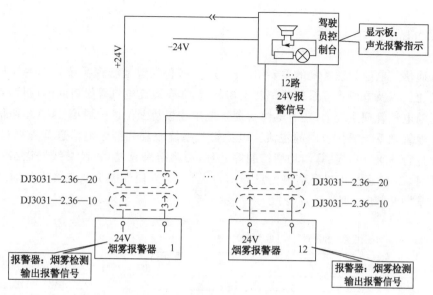

图 2-35　车载烟尘报警系统的结构

电压为零。当发生漏电现象时,电流传感器的输出电压不为零。根据该电压的正负可以进一步判断该漏电电流是来自于电源正极还是负极。应用这种检测方法的前提是待测动力电池组必须处于工作状态,要有工作电流的流入和流出。这种方法无法在系统空载的情况下评价电池系统对地的绝缘性能。

3)绝缘电阻表测量法

绝缘电阻表俗称兆欧表,大多采用手摇发电机供电,故又称摇表,它的刻度是以绝缘电阻为单位的,是电工常用的一种测量仪表。用绝缘电阻表可直接测量绝缘电阻的阻值,如图 2-36 所示。

3. 故障诊断

故障诊断是电动汽车各个控制器所必不可少的功能之一。由于现有的电动汽车技术并不成熟,在电动汽车研发及测试阶段不可避免地会出现各种问题,而通过故障诊断可方便发现问题,包括故障检测、故障类型判断、故障定位、故障信息输出等。故障检测是指通过采集到的传感器信号,采用诊断算法诊断故障类型,并进行早期预警。电池故障是指电池组、高压电回路、

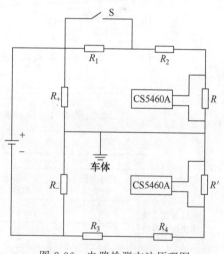

图 2-36　电路检测方法原理图

热管理等各个子系统的传感器故障、执行器故障(如接触器、风扇、泵、加热器等),以及网络故障、各种控制器软硬件故障等。电池组本身故障是指过压(过充)、欠压(过放)、过电流、超高温、内短路故障、接头松动、电解液泄漏、绝缘能力降低等。

七、通信显示功能

数据通信是电池管理系统的重要组成部分之一,包括电池管理系统内部主控板与检测板之间的通信以及电池管理系统与车载主控制器、非车载充电机等设备间的通信,在有参数设定功能的电池管理系统上,还有电池管理系统主控板与上位机的通信。CAN 通信方式是现阶段电池管理系统通信应用的主流。电池管理系统收集到的电池信息首先被送往 BMS 主控芯片进行 SOC 电量估算与均衡控制等处理,再将结果通过 CAN 总线发送给其他设备使用。同时,BMS 通过串口通信将信息显示在上位机,方便驾驶员及维修人员对车辆信息有清晰的掌握和判断,如图 2-37、图 2-38 所示。

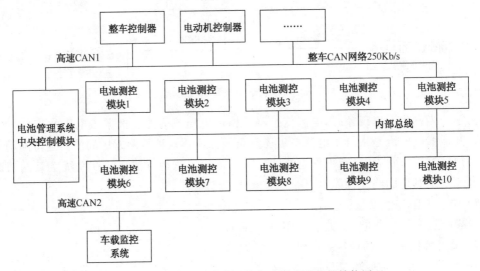

图 2-37 车载运行模式下的电池管理系统的结构图

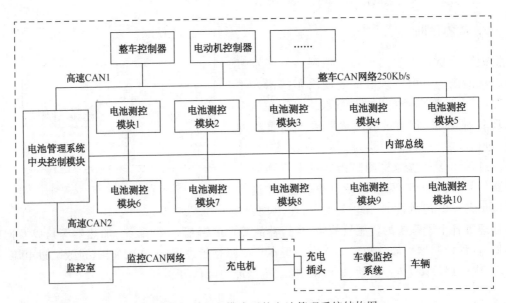

图 2-38 应急充电模式下的电池管理系统结构图

电动汽车技术是新兴产业,电池管理系统的厂商也是近几年才相继出现的,电动汽车电池管理系统是电动汽车的核心技术,实现电池管理系统技术水平的提升是提高电动汽车自主研发能力的关键所在。由于缺乏经验及电池数据作为支撑,在很多功能方面仍有欠缺。相信经过数据和经验的累积,通过对以上六大功能的研究,电池管理系统会越来越完善,推动我国电动汽车电池管理系统研发的进展,促进我国新能源汽车产业的进步。

思 考 题

1. 动力电池的比容量与哪些因素有关?
2. 动力电池有哪些类型?哪种类型最有发展前景?
3. 聚合物锂离子电池有何特点?
4. 关于半固态锂离子电池,请查阅相关资料,了解其结构和工作原理。
5. 混合能量存储系统提出的背景是什么?请提出可行的混合方案。
6. 阐述电池组管理系统的功能模块,在电动汽车中使用时需要解决哪些难题?
7. 阐述锂离子电池的失效机理,思考如何提高其使用寿命?

第三章 电驱动系统

无论是纯电动汽车还是混合动力电动汽车,电动机驱动系统都是其动力系统的重要组成部分。图 3-1 所示为丰田普锐斯 TH Ⅱ 系统的变速驱动桥,含有两个大功率电机,通过行星齿轮机构实现了动力耦合,适应不同工况对动力系统的要求。

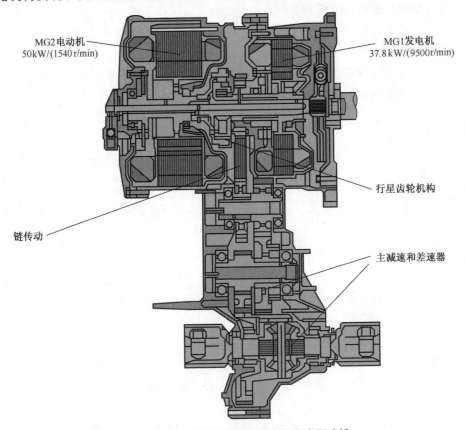

图 3-1　丰田普锐斯 TH Ⅱ 系统的变速驱动桥

其功能框图如图 3-2 所示。其任务是在驾驶员控制下,将蓄电池的能量高效率地转化为整车的动能,或者将整车的动能回馈到蓄电池中。根据功能划分,新能源汽车的电动机驱动系统可分为电气和机械两大系统。电气系统由驱动电动机、功率变换器和控制器三个子系统组成;机械系统主要由机械传动装置(是可选的)和车轮组成。控制器划分为三个功能单元:传感器、连接电路与处理器。传感器把测得的各种数据,如电流、电压、温度、速度、转矩以及电磁通等,转变为电信号,可以为开关量、数字量或模拟量,通过连接电路把这些电信号调整到合适的值后,输入到处理器。处理器的输出信号通常放大后驱动功率变换器的半导体元件。在驱动和能量再生(该能量是指存于蓄电池的电能)过程中,能量源与电动机之间的能量流动是通过功率转换器进行调节的。电动机与车轮通过机械传动装置连在一起,该传动装置是可选的,因为电动机也可以直接装在车轮上,即电动轮驱动。本章主要讨论新能源汽车用的各种电动机的特性,简要介绍直流无刷电动机的驱动系统。

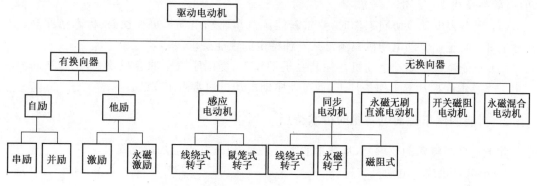

图 3-2　应用于电动汽车的驱动电动机的分类

第一节　新能源汽车电动机驱动系统特性要求

新能源汽车电动机驱动系统的特性要求主要由以下三个方面决定:驾驶性能要求、车辆的性能约束以及车载能源系统的性能。驾驶性能的要求是由包括汽车动力性、制动性以及续驶里程等性能在内的驾驶模式决定的;车辆的性能约束主要是指车型、车重和载重等;能源系统的性能与蓄电池、燃料电池、超级电容、飞轮及各种混合型能源(详细内容见第二章的相关介绍)有关。因此,电动机驱动系统的性能确定及整体包装匹配应该在系统水平上进行优化,必须仔细地研究各个子系统之间的匹配。

电动机驱动系统的发展与电动机、大功率电子器件、微处理器技术以及控制策略等的发展密切相关。

一、新能源汽车的驱动电动机特征与特点

1. 新能源汽车的驱动电动机特征

用于新能源汽车的各种驱动电动机与普通工业用电动机有区别,通常要求能够频繁启停、加减速,在低速或爬坡时要求高转矩,高速行驶时要求低转矩,并要求变速范围大。而工业驱动电动机通常优化在额定的工作点。因此,新能源汽车驱动电动机应单独归为一类,在负载要求、技术性能以及工作环境等方面的主要特征如下:

(1)新能源汽车驱动电动机通常需要有 4～5 倍的过载以满足短时加速行驶与最大爬坡度时对驱动功率的要求;工业用驱动电动机一般有 2 倍的过载就可满足要求。

(2)新能源汽车驱动电动机的最高转速要求达到基速(他励直流电动机固有机械特性

的基速是指在额定的电枢电压,额定的励磁电流状态下的空载转速;而永磁电动机和异步电动机基速指同步转速,2极3000r/min,4极1500r/min,6极1000转r/min,8极750r/min等,和电源频率有关)的4~5倍;工业驱动电动机只要求达到恒功率时基速的2倍。

(3)新能源汽车驱动电动机要求有高比功率和优良的效率(在较宽的转速和转矩范围内都有较高的效率),从而能够降低车辆自重和延长续驶里程;而工业驱动电动机通常对比功率、效率及成本进行综合考虑。

(4)当有多电动机协同工作时,要求新能源汽车驱动电动机可控性高、稳态精度高、动态性能好;而工业驱动电动机只满足某一种特定的性能要求。

(5)新能源汽车驱动电动机往往装在机动车上,受限于汽车的容积效率,工作在高温、恶劣天气及本底振动等工作条件下,而工业驱动电动机通常固定安装。

2. 新能源汽车驱动电动机的技术特点

除上述几项特殊的要求外,从技术的观点来看,以下几点应加以重视:

1)单电动机或多电动机结构

单电动机通过变速器和差速器驱动车轮,多电动机结构是每一个驱动轮被单独驱动。单电动机结构的优点:体积小、质量轻及成本低。而多电动机结构能减小单个电动机的电流和功率的额定值,充分利用车轮内部的空间,能均衡电动机的尺寸和质量。由于这两种结构各有其优点,因此在现代新能源汽车上都有应用,但是现在单电动机结构的应用占主流。

2)固定速比或可变速比齿轮减速

通常也分为单速传动和多速传动。前者采用固定速比齿轮变速传动,而后者采用带离合器和变速器的多级齿轮变速传动。对于固定速比变速传动,设计的电动机要求既能在恒转矩区提供较高的瞬时转矩(额定值的3~5倍),又能在恒功率区提供较高的运行速度(基速的3~5倍)。可变速比齿轮变速传动具有如下优点:应用常规驱动电动机系统可在低挡位得到较高的启动转矩,在高挡位得到较高的行驶速度;其缺点是重量及体积大,成本高,可靠性低,结构复杂。目前我国的新能源汽车行业还是采用多速传动,甚至采用无级变速传动装置,以弥补电动机性能的不足。

3)系统电压

所选的新能源汽车系统电压等级将大大影响驱动电动机系统的设计。采用合理的高电压电动机可减小逆变器的成本和体积。如果所需电压过高,则需要串联许多电池,这会使车内及行李舱空间的减小,车辆的质量及成本的增加,以及车辆性能的下降。

由于不同的车型采用不同的系统电压等级,因而电动汽车驱动电动机的设计需适合于不同的电动汽车。大体上,系统电压受蓄电池质量的限制,电池质量约占整车质量的30%。实际上,电动机的功率越大,所采用的电压等级越高。

通用公司的EV1所用102kW的电动机电压为312V,而Reva Ev所用的13kW电动机电压为48V,普锐斯混合动力采用500V的电压。我国电动汽车分高速电动汽车和低速电动汽车,对于低速电动汽车通常选用低电压,高速电动汽车电压较高。

4)系统匹配

电动机与变换器(也称变频器)、控制器、变速装置、能源等的匹配是非常重要的。新能源汽车驱动电动机的设计者应充分了解这些部件的特性,然后在给定的条件下设计电动机,应区别于工业驱动电动机的设计。

二、新能源汽车驱动电动机设计要点

电动机的发展已经经历了一个多世纪,发展时间较长且发展速度较慢。近年来,由于新材料技术、拓扑学、计算机辅助设计(CAD)、大功率电子和微电子技术的发展,新能源汽车用电动机得以突飞猛进的发展。如图3-3所示,新能源汽车用电动机可分为两大类,即有换向器电动机和无换向器电动机。前者表示它们通常有换向器组件,而后者则无换向器组件。

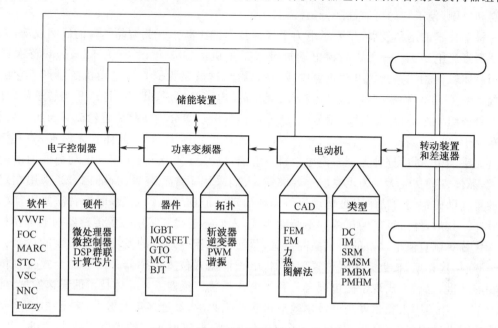

图 3-3　典型电驱动系统的功能模块图

为满足不同电动机结构的快速设计,普遍借助于 CAD 软件设计电动机,主要有两种方法:电路法与电磁场法。电路法基于等效电路分析,电磁场法依赖于电磁场分析。电磁场法的优点是结果较精确,能较好地处理复杂的机械外形及非线性材料,较好地确定临界区域。现在有限元方法(FEM)被认为是用作电动汽车电磁场分析的强有力的工具之一。有限元方法由于在应力及热场方面的灵活性及适用性而优于其他方法。而且,借助于计算机图形,分析结果的可视性与交互性都非常好。

在设计电动机时需要考虑的基本因素包括:磁载荷——通过电动机气隙的磁通密度的基本分量的峰值;电载荷——电动机单位周长上总电流的均方根或单位周长上的安匝数、单位体积和单位质量的功率和转矩、单位磁路的磁通密度、转速、转矩和功率损失及效率,以及热回路设计和冷却等。相应的关键之处在于:对钢、磁和铜的较好利用,更好的电磁耦合、电动机的几何形状与布局,更好的热设计和冷却,了解电动机性能的限制,了解电动机的几何形状、尺寸、参数和性能的关系。只有这样,才能设计出具有较高的单位质量功率和单位质量转矩以及较好性能的电动机。例如,普锐斯 04 款较前一代产品,在体积和质量变化不大的情况下,功率由 33kW 增加到 50kW。

三、新能源汽车驱动电动机

有换向器的直流电动机由于励磁绕组的磁场与电枢绕组的磁场是垂直分布的,因而其控制原理非常简单,转矩大,调速性能好,一直在电驱动领域有着突出的地位。通过用永磁材料代替直流电动机的励磁绕组,有效地利用了径向空间,从而可使电动机的定子直径大大减小。由于永磁材料的磁导率较小,因而电枢反应减小,互感增加。串励、并励、他励和永磁等各种直流电动机目前在电动汽车上都有应用。但是直流电动机的主要问题是,由于有换向器和电刷,使得它的可靠性降低,且需要定期维护。

科学技术的迅猛发展,带来了电力半导体技术的飞跃。开关型晶体管的研制成功,为创造新型直流电动机——无刷直流电动机带来了生机。1955 年,美国人 Harrison 首次提出了用晶体管换相线路代替电动机电刷接触的思想,这就是无刷直流电动机的雏形。它由功率放大部分、信号检测部分、磁极体和晶体管开关电路等组成,其工作原理是当转子旋转时,在信号绕组中感应出周期性的信号电动势,此信号电动势分别使晶体管轮流导通实现换相。问题在于,首先,当转子不转时,信号绕组内不能产生感应电动势,晶体管无偏置,功率绕组也就无法馈电,所以这种无刷直流电动机没有启动转矩;其次,由于信号电动势的前沿陡度不大,晶体管的功耗大。为了克服这些弊病,人们采用了离心装置的换向器,或采用在定子上放置辅助磁钢的方法来保证电动机可靠地启动。但前者结构复杂,而后者需要附加的启动脉冲。其后,经过反复的试验和不断的实践,人们终于找到了用位置传感器和电子换相线路来代替有刷直流电动机的机械换向装置,从而为直流电动机的发展开辟了新的途径。20世纪 60 年代初期,接近开关式位置传感器、电磁谐振式位置传感器和高频耦合式位置传感器相继问世,之后又出现了磁电耦合式和光电式位置传感器。半导体技术的飞速发展,使人们对 1879 年美国人霍尔发现的霍尔效应再次产生兴趣,经过多年的努力,终于在 1962 年试制成功了借助霍尔元件(霍尔效应转子位置传感器)来实现换相的无刷直流电动机。20 世纪 70 年代初期,又试制成功了借助比霍尔元件的灵敏度高千倍的磁敏二极管实现换相的无刷直流电动机。在试制各种类型的位置传感器的同时,人们试图寻求一种没有附加位置传感器结构的无刷直流电动机。

用永磁材料代替传统同步电动机的励磁绕组,永磁同步电动机就能去掉传统的电刷、滑环以及励磁绕组的铜损。永磁同步电动机由于采用正弦交流电及无刷结构,也被称为永磁无刷交流电动机或正弦永磁无刷电动机。由于这种电动机实质上是同步电动机,它们不经电子转换就可以通过正弦交流电或脉宽调制方式使其运行。当永磁体嵌在转子表面时,由于永磁材料的磁导率与空气相似,因而这种电动机的运行特性与非凸极同步电动机一样。如果把永磁体埋入转子的磁路中,凸极就会产生附加的磁极转矩,从而使电动机的恒功率区域有更宽的转速范围。如果有意利用转子的凸极,而去掉励磁绕组或永磁体,就可得到同步磁阻电动机,其结构简单,成本低廉,但输出功率相对较低。和感应电动机一样,永磁同步电动机通常也采用适当控制方法以满足电动汽车电动机驱动的高性能要求。

通过改变永磁直流电动机定子和转子的位置,就可得到永磁无刷直流电动机。需注意的是,名称中的"直流"这个术语可能会引起误解,因为它并不是指直流电动机。实际上,这种电动机采用交流方波供电,因此也称为永磁无刷方波电动机。这种电动机最明显的好处是去掉了电刷,从而也排除了由电刷引起的许多问题;另一个优点是能产生较大的转矩,因为它的方波电流和磁场是垂直的。而且这种无刷结构使电枢绕组有更具代表性的区域。由于通过整个结构的热传导有了改善,电负荷的增加可产生更高的功率密度。与永磁同步电动机不同的是,这种永磁无刷直流电动机通常装有转轴位置传感器。最近,人们开发了一种用于电动汽车的解耦永磁无刷直流电动机,它具有很高的功率密度,转矩不间断,且有较好的动态性能。它也采用先进的感应角控制方法来有效地增大恒功率转速范围。

开关磁阻电动机应用于电动汽车上具有很大的潜力。开关磁阻电动机是 20 世纪 80 年代初随着电力电子、微电脑和控制技术的迅猛发展而发展起来的一种新型调速驱动系统,具有结构简单、运行可靠及效率高等突出特点,成为交流电动机调速系统、直流电动机调速系统和无刷直流电动机调速系统的强有力的竞争者,引起各国学者和企业界的广泛关注。Emerson 电气公司还将开关磁阻电动机视为其 21 世纪调速驱动系统的新的技术及经济增长点。目前开关磁阻电动机已广泛或开始应用于工业、航空业和家用电器等各个领域。

1970 年,英国利兹大学步进电动机研究小组首创开关磁阻电动机(switched reluctance motor,SRM)雏形,这是关于开关磁阻电动机最早的研究。1972 年,进一步对带半导体开关的小功率电动机(10W 至 1kW)进行了研究。到了 1975 年有了实质性的进展,并一直发展到可以用于 50kW 的蓄电池汽车。

1980 年在英国成立了开关磁阻电动机驱动装置有限公司(SRD Ltd.),专门进行 SRM 系统的研究、开发和设计。

1983 年 SRD Ltd. 首先推出了 SRD 系列产品,该产品命名为 OULTON。1984 年 TASC 驱动系统公司也推出了它们的产品。另外,SRD Ltd. 研制了一种适用于有轨电车的驱动系统,到 1986 年已运行 500km。该产品的出现,在电气传动界引起不小的反响,在很多性能指标上达到了出人意料的高水平,整个系统的综合性价比达到或超过了工业中长期广泛应用的一些变速传动系统。

最近,一个新的研究方向是开发用于电动汽车的永磁混合电动机。在原理上,有很多永磁混合电动机,人们对其中的三种进行了研究,即永磁和磁阻混合、永磁和磁滞混合以及永磁和励磁绕组混合等。第一种,把永磁体嵌入转子的磁回路中,永磁同步电动机同时产生永磁转矩和同步磁阻转矩。另外,如果把永磁体和开关磁阻结构结合起来,就产生了另一种永磁和磁阻混合的电动机,即所谓的双凸极永磁电动机(DSPM)。双凸极永磁电动机现在的发展表明它具有高效、高功率密度和宽转速范围等优点。第二种,综合利用永磁转矩和磁滞转矩的新型永磁混合电动机,它把永磁体嵌入磁滞环内表面的槽中,这种磁滞混合电动机具有启动转矩高、运行平稳且安静等独特优点,适用于电动汽车。第三种,把永磁体置于转子内,直流励磁绕组放在内定子上,通过控制励磁电流的大小和方向,很容易调节电动机的气隙磁通,这样,就容易得到满足电动汽车驱动要求的转矩/转速特性。

四、功率电子器件

1. 电动汽车用功率电子器件

在过去几十年里,功率半导体器件技术有了很大的发展。这些功率器件在功率额定值以及性能方面有了革命性的进展。在现有的功率器件中,功率二极管作为自由开关使用,而其他功率器件,如晶闸管、GTO、BJT、MOSFET、IGBT、SITH、MCT 等,都是外部可控的。对高性能的功率器件的研究仍在进行,目前新能源汽车最普遍使用的是 IGBT。

在选用电力驱动的功率器件时,必须考虑以下几项要求:

(1) 额定值。额定电压根据蓄电池铭牌规定的电压、充电时的最大电压和再生制动时的最大电压确定,而电流的额定值取决于电动机额定功率的峰值以及所并联的功率器件的个数,当这些器件并联时,其导通状态与开关特性必须匹配。

(2) 转换效率。开关频率较高,可减小滤波器的体积,并有利于满足电磁干扰限制的要求。当开关频率高于 20kHz 时,可避免出现噪声。

(3) 功率损耗。导通时的压降或损耗应降到最小,同时开关损耗应尽可能小。由于高的开关频率会增加开关损耗,开关频率在 10kHz 时可使能量密度、噪声及电磁干扰同时达到最优。漏电电流应限制在 1mA 以内,以使断开状态的损耗最小。

(4) 基极/门极的可驱动性。器件应考虑到简单和安全的基极或门极驱动。相应的驱动信号为电压驱动或电流驱动。电压驱动模式能耗非常低,通常被优先采用。

(5) 动态特性。器件的动态特性应足够好,以允许有较高的电压和电流变换能力,并容易进行并联。内部的续流二极管应该和外部的主器件具有相似的动态特性。

(6) 坚固。功率器件应该有足够的抗过载能力以承受过电压时的巨大能量,并能在过流时通过快速熔断半导体熔断丝加以保护,它应不用或尽量少用缓冲电路。由于电动汽车频繁地加、减速,功率器件会引起频繁的热冲击,它应能在这种热压条件下可靠工作。

(7) 成熟性与成本。由于功率器件的成本占整个电动汽车驱动系统的大部分,所以功率器件应该尽量经济。

考虑到以上要求,人们正在考虑把 GTO、BJT、MOSFET、IGBT 和 MCT 等功率器件应用于电动汽车驱动。没有考虑晶闸管是因为它需要额外的转换器件来关断,且其开关频率限制在 400Hz。由于 SIT 和 SITH 的接通属性和有限的可用性也被排斥在外。

2. 新能源汽车用功率转换器

功率转换器技术一般随着功率器件的发展而发展,目的是要达到高功率密度、高效、高可控性和高可靠性。功率转换器可以是同频率的 AC/DC 和 AC/AC 转换,不同频率的 AC/AC、DC/DC 或 DC/AC 转换。DC/DC 转换器通常称为直流斩波器,DC/AC 转换器通常称为逆变器,它们分别用于电动汽车驱动系统的直流电动机和交流电动机。

直流斩波器是在 20 世纪 60 年代出现的,它采用强迫关断的半导体晶闸管,只限于在低频开关下运行。由于快速开关功率器件的出现,这种斩波器现在能在几十甚至几百千赫兹下工作。用于电动汽车驱动时,两象限的直流斩波器是最理想的,因为在电动机驱动模式下,它能把蓄电池的直流电压变换为可变的直流电压,并能在再生制动时进行能量的反向转换。四象限的直流斩波器可用于直流电动机的可逆与再生速度控制。

逆变器通常分为电压输入式和电流输入式。由于需要大量的电感元件来模拟电流源,所以电流输入式逆变器很少用于电动汽车驱动。电压输入式逆变器结构很简单且能进行双向能量转换,所以电动汽车上几乎只使用这种逆变器。根据不同的需要,它的输出波形可以为方波、六步式或脉宽调制波形。比如,可以为永磁无刷直流电动机输出方波,为感应电动机输出六步式波形或脉宽调制波形。应该指出的是,六步式波形由于其幅值不能直接控制,而且它的谐波丰富,该波形已淘汰。另外,脉宽调制波形的谐波合适,而且它的基本量和频率在转速控制时变化平缓。

在过去的 10 年里,人们开发出大量适合于电压输入式逆变器的脉冲宽度调制(PWM)开关方案,这些方案集中于抵制谐波、更好地利用直流电压、抗直流电压波动,以及适合于实时与基于微控制器的实施。它们可分为电压控制 PWM 与电流控制 PWM。现阶段最先进的电压控制 PWM 方案包括自然的或正弦的 PWM、规则或统一的 PWM、消除谐波或最优的 PWM、三角形 PWM、无载波或随机的 PWM 以及等面积的 PWM 等。另外,对于高性能的电动机驱动,由于电动机的转矩和磁通与所控制的电流直接相关,所以电压输入式逆变器的电流控制的应用特别引人注目。电流控制 PWM 方案的技术发展现状有滞后带(hysteresis-band)或带-带(band-band)的 PWM、用电压对电流进行瞬时控制的 PWM 以及空间矢量 PWM 等。

3. 新能源汽车逆变器软开关技术

功率逆变器可用软开关来代替强制开关。软开关的关键之处在于运用谐振回路来形成电流或电压波形,使功率开关器件处于零电压或零电流状态。一般来说,软开关逆变器具有以下优点:

(1) 由于零电压或零电流状态,功率器件的开关损失为零,因而效率更高。

(2) 由于热消耗低,且无须缓冲,逆变器的体积和质量都减少了,因而功率密度高。

(3) 由于采用软开关使开关的压力最小,器件的可靠性得到了改善。

(4) 由于电压谐振脉冲较小,从而使电磁干扰和器件的绝缘性不再成为主要问题。

(5) 由于开关频率很高,所以噪声很小。

软开关技术的主要缺点在于谐振回路增加了成本及复杂性。虽然软开关的 DC/DC 逆变器在开关模式的功率器件中得到广泛的应用,但它在电动汽车驱动系统中的应用发展较慢。由于高效率和高功率密度的功率逆变器对电动汽车驱动是非常理想的,所以适用于电动汽车的软开关功率逆变器仍在进一步的发展。

虽然在开关模式的电力系统中应用了许多软开关式的 DC/DC 逆变器,但这些逆变器不能直接用于驱动电动汽车的直流电动机中,因为除了要承受过大电压和电流外,这些逆变器也不能控制再生制动时的反向能量流。应该指出的是,对电动汽车而言,再生制动是非常重要的,因为它能有效地延长 25% 以上的续驶里程。最近,有人开发出了一种新的适用于电动汽车直流电动机的软 DC/DC 逆变器,它能在驱动与再生制动时进行双向能量转换,并且使用的硬件非常少。

与交流电动机的软开关逆变器的发展相比,开关磁阻电动机的软开关技术开发的很少。一种新的软开关逆变器,即所谓的零电压变换型,是专门为开关磁阻电动机设计的。这种新逆变器所有的主开关和二极管都能工作在零电压状态,器件的电压和电流压力统一,且具有较宽的工作范围。而且,它的电路也非常简单,所需的硬件数很少,成本也低,能达到较高的开关频率、高功率密度和高效率。

五、微电子器件

随着 20 世纪 70 年代微型计算机的出现,过去的 40 多年里微电子技术有了极迅速的发展。现代微电子器件可大体分为微处理器、微控制器、数字信号处理器(DSP)和传输机等。

微处理器技术被认为是微电子技术发展的里程碑。微处理器是微型计算机的 CPU,可用来编译指令,控制运行行为并执行所有的算法和逻辑运算。微控制器如 8096 和 80960 等,包括所有的资源如 CPU、ROM 或 EPROM、RAM、DMA、计时器、中断源、A/D 和 D/A 转换器及输入/输出接口等,可作为单机、单片控制器使用。基于电动汽车驱动系统的微处理器具有硬件最少、软件集中等优点。数字信号处理器,如 TMS320C30、320C40 和 i860 具有快速计算浮点数据的能力,可以满足高性能的电力驱动电动机的复杂控制算法的要求。需要提及的芯片是 Freescale 公司的芯片,其产品在汽车电子领域占有主导地位,其 S12 系列和 DSC 系列芯片在国内汽车中的应用较多。

六、控制策略

传统的线性控制,如 PID,不能满足高性能电动机驱动的苛刻要求。近几年,出现了许多先进的控制策略。适用于电动机驱动的控制策略,包括自适应控制、变结构控制、模糊控制和神经网络控制等。

自适应控制包括自调节控制(STC)和模型参考自适应控制(MRAC)。

STC 控制器的参数可根据系统参数的变化进行自动调整。关键在于运用一个识别模块来跟踪系统参数的变化,并通过控制器的自调整模块更新控制器的参数,这样就可以获得理想的闭环控制性能。

运用 MRAC,输出模型的响应必须跟踪参考模型的响应,而不管系统模型的参数如何变化,基于利用参考模型和系统输出差别的自适应算法,控制器参数不断加以调整,从而可得到理想的闭环控制性能。现在 MRAC 和 STC 都已用于电动汽车无换向器电动机驱动系统中。

变结构控制(VSC)最近也应用于电动机驱动中,与自适应控制进行竞争。运用 VSC,系统提供不敏感的参数特性,规定误差动态并简化所执行的操作。根据一系列的开关控制原理,系统必须按预先设定的轨道在相平面内运行,而不管系统参数如何变化。

模糊逻辑和神经网络等新技术最近也被引入电动机控制领域。

模糊控制实质上是一种语言过程,它基于人类行为所使用的先前经验和试探法则。利用神经网络控制(NNC),控制器有可能解释系统的动态行为,然后自学习并相应地进行自我调整。此外,这种先进的控制策略还能结合其他控制策略形成新的控制模式,比如自适应模糊控制、模糊 NNC 和模糊 VSC 等。在不久的将来,利用人工智能(AI)的控制器不用人工的干预就能进行系统诊断和错误修正。

第二节　直流电动机驱动

直流电动机就是将直流电能转换成机械能的电动机。电动机定子提供磁场,直流电源向转子的绕组提供电流,换向器使转子电流与磁场产生的转矩保持方向不变。其特点为:

(1)调速性能好。是指电动机在一定负载的条件下,根据需要,人为地改变电动机转速。直流电动机可以在重负载条件下,实现均匀、平滑的无级调速,而且调速范围较宽。

(2)启动力矩大,可以均匀而经济地实现转速调节。因此,凡是在重负载下启动或要求均匀调节转速的机械,例如大型可逆轧钢机、卷扬机、电力机车、电车等,都用直流电动机拖动。

因此,直流电动机驱动已被广泛用于要求转速可调、调速性能好以及频繁启动、制动和反转的应用场合。由于其技术成熟和控制简单,各种直流电动机驱动已被广泛用于不同的电力牵引应用系统。

一、工作原理及其性能

直流电动机的工作原理简单明了。当一载流导线放置在磁场中时,将产生作用于导线上的磁场力。该力垂直于导线和磁场,如图 3-4 所示。此磁场力与导线长度、电流大小以及磁感应强度成正比,即

$$F = BIL \qquad (3-1)$$

当导线形成一个线圈,则作用于线圈两边的磁场力即产生一转矩,该转矩可表示为

$$T = BIL\cos\alpha \qquad (3-2)$$

式中,α 为线圈平面与磁场之间的夹角,如图 3-4 所示。磁场可由一套绕组或永磁体产生。前者称为线绕式励磁的直流电动机,后者称为永磁直流电动机。载流线圈称为电枢。事实上,电枢是由许多线圈构成的。为获得连续的最大转矩,滑环和电刷被用来导通每个位于 $\alpha = 0$ 处的线圈,此时转矩最大,即直流电动机有转矩较大的特点。

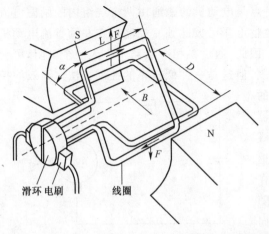
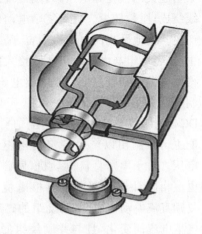

图 3-4　直流电动机工作原理

实际上,直流电动机的性能可通过电枢电压、反电动势(EMF)和磁通予以描述。

根据励磁绕组与电枢绕组之间的相互连接关系,有 4 种典型的线绕式励磁直流电动机形式,分别是他励、并励、串励和复励直流电动机,如图 3-5 所示。

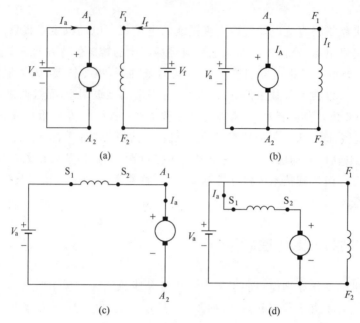

图 3-5　绕线式励磁直流电动机
（a）他励；（b）并励；（c）串励；（d）复励

直流他励电动机的结构特点是励磁绕组与电枢没有电的联系,励磁电路是由另外的直流电源供给的,因此励磁电流不受电枢端电压或电枢电流的影响。直流并励电动机的结构特点是并励绕组两端电压就是电枢两端电压,但是励磁绕组用细导线绕成,其匝数很多,因此具有较大的电阻,使得通过的励磁电流较小。直流串励电动机的结构特点是励磁绕组与电枢串联,所以这种电动机内磁场随着电枢电流的改变有显著的变化,为了使励磁绕组中不致引起大的损耗和电压降,励磁绕组的电阻越小越好,所以直流串励电动机通常用较粗的导线绕成,匝数较少。直流复励电动机的结构特点是电动机的磁通由两个绕组内的励磁电流产生。就他励直流电动机而言,励磁电压和电枢电压可彼此独立控制。在并励直流电动机中,励磁绕组与电枢绕组并联接入同一电源。因此,通过在相应回路中串入一个电阻,可获得励磁电流和电枢电流或电枢电压的独立控制,但这是一种低效率的控制方法。高效的控制方法是在相应回路中以基于电力电子的 DC/DC 转换器替代上述电阻。DC/DC 转换器能主动控制用以产生特定的电枢电压和励磁电压。对于串励直流电动机,励磁电流与电枢电流相同,因此,磁通随电枢电流而变化。在复励直流电动机中,串励绕组的磁动势 mmf 随电枢电流而变化,且与并励绕组的磁动势取向一致。

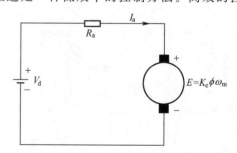

图 3-6　直流电动机电枢回路的稳态等效电路

直流电动机电枢的稳态等值电路如图 3-6 所示。图中，R_a 为电枢回路的电阻。

对于他励和并励直流电动机，R_a 等于电枢绕组的电阻；对于串励和复励直流电动机，R_a 为电枢绕组与串励绕组电阻的总和。直流电动机的基本方程组为

$$V_a = E + R_a I_a \tag{3-3}$$

$$E = K_e \phi \omega_m \tag{3-4}$$

$$T = K_e \phi I_a \tag{3-5}$$

式中，ϕ 为每极磁通（Wb）；I_a 为电枢电流（A）；V_a 为电枢电压（V）；R_a 为电枢回路电阻（Ω）；ω_m 为电枢转速（rad/s）；T 为电动机产生的转矩（N·m）；K_e 为常数。

由式(3-4)和式(3-5)，可得

$$T = \frac{K_e \phi}{R_a} V - \frac{(K_e \phi)^3}{R_a} \omega_m \tag{3-6}$$

式(3-4)～式(3-6)适用于所有的直流电动机，即他励（或并励）直流电动机、串励和复励直流电动机。就他励直流电动机而言，若励磁电压保持不变，则当转矩发生变化时，可认为磁通实际上不变，在这种情况下，他励直流电动机的转速-转矩特性为一直线，如图 3-7 所示。空载转速 ω_m 由电枢电压和励磁确定。当转矩增大时，转速减小，而转速调节取决于电枢回路的电阻。他励直流电动机用于要求调速性能好，以及专供可调转速的场合。

就串励直流电动机而言，磁通随电枢电流而变化。在磁化特性的非饱和区，可假定 ϕ 与 I 成正比。因此，

$$\phi = K_f I_a \tag{3-7}$$

由式(3-5)～式(3-7)，可得串励直流电动机的转矩为

$$T = \frac{K_e K_f V_a^2}{(R_a + K_e K_f \omega_m)^2} \tag{3-8}$$

式中，电枢回路电阻 R_a 为电枢绕组与励磁绕组电阻的总和。

串励直流电动机的转速-转矩特性示于图 3-7。

在串励情况下，转矩的增大伴随着电枢电流的增加，因此磁通也增加。由于磁通随转矩增大而增加，则为保持感生电压与电源电压之间的平衡，转速下降。所以，转速-转矩特性呈现为大幅下降的曲线。在额定转矩下，标准设计的串励直流电动机工作在磁化曲线的膝点处。在大转矩（大电流）过载运行情况下，磁路饱和，且转速-转矩特性接近为一直线。

串励直流电动机适合要求高启动转矩和大转矩过载的应用场合，如牵引。在电力电子和微机控制时代之前，仅有用作电力牵引的情况。但是，串励直流电动机用于电力牵引存在一些缺点，这类电动机不允许在全电源电压下空载运行，否则，电动机转速将迅速上升到一个很高的转速[参见式(3-8)]；另一个缺点是难以再生制动。

如图 3-7 所示，复励直流电动机的性能方程可由式(3-4)和式(3-5)导出，其转速-转矩特性介于串励和他励（并励）直流电动机之间。

二、组合电枢电压与励磁控制

相比于其他类型的直流电动机，电枢电压与励磁的独立性提供了更灵活的转速和转矩

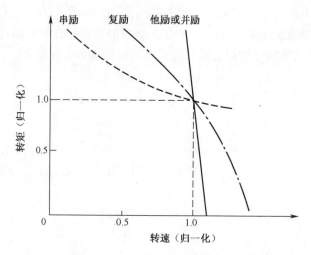

图 3-7　直流电动机的转速-转矩特性

控制。在电动汽车应用中,最合乎需要的转速-转矩特性是在某一转速(基速)以下为恒转矩;而在超过基速的范围内,随着转速增加,转矩呈抛物线形下降(恒功率),如图 3-8 所示。在低于基速的转速范围内,电枢电流和励磁电流被设定为其额定值,产生额定转矩。由式(3-4)和式(3-5)明显可见,电枢电压必须随转速增加成正比增加。在基速时,电枢电压达到额定值(等于电源电压),且不能再进一步增加。为进一步提高转速,磁场必须随转速增加而呈抛物线形下降,且其输出功率保持不变,如图 3-8 所示。

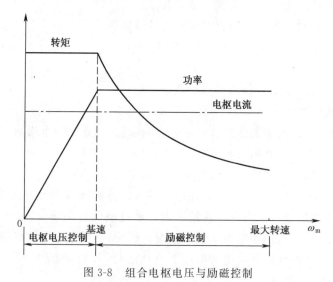

图 3-8　组合电枢电压与励磁控制

三、直流电动机斩波控制

直流斩波器(DC Chopper)是一种把恒定直流电压变换成为另一固定电压或可调电压的直流电压,从而满足负载所需的直流电压的变流装置,也称为直流/直流转换器(DC/DC Converter)。它通过周期性地快速通、断,把恒定直流电压斩成一系列的脉冲电压,改变这一脉冲序列的脉冲宽度或频率,就可实现输出电压平均值的调节。直流斩波器除可调节直流电压的大小外,还可以用来调节电阻的大小和磁场的大小。直流传动、开关电源是斩波电路应用的两个重要领域,前者是斩波电路应用的传统领域,后者则是斩波电路应用的新领域。直流斩波器的种类较多,包括 6 种基本斩波器:降压斩波器(Buck Chopper)、升压斩波器(Boost Chopper)、升降压斩波器(Boost-Buck Chopper)、Cuk 斩波器、Sepic 斩波器和 Zeta 斩波器,前两种是最基本的类型。斩波器的工作方式有两种:一是脉宽调制方式,T_s(周期)不变,改变 t_{on}(通用,t_{on} 为开关每次接通的时间);二是频率调制方式,t_{on} 不变,改变 T_s(易产生干扰)。

用直流斩波器代替变阻器可节约 20%～30% 电能。直流斩波器不仅能起到调压的作用(开关电源),还能起到有效地抑制电网侧谐波电流噪声的作用。当今软开关技术使得 DC/DC 发生了质的飞跃,美国 VICOR 公司设计制造的多种 ECI 软开关 DC/DC 转换器,其最大输出功率有 300W、600W、800W 等,相应的功率密度为 6W/cm^3、2W/cm^3、10W/cm^3、17W/cm^3,效率为 80%～90%。

降压斩波电路的原理图及工作波形如图 3-9(a)所示。图中 VT 为全控型器件,选用 IGBT。VD 为续流二极管。由图 3-9(b)中 VT 的栅极电压波形 U_{GE} 可知,当 VT 处于通态时,电源 U_i 向负载供电,$U_D = U_i$。当 VT 处于断态时,负载电流经二极管 VD 续流,电压 U_D 近似为零,至一个周期 T 结束,再驱动 VT 导通,重复上一周期的过程。负载电压的平均值为

$$U_o = \frac{t_{on}}{t_{on} + t_{off}} U_i = \frac{t_{on}}{T} U_i = \alpha U_i \qquad (3-9)$$

式中,t_{on} 为 VT 处于通态的时间;t_{off} 为 VT 处于断态的时间;T 为开关周期;α 为导通占空比,简称占空比或导通比($\alpha = t_{on}/T$)。由此可知,输出到负载的电压平均值 U_o 最大为 U_i,若减小占空比 α,则 U_o 随之减小,由于输出电压低于输入电压,故称该电路为降压斩波电路。

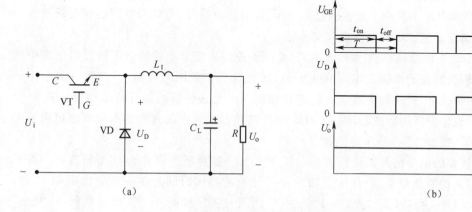

图 3-9 降压斩波电路原理图及波形

(a)基本斩波器电路;(b)波形

通过 α 在 0～1 控制,负载电压可从 0 变化到 V,这样,斩波器可从一固定电压的直流电源获得一可变的直流电压。

开关 VT 可通过各种方法来控制改变占空比。

这些控制技术可分为以下类型:时间比率控制(TRC)和限流控制(CLC)。

1. 时间比率控制

在时间比率控制(也被称作脉宽控制)中,导通时间与斩波周期的比率被控制。TRC 可进一步分类如下:

(1) 固定频率 TRC。斩波周期 T 保持不变,改变开关的导通时间控制占空比。

(2) 变频 TRC,在这种控制方式中,频率的改变可通过保持 t 不变而改变 T 实现,或通过同时改变 t 和 T 实现。

在导通时间不变的变频控制中,低输出电压可在斩波频率很低时获得。低频率斩波器的运行反过来影响直流电动机的性能。此外,变频的斩波器运行使得输入端滤波器的设计非常困难。因此,变频控制很少使用。

2. 限流控制

在限流控制(也称作点对点控制)中,通过将负载电流限制在特定的最大值与最小值之间来间接控制。当负载电流达到设定的最大值时,开关切断负载与电源的连接,而当负载电流达到设定的最小值时,开关重新将负载与电源连接。对直流电动机负载,这类控制实际上是变频变脉宽控制。

由图 3-9 的波形可看出以下要点。

(1) 电源电压不连续,为脉冲形式,脉冲电流使输入功率峰值要求高,且可能导致电源电压波动。电源电压波形可分解成直流分量和交流谐波分量。交流基波频率与斩波频率相同。交流谐波是不希望有的,因为它们与连接到直流电源的其他负载相互干扰,且通过传导和电磁辐射导致射频干扰。因此,通常在斩波器与直流电源之间含有 LC 滤波器。在较高的斩波频率时,通过一个成本较低的滤波器能将谐波减小到容许的程度。由此可见,斩波器应工作在尽可能高的频率下。

(2) 负载端电压不是一个理想的直流电压,除直流分量外,负载端电压还有与斩波频率相关的各次谐波分量。负载电流也有交流脉动。

图 3-9 中的斩波器称作 A 型斩波器,它是用于控制直流电动机的众多斩波器电路中的一种。这种斩波器仅能提供正电压和正电流,因此称作单象限斩波器,可在第一象限正转速、正转矩的情况下,对他励直流电动机进行控制。因为这种斩波器可将输出电压从 V 变化到零,所以也称为降压斩波器,或 DC/DC 降压转换器。其中包含的基本原理也可用于实现升压斩波器,或 DC/DC 升压转换器。

升压斩波器的电路图及其稳态波形示于图 3-10。这种斩波器称为 B 型斩波器。若开关正向偏置,则控制信号 i_c 的存在意味着开关导通的持续时间。在一个斩波周期 T 内,$0 \leqslant t \leqslant \alpha T$ 期间开关保持闭合,而在 $\alpha T \leqslant t \leqslant T$ 期间开关保持断开。在导通期间,i_s 从 i_{s1} 增加到 i_{s2},因此增加了存储在电感 L 中的能量。当开关被断开时,电流流过并联的负载和电容 C。

由于电流被强制从低电位流向高电位,故电流变化率为负。在开关关断期间,电流从 i_{s2} 减小到 i_{s1}。电感 L 中存储的能量和低电压源所提供的能量被输送给负载。电容 C 有两种用途:在开关 S 断开瞬间,电源电流 i_s 与负载电流 i_a 并不相等,当电容 C 不存在时,开关 S 的关断将强制该两电流值相等,因此将在电感 L 和负载电感中引起很大的感生电压;使用电容 C 的另一原因是减少负载电压波动。二极管 VD 的用途是防止电流从负载流向开关 S 或电源 V。

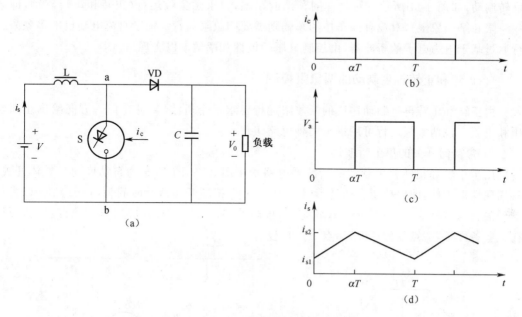

图 3-10 升压(B 型)斩波器的工作原理

为理解升压运行,假设电容 C 的电容量足够大,从而使负载端电压 V_0 保持不变,端点 a,b 间的平均电压为

$$V_{ab} = \frac{1}{T}\int_0^T v_{ab}\,dt = V_a(1-\alpha) \tag{3-10}$$

电感 L 上的平均电压为

$$V_{ab} = \frac{1}{T}\int_0^T \left(L\frac{di}{dt}\right)dt = \frac{1}{T}\int_{i_{s1}}^{i_{s2}} L\,di = 0 \tag{3-11}$$

电源电压为

$$V = V_L + V_{ab} \tag{3-12}$$

将式(3-10)、式(3-11)代入式(3-12),得

$$V = V_a(1-\alpha) \quad 或 \quad V_a = V\frac{1}{1-\alpha} \tag{3-13}$$

依据式(3-13),理论上 α 通过 0~1 控制,输出电压 V_a 可从 V 变化到 ∞。实际上,V_a 可从 V 调节到一个高电压,而该电压取决于电容 C,以及负载和斩波器的参数。

升压斩波器的主要优点是电源的波动小。大多数应用场合要求降压斩波器,而升压斩波器适用于低功率蓄电池驱动的车辆。升压斩波器的工作原理也可用于直流电动机驱动的再生制动(见第七章)。

四、斩波馈电直流电动机多象限控制

直流电动机在电动汽车上的应用要求电动机多象限运行,包括正转、正转制动、反转和反转制动,如图 3-11 所示。对具有倒车挡的车辆,要求两象限运行(正转和正转制动,即第一象限和第四象限),对没有倒车挡的车辆则需要四象限运行。他励直流电动机的多象限运行通过基于电力电子的斩波器,由控制电压的极性和幅值予以实现。

1. 正转和正转再生制动的两象限控制

由正转和正转再生制动构成的两象限运行要求一个斩波器,可在任一方向给出正向电压和电流。该两象限运行可用以下两种电路实现。

1) 含换向开关的单个斩波器

用于正转和正转再生制动的斩波器电路示于图 3-12,图中,S 为自动换向半导体开关,其周期性地工作,即保持闭合的持续时间为 αT;保持断开的持续时间为 $(1-\alpha)T$。C 为手动开关。当 C 闭合,而 S 处于工作状态时,该电路与图 3-12 中的电路相似,允许正转运行。在这些条件下,端点 a 为正极,端点 b 为负极。

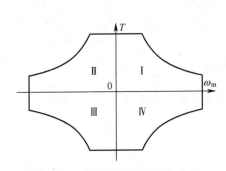

图 3-11 多象限运行的转速-转矩

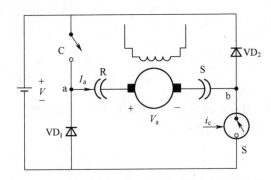

图 3-12 单个斩波器的正转和正转再生制动控制

当 C 断开,且通过换向开关 RS 将电枢反向连接,即端点 b 为正极,而端点 a 为负极,则可获得正转方向上的再生制动。在开关 S 导通期间,电动机电流流经的路径为电动机电枢→开关 S 和二极管 VD_1→电源 V→二极管 VD_2,再回到电枢,从而将能量馈入电源。

在正转运行时,按如下步骤切换到正转再生制动:开关 S 停止工作,并断开开关 C,这就迫使电枢电流流经二极管 VD_2→电源 V→二极管 VD_1,存储在电枢回路中的能量回馈到电源,并使电枢电流减小至零,并以一个合适的 a 值激活开关 S,这样,电动机即重新进入正转运行状态。

2) C 型两象限斩波器

在一些应用场合中,要求平稳地由运行转换到制动,或反之。对于这样的应用,可采用 C 型斩波器,如图 3-13(a)所示。自动换向半导体开关 S_1 和二极管 VD_1 组成一个斩波器,而自动换向半导体开关 S_2 和二极管 VD_2 组成另一个斩波器。无论是运行还是再生制动,两个斩波器同时予以控制。开关 S_1 和 S_2 交替地闭合。在斩波器周期 T 中,S_1 导通的持续时间为 αT,而 S_2 从 αT 到 T 时间内保持导通。为避免电源上的直接短路,应注意确保 S_1

和 S_2 不同时导通,一般在一个开关断开与另一个开关闭合之间通过给定一些时延来获得。

在一个斩波周期的不同时间间隔中,控制信号、V_a、i_a 和 i_s 的波形,以及处于导通状态下的器件示于图 3-13(b)。在描绘这些波形时,由于一个开关断开与另一个开关闭合之间的时延通常非常小,故予以忽略。开关 S_1 和 S_2 的控制信号分别记作 i_{c1} 和 i_{c2}。假定开关仅在控制信号存在,且其处于正向偏压时导通。

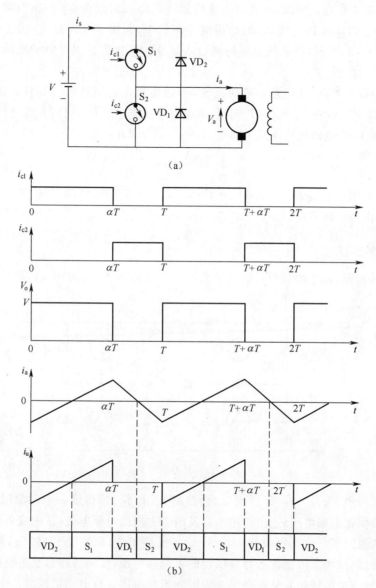

图 3-13 利用 C 型两象限斩波器的正转和正转再生制动控制

以下几点有助于理解两象限斩波器电路的运行。

(1)在该电路中,无论运行频率如何,都不会出现电流断续。当电枢电流将至零值,且在一有限时间间隔内保持为零值时,会存在电流断续现象。在续流期间或能量传递期间,电流可能为零。

对该电路,当 S_1 断开,而电流流经 VD_1 时,存在续流。这将发生在 $\alpha T \leqslant t \leqslant T$ 期间,也是 S_2 接收控制信号的期间。如果在续流期间 i_a 降至零值,则反电动势将立即驱使电流反向通过 S_2,从而防止电枢电流在一有限时间间隔内为零值。同样,当 S_2 断开,VD_2 导通时,即 $0 \leqslant t \leqslant \alpha T$ 期间,将呈现能量传递。若在该期间电流降至零,则 S_1 将立即导通,因为存在控制信号 i_{c1},且 $V > E$,电枢电流将继续流动,避免了电流断续。

(2) 既然不存在电流断续,电动机电流将始终流通。因而在 $0 \leqslant t \leqslant \alpha T$ 期间,电动机电枢将通过 S_1 或 VD_2 连接。所以,电动机电压将为 V,而由于 $V > E$,i_a 的变化率将为正。同理,在 $\alpha T \leqslant t \leqslant T$ 期间,电动机电枢将通过 VD_1 或 S_2 短路。因此电动机端电压为零,而 i_a 的变化率将为负值。

(3) $0 \leqslant t \leqslant \alpha T$ 期间,正电枢电流通过 S_1,而负电枢电流通过 VD_2。仅在该期间有电源电流,且其值等于 i_a。在 $\alpha T \leqslant t \leqslant T$ 期间,正电枢电流通过 VD_1,而负电流通过 S_2。

由图 3-12(b)的电动机端电压波形可知,$V_a = \alpha V$,因此

$$I_a = \frac{\alpha V - E}{R_a} \tag{3-14}$$

式(3-14)表明,当 $\alpha > E/V$,电动机正转运行;当 $\alpha < E/V$ 时,电动机再生制动;当 $\alpha = E/V$ 时,电动机为空载运行。

2. 四象限运行

如图 3-14 所示,四象限运行可通过组合两个 C 型斩波器[图 3-13(a)]获得,称作 E 型斩波器。

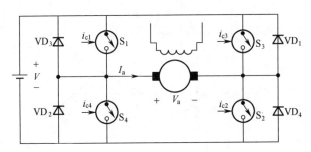

图 3-14　E 型斩波器

在该斩波器中,若 S_2 始终保持闭合,且控制 S_1 和 S_4,即得到一个两象限斩波器,该两象限斩波器提供正的端电压(正向转速),以及两个方向的电驱电流(正的或负的转矩),在第一象限和第四象限进行电动机控制。若 S_3 始终保持闭合,且控制 S_1 和 S_4,则也可得到一个两象限斩波器,该两象限斩波器将提供负的可变端电压(反向转速),且电枢电流可以是任意方向的(正的或负的转矩),从而在第二象限和第三象限进行电动机控制。

这一控制方法具有以下特点:由于电路运行的非对称性,故开关的利用率低;开关 S_3 和 S_2 应保持长时间的导通,这样,当开关采用晶闸管时,会产生整流换向问题。因此,尤其在晶闸管斩波器中,总有一个开关闭合最短时间的限制,而最小输出电压直接取决于开关闭合所需的最短时间,故最小可获得的输出电压受限,即最小可利用的电动机转速也受限。

第三节　感应电动机驱动

对于电动汽车和混合动力电动汽车的电驱动,无换向器电动机驱动呈现了优于传统的有换向器直流电动机驱动的许多优点。目前,在各种无换向器电动机驱动中感应电动机驱动技术最为成熟,与直流电动机驱动相比,交流感应电动机驱动具有更多的优点,如质量轻、体积小、成本低和效率高。这些优点对于电动汽车的应用尤其重要。

有两种类型的感应电动机,即绕线转子电动机和笼型电动机。由于绕线转子感应电动机的成本高、需要维护、耐久性不足,因而没有笼型感性电动机应用那么广泛,特别是在电动汽车和混合动力电动汽车的电驱动应用中。笼型感应电动机简称为感应电动机。

两极感应电动机的横断面如图 3-15 所示。在定子内圆周的槽中放置三相绕组 $a—a'$、$b—b'$ 和 $c—c'$。每个绕组的线圈匝数分布,使绕组中电流在沿气隙周向上产生近似正弦分布的磁通密度。该三相绕组空间按 120°相位差布置。

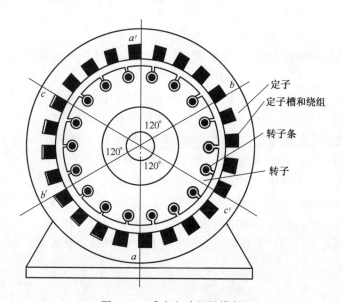

图 3-15　感应电动机的横断面

感应电动机转子的最常见形式是由转子外缘槽中铸铝条所构成的鼠笼式转子。槽中铸铝条由转子两端的铸铝端环予以短接,端环也可做成风扇形状。

一、感应电动机的基本工作原理

图 3-16 显示了一个三相、两极感应电动机的定子横截面示意图。每相由一频率为 ω,相邻两相间相位差为 120°的正弦交变电流供电。三相定子绕组 $a—a'$、$b—b'$ 和 $c—c'$ 中电流 i_{as}、i_{bs} 和 i_{cs} 产生交变磁动势 F_{as}、F_{bs} 和 F_{cs},这些磁动势是空间矢量,其合成的定子磁动矢量 F_s^s,是相磁动矢量的矢量和。由相电流产生的磁动势可写成

$$\boldsymbol{F}_{as} = \boldsymbol{F}_{as}\sin\omega i \qquad\qquad (3\text{-}15)$$

$$\boldsymbol{F}_{bs} = \boldsymbol{F}_{bs}\sin(\omega-120°)t \qquad\qquad (3\text{-}16)$$

$$\boldsymbol{F}_{cs} = \boldsymbol{F}_{cs}\sin(\omega-240°)t \qquad\qquad (3\text{-}17)$$

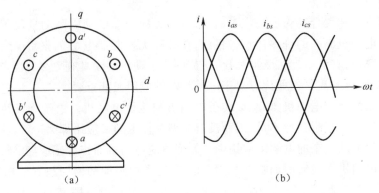

图 3-16   感应电动机定子和定子绕组电流

定子磁动势合成矢量 $\boldsymbol{F}'$ 表示为

$$\boldsymbol{F}_s^s = \boldsymbol{F}_{as}\mathrm{e}^{\mathrm{j}0°} + \boldsymbol{F}_{bs}\mathrm{e}^{\mathrm{j}120°} + \boldsymbol{F}_{cs}\mathrm{e}^{\mathrm{j}240°} \qquad\qquad (3\text{-}18)$$

假设三相磁动势的幅值相同,且等于 $\boldsymbol{F}$,则式(3-18)可进而表示为

$$\boldsymbol{F}_s^s = \boldsymbol{F}_s\mathrm{e}^{\mathrm{j}(\omega-90°)} \qquad\qquad (3\text{-}19)$$

式(3-19)表明,定子磁动势合成矢量以角频率 ω 旋转,且幅值为 $(3/2)F$。

图 3-17 用图形显示了 $\omega t = 0°$ 和 $\omega t = 90°$ 处的定子磁动势矢量。其中,ωt 是式(3-15)~式(3-17)中的角度,而不是定子磁动势合成矢量相对于 d 轴的角度。事实上,如果将式(3-15)~式(3-17)中的 ωt 作为参考点,则定子磁动势合成矢量滞后 a—a' 相磁动势 $90°$。

旋转的定子磁动势和转子导体之间的相互作用将在转子中感生电压,因此在转子中感生电流。接着,旋转磁动势在载有感生电流的转子上产生转矩。显然,转子中的感生电流对产生转矩是必不可少的,同样,感生电流也取决于定子磁动势与转子之间的相对运动。这就是为什么在旋转的定子磁动势角速度与转子角速度之间必须存在差值的原因所在。

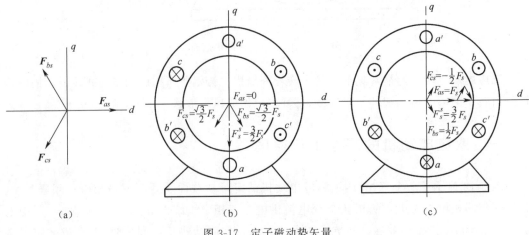

图 3-17   定子磁动势矢量

式中的频率 ω，即旋转的定子磁动势角速度，仅取决于定子交变电流的频率，故 ω 称为电角速度。

对于两极电动机，旋转的定子磁动势电角速度等于其机械角速度。然而，对于多极电动机而言，机械角速度不等于电角速度，其间关系可表示为

$$\omega_{\mathrm{ms}} = \frac{2}{p}\omega = \frac{2\pi f}{p}(\mathrm{rad/s}) \tag{3-20}$$

式中，f 为交变电流的频率，或旋转的定子磁动势角速度。当转子的角速度等于旋转的定子磁动势的机械角速度时，在转子中没有感生电流，即没有转矩产生。因而，旋转的定子磁动势的机械角速度也称作同步转速。

若转子转速为（rad/s），则定子旋转磁场与转子之间的相对转速为

$$\omega_{\mathrm{sl}} = \omega_{\mathrm{ms}} - \omega_{\mathrm{m}} = s\omega_{\mathrm{ms}} \tag{3-21}$$

式中，参数 s 称作转差率，定义如下：

$$s = \frac{\omega_{\mathrm{ms}} - \omega_{\mathrm{m}}}{\omega_{\mathrm{ms}}} = \frac{\omega_{\mathrm{sl}}}{\omega_{\mathrm{ms}}} \tag{3-22}$$

由于定子磁场和转子之间的相对速度，如前所述，在转子中感生三相对称电压。这些电压的频率与转差速度成正比，故

$$\omega_{\mathrm{r}} = \frac{\omega_{\mathrm{sl}}}{\omega_{\mathrm{ms}}} = s\omega \tag{3-23}$$

式中，ω 为转子感生电压的频率。

当 $\omega_{\mathrm{m}} < \omega_{\mathrm{ms}}$ 时，相对速度为正，因此，转子感生电压与定子电压相序相同。转子中的三相电流产生一个与转子速度同方向的，相对转子以转差速度运动的磁场，故在空间上，转子磁场以定子磁场的相同速度运动，并产生稳定的转矩。

当 $\omega_{\mathrm{m}} = \omega_{\mathrm{ms}}$ 时，转子与定子磁场之间的相对速度为零。因此，没有感生电动势，电动机也就没有转矩产生。

当 $\omega_{\mathrm{m}} > \omega_{\mathrm{ms}}$ 时，定子磁场与转子之间的相对速度反向。因此，转子感生电压和感生电流也都反向，且相序与定子的相序相反。

此外，产生的转矩为负，意味着电动机为发电机运行状态（发电机用来产生再生制动功能）。

二、稳态性能

感应电动机每一相的等效电路示于图 3-18(a)。定子和转子所产生的磁场通过一个理想变压器相互关联。A 为变压器的变比，等于 $n_{\mathrm{s}}/n_{\mathrm{r}}$，其中 n_{s} 和 n_{r} 分别是定子、转子绕组的匝数。等效电路可通过把转子量折算成与定子频率、匝数对应的量予以简化。合成的等效电路如图 3-18(a)所示，图中 R 和 X 是折算到定子侧的转子电阻和电抗，可由以下公式给出：

$$R'_{\mathrm{r}} = a_{\mathrm{r1}}^2 R_{\mathrm{r}}$$

$$X'_{\mathrm{r}} = a_{\mathrm{r1}}^2 X_{\mathrm{r}} \tag{3-24}$$

定子侧的定子电流、互感电抗和转子电抗可由定子频率与电感 L_{s}、L_{r} 和 L_{m} 予以表示，如图 3-18(b)所示。定子阻抗、励磁阻抗和转子阻抗可表达为

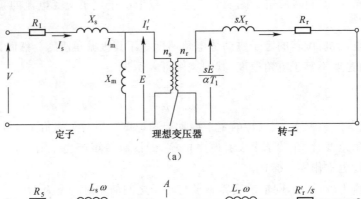

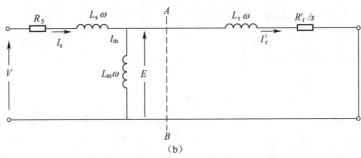

图 3-18 感应电动机的每相等效电路

$$Z_s = R_s + jL_s\omega \tag{3-25}$$

$$Z_m = jL_m\omega \tag{3-26}$$

$$Z_r = \frac{R'_r}{s} + jL_r\omega \tag{3-27}$$

等效电路的输入阻抗为

$$Z = Z_s + \frac{Z_m Z_r}{Z_m + Z_r} \tag{3-28}$$

从而,电流 I_s 和 I'_r 可计算如下:

$$I_s = \frac{V}{Z} \tag{3-29}$$

$$I'_r = \frac{Z_m}{Z_m + Z_r} I_s \tag{3-30}$$

供给电动机的三相总电功率为

$$P_{elec} = 3I'^2_r \frac{R'_r}{s} \tag{3-31}$$

减去定子中的总耗损后,可得转子的机械功率为

$$P_{mesh} = P_{elec} - 3I'^2_r \frac{R'_r}{s} \tag{3-32}$$

转子角速度为

$$\omega_m = \frac{2}{P}\omega(1-s) \tag{3-33}$$

电动机产生的转矩可确定为

$$T = \frac{P_{\text{mech}}}{\omega_{\text{m}}} \tag{3-34}$$

图 3-19 描绘了固定电压和频率下的感应电动机的转矩-转差率特性。在 $0 < s < s_{\text{m}}$（s 为电动机的额定转差率）区间内，转矩随转差率的增加近似地呈线性增加，直至在 $s = s_{\text{m}}$ 处达到其最大值；然后，转矩随转差率的继续增加而减小。在 $s = 1$ 处，转子速度为零，而相应的转矩为启动转矩，该转矩小于其在 $s = s_{\text{m}}$ 处的转矩。$0 < s < 1$ 区间为正转运行区间。在 $s > 1$ 区间内，随转差率的增加，转子转矩进一步减小，由式（3-33）可知，转子速度为负。因而在该区间内，电动机为反转制动运行。在 $s < 0$ 区间内，即当转子速度大于同步速时，电动机产生负转矩。

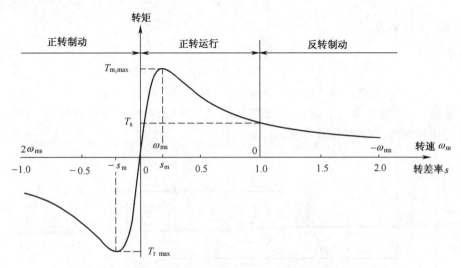

图 3-19 固定定子频率和电压的感应电动机的转矩-转差率特性

显然，固定电压和频率下的感应电动机的转速-转矩特性不适合车辆牵引的应用需要。这归结于低启动转矩、有限的转速范围，以及在 $s > s_{\text{m}}$ 区间内运行的不稳定性（在该区间内，因转矩随转速减小而减小的特性，故只要负载转矩有任何附加的扰动，就会导致电动机停转）。高转差率也会导致大电流，这可能会损坏定子绕组。实际上，感应电动机的固定电压和频率的运行通常仅在很窄的 $0 < s < s_{\text{m}}$ 转差率范围之内。因此，对于牵引力的应用，感应电动机必须按照特定的转速-转矩特性予以控制。

三、恒压频比控制

对于牵引的应用，感应电动机的转矩-转速特性可通过同时控制电压和频率予以改变，该控制方法称作恒压频比控制。通过模拟低速时的直流电动机，磁通可保持不变。根据图 3-18(b)，励磁电流 I_{m} 应保持恒定，且等于其额定值，即

$$I_{\text{mr}} = \frac{E}{X_{\text{m}}} = \frac{E_{\text{rated}}}{\omega_{\text{r}} L_{\text{m}}} \tag{3-35}$$

式中，I_{mr} 为额定励磁电流；E_{rated} 和 ω_{r} 分别为定子额定磁动势和定子频率。为保持磁通

恒定，E/ω 应保持恒定，忽略定子阻抗 Z_s 上的电压降，则在频率和电压达到额定值之前，V/ω 将保持恒定。该控制策略称为恒压频比控制。

由图 3-18(b)可知，转子电流可按下式计算：

$$I'_r = \frac{(\omega/\omega_r)E_{rated}}{jL_r\omega + R'_r/s} \tag{3-36}$$

所产生的转矩为

$$T = \frac{3}{\omega}I'^2_r R'_r/s = \frac{3}{\omega}\left[\frac{(\omega/\omega_r)^2 E^2_{rated} R'_r/s}{(R'_r/s)^2 + (L_r\omega)^2}\right] \tag{3-37}$$

相应于最大转矩的转差率为

$$s_m = \pm\frac{R'_r}{L_r\omega} \tag{3-38}$$

于是最大转矩为

$$T_{max} = \frac{3E^2_{rated}}{2L_r\omega^2_r} \tag{3-39}$$

式(3-39)表明，保持 E/ω 恒定，改变频率，最大转矩不变。式(3-38)表明，$s_m\omega$ 恒定，导致转差速度 ω_{st} 不变。事实上，由于定子阻抗和电压降的存在，电压应该比 E/ω 由恒定所确定的电压值略高一些，如图 3-20 所示。

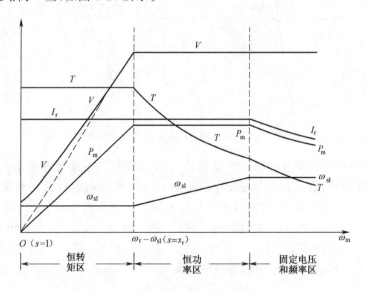

图 3-20 随电动机转速变化的运行变量

当电动机转速超过其额定转速，电压到达其额定值，且不能随频率增加而增加时，电压固定在其额定值，而频率继续随电动机转速增加而增加，电动机进入弱磁运行状态。转差率 s 固定在对应于额定频率的额定值，而转差速度 ω_{st} 随电动机转速线性增加。该控制策略导致恒功率运行，如图 3-20 所示。

在牵引应用中，常要求宽范围的调速性能，且在高转速区域内转矩要求低，这就需要超出恒功率区的控制。为防止输出转矩超出极限转矩，电动机运行在恒定的转差速度下，而电动机的电流和输出功率允许下降，如图 3-20 所示。图 3-21 显示实施恒 V/f 控制的总体框图。

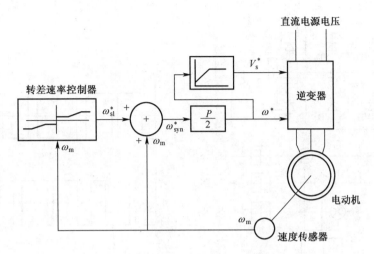

图 3-21　恒 V/f 控制的通用结构

四、电力电子控制

作为电动汽车和混合动力电动汽车的动力,感应电动机通常由一直流电源(蓄电池、燃料电池等)供电,该电源的端电压近似为恒定值。因此,需要为感应电动机配置一个可变频率和电压的 DC/AC 逆变器。通用的 DC/AC 逆变器由电力电子开关和功率二极管构成。DC/AC 逆变器常用的拓扑结构示于图 3-22(a)。其中有三条支路(S_1、S_4;S_3、S_6 和 S_5、S_2)分别供电给感应电动机的 a 相、b 相和 c 相,如图 3-22(a)所示。当开关 S_1、S_3、S_5 闭合,而 S_4、S_6、S_2 断开时,则 a 相、b 相、c 相被外施一正电压($V_d/2$)。同理,当开关 S_1、S_3、S_5 断开,而 S_4、S_6、S_2 闭合时,则 a 相、b 相、c 相被外施一负电压。所有的二极管为每相的反向电流提供相应的通路。

对感应电动机的恒定频比控制,使用正弦波脉宽调制(PWM)技术(图 3-22)。可调幅值为 A_a、A_b、A_c 的三相基准电压 V_a、V_b、V_c 与一幅值固定为 A_m 的通常三角形载波 V_{tr} 相比较,如图 3-22(c)所示,经比较器 1、2 和 3 的输出成为逆变器三条支路的控制信号。当时刻 t 的正弦波基准电压 V_a、V_b 和 V_c 高于三角波电压时,导通信号被发送给开关 S_1、S_3、S_5,而断开信号则被发送给开关 S_4、S_6、S_2,从而感应电动机的外施三相电压为正;当正弦波基准电压低于三角波电压时,导通信号被发送给开关 S_1、S_3、S_5,而断开信号发送给开关 S_4、S_6、S_2,则感应电动机外施三相电压为负。三相电压如图 3-22(d)~(f)所示。

电动机端电压的基波频率与正弦波基准电压的频率相同。因此,电动机电压的频率可通过基准电压的频率予以改变。基准电压与三角载波的幅值比 m 称作调制指数,即

$$m = \frac{A}{A_m} \tag{3-40}$$

式中,A 为基准正弦波电压 V_a、V_b 和 V_c 的幅值;A_m 为三角形载波电压的幅值,相电压波形的基波分量 V_{a0}、V_{b0} 和 V_{c0} 的有效值为

$$V_f = \frac{mV_d}{2\sqrt{2}} \tag{3-41}$$

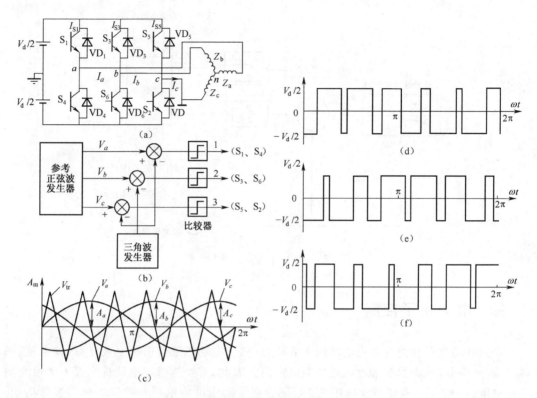

图 3-22　正弦波 PWM 的 DC/AC 逆变器

因此,基波电压随 m 线性增长,直至 $m=1$(即基准电压波的幅值与载波的幅值相等时)。对于 $m>1$,V_{a0}、V_{b0} 和 V_{c0} 的脉冲数变少,而当调制停止时,波形变为正弦形。

第四节　永磁无刷直流电动机驱动

通过采用高能量的永磁体为励磁机构,永磁电动机驱动具有设计成高功率密度、高转速和高效率电动机的潜力。这些显著优势使其在电动汽车(EV)和混合动力电动汽车(HEV)中的应用令人瞩目。在永磁电动机系列中,无刷直流(BLDC)电动机驱动是应用于 EV 和 HEV 的最有希望的选择对象。

永磁无刷直流电动机的主要优点包括:

(1)高效率。永磁无刷直流电动机在所有电动机中效率最高,这是因为励磁采用了永磁体,没有功率消耗。没有机械式换向器和电刷意味着机械摩擦损耗低,因此效率更高。

(2)体积小。高能量密度永磁体(稀土永磁体)的引入使永磁无刷直流电动机能获得非常高的磁通密度,这就相应地有可能获得高转矩,从而能使电动机体积小而且质量轻。

(3)易控制。永磁无刷直流电动机与直流电动机一样易于控制,因为在电动机的全运行过程中控制变量容易获得,且保持不变。

(4)易冷却。转子中没有环行电流,因此永磁无刷直流电动机的转子不会发热,仅在定子上有热量产生。定子比转子更易于冷却,因为定子是静止的,且位于电动机的边缘。

（5）低廉的维护、显著的长寿命和可靠性。没有电刷和机械式换向器就不需要相关的定期维护，排除了相关部件出现故障的危险。因此，电动机的寿命仅随绕组绝缘、轴承和永磁体寿命而变化。

（6）低噪声。由于采用电子换向器，而不是机械式换向器，故不存在与换向器相伴随的噪声。驱动逆变器的开关频率足够高，致使谐波噪声处于听不见的范围。

但是，永磁无刷直流电动机也有一些缺点，例如：

（1）成本。稀土永磁体比其他永磁体昂贵得多，导致电动机成本的上升。

（2）有限的恒功率范围。大的恒功率范围对获得高的车辆效率是至关重要的。永磁无刷直流电动机不可能获得大于基速2倍的最高转速。

（3）安全性。在电动机制造过程中，由于大型稀土永磁体可以吸引飞散的金属物体，故可能有危险性。万一车辆失事，若车轮自由地自旋，而电动机仍然由永磁体励磁，则在电动机的接线端将出现高电压，可能会危及乘客或援救者。

（4）磁体退磁。永磁体可被大的反向磁动势和高温退磁。对每一种永磁材料，其临界去磁力是不同的。当冷却电动机时，特别是如果电动机构造紧凑，必须非常小心。

（5）高速性能。永磁体采用表面安装方式的电动机不可能达到高速，这是因为受限于转子磁轭与永磁体之间装配的机械强度。

（6）永磁无刷直流电动机驱动中的逆变器故障。由于永磁体位于转子，永磁无刷直流电动机呈现的主要危险在于一旦逆变器出现短路故障，旋转的转子总是被励磁，从而持续地在短路绕组中感生电动势。在短路绕组中，极大的环流和相应的大转矩将堵转转子。车辆的一个或几个车轮停转的危险是不可忽视的。若后轮被堵转，而前轮在旋转，则车辆将会失去控制地转动。若前轮被堵转，则驾驶者将无法对车辆进行方向控制。若只有一个车轮被堵转，将诱发使车辆旋转的侧滑转矩，使车辆难以控制。除这些车辆发生的危险外，还应注意，逆变器短路引起的大电流将导致永磁体处于退磁和损毁的危险之中。

永磁无刷直流电动机驱动的开路故障不会直接危及车辆的稳定性。但是，由于开路导致的无法控制电动机将带来车辆控制方面的问题。因为磁体总是在励磁，且不能予以控制，所以很难控制永磁无刷直流电动机，使故障最小化。当永磁无刷直流电动机运行在恒功率区时，这是一个特别重要的问题。在恒功率区中，由定子所产生的磁通与磁体产生的磁通反向，并使电动机以较高转速旋转。如果定子磁通消失，磁体产生的磁通将在绕组中感生一个大的电动势，该电动势可危及电子元件或乘客。

一、永磁无刷直流电动机驱动的基本原理

永磁无刷直流驱动主要由无刷直流电动机、基于DSP的控制器和基于电力电子的功率变换器构成，如图3-23所示。位置检测器H_1、H_2和H_3检测电动机转子的位置。转子的位置信息输入到基于DSP的控制器，随即由该控制器向功率变换器提供门控信号，从而导通和关断特定的电动机定子磁极绕组，按这种方式控制电动机的转矩和转速。直流无刷电动机是同步电动机的一种，即电动机转子的转速受电动机定子旋转磁场的速度及转子极数（P）影响，$N=120f/P$。在转子极数固定情况下，改变定子旋转磁场的频率就可以改变转子的转速。直流无刷电动机即是将同步电动机加上电子式控制（驱动器），控制定子旋转磁

场的频率并将电动机转子的转速回授至控制中心反复校正,以期达到接近直流电动机特性的方式,即直流无刷电动机能够在额定负载范围内当负载变化时仍可以控制电动机转子维持一定转速。

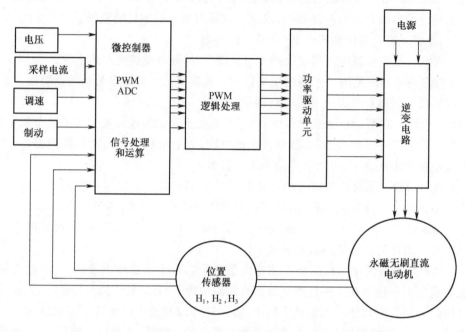

图 3-23　永磁无刷直流电动机

二、永磁无刷直流电动机的结构和分类

永磁无刷直流电动机可按转子永磁体的位置,即磁体装配在转子上的方式进行分类。磁体可以采用表面安装,也可采用嵌入安装或插入安装的方式。

图 3-24(a)显示了表面安装方式的永磁体转子。每个永磁体装配在转子表面,易于构造,特别是这种表面安装形式的斜磁极易磁化,从而减小齿槽转矩。但在高速运行时,永磁体有可能飞离转子。

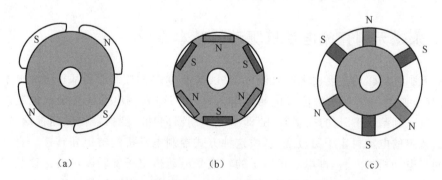

(a)　　　　　　　　(b)　　　　　　　　(c)

图 3-24　永磁无刷直流电动机永磁体转子结构图

图 3-24(b)显示了嵌入安装方式的永磁体转子。每个永磁体装配在转子内部,这种结构不如表面安装式那样通用,但它优选于高速运行场合。应注意,这种形式的转子存在电感量的变化,因为在磁路计算中,永磁体部分等价于空气。

图 3-24(c)显示了插入式安装方式的永磁体转子。每个永磁体装配在转子槽内,安装要比嵌入式方便,同时转速高于表面安装的方式。

就定子绕组而言,永磁无刷直流电动机主要分成两类:梯形和正弦形的波形,两者可由其各自的反电动势波形予以区别。

梯形反电动势的永磁无刷直流电动机被设计为产生梯形的反电动势波形。它具有以下理想特性:

(1)气隙中的磁通为矩形分布;

(2)矩形的电流波形;

(3)集中式定子绕组。

励磁电流波形取为拟方波形式,且每个周期中有两个各为 60°的零励磁电流区间。与正弦形反电动势的电动机相比,梯形反电动势电动机的励磁电流波形特性使一些重要系统得以简化。特别是,因为每个周期上只需要 6 个换相时刻,故对转子位置检测器分辨率的要求可大大降低。

图 3-25 显示了梯形反电动势永磁无刷直流电动机的绕组结构,图(a)为定子实物,图(b)为电动机绕组结构图。

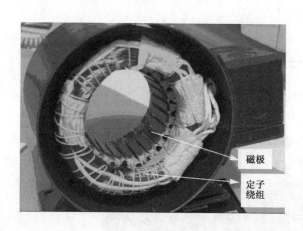

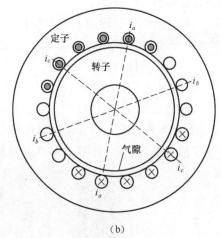

(a)

(b)

图 3-25 梯形反电动势的永磁无刷直流电动机的绕组结构

图 3-26(a)给出了一个三相等值电路,图 3-26(b)显示了三相永磁无刷直流电动机驱动的梯形反电动势、电流和霍尔传感器信号的波形。由图可见,e_a、e_b 和 e_c 是相线与零线之间反电动势,是径向穿过气隙的永磁体磁通以正比于转子转速的速率切割定子线圈的结果。定子线圈以标准的三相整距、集中式绕组方式布置,因而其各相梯形反电动势波形间位移为120°电角度。生成的电流脉冲为 120°导通、60°关断的类型,意味着每相电流在360°电角度中的 2/3 区段中流动,即对应其 120°电角度为正电流,而另 120°电角度为负电流。为了以最大且恒定的单位电流转矩驱动电动机,要求线电流脉冲与特定相的反电动势同步。

正弦形反电动势的永磁无刷直流电动机被设计为产生正弦形的反电动势波形,它具有

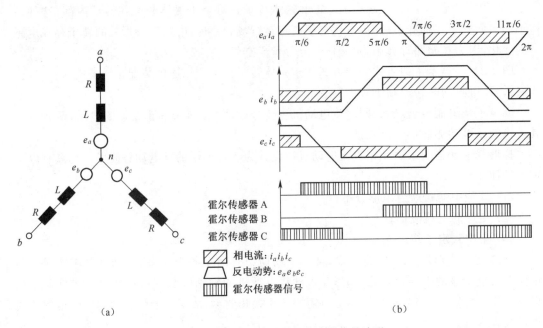

(a)　　　　　　　　　　　　　　　　　　(b)

图 3-26　等值电路及霍尔传感器信号波形

(a) 等值电路；(b) 永磁无刷直流电动机反电动势、电流和霍尔传感器信号

以下理想特性：

(1) 气隙中的磁通为正弦分布；

(2) 正弦电流波形；

(3) 定子导体为正弦分布。

正弦形反电动势电动机的最基本特性是永磁体旋转在每相定子绕组中感生的反电动势应是转子角度的正弦函数。

图 3-27 显示了一个永磁无刷直流电动机的霍尔元件的安装位置，图中霍尔元件被安装在定子的端头，一般使用胶粘结在开设好的槽内。图 3-27 显示的霍尔元件是安装在一块线

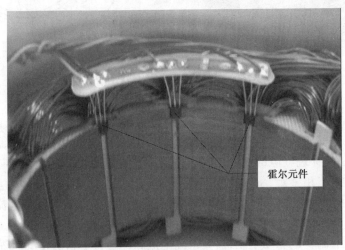

图 3-27　永磁无刷直流电动机的霍尔元件安装图

路板中,而有的电动机的霍尔元件是用导线连接引出,外面包有黑色热缩管。

正弦形反电动势永磁无刷直流电动机的运行与交流同步电动机相类似。该电动机具有与同步电动机一样的旋转定子磁动势波,因此,可用相量图对其进行分析。图 3-28 描述了正弦形反电动势永磁无刷直流电动机的绕组结构。

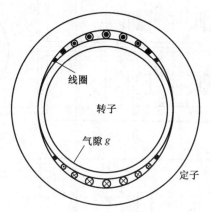

图 3-28 正弦形反电动势的永磁无刷直流电动机绕组结构

直流无刷驱动器包括电源部及控制部。电源部提供三相电源给电动机,控制部则依需求转换输入电源频率,图 3-29 所示为普锐斯的电动机驱动器结构图。电源部可以直接以直流电输入或以交流电输入,如果输入是交流电就得先经转换器(Converter)转换成直流。不论是直流电输入或交流电输入,转入电动机线圈前都须先将直流电压由换流器(Inverter)转换成三相电压来驱动电动机。换流器一般由 6 个功率晶体管(T1～T6)分为上臂(T1、T3、T5)/下臂(T2、T4、T6)连接电动机作为控制流经电动机线圈的开关。

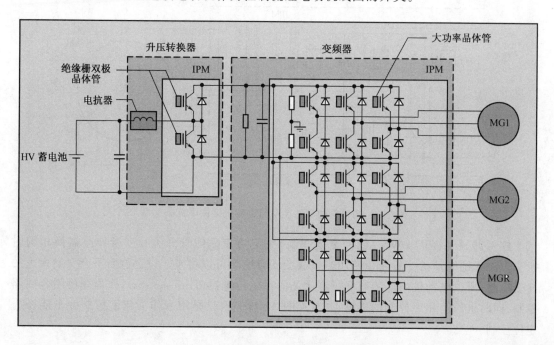

图 3-29 普锐斯的电动机驱动器结构图

图 3-30 显示了三种晶体管导通的情况。

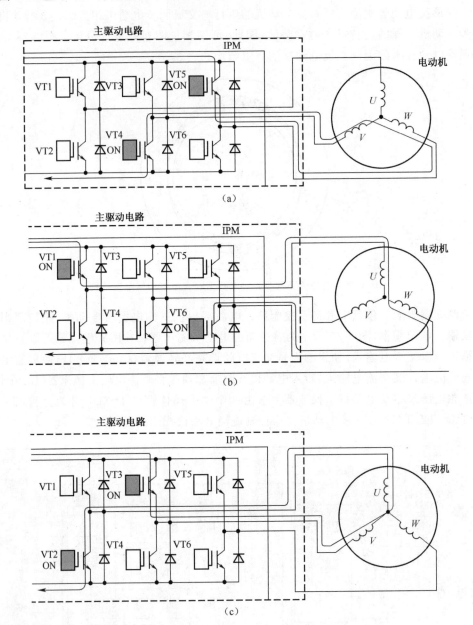

图 3-30　功率管的导通关系与电动机线圈电流的关系

控制部分则提供 PWM(脉冲宽度调制)决定功率晶体管开关频度及换流器换相的时机。直流无刷电动机一般希望使用当负载变动时速度可以稳定于设定值而不会变动太大的速度控制,所以电动机内部装有能感应磁场的霍尔传感器(Hall-sensor),作为速度闭合回路控制,同时也作为相序控制的依据,安装见图 3-27,但这只是用来作为速度控制并不能作为定位控制。

三、永磁体材料性能

永磁材料是具有宽磁滞回线、高矫顽力、高剩磁，一经磁化即能保持恒定磁性的材料，又称硬磁材料。实用中，永磁材料工作于深度磁饱和及充磁后磁滞回线的第二象限退磁部分。常用的永磁材料分为铝镍钴系永磁合金、铁铬钴系永磁合金、永磁铁氧体、稀土永磁材料和复合永磁材料。

第一大类：合金永磁材料，包括稀土永磁材料钕铁硼（$Nd_2Fe_{14}B$）、钐钴（SmCo）、铝镍钴（AlNiCo）。

第二大类：铁氧体永磁材料（Ferrite）。

新能源汽车电动机最常用的稀土永磁材料钕铁硼（$Nd_2Fe_{14}B$）按生产工艺不同分为以下三种：

（1）烧结钕铁硼。烧结钕铁硼永磁体经过气流磨制粉后冶炼而成，矫顽力值很高，且拥有极高的磁性能，其最大磁能积（BH_{max}）高过铁氧体 10 倍以上。其本身的力学性能亦相当好，可以切割加工不同的形状和钻孔。高性能产品的最高工作温度可达 200℃。由于它的物质含量容易导致锈蚀，所以根据不同要求必须对表面进行不同的涂层处理（如镀锌、镍、环保锌、环保镍、镍铜镍、环保镍铜镍等）。烧结钕铁硼非常坚硬和脆，有高抗退磁性，成本/性能比高，不适用于高工作温度（大于 200℃）。

（2）黏结钕铁硼。黏结钕铁硼是将钕铁硼粉末与树脂、塑胶或低熔点金属等黏结剂均匀混合，然后用压缩、挤压或注射成型等方法制成的复合型钕铁硼永磁体。产品一次成型，无须二次加工，可直接做成各种复杂的形状。黏结钕铁硼的各个方向都有磁性，可以加工成钕铁硼压缩模具和注塑模具。其精密度高，磁性能极佳，耐腐蚀性和温度稳定性好。

（3）注塑钕铁硼。有极高的精确度，容易制成各向异性、形状复杂的薄壁环或薄磁体。其特性参数包括：

① 磁通量 Φ。永磁体的磁力线（磁通量）从 N 极出来，经过周围空间回到该磁体的 S 极，形成闭合回路。磁通量用磁通表测量，基本单位为韦伯（Wb），但这个单位太大，通常用小单位麦克斯韦 Mx，它们的关系为 $1Wb=100\,000\,000Mx=10^8Mx$。Mx 属非法定单位，正式文献中应当用 Wb。

② 磁通密度 B。单位面积 S 上垂直通过的磁通量 Φ 叫作磁通密度 B，$B=\Phi/S$，B 的基本单位为特斯拉，符号 T，较小的单位为高斯，符号 G，高斯为非法定单位，正式文献中已废除。1 特斯拉＝1 韦伯/1 平方米（$1T=1Wb/m^2$），1 高斯＝1 麦克斯韦/1 平方厘米（$1G=1Mx/cm^2$），1 特斯拉＝10 000 高斯（$1T=10\,000G$）。磁通密度 B 用特斯拉计（高斯计）测量。

③ 剩磁 B_r 或 M_r。剩磁是简称，全称是"剩余磁感应强度"B_r 或"剩余磁化强度"M_r。这两个名词在严格科学意义上是不同的，但在实用永磁技术领域里是相同的。将永磁体放在电磁铁两极头之间夹紧，通过磁滞回线测试仪测出退磁曲线，便得到该永磁体的剩磁，它的单位与磁通密度相同。用振动样品磁强计也可以测量退磁曲线，在超导螺线管中用抽拉法测量退磁曲线则是最标准的，不过这两种仪器价格昂贵。铝镍钴的剩磁为 0.8～1.4T

(8000～14 000G),钡锶铁氧体的剩磁为 0.2～0.44T(2000～4400G),钐钴 2∶17 型的剩磁为 1～1.14T(10 000～114 000G),钐钴 1∶5 型的剩磁为 0.8～1.05T(8000～10 500G),钕铁硼的剩磁为 1.1～1.52T(11 000～15 200G)。

④ 磁场强度 H。电流在其周围产生磁场,磁场强度 H 表示磁场的强弱,它的单位有两个,即安/米(A/m)和奥斯特(Oe),后者为非法定单位。对于永磁材料来说,安/米(A/m)太小了,常用千安/米(kA/m)。奥斯特(Oe)与高斯(G)的大小是一样的,也用高斯计测量磁场强度。

千安/米(kA/m)与奥斯特(Oe)的换算因子是 $10^3/4\pi$,即 $1Oe=(10^3/4\pi)A/m\approx80A/m$。

⑤ 矫顽力 H_c、H_{cb} 与 H_{ci} 的区别。永磁体经有效充磁后显示出磁性,磁通量从 N 极出来,回到 S 极。在反向磁场(退磁场)作用下永磁体顽强地保持该磁性,直到在某一大小的反向磁场下该磁性退到零,此磁场的数值就是该永磁体的矫顽力数值。

测量永磁体的退磁曲线时有一个探测线圈套着样品,永磁体的磁通量通过该线圈,反向磁场的磁通量也通过该线圈,二者在该线圈中产生的电动势的方向相反。这样一来,在反向磁场增大时永磁体磁通量的下降就被探测线圈测到;同时,反向磁场的磁通量抵消永磁体的磁通量也被探测线圈测到。这样测出的矫顽力用 H_{cb} 表示。将探测线圈加以改进,使反向磁场在该线圈中产生的电动势为零,这样测量永磁体的退磁曲线时,当该永磁体的磁通量退到零时的反向磁场的数值,就是该永磁体的内察矫顽力,用 H_{ci} 表示。当反向磁场到 H_k 时,永磁体将快速退磁,H_k 对应点称为膝点。

⑥ 最大磁能积 BH_{max}。在 B-H 曲线(退磁曲线)上,每一点都对应一组数值(B_i,H_i)及其乘积 B_iH_i。在 B_r 点,H 值为 0,故 BH 乘积为 0;在 H_{cb} 点,B 值为 0,故 BH 乘积也为 0。在此两点之间必定有一点的 BH 乘积达到最大,记为 BH_{max},称它为最大磁能积,见图 3-31。永磁材料的最大磁能积代表储存在其中的磁能密度,其单位分别是千焦耳/立方米(kJ/m^3)和兆吉奥(MGOe),后者为非法定单位。这两个单位之间的换算因子是 $100/4\pi=7.96$(也可近似为 8)。

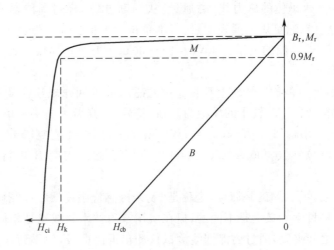

图 3-31　永磁体材料的退磁曲线

四、永磁无刷直流电动机的性能分析和控制

转速-转矩性能对牵引力及其他应用而言是最重要的。与任何其他电动机一样,由磁场与电流的相互作用产生转矩。永磁无刷直流电动机中的磁场由永磁体产生,而电流取决于电源电压、控制和反电动势,其中反电动势由磁场和电动机转速确定。在给定负载情况下,为获得期望的转矩和转速,需要对电流进行控制。

1. 性能分析

永磁无刷直流电动机的性能分析基于以下假设:

(1) 电动机处于非饱和状态。

(2) 所有定子绕组的电阻相等,且其自感和互感均为常值。

(3) 逆变器中的功率半导体器件为理想器件。

(4) 铁损忽略不计。

一相的简化等效电路示于图 3-32。图中 V_0 为电源电压,R_s 为绕组电阻,L_s 为漏感($L_s = L - M$,其中 L 为绕组的自感,M 为互感),E_s 为旋转的转子在定子绕组中感生的反电动势。

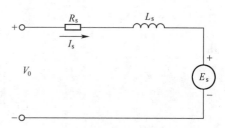

图 3-32　永磁无刷直流电动机简化等效电路

基于图 3-32 中的等效电路,永磁无刷直流电动机的性能可描述为

$$V_t = R_s I_s + L_s \frac{\mathrm{d}I_s}{\mathrm{d}t} + E_s \tag{3-42}$$

$$E_s = k_E \omega_r \tag{3-43}$$

$$T_e = k_T I_s \tag{3-44}$$

$$T_e = T_L + J \frac{\mathrm{d}\omega_r}{\mathrm{d}t} + B\omega_r \tag{3-45}$$

$$T_e = \frac{(V_t - k_E \omega_r)k_T}{R_s} \tag{3-46}$$

恒电压源供电的永磁无刷直流电动机的转速-转矩性能,如图 3-33 所示。由图可见,在低速,特别是在启动时,电动机产生很大的转矩。其原因在于低的反电动势,导致非常大的电流。这种非常大的电流可能损坏定子绕组。采用可变电压源时,可通过主动控制电源电压,将绕组电流限制在其最大值。因此,可产生一最大的恒转矩,如图 3-34 所示。

2. 永磁无刷直流电动机驱动的控制

在车辆牵引应用中,输出转矩要求按照驾驶人的期望,并通过加速踏板和制动踏板予以控制。因此,转矩控制是其基本要求。

图 3-35 描述了永磁无刷直流电动机驱动的转矩控制策略的框图。期望的电流 I^* 通过转矩控制器由所控制的转矩 T^* 给出。电流控制器和换向序列发生器从位置检测器接收到期望电流 I^* 的位置信息,或通过电流检测器得到电流反馈,然后产生门控信号。这些门控信号被送入三相逆变器(功率变换器),以产生永磁无刷直流电动机期望的相电流。

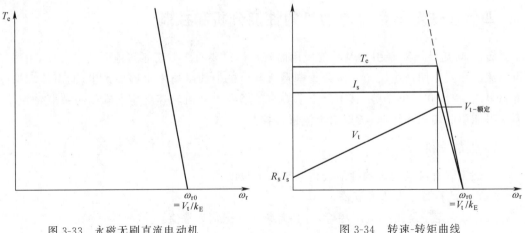

图 3-33　永磁无刷直流电动机　　　　　　图 3-34　转速-转矩曲线

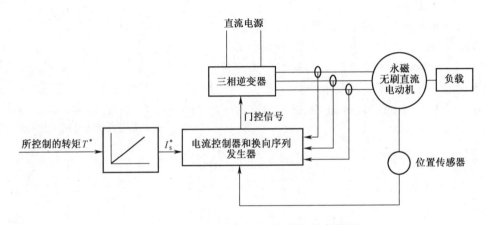

图 3-35　永磁无刷直流电动机转矩控制框图

在牵引应用中,可能要求转速控制,例如巡航控制运行(图 3-36)。许多高性能的应用包括用于转矩控制的电流反馈,至少要求直流母线的电流反馈,以保护驱动电路和电动机免于过电流。控制模块,即"转速控制器"可以是任一类型的传统控制器,例如 PI 控制器,或者更先进的控制器,如人工智能控制器。采用滞环电流(电流斩波)控制或电压源(PWM)型电流控制,将检测器检测的电流值与基准电流值相比较,从而电流控制器和换向序列发生器向三相逆变器提供特定序列的门控信号,以保持恒定的峰值电流控制。通过应用位置信息,换向序列发生器使逆变器施行"电子换向",相当于传统直流电动机的机械换向器。一般设置无刷直流电动机所相关的换向角使其在矩角特性曲线的峰值为±30°电角度处。当电动机位置移动超过峰值位置为 30°电角度时,换向检测器将使定子励磁相切换,导致电动机突然移至相对于下一个矩角特性曲线峰值的-30°电角度处。

五、扩展转速技术

如上所述,永磁无刷直流电动机由于其受到限制的弱磁能力,故其固有的恒功率范围

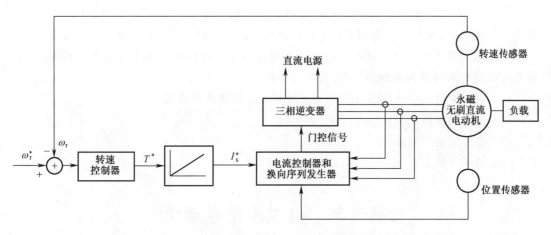

图 3-36 永磁无刷直流电动机转速控制的框图

小。这是由于永磁体磁场的存在,该磁场只能通过与转子磁场反向的定子磁场成分予以弱化。其转速比通常小于 2。

最近,已开发使用附加的励磁绕组来扩展永磁无刷直流电动机的转速范围。该技术的关键是控制励磁电流,使由永磁体提供的气隙磁场在高速恒功率运行期间可被弱化。由于永磁体和励磁绕组的存在,这种电动机被称作永磁混合式电动机,可获得的转速比约为 4。永磁混合式电动机驱动的最佳效率图示于图 3-37。但是,永磁混合式电动机具有结构相对复杂的缺点,其转速仍不足以满足车辆性能需求,特别是在越野汽车中,因此,需要有多挡的传动装置。

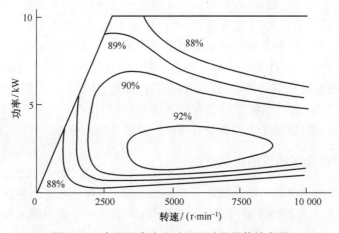

图 3-37 永磁混合式电动机驱动的最佳效率图

六、无检测器技术

永磁无刷直流电动机驱动的运行主要依赖于位置检测器,以获得转子位置信息,从而恰当地执行各相的导通或关断。位置检测器通常是三维霍尔效应传感器,或者是光编码器。这些位置检测器都是高成本、易损的元件。因此,位置检测器的存在不仅提高了电动机驱动的成本,而且严重地降低了系统的可靠性,并限制了其在某些环境中的应用,如军用。如果位置检测器失效,则无位置检测器技术可有效地继续系统的运行。这在某些应用中,如军用车辆中是至关紧要的。已有几种无检测器技术被开发。这些技术的大多数都是以电压、电流和反电动势的检测为基础,可主要地分成 4 类:

(1) 使用所检测的电流、电压,电动机的基本方程和代数计算;

(2) 使用观测器;

(3) 使用反电动势法;

(4) 采用新技术。

第五节　盘式永磁电动机

盘式永磁电动机的气隙是平面型的,气隙磁场是轴向的,所以又称为轴向磁场电动机。1821 年,法拉第发明的世界上第一台电动机就是轴向磁场盘式永磁电动机。限于当时的材料和工艺水平,盘式永磁电动机未能得到进一步发展。然而,人们逐渐认识到普通圆柱式电动机存在一些弱点,如冷却困难和转子铁芯利用率低等。20 世纪 40 年代起,轴向磁场盘式永磁电动机重新受到了电动机界的重视。目前,国外已开发出了许多不同种类、不同结构的盘式永磁电动机,其中,尤以盘式永磁直流电动机、盘式永磁同步电动机和盘式无刷直流电动机的应用最为广泛。

传统永磁电动机将绕组按一定规律嵌放在铁芯槽中。这样,电动机运行时,由于齿槽效应,电磁转矩会产生脉动。因此,人们研制了无槽式永磁电机,使转矩脉动大为改善。但是,由于铁芯的存在,转动惯量大、响应速度慢、换向性能不理想(绕组电感较大)等问题依然存在,且轴向尺寸长,严重限制了电动机在多数具有薄型安装场合的应用。为此,以压缩轴向尺寸为目标,改传统电动机中的径向磁场结构为轴向磁场结构,无铁芯永磁盘式直流电动机得以研制。这种电动机结构简单,控制灵活,换向性能好,特别适合于薄型安装场合,虽然在汽车、仪表、电动工具、电动车辆驱动中有广泛应用,但仍然存在电刷维护与经济调速等问题。这类电动机在电力助动车驱动领域有着广泛需求及应用前景。

1. 盘式永磁直流电动机结构和特点

盘式永磁直流电动机的典型结构如图 3-38 所示,电动机外形呈扁平状。定子上粘有多块扇形或圆柱形按 N、S 极性交替排序的永磁磁极,并固定在电枢一侧或两侧的端盖上。永磁体轴向磁化,从而在气隙中产生多极的轴向磁场。电枢通常无铁芯,仅由导体以适当方式制成圆盘形。电枢绕组的有效导体在空间沿径向呈辐射状分布,各元件按一定规律与换向器联结成一体,绕组一般都采用常见的叠绕组或波绕组联结方式。由于电枢绕组直接放置在轴向气隙中,这种电动机的气隙比圆柱式的大。

盘形电枢的制造是这种电动机制造的关键。盘形绕组的成型工艺不仅决定着绕组本身的耐热、寿命和机械强度等,而且决定着气隙的大小,直接影响永磁材料的用量。按制造方法的不同,盘形电枢分为线绕电枢和印制绕组电枢两种,如图 3-39 所示。

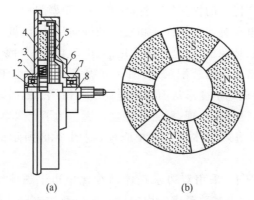

图 3-38 盘式永磁直流电动机典型结构

(a) 结构示意图;(b) 永磁体排列方式

1—端盖;2—换向器;3—电刷;4—永磁体;5—电枢;6—端盖;7—轴承;8—轴

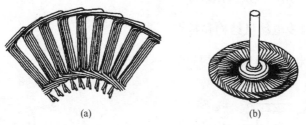

图 3-39 盘式永磁直流电动机的电枢绕组

(a) 线绕式;(b) 印制绕组

(1) 线绕电枢的成型过程分为三个步骤:绕组元件成型;绕组元件与(带轴)换向器焊接成型;盘形电枢绝缘材料灌注成型。关键问题是在绕制时能使导体固定在正确位置上,特别是在换向器区域,无法采用机械固定方法,为此需要采用高精度的绕线机和专用卡具。

(2) 印制绕组的制造最初采用与印制电路相同的方法,并因此得名。出于经济性考虑,目前多采用由铜板冲制然后焊接制造而成的工艺。其电枢片最多不能超过 8 层,每层之间用高黏结强度的耐热绝缘材料隔开,在电枢片最内圈和最外圈处的连接点把各层电枢片连接起来,电枢片最内圈处的一层导体作为换向器用。这样,电动机的热过载能力和机械稳定性受导体厚度(0.2~0.3mm)的限制。印制绕组电枢制造精度较高,成本也高,但转动惯量很小。

除了常见的扇形磁极和圆柱形磁极外,盘式永磁直流电动机还常常采用环形磁极。一般来说,采用价格低廉的永磁材料如铁氧体时,可采用环形磁极结构,环形磁极容易装配,可以保证较小的气隙。而采用高性能永磁材料时大都采用扇形结构,扇形永磁体制造时容易保证质量,装配时调整余地大,但对装配要求较高。

盘式永磁直流电动机的特点是:轴向尺寸短,可适用于严格要求薄型安装的场合;采用无铁芯电枢结构,不存在普通圆柱式电动机由于齿槽引起的转矩脉动,转矩输出平稳;不存在磁滞和涡流损耗,可达到较高的效率;电枢绕组电感小,具有良好的换向性能;由于电枢绕组两端面直接与气隙接触,具有良好的换向性能,可取较大的电负荷;转动部分只是电枢绕组,转动惯量小,具有优良的快速反应性能,可用于频繁起动和制动的场合。

基于盘式永磁直流电动机优良的性能和较短的轴向尺寸,已被广泛应用于机器人、计算机外围设备、汽车空调器、录像机、办公自动化用品、电动自行车和家用电器等场合。

盘式电动机要求严格的轴向装配尺寸,图 3-38 所示的结构由于永磁体的轴向不对称,存在着单边磁拉力,会造成电枢变形从而影响电动机的性能。同时,盘式永磁直流电动机由于工作气隙大,如果磁路设计不合理,漏磁通将会很大。为了克服单边磁拉力、减少漏磁,可以采用图 3-40 所示的双边永磁体结构。相应地,把图 3-38 所示的结构称为单边永磁体结构。

在同体积永磁体情况下,采用双边永磁体结构比单边永磁体结构的气隙磁密可高出 10% 左右,而且改善了极面下气隙磁密的均匀性。所以双边永磁体结构可以充分利用永磁材料,有利于提高电动机性能、降低成本、缩小体积;但磁体加工工时及磁体的黏结工时都比单边永磁体结构有所增加。究竟采用哪种结构,应综合考虑有关因素。一般较大容量的电动机应优先考虑采用双边永磁体结构。

2. 盘式永磁同步电动机结构和特点

盘式永磁同步电动机的典型结构如图 3-41 所示。

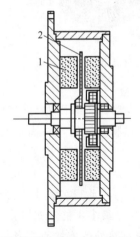 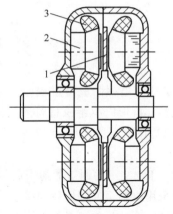

图 3-40　双边永磁体盘式永磁直流电动机结构图　　　图 3-41　盘式永磁同步电动机中间转子结构
1—永磁体;2—电枢　　　　　　　　　　　　　　1—转子;2—定子铁芯;3—定子绕组

其定子、转子均为圆盘形,在电动机中对等放置,产生轴向的气隙磁场。定子铁芯一般由双面绝缘的冷轧硅钢片带料冲制卷绕而成,定子绕组有效导体在空间呈径向分布。转子为高磁能积的永磁体和强化纤维树脂灌封而成的薄圆盘。盘式定子铁芯的加工是这种电动机制造的关键。近年来,采用钢带卷绕的冲卷机床来制造盘式永磁电动机铁芯既节省材料,又简化工艺,促使盘式永磁电动机迅速发展。

这种电动机轴向尺寸短、质量轻、体积小、结构紧凑。由于励磁系统无损耗,电动机运行效率高。由于定子、转子对等排列,定子绕组具有良好的散热条件,可获得很高的功率密度。这种电动机转子的转动惯量小,机电时间常数小,峰值转矩和堵转转矩高,转矩质量比大,低速运行平稳,具有优越的动态性能。

以盘式永磁同步电动机为执行元件的伺服传动系统是新一代机电一体化组件,具有不用齿轮、精度高、响应快、加速度大、转矩波动小、过载能力高等特点,应用于数控机床、机器人、雷达跟踪等高精度系统中。

盘式永磁同步电动机有多种结构形式,按照定子、转子数量和相对位置可大致分为以下4种:

(1)中间转子结构。这种结构(图3-41)可使电动机获得最小的转动惯量和最优的散热条件。它由双定子和单转子组成双气隙,其定子铁芯分为有齿槽和无齿槽两种,有齿槽定子加工时采用专用的冲卷床,使铁芯的冲槽和卷绕一次成型,这样既提高了硅钢片的利用率,又可降低电动机损耗。

(2)单定子、单转子结构。这种结构(图3-42)最为简单,但由于其定子同时作为旋转磁极的磁回路,需要推力轴承以保证转子不至于发生轴向窜动。而且转子磁场在定子中交变,会引起损耗,导致电动机的效率降低。

(3)中间定子结构。由双转子和单转子组成双气隙,如图3-43所示。定子铁芯一般不开槽,定子绕组既可以黏结在铁芯上,也可以均匀环绕于铁芯上,形成环形绕组定子。转子为高性能永磁材料黏结在实心钢构成的圆盘上,如图3-44所示,所以这种电动机的转动惯量比中间转子结构要大。

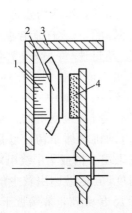

图3-42 单定子、单转子结构
1—定子铁芯;2—定子绕组;3—机座;4—永磁体

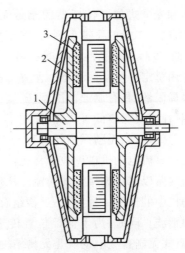

图3-43 中间定子结构
1—轴;2—转子轭;3—永磁体

(4)多盘式结构。由多定子和多转子交错排列组成多气隙,如图3-45所示。采用多盘式结构可进一步提高盘式永磁同步电动机转矩,特别适合于大力矩直接传动装置。

3. 盘式无刷直流电动机

1)永磁无刷直流电动机的发展

无刷直流电动机是随着电子技术发展而出现的一种新型电动机。有刷直流电动机具有优良的调速特性,自其在20世纪40年代诞生后就在运动控制领域中得到了广泛的应用。

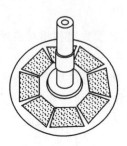

图 3-44　盘形转子

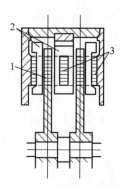

图 3-45　多盘式结构

1—转子；2—定子绕组；3—定子铁芯

但由于其采用电刷以机械方式进行换向,存在相对的机械摩擦,产生了噪声、火花和电磁干扰,寿命短,且经常需要维护。针对直流电动机的弊端,人们提出了用电子换向装置取代机械换向装置的设想。随着现代科学技术的发展,特别是半导体技术及新型永磁材料的飞跃进步,1962 年诞生了世界上第一台利用霍尔元件实现换向的永磁无刷直流电动机。之后,采用接近开关式位置传感器、电磁谐振式位置传感器、高频耦合式位置传感器、磁电耦合式位置传感器和光电式位置传感器的永磁无刷直流电动机也相继问世。20 世纪 70 年代以来,随着电力电子工业的飞速发展,许多新型的高性能半导体功率器件如 IGTR、MOSFET、IGBT 等相继出现,以及高性能永磁材料如钐钴、钕铁硼等的问世,均为永磁无刷直流电动机的广泛应用奠定了坚实的基础。永磁无刷直流电动机保留了一般直流电动机的优点而克服了其某些局限性,具有调速范围宽广、调速性能平滑、启动迅速、寿命长、无滑动接触和换向火花、可靠性高及噪声低等优点,适用于一般直流电动机不能胜任的工作环境,又具备永磁电动机运行效率高、无励磁损耗等特点,在当今国民经济各个领域中的应用日益普及。

　　盘式无刷直流电动机借助位置传感器来检测转子的位置,所检测出的信号去触发相应的电子换向线路以实现无接触式换流。从理论上说,其电动机本体结构可以是上述盘式永磁同步电动机中的任何一种,只不过绕组有所改变,即宜采用少槽或集中绕组以使反电动势波形接近梯形波。同时,为了保证位置传感器的安装精度,应尽量选用较少的极数。实际上,大多数盘式无刷直流电动机是无槽结构,这种电动机反电动势非常接近于梯形波,易于通过调节极弧系数来减小转矩脉动。同时,无槽结构电枢绕组电感小,可以得到线性的机械特性曲线。

　　盘式无刷直流力矩电动机除了具有一般力矩电动机所具有的优点——低速下力矩大、直接驱动外,其本身还具有轴向尺寸短的特点,特别适合于在轴向空间较紧张的场合。例如,在电动车辆的前后轮直接驱动中。

　　2) 永磁无刷直流电动机的原理

　　它具有如图 3-46 所示的拓扑结构,主要由电动机本体、位置传感器和功率逆变器三部分组成。电动机本体由定子和转子两部分组成。与传统的永磁直流电动机不同,永磁无刷直流电动机将电枢绕组放在定子上,永磁体则放在转子上。由位置传感器、逆变器触发逻辑电路和功率逆变器共同构成电动机驱动系统,根据位置传感器检测的电动机转子位置信号,供逻辑电路按一定的逻辑规律触发逆变器,给电动机定子绕组供电,保证在运行过程中电动

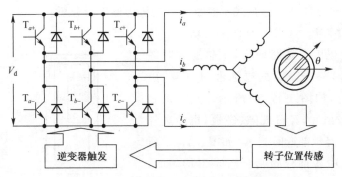

图 3-46　永磁无刷直流电动机原理图

机定子绕组所产生的磁场和转子永磁体所产生的磁场,在空间位置上始终保持一定的电角度关系。无刷直流电动机系统的电动机本体是永磁同步电动机。变频器供电的永磁同步电动机加上转子位置闭环控制系统构成自同步永磁电动机,既具有电励磁直流电动机的优异调速性能,又实现了无刷化,这在要求高控制精度和高可靠性的场合,如航空、航天、数控机床、加工中心、机器人、电动汽车、计算机外围设备和家用电器等方面都获得了广泛应用。其中反电势波形和供电电流波形都是正弦波的电动机,称为正弦波永磁同步电动机,简称永磁同步电动机;反电动势和供电电流波形都是矩形波的电动机,通常称为无刷直流电动机。根据逆变器所采用开关器件的不同,可分为:采用晶闸管作为逆变器功率器件的电动机,一般称为晶闸管无换向器电动机;采用 MOSFET、GTR、IGBT 等自关断器件作为逆变器功率器件的永磁无刷直流电动机。根据电动机绕组相数的不同,可分为两相、三相和多相。根据绕组连接方式的不同,可分为星形绕组和封闭绕组。根据换向线路与绕组连接方式的不同,可分为全桥型和半桥型。

盘式永磁无刷直流电动机的特点与应用:盘式永磁电动机的气隙是平面型的,气隙磁场是轴向的,所以又称为轴向磁场电动机。盘式无刷直流电动机借助位置传感器来检测转子的位置,所检测出的信号去触发相应的电子换向电路以实现无接触式换流。从理论上说,其电动机本体结构可以是任意一种盘式永磁同步电动机,只不过绕组有所改变,宜采用少槽或集中绕组以使反电动势波形接近梯形波。同时,为了保证位置传感器的安装精度,应尽量选用较少的极数。实际上,大多数盘式无刷直流电动机是无槽结构,这种电动机反电动势非常接近梯形波,易于通过调节极弧系数来减小转矩脉动。盘式永磁无刷直流电动机具有结构简单、运行可靠、维护方便、轴向结构紧凑、效率高和无级调速等特点,尤其体积小和质量轻,大约为普通永磁电动机的 50%,特别适用于对体积和质量有苛刻要求的场合以及低速电动机中。由于没有机械换向器的损耗、励磁铜耗及基本铁耗,效率较高,节能效果显著,在电动车辆、汽车工业、纺织工业、制衣工业等工农业生产和家用电器中具有广泛的应用前景。随着永磁材料钕铁硼制造工艺的不断完善,性能逐步提高,价格相对有所降低,使得设计制造具有较高功率密度的大容量电动机成为可能。

3) 盘式永磁电动机空载磁场计算

大多数盘式永磁电动机采用无槽结构,气隙较大,电枢反应作用较弱,通常可以忽略不计。只有当功率密度非常高时,才需考虑电枢反应的去磁效应。所以盘式永磁电动机的空载磁场分析,对这类结构电动机的设计尤为重要。

本节以单边永磁体结构的盘式永磁直流电动机为例进行分析。

（1）主磁路结构。盘式永磁直流电动机磁场分布比较复杂。仅就主磁路而言，主磁通同时经由两条磁路闭合，一条磁路的磁通经过气隙、磁轭和端盖而闭合，如图3-47（a）所示；另一条磁路的磁通从N极出发，经过气隙、磁轭，再经过气隙到达S极，最后经轭部返回N极，如图3-47（b）所示。由于电动机中各部分磁密分布是不均匀的，不同半径处的磁路长度也不相同，这就使这种电动机的磁路计算比圆柱式电动机复杂。而主磁通在磁轭中的特殊分布，更增加了这种电动机磁路计算的难度。但由于盘式永磁直流电动机气隙较长，主磁路一般不饱和，对于工程设计可取平均直径处如图3-47(b)所示的磁路作为盘式永磁直流电动机的主磁路进行分析。

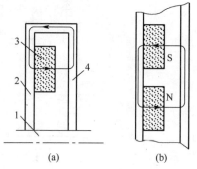

图3-47　盘式永磁直流电动机主磁路示意图

（a）径向截面；（b）周向截面

1—轴；2—磁轭；3—永磁体；4—端盖

（2）空载工作点确定。假定磁路不饱和，铁芯中的磁位差可以忽略，同时忽略电枢反应，则

$$H_\delta \delta = H_m h_M \tag{3-47}$$

$$\delta = \delta_1 + \delta_2 \tag{3-48}$$

$$\delta_1 = \delta_{c1} + \delta_{c2} + \delta_\omega \tag{3-49}$$

式中，δ 为电动机的总气隙长度(cm)；δ_1 为电动机主气隙长度，称为第一气隙(cm)；δ_2 为永磁体与机座之间粘结间隙长度，称为第二气隙，其大小主要取决于磁极的黏结工艺，一般为 0.03～0.05cm；δ_{c1}、δ_{c2} 为电枢盘与永磁体和磁轭间的气隙长度，通常在 0.034～0.05cm 范围内取值；δ_ω 为电枢盘的厚度(cm)；h_M 为永磁体磁化方向的长度(cm)；H_δ、H_m 分别为气隙和永磁体的磁场强度(A/m)。

同圆柱式电动机一样，盘式永磁电动机主磁极产生的总磁通 Φ_m 也分为主磁通 Φ_δ 和漏磁通 Φ_σ 两部分，其漏磁系数

$$\sigma = \frac{\Phi_m}{\Phi_\delta} = 1 + \frac{\Phi_\sigma}{\Phi_\delta} \tag{3-50}$$

根据磁通连续性原理得

$$A_m B_m = \sigma A_\delta B_\delta \tag{3-51}$$

式中，A_δ 为每极气隙有效面积(cm^2)；B_δ 为气隙磁通密度(T)；B_m 为永磁体工作点磁密(T)；A_m 为永磁体提供每极磁通的面积(cm^2)。

由式(3-51)得

$$B_\delta = \frac{A_m B_m}{\sigma A_\delta} \tag{3-52}$$

设电动机极对数为 p，永磁体内、外径分别为 D_{mi}(cm)和 D_{mo}(cm)，极弧系数和计算极弧系数分别为 α_p、α_i，则

$$A_{\mathrm{m}} = \frac{1}{8p}\pi\alpha_p(D_{\mathrm{mo}}^2 - D_{\mathrm{mi}}^2) \tag{3-53}$$

$$A_\delta = \frac{1}{8p}\pi K_F\alpha_i(D_{\mathrm{mo}}^2 - D_{\mathrm{mi}}^2) \tag{3-54}$$

式中，K_F 为气隙磁密分布系数，定义为气隙磁密沿圆周分布曲线所对应的幅值随半径变化曲线的平均值与最大值之比，它同时考虑了气隙磁密的三维分布、边缘效应和电枢绕组端部伸长对气隙磁密幅值的影响。

永磁材料的回复线可表示为

$$B_{\mathrm{m}} = -\mu_r\mu_0 H_{\mathrm{m}} + B_r \tag{3-55}$$

根据式(3-52)~式(3-55)和式(3-47)，且 $B_\delta = \mu_0 H_\delta$，可以确定永磁体工作点磁密和相应气隙磁密为

$$B_{\mathrm{m}} = \frac{\sigma K_F B_r \dfrac{\alpha_i}{\alpha_p}}{\sigma K_F \dfrac{\alpha_i}{\alpha_p} + \mu_r \dfrac{\delta}{h_{\mathrm{M}}}} \tag{3-56}$$

$$B_\delta = \frac{B_r}{\sigma K_F \dfrac{\alpha_i}{\alpha_p} + \mu_r \dfrac{\delta}{h_{\mathrm{M}}}} \tag{3-57}$$

对于盘式永磁电动机，一般情况下可近似地取

$$\alpha_i \approx \alpha_p \tag{3-58}$$

所以永磁体工作点磁密和相应气隙磁密分别为

$$B_{\mathrm{m}} = \frac{\sigma K_F B_r}{\sigma K_F + \mu_r \dfrac{\delta}{h_{\mathrm{M}}}} \tag{3-59}$$

$$B_\delta = \frac{B_r}{\sigma K_F + \mu_r \dfrac{\delta}{h_{\mathrm{M}}}} \tag{3-60}$$

第六节　开关磁阻电动机驱动

最早记载的开关磁阻电动机是 1883 年用于机车牵引，直到现代功率电子学和大功率计算设备的出现，开关磁阻电动机的潜能才得以充分发挥。一般开关磁阻驱动电动机由开关磁阻电动机、功率变换器、传感器和控制器四部分组成，如图 3-48 所示。其中开关磁阻电动机起关键作用，它能将电能转变成机械能。

图 3-49 显示了三种开关磁阻电动机的基本结构，它们是根据不同的定子和转子磁极数来区分的。

图 3-50 所示是四相 8/6 极开关磁阻驱动电动机，图中只画出了其中一相绕组的情况。由于定子和转子极是凸极结构，所以每相绕组的电感 L 随转子位置的变化而变化，如图 3-51(a)所示。开关磁阻电动机的工作原理遵循磁阻最小的原则，如图 3-51(b)所示，当

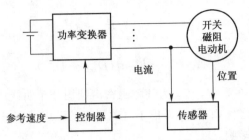

图 3-48　开关磁阻电动机驱动的基本构成

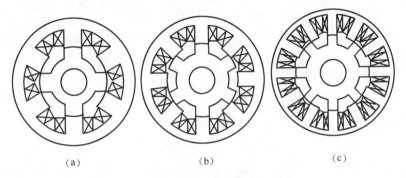

(a)　　　　　　　(b)　　　　　　　(c)

图 3-49　开关磁阻电动机的基本构成

W 相绕组受到激励时，U 相绕组和转子凸极正对，为减小磁路的磁阻，转子顺时针旋转，直到转子凸极与定子凸极 W 相对，此时磁路的磁阻最小（电感最大）。然后，切断绕组 W 的激励，给绕组 V 施加激励，磁阻转矩使转子凸极与定子凸极相对。接着切断绕组 V 的激励，给绕组 U 施加激励，磁阻转矩使转子凸极与定子凸极相对。转矩方向一般指向最近的一对磁极相对的位置。因此，根据转子位置传感器的反馈信号，相绕组按 W—V—U—W 的顺序导通，使转子沿顺时针方向连续旋转。

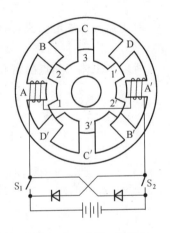

图 3-50　四相 8/6 极

　　图 3-52 为普锐斯混合动力驻车制动用开关磁阻电动机转子图，外围为谐波减速器。图 3-53 为开关磁阻电动机的定子线圈图，该电动机用来代替手操作驻车制动的功能。

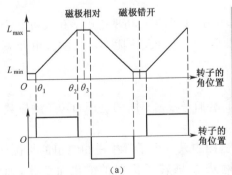

(a)

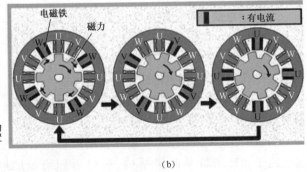

(b)

图 3-51　关系曲线及各相线圈导通管关系图

图 3-52　驻车制动转子实物图

图 3-53　驻车制动定子线圈实物图

根据磁共能原理,每相转子在不同位置产生的磁阻转矩为

$$T(\theta,i) = \frac{\mathrm{d}W'(\theta,i)}{\mathrm{d}\theta} \tag{3-61}$$

式中,θ 为转子位置角;i 为相绕组电流;$W'(\theta,i)$ 为磁共能,即磁化曲线下的面积,如图 3-54 所示,其面积可表示为

$$W'(\theta,i) = \int_0^i \psi(\theta,i)\mathrm{d}i \tag{3-62}$$

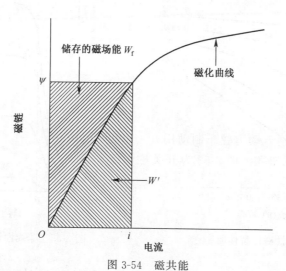

图 3-54　磁共能

磁链 $\psi(\theta,i)$ 可写成 $\psi(\theta,i)=L(\theta,i)i$,所以有

$$T(\theta(i)) = \frac{1}{2}\frac{\mathrm{d}}{\mathrm{d}\theta}\int_0^{i^2} L(\theta(i))\mathrm{d}i^2 \tag{3-63}$$

特定情况下,开关磁阻电动机没有磁饱和,电感与相绕组电流无关,可推导出磁阻转矩为

$$T(\theta(i)) = \frac{1}{2}t^2\frac{\mathrm{d}L}{\mathrm{d}\theta} \tag{3-64}$$

在恒定相绕组电流下,转矩的波形如图 3-55 所示。当考虑磁饱和时,电感是转子位置角度和相绕组电流的函数。电感、磁链和转矩的非线性特性曲线分别如图 3-55～图 3-57 所示。

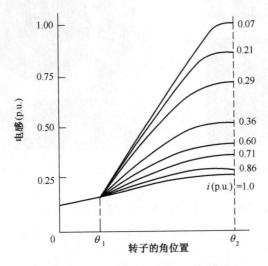

图 3-55　非线性电感特性曲线

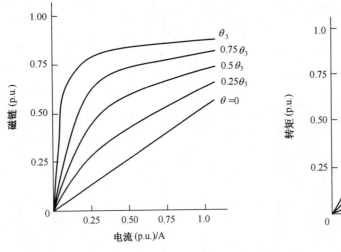

图 3-56　非线性磁链特性曲线

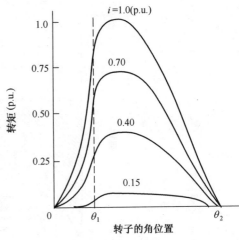

图 3-57　非线性转矩特性曲线

从以上分析可以看出,开关磁阻电动机的两个显著特点:①转矩的方向不受相电流方向的影响。②当电感增加时,产生电动机转矩;相反,产生负转矩即制动转矩。所以,每相只在半极距内产生正转矩,因此易产生转矩波动,通过增加电动机相数可减小转矩波动。

开关磁阻电动机的电压方程可表示为

$$u = Ri + L\frac{\mathrm{d}i}{\mathrm{d}t} + \frac{\mathrm{d}L}{\mathrm{d}\theta}\omega \tag{3-65}$$

式中,u 为相电压;R 为绕组电阻;ω 为转子转速。

相应的相电流可表示为

$$i = \frac{u}{\omega}f(\theta) \tag{3-66}$$

式中,$f(\theta)$ 为电动机结构参数、转子位置、触发角和关断角的函数。

因此,m 相开关磁阻电动机的平均转矩为

$$T = \frac{m}{\theta_{cy}}\int_0^{\theta_{cy}} \frac{1}{2}i^2 \frac{\partial L}{\partial \theta}\mathrm{d}\theta = \frac{mu^2}{2\theta_{cy}\omega^2}\int_0^{\theta_{cy}} f\left(\theta\left(\frac{\partial L}{\partial \theta}\right)\right)\mathrm{d}\theta \tag{3-67}$$

式中:θ_{cy} 为转子极距角。

如果开关磁阻电动机的相电压、触发角和关断角给定,则平均转矩和功率分别为

$$T_{av} = \frac{K}{\omega^2} \tag{3-68}$$

$$P = \frac{K}{\omega} \tag{3-69}$$

从式中可以看出,开关磁阻电动机的转矩与转速的平方成反比,功率与转速成反比,这与串励直流电动机的特性类似。

开关磁阻电动机有两种基本工作方式,如图 3-58 所示。当转速低于基速 ω_b 时,对电流进行斩波限幅,称为电流斩波控制(CCC)。在 CCC 方式,触发角 θ_{on} 和关断角 θ_{off} 不变,触发角仅由速度反馈决定。通过改变电流限制可控制转矩,因此用 CCC 可得到恒转矩特性。在调整区工作,峰值电流受相绕组的感应电动热所限制,其特性可以通过调节不同转子位置所对应的开关相位来控制,称为角度位置控制(APC)。在 APC 方式,可获得恒功率工作特性。在临界转速 ω_{sc},θ_{on} 和 θ_{off} 达到它们的极限值。随后,开关磁阻电动机不再保持恒功率的工作特性,而进入串励特性区,此时,$\theta_c = \theta_{cy}/2$(θ_{cy} 为导通角)。CCC 和 APC 方式下电流和电感的典型波形如图 3-59 所示。

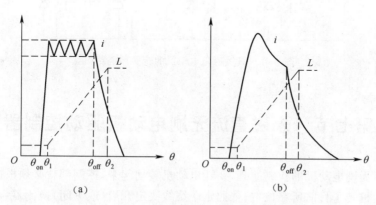

图 3-58 在 CCC 和 APC 模式下的电流和电感波形
(a) CCC 模式;(b) APC 模式

与直流驱动电动机类似,为使噪声减小到最小,开关磁阻驱动电动机的斩波频率应高于 10kHz。为减少功率器件的数量,充分利用单极工作,人们开发了很多逆变器电路。但是减少功率器件数目带来许多负面影响,如控制性能变差、可靠性降低、工作性能变差、需增加额

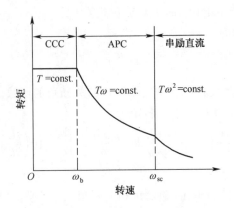

图 3-59　典型的转矩/转速特性曲线

外的无源器件等。图 3-60 所示的逆变器电路很适合电动汽车的开关磁阻电动机,它利用两个功率器件分别控制相电流和两个续流二极管把储存的电磁能量回馈给电动汽车的蓄电池。由于这种电路的拓扑结构每相需要两个功率器件,因此这种逆变器的成本相对高于一个功率器件的逆变器,但是其逆变桥可以控制每相绕组,而且不受其他相绕组状态的影响。因此,可以采用相重叠,使转矩增加,电动汽车驱动的恒功率范围变宽。

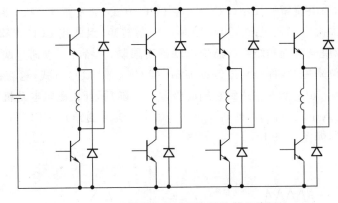

图 3-60　开关磁阻电动机的转换器电路图

第七节　永磁直流无刷电动机驱动控制器

根据直流无刷电动机的控制原理,要让电动机转动起来,控制部就必须根据霍尔传感器感应到的电动机转子目前所在位置,依照定子绕线决定开启(或关闭)换流器(inverter)中功率晶体管的顺序,换流器中 VT1、VT3、VT5(称为上臂功率晶体管)及 VT2、VT4、VT6(称为下臂功率晶体管)使电流依序流经电动机线圈产生顺向(或逆向)旋转磁场,并与转子的磁铁相互作用,如此就能使电动机顺时针/逆时针转动。当电动机转子转动到霍尔传感器感应出另一组信号的位置时,控制部又再开启下一组功率晶体管,如此循环,电动机就可以依同一方向继续转动直到控制部决定要电动机转子停止则关闭功率晶体管(或只开启下臂功率晶体管);要使电动机转子反向则功率晶体管开启顺序相反。高转速的速度控制必须考虑到系统的时钟分辨率是否足以掌握处理软件指令的时间;另外,对于霍尔传感器信号变化的资料存取方式也影响到处理器效能与判定正确性、实时性。至于低转速的速度控制尤其是低速启动则因为回传的霍尔元件信号变化得更慢,怎样撷取信号方式、处理时机以及根据电动机特性适当配置控制参数值就显得非常重要。

永磁直流无刷电动机驱动控制器的主驱动电路如图 3-61 所示。可以用 IGBT 管 FGA40N60UFD 来搭建。IGBT(insulated gate bipolar transistor,绝缘栅双极型晶体管)是由 BJT(双极型三极管)和 MOS(绝缘栅型场效应管)组成的复合全控型电压驱动式功率半导体器件,兼有 MOSFET 的高输入阻抗和 GTR 的低导通压降两方面的优点。场效应管有开关速度快、电压控制的优点,但也存在导通压降大、电压与电流容量小的缺点。而双极型器件恰恰有与其相反的特点,如电流控制、导通压降小,功率容量大等,二者复合,可以优势互补。IGBT 管,或者 IGBT 模块的由来,即基于

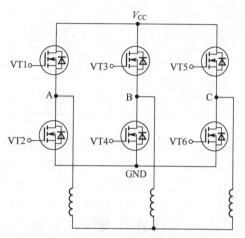

图 3-61　永磁直流无刷电动机驱动电路

此。IGBT 综合了以上两种器件的优点,驱动功率小而饱和压降低,非常适合应用于直流电压为 600V 及以上的变流系统,如交流电动机、变频器、开关电源、照明电路、牵引传动等领域。

永磁直流无刷电动机霍尔信号与相电流及反电动势的关系如图 3-62 所示。

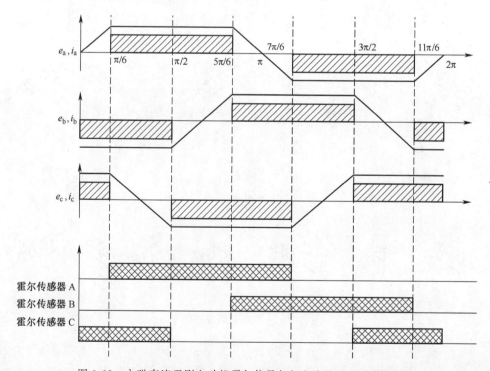

图 3-62　永磁直流无刷电动机霍尔信号与相电流及反电动势的关系

　　由图 3-62 可以看出,通过检测霍尔元件输出信号,即可以确定 VT 管的通断逻辑,其关系如表 3-1 所示。

表 3-1　VT 管的通断逻辑关系

参数	霍尔 A	霍尔 B	霍尔 C	相电流 a	相电流 b	相电流 c
$0\sim\pi/6$	0	0	1	0	－	＋
$\pi/6\sim\pi/2$	1	0	1	＋	－	0
$\pi/2\sim5\pi/6$	1	0	0	＋	0	－
$5\pi/6\sim7\pi/6$	1	1	0	0	＋	－
$7\pi/6\sim3\pi/2$	0	1	0	－	＋	0
$3\pi/2\sim11\pi/6$	0	1	1	－	0	＋
$11\pi/6\sim2\pi$	0	0	1	0	－	＋

　　表 3-1 中霍尔元件输出高电平为 1,输出低电平为 0,对应的相电流为 0,表示该组线圈无电流流过,为“＋”表示对应的相上臂导通,“－”表示对应的相下臂导通。例如,对应于表 3-1 中,霍尔元件输出信号为“001”,相电流 a 为“0”,该相对应 VT1,VT2 管,两管均关断;相电流 b 为“－”,该相对应 VT3,VT4 管,则 VT3 关断,VT4 导通;相电流 c 为“＋”,该相对应 VT5,VT6 管,则 VT5 导通,VT6 关断。

　　图 3-63 为一组永磁无刷直流电动机的线圈导通顺序。读者可以试写一下功率管的导通控制逻辑。

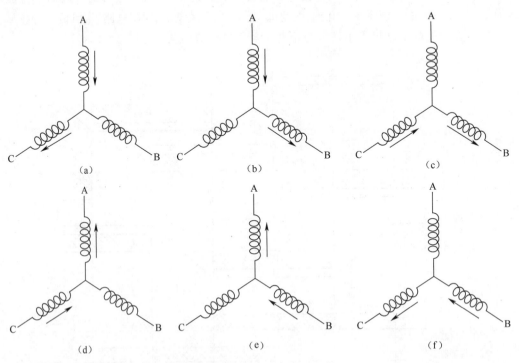

图 3-63　一组线圈的导通顺序

图 3-61 电路中要防止直通的危险,例如要防止 VT1 和 VT2 同时打开,在该场合下,常使用专门芯片,例如 IR2110S,其典型电路如图 3-64 所示。其输入为 12 脚和 14 脚,接收控制芯片的输入 PWM,输出为 HO 和 LO 脚,能严格保证最多只有 1 个脚是输出高电平,从而能防止从控制上防止直通的危险,同时性能比较可靠,在控制器对成本不敏感时可以选择使用。

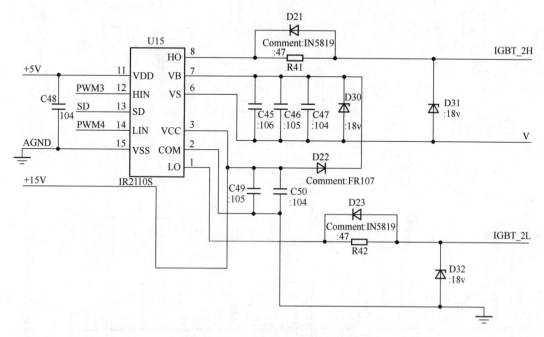

图 3-64 IR2110S 芯片典型驱动电路

下面简单介绍一个小功率永磁直流无刷电动机的控制器,使用 89C2051 芯片作为控制器,使用 SG3524 作为 PWM 发生器,通过芯片输出信号和 SG3524 输出信号的叠加,完成对 IR2103 的控制,实现对直流无刷电动机的无级调速驱动。

图 3-65 为永磁直流无刷电动机的控制器原理图。

以下为该永磁直流无刷电动机的控制器程序:

```
; 时钟频率 20MHz,一个机器周期 0.6μs,定时长度最大为 39.3216ms
; 电机最高转速:50/8 = 6.25
; 换向延时时间 0.3ms = 300μs,定时常数 = 65536 − 300/0.6 = 65536 − 500 = 65036 = FE0CH
; 0.1ms = 100μs,定义常数 = 65536 − 100/0.6 = 65536 − 167 = 65363 = FF53H
; PWM 周期 90μs,频率 11kHz
; 时钟频率 20MHz,一个机器周期 0.6μs,定时长度最大为 39.3216ms
; 电机最高转速:50/8 = 6.25
; 换向延时时间 0.3ms = 300μs,定时常数 = 65536 − 300/0.6 = 65536 − 500 = 65036 = FE0CH
;        0.1ms = 100μs,定义常数 = 65536 − 100/0.6 = 65536 − 167 = 65363 = FF53H
; PWM 周期 90μs,频率 11kHz

; 霍尔传感器变化规律
;A  B  C  20
;0  0  0
```

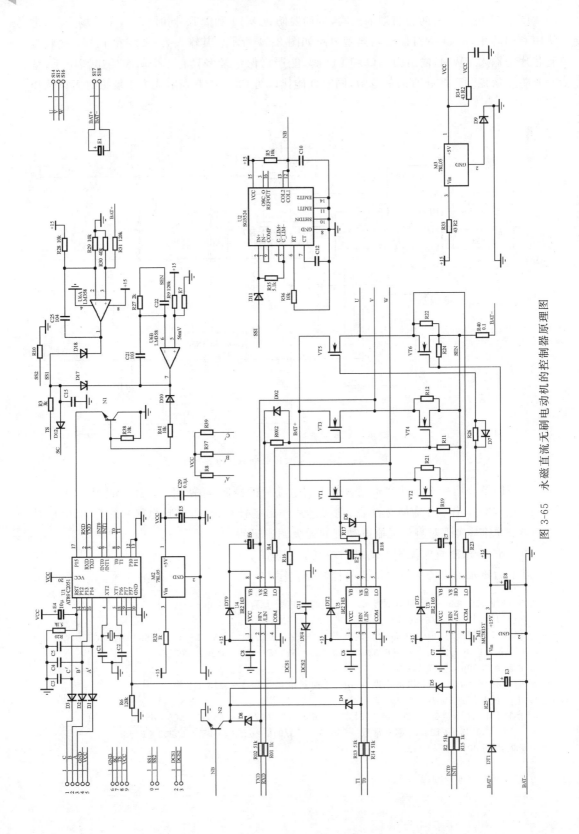

图 3-65 永磁直流无刷电动机的控制器原理图

```
;0    0    1
;0    1    1
;1    1    1
;1    1    0
;1    0    0
```

; 每一个变化周期为 6 个状态,电动机每转一圈变化 20 个周期
; 每个变化状态对应的角度为:
;   360/600 = 0.6
; 转速与控制电压的关系:
;   输入电压   PWM 控制器输入电压
;   SS1   2
;   1.39   0.8   电动机启动电压
;   3.49   2.9   最高转速电压
; 电机最高转速:6.25 圈/秒 = 375 圈/分

```
;T1   T0   TXD   RXD   INTO   INT1
;9    8    3     2     6      7

;0    0    1     1     0      1      000
;0    0    0     1     1      1      001
;0    1    0     0     1      1      011
;1    1    0     0     0      1      111
;1    1    0     1     0      0      110
;0    1    1     1     0      0      100
```

; 定义变量
```
      KEYNUM   DATA   30H
      OLDPOS   DATA   31H
      NEWPOS   DATA   32H
      COUNT    DATA   33H
```
; 定义常量
```
      DSCSL    DATA   5AH        ; 100μs,设置定时时间长度
      DSCSH    DATA   0FFH
```
; 定义位变量
```
      PAUSEFLAG  BIT   20H.0   ;这个为一个标志位,设置为 1 时不驱动电机,为 0 时正常驱动电动机
      ORG   0000H
      LJMP  MAIN

      ORG   000BH
MOV TL0, #DSCSL
      MOV   TH0, #DSCSH
      LJMP  T0SERV

      ORG   0100H
;MAIN:  MOV  SP, #60H
      MOV   TL0, #DSCSL
      MOV   TH0, #DSCSL
      MOV   TMOD, #01H          ;为设置 16 位定时器
      MOV   P1, #0FFH
```

```
        MOV   A,P1              ;为读 p1 口
        RR    A
        RR    A
        ANL   A,#FFH            ;
        MOV   OLDPOS,A
        MOV   NEWPOS,#00H       ;
        CLR   PAUSEFLAG
        MOV   COUNT,#00H        ;
        SETB  ET0              ;启动定时器 T0 中断
        SETB  TR0              ;启动定时器
        SETB  EA               ;开启中断
        SJMP  $


;;;;;;;;;;;;;;;;;;;;;;;;;;;;;;;;;;;
; 定时器 0 中断服务程序
;;;;;;;;;;;;;;;;;;;;;;;;;;;;;;;;;;;
T0SERV:   PUSH  ACC
          JNB   PAUSEFLAG,T0_CHECK1    ;直接地址为 0 则转移
          DJNZ  R7,T0_END             ;寄存器减 1,非零转移
          MOV   R7,#64H
          DJNZ  R6,T0_END
          MOV   R6,#64H
          DJNZ  R5,T0_END
          CLR   PAUSEFLAG

T0_CHECK1: JB   P1.5,T0_NEXT0          ; P1.5 为低则进入保护状态,直接地址为 1 则转移
          MOV   P3,#99H
          SETB  PAUSEFLAG
          MOV   R7,#64H
          MOV   R6,#64H
          MOV   R5,#03H
          SJMP  T0_END
T0_NEXT0:  MOV   A,P1
          RR    A
          RR    A
          ANL   A,#07H
          JNB   P3.7,T0_END            ; 制动,直接地址为 0 则转移
          ;CJNE  A,OLDPOS,T0_NEXT       ;
          CJNE  A,#02H,T0_NEXT1        ;寄存器与 8 位数比较,不相等则转移
          MOV   P3,#99H               ;
          NOP                         ;
          NOP                         ;
          MOV   P3,#8BH               ;
          SJMP  T0_END                ;
T0_NEXT1:  CJNE  A,#06H,T0_NEXT2       ;
          MOV   P3,#99H               ;
          NOP                         ;
          NOP                         ;
          MOV   P3,#8DH               ;
          SJMP  T0_END
T0_NEXT2:  CJNE  A,#04H,T0_NEXT3       ;
```

```
            MOV  P3,#99H                ;
            NOP                         ;
            NOP                         ;
            MOV  P3,#9CH                ;
            SJMP  TO_END                ;
TO_NEXT3:  CJNE  A,#05H,TO_NEXT4
            MOV  P3,#99H                ;
            NOP                         ;
            NOP                         ;
            MOV  P3,#0B8H               ;21H,因为 p3.7 为制动保护,必须为 1,如为 0 则为制动
                                        ;状态,p3.6 没有引脚
            SJMP  TO_END
TO_NEXT4:  CJNE  A,#01H,TO_NEXT5
            MOV  P3,#99H                ;
            NOP                         ;
            NOP                         ;
            MOV  P3,#0B1H               ;28H
            SJMP  TO_END
TO_NEXT5:  CJNE  A,#03H,TO_NEXT6
            MOV  P3,#99H                ;
            NOP                         ;
            NOP                         ;
            MOV  P3,#93H                ;0AH
            SJMP  TO_END
TO_NEXT6:                              ;MOV  P3,00H
           ;SJMP  TO_END
;TO_NEXT:  MOV  OLDPOS,A              ;
TO_END:    POP  ACC
           RETI
           END
```

第八节　单相轴向磁通电动机整流子绕组简介

　　电动机的绕组非常重要,本节给出了一个 12V 直流电源供电的单相轴向磁通永磁电动机线圈绕组的一个实例。该电动机的整流子共有 19 个接线柱,在图 3-66 中用 19 个圆表示,其中 1 号接线柱通过碳刷接电源正极,17 号接线柱通过碳刷接电源负极,电流自 1 号接线柱出,顺时针的路线为 1→14→8→2→15→9→3→16→10→4→17,需要关注的是 4→17 这段线圈,没有这段线圈,简单讲则整个线圈无法转起来。可以看出正极接接线柱 1、2、3 和 4 的效果是一样的,所以碳刷可以跨接整流子的两个接线柱;负极接线柱 14、15、16 和 17 也是一样的,但碳刷跨接两个接线柱时,这两个接线柱是等电位的,例如接线柱 2 和 3 被碳刷跨接,则虚线表示的线圈中将没有电

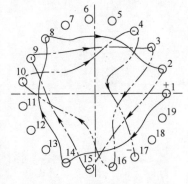

图 3-66　线圈的顺时针电流路线

流,但从接线柱 3 出来的双点画线表示的线圈有电流,为 3→16→10→4→17。

在 1 号接线柱通过碳刷接电源正极、17 号接线柱通过碳刷接电源负极的同时,电流自 1 号接线柱出,逆时针的路线为 1→7→13→19→6→12→18→5→11→17,没有顺时针那样多出的 4→17 这段线圈,这样整个线圈就一根线,线圈和接线柱的连接方式如图 3-67 所示。两个图叠加起来的结果如图 3-68 所示。径向磁通电动机的线圈类似。单相电动机的整流子的电极有 19 个,而不是偶数。三相电动机读者可以自己研究一下。

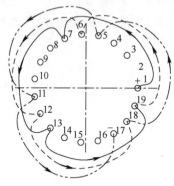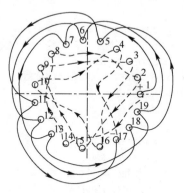

图 3-67　线圈的逆时针电流路线　　　　图 3-68　完整的线圈电流路线

思　考　题

1. 新能源汽车使用的电动机有哪些类型?分析其优缺点和应用场合。

2. 永磁电动机具有哪些优点?

3. 有报道提出盘式永磁电动机是未来新能源汽车主要使用的电动机。请查阅国内外相关厂家的资料,阐述你的看法。

4. 图示永磁直流无刷电动机的霍尔元件、相电流及反电动势的关系。

5. 用功能模块阐述永磁直流无刷电动机的控制软件及硬件的主要组成。

6. 稀土永磁体主要有哪些优势?

第<四>章 纯电动汽车

第一节 纯电动汽车发展简介

纯电动汽车是指只用电池作为动力源的汽车。它利用电池储存的电能向电动机提供电能,驱动电动机运转,从而推动汽车前进。纯电动汽车的电动机相当于传统汽车的发动机,蓄电池相当于原来的油箱,一般采用高效率充电电池,或燃料电池为动力源。由于电能是二次能源,可以来源于风能、水能、热能、太阳能等多种方式。

纯电动汽车并不是一种新汽车种类,电动汽车诞生有100多年了,1839年,苏格兰人罗伯特·安德森造出了世界上的第一台"电动车"。不过它并不十分成功。主要原因是,电池寿命过短,电力过小,只能挪动一个非常轻的底盘。到了19世纪后期,长效电池诞生,促进了电动车的进一步发展,人们才在伦敦的大街上见到电力驱动的出租车,不过行驶距离非常短,还必须不停地在充电站里充电。罗伯特不会预想到,进入到21世纪,随着全球能源危机的不断加深,石油资源的日趋枯竭以及大气污染、全球气温上升的危害加剧,各国政府及汽车企业普遍认识到节能和减排是未来汽车技术发展的主攻方向,发展电动汽车成为解决这两个技术难点的最佳途径,电动汽车也随之成为世界各国的选择和技术竞争的一个焦点。

但由于各种技术上的原因,相对于使用内燃机的汽车而言,电动汽车并没有大规模的发展。100多年来,电动汽车在汽车发展史中经历了三次重大机遇:第一次发生在100余年前。由于当时电池和电动机的发展较内燃机成熟,而且石油的运用还没有普及,使电动汽车在早期的汽车领域中占有举足轻重的位置。例如,世界上首辆车速超过100km/h的汽车就是电动汽车。那是在1899年,由比利时工程师卡米乐·热纳茨(Camille Jenatzy)设计的名为"从不满意"(La Jamais Contente)的铝制车身汽车,现在保存在法国贡批尼(Compiegne)博物馆中。据统计,到1890年在全世界4200辆汽车中,有38%为电动汽车,40%为蒸汽车,22%为内燃机汽车。到了1911年,就已经有电动出租汽车在巴黎和伦敦的街头上运营,到了1912年在美国更有至少3.4万辆电动汽车运行。

第二次是在20世纪70年代石油危机爆发时,由于石油的大量开采和内燃机的种种优越性,电动汽车渐渐被人们忽视。直到20世纪70年代石油危机的爆发,给世界各国政界一次不小的打击,人们开始考虑替代石油的其他能源,包括风能、太阳能、电能等可再生能源。因此,从政治经济方面考虑,才又给了电动汽车第二次机遇,电动汽车又一次被人瞩目。

第三次机遇开始于若干年前,世界上除了已存在的能源问题之外,环境保护问题也逐渐成为各个方面关心重大课题,内燃机汽车的排放污染,给全球的环境以灾难性的影响。因此,开发生产零污染交通工具成为各国所追求的目标,电动汽车的无(低)污染优点,使其成为当代汽车发展的主要方向。

第二节　纯电动汽车发展现状

一、国外发展现状

近几十年来,发达国家为电动汽车的开发投入了大量的人力和财力,电动汽车的各项相关技术也取得了重大的进展。从1976年美国制订电动车辆研究计划以来,通用公司和福特公司都投入大量资金进行电动汽车的研发,纯电动车得到世界各国政府及各大汽车公司的重视而得以发展。

例如美国通用公司开发的Hy-wire车型,此车称为"氢动三号",是由200块相互串联在一起的燃料电池块组成的电池组产生电力,通过68L的氢气储存罐向燃料电池组提供氢气。电池组所产生的电能输入电动机后,通过功率为60kW/82hp三相异步电动机驱动车辆行驶,并几乎不产生任何噪声。氢储存罐分为两种,一种罐内储存的是温度为-253℃的液态氢,另一种罐内储存的是承受最高压力可达700Pa的高压氢气。一次充气行驶里程分别可达400km和270km。

图4-1所示为通用雪佛兰公司的VOLT电动汽车。2007年1月,在底特律举办的北美国际汽车展上,雪佛兰VOLT概念车揭开面纱。雪佛兰VOLT电动概念车堪称是一款全能的环保概念车——唯一一款能兼容众多为通用汽车带来竞争优势的新能源技术解决方案的车型。之所以称其"全能",是因为其装备的E-Flex系统是一种非常灵活的电动汽车架构,完美地解决了汽车能源的全球适应性问题,雪佛兰VOLT概念车首次配备了通用汽车迄今为止最新、最高效的氢燃料电池系统,充分体现了通用汽车在致力于实现零排放、能源多元化进程中的不懈努力。这款配备了通用汽车最新一代动力推进系统——E-Flex系统(E-Flex系统是通用汽车下一代电动推进系统的名称。其中的"E"表示"电",电力是E-Flex车型的唯一驱动方式。而"Flex"代表的是"灵活",表示用以驱动汽车的电力可以从各种途径取得)的雪佛兰VOLT概念车,让我们可以从汽油、乙醇、生物柴油或氢气中获得电能,这使得我们可以定制推进系统,以满足特殊的要求和特定市场的基础设施。

图4-1　通用雪佛兰VOLT电动汽车

　　图 4-2 所示为丰田汽车公司 RAV4-EV 纯电动车。1996 年 9 月,日本丰田汽车公司研制了 RAV4-EV 纯电动车样车,1997 年 10 月又推出了其改型车。该车是"零污染"和低维护的实用型 EV,已在美国批量销售。

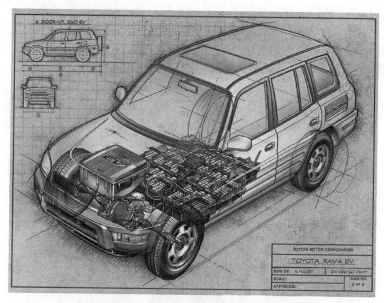

图 4-2　丰田汽车公司 RAV4-EV 纯电动汽车

　　丰田汽车公司 RAV4-EV 纯电动车的动力电池组是免维护密封型 Ni-MH 动力电池组,由 240 节 1.2V 电池串联。采用强制性空气冷却,冷却风扇装在动力电池组的前部,对动力电池组的温度进行控制。动力电池组装在底盘中部和座椅的地板下面,可保证车厢有宽大的乘坐空间。由车载充电器可随时随地在有电源处进行充电,给用户带来很大方便。驱动系统采用永磁电动机,效率高,体积小。电动机前置,驱动桥前置,传动装置效率高,体积小,重量轻。制动时,电动机转换为发电机,将制动能量回收,并转化为电能储存到动力电池组中。驱动电动机的各种工况全部由动力控制组件调节与转换。

二、国内发展现状

　　在 20 世纪我国已经错失了汽车工业的黄金发展期。新能源汽车无疑将成为未来汽车的发展方向。"十二五"期间,我国新能源汽车正式迈入产业化发展阶段:2011—2015 年开始进入产业化阶段,在全社会推广新能源城市客车、混合动力轿车、小型电动车。"十三五"期间即 2016—2020 年,我国将进一步普及新能源汽车、多能源混合动力车,插电式电动轿车、氢燃料电池轿车将逐步进入普通家庭。因此,我国从政府到企业近年来都加大了新能源汽车的研发力度,从政策支持与技术研发上都出台了相关的措施。

　　根据 2009 年 2 月财政部和科技部联合发布的《节能与新能源汽车示范推广财政补助资金管理暂行办法》,被纳入《节能与新能源汽车示范推广应用工程推荐车型目录》中的车型将按以下标准享受财政补贴:对乘用车和轻型商用车,混合动力汽车根据混合程度和燃油经济性分为 5 挡,最高每辆补贴 5 万元;纯电动汽车每辆补贴 6 万元;燃料电池汽车每辆补贴 25 万元;长度 10m 以上的城市公交客车、混合动力客车每辆补贴 5 万~42 万元,纯电动和燃料电池客车每辆分别补贴 50 万元和 60 万元。

2010 年 4 月 28 日,《电动汽车传导式充电接口》《电动汽车充电站通用要求》《电动汽车电池管理系统与非车载充电机之间的通信协议》《轻型混合动力电动汽车能量消耗量试验方法》四项国家标准,通过全国汽车标准化技术委员会电动车辆分技术委员会审查。上述标准的制定,为建立健全中国新能源汽车标准体系,进一步推进新能源汽车产业发展奠定了基础。

财政部、科技部推行的"十城千辆"节能和新能源车计划,准备用 3～4 年时间,每年发展 10 个城市,每个城市推出不少于 1000 辆新能源汽车开展示范运行。参与"十城千辆"计划的城市名单已经增至 13 个,分别为北京、上海、长春、大连、杭州、济南、武汉、深圳、合肥、长沙、昆明和南昌。参与示范的 13 个城市的地方财政也要安排配套资金,对节能与新能源汽车购置、配套设施建设及维护保养等相关支出给予适当补助。于 2009 年 8 月确定的第一批节能与新能源汽车示范推广应用工程推荐车型共有 4 款商用车、1 款乘用车共 5 款车型入选,分别为:

南京汽车集团有限公司生产的依维柯纯电动服务车(产品型号:NJ5056XFWD),如图 4-3 所示。

图 4-3   依维柯电动汽车

安徽江淮汽车股份有限公司生产的江淮纯电动电力工程车(产品型号:HFC5040XGCEVR)。

湖南江南汽车制造有限公司生产的众泰电动轻型客车(产品型号:JNJ6400EVL)。

江西江铃汽车集团改装车有限公司生产的江铃全顺纯电动服务车(产品型号:JX5041XEV-LI)。

比亚迪汽车有限公司生产的比亚迪混合动力轿车(产品型号:QCJ7100ADM)。

目前,我国新能源汽车产销规模全球领先,过去几年连续成为全球新能源汽车产销量第一大国,累计产销量已超过 180 万辆。其中,2018 年,全国新能源汽车保有量达 261 万辆,占汽车总量的 1.09%,与 2017 年相比,增加 107 万辆,增长 70.00%。其中,纯电动汽车保有量 211 万辆,占新能源汽车总量的 81.06%。同年我国新能源汽车产销分别达到 79.4 万辆和 77.7 万辆,同比分别增长 53.8% 和 53.3%,市场占比为 2.7%,比上年提高了 0.9 个百分点。从数据来看,中国新能源汽车市场需求呈螺旋式上升,2017 年 50 万辆,2018 年 80 万

辆,而 2019 年达到 100 万辆以上,2020 年规划为 200 万辆。以下是几个城市的新能源汽车发展情况:

上海:截至 2019 年年底,上海市新能源汽车保有量已经达到 26 万辆,市面上约 4.2% 的汽车使用的是新能源。目前在上海推广应用的新能源车型累计已超过 360 款,车型除家用轿车之外,还包括公交车以及运输车辆。新能源汽车增速明显,与上海新能源汽车充电设施加速推进也有密切关系。相关统计显示,2018 年上海充电设施建设加速推进,完成新建公共充电桩共计约 1.05 万个。截至 2018 年底,已累计建成各类充电桩超过 21.06 万个,其中公共充电桩 3.62 万个,专用充电桩 3.26 万个,私人充电桩 14.18 万个,上海新能源汽车与车桩比进一步提升至 1.12∶1。

杭州:截至 2019 年 9 月,杭州新能源车保有量达到 15 万辆。甚至出现了续驶里程超过 500 公里的车型,另有吉利、比亚迪、奇瑞、传祺等品牌共计 6 款车型电池能量密度超过 160W·h/kg。市交通运输局相关负责人表示,争取在 2020 年建成区所有的公交车辆全部更新为新能源车辆,在 2021 年底亚运会之前力争把巡游出租车全部更换为新能源车。在工信部发布的《新能源汽车推广应用推荐车型目录(2019 年第 4 批)》中,共包括 74 户企业的 238 个车型,其中纯电动产品共 68 户企业 221 个型号、插电式混合动力产品共 7 户企业 12 个型号、燃料电池产品共 4 户企业 5 个型号。分车型来看,本批次入选的 238 款车型中,新能源乘用车共计入选 51 款,新能源客车共计入选 116 款,新能源专用车共计入选 71 款。

天津:2019 年前 4 个月,天津市推广新能源汽车 7374 辆,同比增长 68%,其中私人购买新能源汽车占到 83%。截至 4 月底,天津市新能源汽车保有量已达 12.5 万辆,占天津市机动车保有量比例接近 4%,位居全国重点城市第 6 名。市工信局提供的数据显示,2017 年与 2018 年,天津市共推广新能源汽车 7.9 万辆。天津市在运公交车总量的 36% 是新能源公交车,累计已投运 3670 辆;邮政快递及城市物流领域累计推广超过 1.5 万辆。天津市还积极探索机关公务用车领域的新能源汽车分时租赁模式,并在滨海国际机场、天津港等领域探索使用新能源汽车。

常州:截至 2019 年 7 月,常州市新能源汽车保有量已达 20 181 辆。仅 2019 年的上半年,常州市新增的新能源汽车就有 4553 辆,同比增长 34.8%。建设完成的各类充电桩超过 150 个。新增的 4553 辆新能源汽车中,符合国家工信部《新能源汽车推广应用推荐车型目录》的新能源乘用车 1789 辆、新能源客车 32 辆。

大连:大连推动公交车电动化速度较快,截至 2019 年 6 月,投入运行约 2000 辆,城市公共服务充电桩建设数量不断增加,目前具备公共服务属性的终端约 3000 个。根据国家和省机动车及新能源汽车保有量相关数据,结合大连实际情况预测,至 2020 年,大连新能源汽车保有量将达到 3 万辆。

第三节　纯电动汽车的关键技术

1. 驱动电动机的选择及功率匹配

电动机应具有良好的转矩-转速特性,通常应达到 6000～15 000r/min 的转速。根据车辆行驶工况,驱动电动机可以在恒转矩区和恒功率区运转。驱动电动机应经常保持在高效率范围内运转。在低速-大转矩(恒转矩区)运转范围内效率在 0.75～0.85,在恒功率运转范围内效率在 0.8~0.9。

2. 动力电池组的选择与特性

动力电池系统是整车的能量源,为整车提供驱动电能。电池系统的体积、形状和技术参数影响电动汽车的行驶性能,是电动汽车最重要的子系统之一。电动汽车动力电池系统的参数匹配主要包括电池类型的选择、电池组电压和能量的选择。电动汽车要求动力电池系统具有较高的比能量和比功率,以满足汽车续驶里程和动力性的要求,同时也希望动力电池系统具有与汽车使用寿命相当的充放电循环寿命,拥有效率高、性价比良好以及免维护的特性。

3. 减速器传动比的确定

由于电动机的转速高,不能直接驱动车辆的车轮,通常在驱动系统中采用大速比的减速器或 2 挡变速器。它的作用是减速、增扭,减速器或变速器中不设置倒挡齿轮,倒车是靠电动机的反转来实现的。

4. 电池管理系统及整车控制系统的设计

电池管理系统的作用是实时监控电池的工作状态,实际使用的过程中使用不当会对电池寿命有非常大的影响,而最大的影响因素是电池过度放电与单体电池的差异过大,导致整个电池组提前报废。使用中的蓄电池容量与不同的使用条件密切相关,它并不是一个定值。人们平常使用的蓄电池上标注的容量值,只是某蓄电池在特定环境、特定负载、特定时间段上的一个特定值。不同的负载、不同的环境、不同的时间,蓄电池的容量值并不和出厂的原始值一致。电动汽车实时电池监控制系统可以实时监测电池的电压、电流和温度大小,并记录下电池的充放电次数等各种影响电池工作状态的参数,比较准确地估算出电池的状态和最佳的工作参数。根据这些实时的信息一方面可以随时让使用者了解电池的真实情况,更加合理地使用电动汽车并能更好地提前做好维护工作,延长电动汽车的使用寿命;另一方面,内置的 MCU 控制程序可以主动地对不合理的使用情况进行管理和保护,既可以最大限度地满足使用者的要求,也可以主动避免因使用不当而对电池等主要部件造成影响。

整车控制系统的主要目的是延长续驶里程。续驶里程指电动汽车从动力蓄电池全充满状态开始到标准规定的试验结束时所走过的里程。采用工况法按照一定的工况反复地循环行驶,是 EV 测定续驶里程的基本方法。国家标准《电动汽车 能量消耗率和续驶里程 试验方法》(GB/T 18386—2017)适用于纯电动汽车。

第四节　纯电动汽车的基本结构

一、纯电动汽车典型结构形式

纯电动汽车的主要部件由动力电池组及其控制器、车身与底盘、驱动电动机及其控制器、传动系统组成。早期的电动汽车与传统的汽车相比,发动机由驱动电动机代替,节气门由电子输入装置代替;油箱由动力电池组代替,其他的机械及车身结构与传统汽车相差不太大。其代表结构如图 4-4 所示。

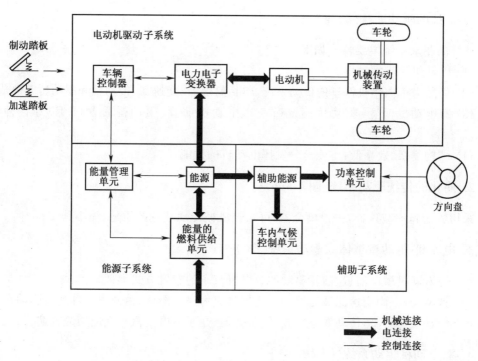

图 4-4　电动车结构

由于在电驱动特性和能源方面的多样性,可有各种可能的 EV 结构形式,如图 4-5 所示。

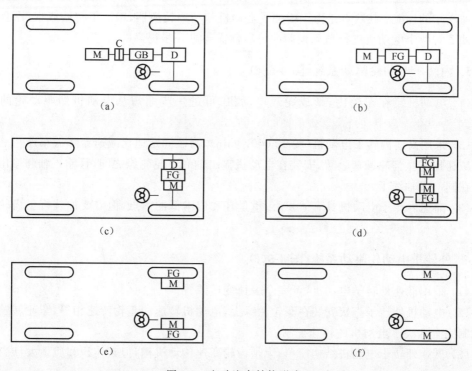

图 4-5　电动汽车结构形式

1. 传统的驱动系统[图 4-5(a)]

传统的驱动系统主要特点如下：
(1) 电动机替代发动机。
(2) 仍然采用内燃机汽车的传动系统，包括离合器、变速器、传动轴和驱动桥等总成。
(3) 有电动机前置、驱动桥前置(F-F)，电动机前置、驱动桥后置(F-R)等各种驱动模式。
(4) 结构复杂，效率低，不能充分发挥电动机的性能。

2. 简化的传统驱动系统[图 4-5(b)]

采用固定速比减速器，去掉离合器，可减轻机械传动装置的质量、缩小其体积。

3. 电动机-驱动桥整体式驱动系统[图 4-5(c)]

(1) 与发动机横向前置、前轮驱动的内燃机汽车的布置方式类似。
(2) 把电动机、固定速比减速器和差速器集成为一个整体，由两根半轴连接驱动车轮。
(3) 传动机构紧凑，传动效率较高，安装方便，在小型电动汽车上应用最普遍。

4. 双电动机驱动系统[图 4-5(d)]

(1) 采用两个电动机通过固定速比减速器分别驱动两个车轮。
(2) 每个电动机的转速可以独立调节控制，便于实现电子差速，不必选用机械差速器。
(3) 电子差速器的优点是体积小、质量轻，在汽车转弯时可以实现精确的电子控制，提高电动汽车的性能；其缺点是由于增加了电动机和功率转换器，增加了初始成本，而且在不同条件下对两个电动机进行精确控制的可靠性需要进一步提高。

5. 内转子电动轮驱动系统[图 4-5(e)]

(1) 电动机装在车轮内，形成轮毂电动机，可进一步缩短从电动机到驱动轮的传递路径。
(2) 采用高速内转子电动机(约 10 000r/min)，需装固定速比减速器降低车速。一般采用高减速比行星齿轮减速装置，安装在电动机输出轴和车轮轮缘之间，且输入轴和输出轴可布置在同一条轴线上。
(3) 高速内转子电动机具有体积小、重量轻和成本低的优点，但需要加装行星齿轮变速机构。

6. 外转子电动轮驱动系统[图 4-5(f)]

(1) 采用低速外转子电动机，可完全去掉变速装置。
(2) 电动机外转子直接安装在车轮轮缘上，电动机转速和车轮转速相等，车轮转速和车速控制完全取决于电动机的转速控制。
(3) 低速外转子电动机结构简单，无须齿轮变速传动机构，但其体积和质量大，成本高。

二、电动机及其控制器的主要结构

电动机是纯电动汽车的唯一动力源,其性能与电动汽车整车性能密切相关,因此,对电动机的选择及参数匹配是研究设计纯电动汽车动力系统的关键之一。

为了高性能地驱动电动汽车,驱动电动机在性能上须达到一定的要求,通常要求驱动电动机能够频繁启动/停车、加速/减速,转矩控制的动态性能要求高;在低速或爬坡时,转矩要高,而在高速行驶时,转矩要低;其次,驱动电动机的调速范围要宽,既要工作在恒转矩区,又要运行在恒功率区,同时在整个调速范围内还得保持较高的运行效率。

电动机结构包括电动机的转子与定子、电动机控制器两大部分。其中电动机的转子与定子的作用是实现电能与机械能之间的转换,电动机控制器的作用是高效地、可控地对电动机的转速、转矩进行控制,从而满足汽车各种工况的要求。适用于电动汽车的电动机可分为两大类,即有换向器电动机和无换向器电动机。前者表示它们通常有换向器组件,而后者则无换向器组件。

电动机类型主要有以下几种:有换向器的直流电动机;无换向器直流电动机中的感应电动机、永磁电动机、开关磁阻电动机。

因为汽车使用工况比较复杂,所以电动汽车对电动机的要求比较高。主要的基本要求如下:

(1)较大范围的调速性能。

(2)高效率,低损耗。

(3)在车辆减速时实现制动能量回收并反馈蓄电池。

(4)电动机的质量、各种控制装置的质量和冷却系统的质量等尽可能小。

(5)电气系统安全性和控制系统的安全性,都必须符合国家(或国际)有关车辆电气控制的安全性能的标准和规定,装置高压保护设备。

(6)可靠性好,耐温和耐湿性能强,能够在较恶劣的环境下长期工作。

(7)结构简单,适合大批量生产,运行噪声低,使用维修方便,价格便宜等。

三、电池及管理系统主要结构

电动汽车的电池一般称为动力电池,原因是电动汽车对电池的功率密度与能量密度要求都很高。动力电池一直是制约电动汽车发展的关键原因,目前进入实用阶段的是锂离子电池与传统的铅酸蓄电池。由于铅酸蓄电池的体积与比能量等参数比较差,一直没有成为主流的电动汽车动力源,所以目前发展比较快的是锂离子蓄电池技术。近年来锂离子电池在一系列的关键技术上取得了很大的进展,但由于其物理特性与制造工艺的原因,锂离子电池的性能还没有完全达到经济适用的程度,而正确使用和管理电池系统能大大提高电动汽车的使用性能、电池的寿命、行驶里程,同时使用成本也会大幅下降,对于发展电动汽车行业有重要的意义。在实际使用时,必须对电池的工作状态进行实时的监控与管理,因此,电动汽车上的动力电池系统包含电池本身及其管理系统(BMS)。

典型的电池及 BMS 系统如图 4-6 所示。

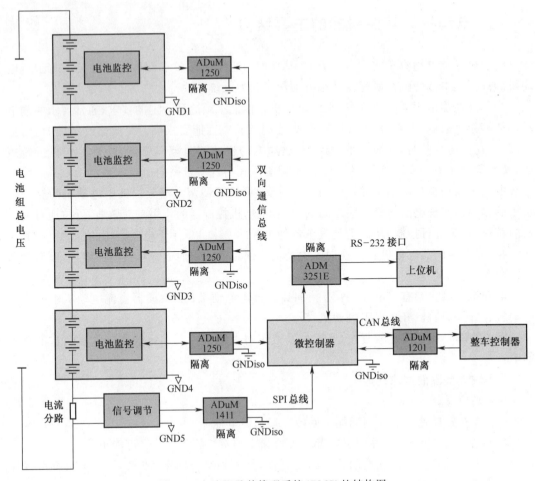

图 4-6　电池组及其管理系统(BMS)的结构图

电池的结构主要是由若干个电池单体进行并联与串联而成,从而构成具有一定电压与工作电流的动力电池系统。

电池管理系统的主要作用:实时监测单体电池的电压、工作电流和工作温度大小,并记录下电池的充放电次数等各种影响电池工作状态的参数,比较准确地估算出电池的状态和最佳的工作参数。根据这些实时的信息,一方面可以随时让使用者了解电池的真实情况,更加合理地使用电动汽车并能更好地提前做好维护工作,延长电动汽车的使用寿命;另一方面,内置的 MCU 控制程序可以主动地对不合理的使用情况进行管理和保护,既可以最大限度地满足使用者的要求,也可以主动避免因使用不当而对电池等主要部件造成影响。

四、辅助系统的主要结构

电动汽车的辅助系统与传统汽车的辅助系统类似,主要作用是提供一个安全、舒适、方便的汽车使用环境。辅助系统主要包括娱乐、通信、空调、灯光、人机交互等子系统。

第五节　纯电动汽车电池管理系统与策略

一、纯电动汽车电池管理系统作用

能量管理系统是电动汽车的智能核心。一辆设计优良的电动汽车,除了有良好的力学性能、电驱动性能、选择适当的能量源(即电池)外,还应该有一套协调各个功能部分工作的能量管理系统,它的作用是检测单个电池或电池组的荷电状态,并根据各种传感信息,包括力、加减速命令、行驶路况、蓄电池工况、环境温度等,合理地调配和使用有限的车载能量;它还能够根据电池组的使用情况和充放电历史选择最佳充电方式,以尽可能延长电池的使用寿命。

世界各大汽车制造商的研究机构都在进行电动汽车车载电池能量管理系统的研究与开发。电动汽车电池当前存有多少电能,还能行驶多少里程,是电动汽车行驶中必须知道的重要参数,也是电动汽车能量管理系统应该完成的重要功能。应用电动汽车车载能量管理系统,可以更加准确地设计电动汽车的电能储存系统,确定一个最佳的能量存储及管理结构,并且可以提高电动汽车本身的性能。

在电动汽车上实现能量管理的难点,在于如何根据所采集的每块电池的电压、温度和充放电电流的历史数据,来建立一个确定每块电池还剩余多少能量的较精确的数学模型。

二、电池管理系统设计要求

电池管理系统的设计要求应能够满足以下几点功能。

(1)实时测量电池组单体电池的电压,并能够对电压值的大小是否合适做出相应的指示,例如设置低压限速电压值、充电最高电压、停车报警电压值等,防止过放电与过充电,并进行人机交互显示。

(2)实时测量电池组的工作电流,并通过 MCU 进行电池荷电状态(SOC)值的计算。

(3)实时测量电池组的工作温度,并对各种测量值进行温度系数校正。同时,对于电池工作温度范围进行相应的指示,例如设计报警与限速的温度值,并进行人机交互显示。

(4)对个别异常的单体电池的故障进行诊断,并实时报告其 ID 值,以便及时维护或修理电池组,以防故障范围扩大,造成不必要的损失。

(5)对个别单体电池的电压进行均衡充、放电管理,保证电池组中单体电池性能一致。

(6)电压采集模块之间及与汽车主控模块之间要电压隔离,利用通信网络进行实时数据的传输,实现电池数据的共享。

三、电池管理系统的实际举例

图 4-6 所示的电池管理系统中,每个串联的电池组内部为 10A·h 的模块并联成 100A·h 的单体模块,100A·h 的单体电池模块串联成高压的动力电池组。例如,对于某个车型的电

动汽车,电池组一共有 100 块电池单体,使用 3.2V 的磷酸铁锂电池,共 320V 的电池组电压。为了测量电池单体的电压值,必须对 320V 的电池组进行分组测量。因此,设计了 10 组电池测量模块,每个模块测量 10 个电池单体。电池测量模块之间用 AduM1250 进行隔离,并通过 CAN 总线与上位机进行数据通信。

第六节 纯电动汽车设计原则

一、纯电动汽车整车设计原则

电动汽车是高科技综合性产品,除电池、电动机外,车体本身也包含很多高新技术,有些节能措施比提高电池储能能力还易于实现。采用轻质材料(如镁、铝)、优质钢材及复合材料,优化结构,可使汽车自身质量减轻 30%~50%,实现制动、下坡和怠速时的能量回收;采用高弹滞材料制成的高气压子午线轮胎,可使汽车的滚动阻力减少;汽车车身特别是汽车底部更加流线型化,可使汽车的空气阻力减少。

纯电动汽车的电动机应有较高的转矩/惯量比,尽可能宽的高效率区和良好的转矩转速特性。在目前所用的电动机驱动系统中,直流电动机虽然具有良好的控制特性,但由于其自身固有的缺陷,在电动汽车中用得越来越少。鼠笼式感应电动机结构简单,运行可靠,大量应用在电动汽车中,但功率密度和效率一般。开关磁阻电动机结构更为简单,效率、转矩惯量比也较高,但由于转矩波动及噪声过大,在电动汽车上用得还不普遍。永磁无刷电动机系统具有最高的效率、转矩惯量比,在电动汽车中得到了较广泛的应用。

二、传动系统参数设计

1. 电动机的参数匹配

1) 电动汽车动力系统参数匹配的基本原则

电动机的功率直接影响整车的动力性。电动机功率越大,电动汽车的后备功率也越大,加速性和最大爬坡度越好,同时也会增加电动机的体积和质量,正常行驶时电动机不能在高效率区附近工作,降低了车辆的续驶里程。因此,设计时通常依照电动汽车的最高车速 v_{max}(km/h)、初速度 v_0、末速度 v、加速时间 t(s)和最大爬坡度 L_{max}(%)来确定电动机的功率。

首先,根据最高车速 v_{max}(km/h)确定的最大功率为

$$P_{max1} = \frac{v_{max}}{3600\eta_T}\left(mgf + \frac{C_D A v_{max}^2}{21.15}\right) \tag{4-1}$$

式中,η_T 为传动系总效率;f 为滚动阻力系数;C_D 为空气阻力系数;A 为迎风面积(m^2)。

其次,根据最大爬坡度确定最大功率:

$$P_{max2} = \frac{v_i}{3600\eta_T}\left(mgf\cos\alpha_{max} + mgf\sin\alpha_{max} + \frac{C_D A v_i^2}{22.15}\right) \tag{4-2}$$

式中，α_{max} 为最大爬坡角；$\alpha_{max} = \arctan \dfrac{i_{max}}{100}$。

最后，根据加速性能确定最大功率。汽车起步加速过程可根据经验公式表示为

$$v = v_m \left(\frac{t}{t_m}\right)^2 \tag{4-3}$$

式中，t_m 和 v_m 分别为车辆的加速时间(s)和车辆的末速度(km/h)。

假设车辆在平直路面上加速，根据车辆加速过程的动力学方程，其瞬态过程总功率为

$$P_{all} = P_j + P_f + P_w = \frac{1}{3600 t_m \eta_T}\left(\delta m \frac{v_m^2}{dt} + mgf\frac{v_m}{1.5}t_m + \frac{C_D A v_m^3}{21.15 \times 2.5}t_m\right) \tag{4-4}$$

式中，P_{all} 为加速过程总功率(kW)，由加速功率 P_j、滚动阻尼功率 P_f 与空气阻力功率 P_w 组成。车辆在加速过程的末时刻，电动机输出最大功率，因此，加速过程最大功率要求 P_{max3} 为

$$P_{max3} = \frac{1}{3600 t_m \eta_T}\left(\delta m \frac{v_m^2}{dt} + mgf\frac{v_m}{1.5}t_m + \frac{C_D A v_m^3}{21.15 \times 2.5}t_m\right) \tag{4-5}$$

根据上述由动力性三项指标计算各自最大功率，动力源总功率 P 必须满足上述所有的设计要求，即

$$P_{max} \geqslant \max(P_{max1}, P_{max2}, P_{max3}) \tag{4-6}$$

将整车参数代入上述公式并按照整车动力性要求，计算得到电动机的峰值功率，计算过程为估算电动机、电池和乘客等重量后，计算得到 v_{max}。

首先将不同的车速值代入式(4-1)，得到最高车速与电动机最大功率需求的关系曲线。再根据性能指标最高车速，进而得到 P_{max1}。

其次将不同的坡度值代入式(4-2)，并假设车速 v_i，计算得到车辆最大爬坡度与电动机功率需求的关系曲线。再根据最大爬坡度要求和车速，最终得到 P_{max2}。

最后将不同的加速时间与加速末速度代入式(4-5)，计算得到车辆加速性能与电动机功率需求的三维关系曲线。考虑一定的电动机后备功率(约20%)，计算得到 P_{max3}。

综合考虑上述动力性指标(最高车速、最大爬坡度和加速性)要求，根据式(4-6)确定电动机峰值功率为

$$P_{max} \geqslant \max(P_{max1}, P_{max2}, P_{max3}) \tag{4-7}$$

电动机的额定功率可根据峰值功率由下式求出：

$$P_{额} = \frac{P_{max}}{\lambda} \tag{4-8}$$

式中，P_{max} 为电动机峰值功率；$P_{额}$ 为电动机额定功率；λ 为电动机的过载系数，一般取为 2~3。

2) 电动机额定转速及最高转速的选择

电动机的最高转速对电动机成本、制造工艺和传动系尺寸有很大的影响。转速在 6000r/min 以上的为高速电动机，以下的为普通电动机。前者成本高、制造工艺复杂，而且对配套使用的轴承、齿轮等有特殊要求，一般适用于电动轿车或 100kW 以上大功率驱动电动机，很少在纯电动客车上使用。因此应采用最高转速不大于 6000r/min 的低速电动机。

电动机最高转速与额定转速的比值也称为电动机扩大恒功率区系数 β，随 β 值的增大，

电动机可在低转速区获得较大的转矩,有利于提高车辆的加速和爬坡性能。但 β 值的过多增加会导致电动机工作电流的增大,增大了逆变器的功率损耗和尺寸。因此 β 值一般取 2～4,计算出电动机额定转速应该在 1500～3000r/min 之间选取。

3) 电动机额定电压的选择

电动机额定电压的选择与电动汽车动力电池组电压密切相关。在相同输出功率条件下,电池组电压高则电流小,对导线和开关等电气元件要求较低;但较高的电压需要数量较多的单体电池串联,引起成本及整车质量的增加和动力性的下降并且难于布置。电动机额定电压一般由所选取的电动机的参数决定,并与电动机额定功率成正比,电动机的额定电压越高,电动机的额定功率越大。考虑上述结果确定电动机的额定电压范围为 300～350V。

随着电动机及驱动系统的发展,控制系统趋于智能化和数字化。变结构控制、模糊控制、神经网络、自适应控制、专家控制、遗传算法等非线性智能控制技术,都将各自或结合应用于电动汽车的电动机控制系统。

2. 电动汽车传动系的参数匹配

由于电动汽车在行驶过程中所遇到的阻力随车速的变化而变化,变化范围很宽,单靠电动机的转矩变化无法满足电动汽车的行驶性能要求。为了满足电动汽车的行驶性能,同时也使驱动电动机经常保持在高效率的工作范围内工作,以减轻驱动电动机和动力电池组的负荷,电动汽车在电动机和驱动轮之间需要安装减速器和变速器。

电动汽车的传动系参数匹配设计主要包括变速器的匹配设计和主减速器的匹配设计。在电动机输出特性一定时,传动系传动比的选择主要取决于电动汽车的动力性要求,即最大传动比取决于整车的最大爬坡度,最小传动比取决于整车的最高车速。

1) 最大传动比的选择

传动系最大传动比 i_{max} 是变速器最低挡传动比 i_{g1} 与主减速器传动比 i_0 的乘积,由电动机的峰值转矩和车辆最大爬坡度决定。

$$i_{g1}i_0 \geqslant \frac{G(f\cos\alpha_{max} + \sin\alpha_{max})r}{T_{max}\eta_{T}} \qquad (4\text{-}9)$$

式中,r 为车轮滚动半径;α_{max} 为车辆最大爬坡角;f 为滚动阻力系数;T_{max} 为最大驱动转矩;η_{T} 为传动系总效率。

2) 最小传动比的选择

传动系最小传动比 i_{min} 是变速器最高挡传动比 $i_{g\,max}$ 与主减速器传动比 i_0 的乘积,由电动机的最高转速和车辆最高车速决定。

随着电动机及其控制器技术的发展,高转速、宽调速范围技术得以实现。电动汽车要求电动机既能在恒转速区提供较高的瞬时转矩,又能在恒功率区提供较高的转速。

三、动力电池的参数匹配

动力电池系统是整车的能量源,为整车提供驱动电能。电池系统的体积、形状和技术参数影响电动汽车的行驶性能,是电动汽车最重要的子系统之一。电动汽车动力电池系统的参数匹配主要包括电池类型的选择、电池组电压和能量的选择。

电动汽车要求动力电池系统具有较高的比能量和比功率,以满足汽车的续驶里程和动力性的要求,同时也希望动力电池系统具有与汽车使用寿命相当的充放电循环寿命,拥有高效率、良好的性价比以及免维护特性。具体要求如下:

(1) 能量密度高,以提高运行效率和续驶里程。

(2) 输出功率密度高,以满足驾驶性能要求。

(3) 工作温度范围宽广,以满足夏季高温和冬季低温的运行需要。

(4) 循环寿命长,保证电池的使用年限和行驶总里程。

(5) 无记忆效应,以满足车辆在使用时常处于非完全放电状态下充电需要。

(6) 自放电率小,满足车辆较长时间的搁置需求。

此外,还要求电池安全性好、可靠性高以及可循环利用等。目前动力电池中由于锂离子电池的高能量和充放电速度快等优越性能得到越来越多的关注,是目前市场前景最好的一种产品。

动力电池系统的电压等级要与电动机电压等级相一致且满足电动机电压变化的要求。

动力电池一般有能量型与功率型两种,为满足纯电动汽车的行驶要求,采用能量型电池,匹配时主要考察其能量要求,即电池应具有较大的容量,以增加车辆的续驶里程。电池容量与其功率成正比,容量越大,其输出的功率越大,所以其输出功率应能满足整车电力系统的要求,因此主要是根据其续驶里程来确定电池容量,并且确定的电池容量还须符合市场现有产品的标准,通过对现有产品反复验证进行设计。

1. 各大动力电池的优缺点

当前,电动车辆可选用的动力电池主要包括铅酸电池、镍镉电池、镍氢电池和锂离子电池。其中,铅酸电池具有大电流放电性能良好、安全性好、价格低廉以及材料资源丰富等优点。但其质量比能量和体积比能量值都较小,严重制约其在电动汽车领域的应用。镍镉电池具有很好的充放电倍率特性,但其具有记忆效应、含重金属存在环境污染等问题。镍氢电池虽然具有充放电倍率大、无环境污染隐患、无记忆效应等优点,但是镍氢不宜并联使用、工作电压低。而锂电池具有工作电压高、比能量和比体积大、自放电率低、无记忆效应、充放电效率高、循环寿命长和无污染性等优点。锂电池的能量密度大,单体电池的平均电压为3.6V,使电池故障概率减小,大大延长了电池组的寿命。自推出以后,锂电池便以其优良的性能得到人们的广泛认可,技术上也获得较大的发展,被认为是新一代电动汽车理想的动力源。

2. 动力电池的主要性能参数

动力电池的主要性能指标是评价动力电池性能的关键参数,同时也是电动汽车动力电池选型时的首要依据。一般动力电池主要包括以下性能指标。

(1) 质量比功率(W/kg):电池的质量比功率代表每千克质量的电池能提供的功率。它的大小决定电池所能输出的最大功率,标志着汽车的加速性能和最高车速,对电动汽车的动力性能等有直接影响。在纯电动汽车中,电池的比功率是最关键的因素。

(2) 质量比能量(W·h/kg):代表每千克质量的电池能提供多大能量,能够表明纯电动汽车的续驶能力。

（3）循环寿命：动力电池的工作是一个不断充电、放电的循环过程，每充电和放电一次，动力电池中的化学物质就会发生一次可逆性的化学反应。随着充电和放电次数的增加，动力电池中的化学活性物质会发生老化，逐渐削弱其化学功能，降低动力电池的充电和放电的效率，最后部分或完全丧失其充电和放电功能。动力电池的工作循环次数是衡量动力电池寿命的重要指标，它标志着使用的经济性和方便性。

（4）价格成本：电池的成本与电池的新技术含量、材料、制作方法和生产规模有关，代表使用的经济性。目前新开发的高比功率的动力电池成本较高。表 4-1 列出了目前不同类型电池性能的对比。

表 4-1   各种不同类型电池性能的对比

电池类型	比能量/ $(W \cdot h \cdot kg^{-1})$	能量密度/ $(W \cdot h \cdot L^{-1})$	比功率/ $(W \cdot kg^{-1})$	循环寿命	预计成本/ $(美元 \cdot (kW \cdot h)^{-1})$
VRLA	30～45	60～90	200～300	400～600	150
Ni-Cd	40～60	80～110	150～350	600～1200	300
Ni-Zn	60～65	120～130	150～300	300	100～300
Ni-MH	60～70	130～170	150～300	600～1200	200～350
Zn/Air	230	269	105	NAc	90～120
Al/Air	190～250	190～200	7～16	NAc	NA
Na/S	100	150	200	800	250～450
Na/NiCl$_2$	86	149	150	1000	230～350
Li-Polymer	155	220	315	600	NA
Li-Ion	90～130	140～200	250～450	800～1200	大于200
USABC	200	300	400	1000	小于100

3. 动力电池的参数匹配

电动汽车动力电池系统的参数匹配主要包括电池类型的选择、电池组电压和能量的选择。

（1）动力电池类型的选择。根据对各类型蓄电池特性的分析和动力电池的匹配原则，选择合适的动力电池。

（2）电池组电压的选择。在匹配动力电池组电压时要求动力电池组的电压等级与驱动电动机的电压等级相一致且满足驱动电动机电压变化的要求，并且由于电动汽车上电动空调、电动真空泵和电动转向助力泵等附件的功率消耗，所以电池组的总电压要大于电动机的额定电压。一般车载动力电池的放电电流不超过 300A，最大放电电流与电池输出电压的关系式如下：

$$I_{omax} = \frac{1000 P_{max}}{U_{omax}} \tag{4-10}$$

式中，U_{omax} 为电池组最低输出电压；P_{max} 为驱动电动机的峰值功率。

根据上式可得

$$U_o \geqslant U_{omin} = \frac{1000 P_{max}}{I_{omax}} \tag{4-11}$$

（3）电池组能量的选择。电池能量指标是体现电池价值的最重要参数。对于纯电动汽车,电池组能量的大小由电动汽车续驶里程决定。电动汽车的续驶里程可通过工况法或等速法测定,前一种方法是指将电动汽车置于工况试验环境下以工况行驶速度进行行驶试验,试验期间行驶的总距离即为续驶里程;后一种方法是指让电动汽车以恒定速度在道路上行驶,由于不同车速下电动汽车的续驶里程不同,根据续驶里程与车速的关系,当车速在30～63km/h 范围内时有较大的续驶里程,一般标定电动汽车续驶里程时取速度为(40＋2)km/h或(60±2)km/h,试验期间行驶的总距离即为续驶里程。电动汽车常采用等速法对续驶里程这一性能指标进行测定。

第七节　高速电动汽车用二挡变速器

现有纯电动汽车多是配备固定传动比减速器,但是多挡化可以改善车辆动力性能,同时降低对驱动电动机和电池的要求,是电动汽车的一个发展趋势。其中二挡变速器既能改善纯电动汽车的性能,又能发挥驱动电动机的速度区间优势,是纯电动汽车传动系统的重点研究方向。

一、变速器发展现状

电动汽车运行性能的好坏由电动汽车的动力传动及其控制系统决定。因此,电动汽车的动力传动系统是电动汽车的核心。电动汽车的发展史上,动力系统有三种布置方式,如表 4-2 所示。

表 4-2　电动汽车的动力传动系统的布置方式

方案	特点	缺点
电动机直驱系统方案	由电动机取代了发动机,布置方式与传统汽车一样,取消了变速器和离合器;系统简单,环节少,易于实现,可靠性高	由于直驱要求电动机有较大的输出转矩,所以电动机体积庞大;又由于电动机的适应范围与汽车的工况复杂,难以兼顾效率、最大转矩、高低速等要求,很难满足电动汽车的整体设计和使用性能的要求,无法充分发挥电动汽车的优势
机电集成式传动系统方案	将电动机和减/变速器系统集成为一体,取代了发动机和离合器,传动系统包括半轴、差速器以及减/变速器。这种方案具有体积小、质量轻、承载能力大、抗冲击和振动能力强、工作平稳且寿命长的优点;对电动机和减速器方案能够解决最大转矩和功率密度的要求,是目前电动汽车的主要模式	难以满足效率和复杂工况要求,往往要求电动机功率很大。这也是特斯拉采用的驱动方式。电动机-变速器方案是目前最佳的技术方案,能够满足电动汽车的起动、爬坡、加速超车等动力性及各种性能要求。但变速器的设计制造难度较大,是主要瓶颈
电动轮传动系统	将电动机直接装到驱动上,由电动机直接驱动车轮行驶	轮毂电动机和减速器,由于其结构的特殊性,考虑成本等因素,目前在批量生产的汽车上很少使用

在表 4-2 所示三种电动汽车动力系统方案中,两种采用了变速器。电动汽车变速器与普通汽车的变速器相比主要有以下区别。

(1)普通汽车主变速器。由于燃油汽车的降速增转矩只能通过变速器来实现,因此,一般变速器的传动比都较大,进而导致变速器的整体尺寸较大。同时,由于变速器的转速降下来,就导致转矩增大,那么变速器的主减速齿轮承受的转矩就会增大。

(2)电动汽车减/变速器。电动汽车减/变速器一般都采用固定传动比的一挡或者两挡,结构相对普通变速器简单,但是输入转速很高(最高达 20 000r/min 以上),对 NVH 要求更高,功率体积密度远比普通变速器高。

二、换挡机构及换挡过程分析

1. 新型两挡变速器换挡机构

基于 AMT 原理提出一种纯电动汽车两挡变速器,其换挡机构在换挡过程利用摩擦片实现动力不中断,在正常行驶过程中利用接合套传动,结构简图如图 4-7 所示。

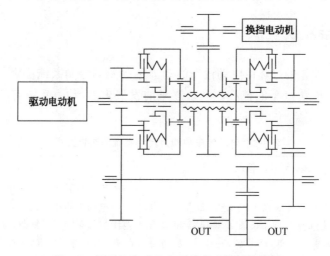

图 4-7　新型纯电动汽车两挡变速器结构简图

其中,换挡机构由换挡电动机、平行齿轮机构、丝杠螺母机构和相应的接合机构组成。接合机构包括接合套和摩擦片。接合套通过滑键连接在输入轴上,可以进行轴向滑动,同时接合套前端有与齿轮内侧相配合的接合套齿。摩擦片的主、从动片分别配合齿轮和离合器壳,当摩擦片受力压紧时,通过固连在输入轴上的离合器壳,完成齿轮与输入轴的同步。摩擦片与接合套之间通过碟形弹簧组相互作用。丝杠螺母机构中的螺母间接作用在接合套上,可以推动接合套滑动。

2. 换挡过程分析

纯电动汽车两挡变速器的工作阶段可分为 3 个部分:一挡在挡,换挡过程和二挡在挡。其中换挡过程可以细分为 3 个阶段:摘挡、滑摩和挂挡。

换挡电动机通过丝杠驱动螺母轴向移动完成换挡。具体升挡过程如图 4-8 所示。由于

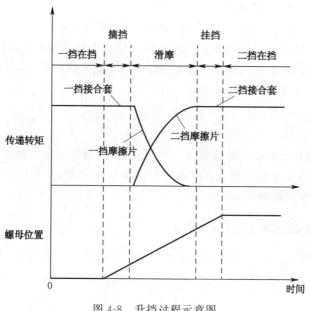

图 4-8　升挡过程示意图

升挡过程可以推广到降挡过程,因此本书着重分析升挡过程。

三、换挡机构参数对换挡特性的影响规律

1. 整车动力学建模

简化后的整车动力学模型如图 4-9 所示。

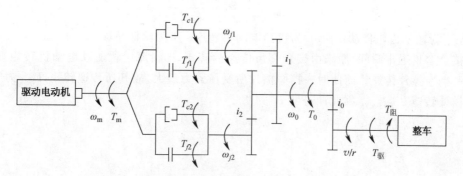

图 4-9　整车动力学模型

图 4-9 中 ω_m、ω_{j1}、ω_{j2} 和 ω_0 分别表示电动机、一挡接合机构从动部分、二挡接合机构从动部分以及二轴的转速,T_m、T_{c1}、T_{f1}、T_{c2}、T_{f2} 和 T_0 分别表示电动机、一挡接合套齿、一挡摩擦片、二挡接合套齿、二挡摩擦片以及二轴上的转矩,$T_驱$ 和 $T_阻$ 分别表示作用在车轮上的驱动力矩和阻力矩,i_1、i_2 和 i_0 分别表示一挡齿轮、二挡齿轮和主减速齿轮的传动比。

图 4-9 中,T_{c1} 和 T_{f1} 并联布置,是因为一挡挂挡完成后,动力完全经接合套传递,摩擦片不参与传动;而摩擦片传递动力是在接合套脱开之后,接合套与摩擦片不同时参与传动。

同理，T_{c2} 和 T_{f2} 也采用并联布置。

摘挡阶段只有一挡接合套齿参与传动，此时 T_{c1} 大于零，其余 T_{f1}、T_{c2} 和 T_{f2} 都等于零；同样，挂挡阶段只有 T_{c2} 不为零。这两个阶段动力传递比较简单，因此主要对滑摩阶段进行说明。在滑摩阶段，二挡摩擦片逐渐压紧，一挡摩擦片逐渐松开，两组摩擦片都有转矩传输，T_{f1} 和 T_{f2} 同时大于零，此时有

$$T_{m-f} = T_{f1} + T_{f2} \tag{4-12}$$

$$T_0 = i_1 T_{f1} + i_2 T_{f2} \tag{4-13}$$

式中，T_{m-f} 为滑摩阶段驱动电动机转矩。为简化控制，滑摩阶段保持 T_{m-f} 不变。

换挡特性评价指标主要有两个：冲击度与滑摩功。因此，分析新型两挡变速器的换挡机构对冲击度和滑摩功的影响规律。

2. 换挡机构参数对冲击度的影响

冲击度为车辆纵向行驶加速度的变化率，即

$$j = \frac{d^2 v}{dt^2} \approx \frac{i_0 dT_0}{\delta m r dt} \tag{4-14}$$

式中，v 为车速；δ 为等效质量惯性系数；m 为汽车总质量；i_0 为主减速比；r 为车轮半径。

（1）摘挡阶段。一挡接合套齿完全退出之前，动力由接合套齿传递，所以此时冲击主要由驱动电动机的转矩变化引起。该过程冲击度 j_1 为

$$j_1 = \frac{i_0 i_1}{\delta m r} \frac{T_{m-f} - T_{mb}}{t_{out}} \tag{4-15}$$

式中，T_{mb} 为换挡开始时刻驱动电动机转矩；摘挡时间 t_{out} 为接合套齿长度 l_c 与螺母移动速度 v_{out} 的比值，即

$$t_{out} = \frac{l_c}{v_{out}} = \frac{l_c \cdot 60 i_h}{\omega_h P} \tag{4-16}$$

式中，i_h 为减速齿轮传动比；ω_h 为换挡电动机转速；P 为丝杠导程。

接合套齿退出瞬间，原来由接合套齿传递的转矩，即滑摩阶段驱动电动机转矩 T_{m-f}，转由一挡摩擦片传递。而此时一挡摩擦片所受压紧力最大，故其所传递转矩 T_{f1} 为摩擦片最大设计转矩 $T_{f\text{-}max}$。因此冲击度 j_2 为

$$j_2 = \frac{i_0 i_1}{\delta m r} \frac{T_{f\text{-}max} - T_{m-f}}{\Delta t} \tag{4-17}$$

又有，

$$j_2 = \frac{2}{3} \mu Z F_{max} \frac{R_2^3 - R_1^3}{R_2^2 - R_1^2} \tag{4-18}$$

式中，Δt 为转矩由接合套齿传递到由摩擦片传递转换的时间；μ 为摩擦系数，此处取 0.15；Z 为摩擦面数；F_{max} 为碟簧最大压紧力；R_1、R_2 为摩擦片内径和外径。

（2）滑摩阶段。联立式（4-17）、式（4-18）可得滑摩阶段冲击度 j_3 为

$$j_3 = \frac{i_0}{\delta m r} \left(i_1 \frac{dT_{f1}}{dt} + i_2 \frac{dT_{f2}}{dt} \right) \tag{4-19}$$

（3）挂挡阶段。和摘挡阶段类似，该阶段冲击度可以分为接合套齿插入时（j_4）和接合

套齿插入后（j_5）两部分，即

$$j_4 = \frac{i_0 i_2}{\delta m r} \frac{T_{m-f} - T_{f\text{-max}}}{\Delta t} \qquad (4\text{-}20)$$

$$j_5 = \frac{i_0 i_2}{\delta m r} \frac{T_{me} - T_{m-f}}{t_{\text{in}}} \qquad (4\text{-}21)$$

式中，t_{in} 为挂挡时间，和摘挡时间 t_{out} 一致；T_{me} 为换挡结束时刻驱动电动机转矩。

3. 换挡机构参数对滑摩功的影响

下面分阶段研究换挡机构参数对滑摩功的影响。

（1）摘挡阶段。该阶段接合套齿逐渐退出，摩擦片没有相对滑动。所以该阶段的滑摩功为

$$W_1 = 0 \qquad (4\text{-}22)$$

（2）滑摩阶段。此阶段一挡和二挡对应的摩擦片均存在滑摩，是滑摩功主要产生阶段。滑摩功为

$$W_2 = \int_0^{t_1} (T_{f1} \mid \omega_m - \omega_{j1} \mid)\mathrm{d}t + \int_0^{t_2} (T_{f2} \mid \omega_m - \omega_{j2} \mid)\mathrm{d}t \qquad (4\text{-}23)$$

其中一挡接合时间 t_1 和二挡接合时间 t_2 均与滑摩时间 t_f 相关，而

$$t_f = \frac{\lambda}{v_{\text{nut}}} = \frac{\lambda \cdot 60 i_h}{\omega_h P} \qquad (4\text{-}24)$$

式中，λ 为螺母在滑摩阶段的移动距离。

（3）挂挡阶段。挂挡过程中，接合套齿如果没有恰好和齿轮内圈处于啮合位置，则接合套齿的齿厚会迫使摩擦片的主从动片相对转过一个角度，进而产生滑摩。即

$$W_3 = T_{f2} \Delta \theta \qquad (4\text{-}25)$$

式中，$\Delta \theta$ 为花键插入过程中摩擦片转动的角度，与接合套齿的齿厚 s_c 有关。

四、电动汽车变速器的振动与噪声

1. 电动汽车变速器振动噪声的产生机理

电动汽车变速器的结构相对传统变速器较简单，主要是挡位少，由齿轮、传动轴系、轴承、箱体等部件组成。由于齿轮在加工制造、安装调试过程中存在误差及受载荷波动等因素的影响，齿轮啮合过程中会产生振动噪声。振动可通过轴系等与齿轮相连接的部件向箱体内的其他部件传播，引起其他部件的振动。噪声通过箱体和空气传播，形成辐射噪声。

通过上述分析可知，齿轮传动系统振动噪声的产生有两个途径：一是齿轮啮合过程中，由于啮入啮出冲击，以及时变刚度引起的传动误差和摩擦等的激励振动和噪声，该部分噪声以空气为媒介辐射到空气中，形成的噪声称为空气声；二是动力传递过程中的机械振动激励，包括原动机的载荷波动及齿轮本身误差的内部激励产生的，由齿轮、传动轴及轴承等传递到变速器的箱体，引起箱体的振动和噪声，该部分形成的噪声称为结构声。

2. 变速器振动噪声的激励源

齿轮传动系统的振动均是以齿轮啮合频率作为基频的振动。齿轮轴系、轮齿在受载时，

都会存在变形,因此可以将传动系统看作弹性系统。齿轮系统由于啮合刚度一般不为常数,传动误差不可避免,因此在传动过程中,即使外部载荷稳定,仍存在内部激励,这是齿轮传动系统区别于一般机械系统的地方。

变速器的主要动态激励源有:轮齿由于弹性变形产生的动态激励;电动机等原动机的振动及载荷的波动等,分别称为内部激励和外部激励。由于内部激励是由齿轮本身的特性决定的,因此,本书主要研究齿轮由内部激励引起的动态响应。

电动汽车变速器齿轮啸叫的噪声和轴承等的噪声组成了减/变速器的噪声。齿轮系统的振动主要是由轮齿啮合的时变刚度、加工制造、安装误差以及箱体变形等引起的传动误差造成的齿轮啮入啮出冲击和速度载荷周期性波动,形成激励振动;轴承的噪声主要是由运转中的振动和摩擦产生的。

(1) 齿轮啮合刚度的变化。齿轮传动是通过轮齿交替啮合实现的,为了保证齿轮传动的连续性,要求在前一对齿轮尚未脱开啮合时,相邻的后一对齿轮已经开始啮合,因此齿轮的重合度是大于 1 的,且大多数情况下重合度不为整数。电动汽车减/变速器为了保证传动的平稳性,一般采用大重合度的斜齿轮。虽然斜齿轮在传递运动和动力时,轮齿的接触是从轮齿的一端进入接触,并逐渐扩展到整个齿面上的,最后由轮齿的另一端退出,同时参与啮合的轮齿对数也较多,齿轮的刚度变化不如直齿圆柱齿轮的刚度存在阶跃性的变化,但由于电动汽车减/变速器的转速高,啮合刚度的时变,仍会导致齿轮系统产生振动和噪声。

以直齿圆柱齿轮为例分析齿轮的啮合刚度时变性。直齿圆柱齿轮的重合度在 1~2,因此,总是存在单双齿啮合区,齿轮在单双齿啮合区,轮齿承受的载荷及弹性变形均不同,因此在单双齿啮合的临界点会出现变形的阶跃,这会引起齿轮系统的动态激励。对于大重合度的斜齿轮传动系统,虽然在啮合过程中变形的突变较直齿轮要小很多,并且减/变速器的齿轮大多采用较大的螺旋角,这样载荷在齿轮的交替过程中突变性就减弱很多,但弹性变形和刚度的周期性变化仍然存在。因此,通常在对齿轮系统建立动力学模型分析时,将齿轮对的综合啮合刚度作为振动微分方程的弹力项系数。

(2) 轮齿制造误差激励。齿轮在加工制造及安装过程中不可避免地存在制造误差,这将是啮合中的主要动态位移激励之一。轮齿制造误差一般分为齿距误差和齿形误差,本质上是轮廓表面偏离理想齿廓位置所产生的位移激励。

(3) 轮齿的啮合冲击。在对齿轮进行齿廓修形研究时,通过分析齿轮的啮合过程,可以得到齿轮在啮入啮出时,由于存在弹性变形和轮齿误差,轮齿的啮入位置和啮出位置偏离理论啮合位置,导致主被动齿轮转动速度产生偏差和突变,引起啮入啮出冲击,这是齿轮啮合过程中的动态激励之一。

五、变速器参数匹配

传统汽车中,发动机的高效区集中在 1800~2500r/min 的转速区域,同时发动机在低转速时只能输出较低转矩,所以传统汽车安装变速器主要目的是让发动机尽可能工作在高效区,并且在低速爬坡时用低挡位增加转矩。电动汽车安装变速器是为了使电动机尽可能工作在高效区,同时能够在高速行驶时,降低对电动机转速的要求。

1. 变速器挡位数匹配

变速器的挡位数和电动机特性以及传动比有关,同时还要考虑硬件和控制策略的复杂程度。挡位数要保证两点,首先是要保证驱动电动机在电动机基频以上的调速范围足够宽,其次要保证相邻挡位的恒功率区能够衔接起来。

对于中低速电动机驱动,由于电动机在基速以后的调速区域窄,即便已经在最高挡位,电动机转速在行驶阻力和驱动力平衡之前就已经达到极限,这种情况会造成汽车最高车速偏低,而且在高速时电动机功率不能全部利用,造成浪费,如图 4-10 所示。图中 $v_{\max 1}$ 为一挡时最高车速(km/h);$v_{\max 2}$ 为二挡时最高车速(km/h);$v_{\max}$ 为当驱动力和行驶阻力平衡时车速(km/h);F_f 为滚动阻力(N)。

此时应该增加一个传动比更小的挡位,在高速行驶时,变速器工作在传动比更小的挡位,输出到轮端更高的转速,从而更好地发挥电机的功率,如图 4-11 所示。图中,$v_{\max 3}$ 为三挡时电动机转速最高时车速(km/h)。

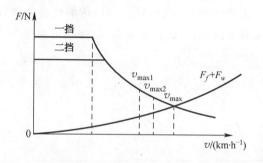
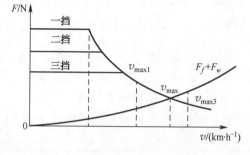

图 4-10　最高挡位速比偏大时驱动力阻力平衡图　　图 4-11　增加更高挡位时驱动力阻力平衡图

一挡和二挡的恒功率区无法衔接时,会造成一挡升二挡过程中,电动机的工作点从 C 点到 D 点,然后由 D 点到 B 点,在这个过程中,从 C 点到 D 点会有一个扭矩突变的过程,扭矩突然变化较大时,变速器输入轴和电机输出轴会产生扭转,而且这种扭矩突变经过变速器和减速器,会放大并传递到轮端,这样就会产生很明显的顿挫感,甚至会造成较差的驾驶体验,如图 4-12 所示。

此时应该增加一个传动比介于一挡和二挡之间的挡位,使挡位之间的恒功率区可以衔接起来,此时在换挡的过程中,驱动力可以平顺地变化,如图 4-13 所示。

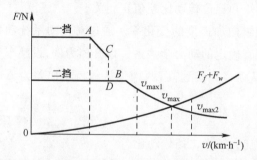
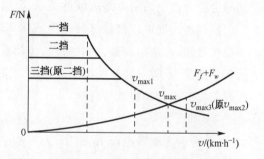

图 4-12　相邻挡位速比差值过大时驱动力阻力平衡图　　图 4-13　增加中间速比时驱动力阻力平衡图

电动机具有反转的特性,可以在变速器的机械结构上取消倒挡齿轮组,在换挡面板上保留倒挡,倒挡的控制直接通过控制策略实现。传统的机械式自动变速器在倒挡齿轮之间没有同步器,所以会在挂入倒挡时产生冲击;而在纯电动汽车的变速器中,倒挡和驱动挡位共用齿轮组,所以会获得较好的驾驶体验。

变速器挡位数量越多,变速器的硬件结构越复杂,相对应的控制策略也越复杂,这也会增加变速器开发的成本、周期和开发难度,所以需要综合考虑电动机各项性能参数,设计合适的变速器挡位。匹配的电动机为中高速电机,根据以上原则,最终确定为两个挡位。

2. 变速器挡位速比确定

(1)尺寸对传动比的影响。电动汽车相较于传统汽车,具有结构简单、动力总成体积小、集成度高的优点,所以希望所设计的动力总成尺寸尽可能小。尺寸对传动比的影响主要体现在中心距上。中心距较大时,每个挡位间齿轮的传动比会有较大的选择,但是会增加尺寸和质量,影响经济性。中心距较小时,挡位速比的选择会比较局限,挡位传动比过大时或者过小时,会有一个齿轮的尺寸较小,齿轮的接触应力大,导致齿轮寿命短,影响可靠性。

$$S_A = K_A \sqrt[3]{T_{\max} i_{\max} \eta_T} \tag{4-26}$$

式中,S_A 为齿轮中心距,mm;$T_{\max}$ 为变速器输出最大扭矩,N·m;K_A 为中心距系数,一般轿车取 8.9~9.3,货车取 8.6~9.6。

确定中心距以后,两齿轮的传动比满足以下关系:

$$\begin{cases} r_1 + r_2 = A \\ i_g = \dfrac{r_2}{r_1} \end{cases} \tag{4-27}$$

式中,r_1 为当前挡位下主动齿轮的半径,mm;r_2 为当前挡位下从动齿轮的半径,mm。取 $K_A = 9.3$,代入参数得中心距为 68.35mm。

(2)换挡冲击度的影响。车辆在换挡过程中,经过电动机卸载扭矩→摘挡→调节转速→挂挡→转矩恢复的过程。在调节转速的过程中,电动机控制器发出转速和扭矩指令,控制电动机转速和扭矩达到目标值;同时,通过拨叉推动接合套,让同步器的锁环和从动齿轮锥面摩擦,加快调速过程。当调速完毕以后挂挡,挂挡过程中产生阻力矩。此时驾驶员的顿挫感会随着产生的阻力矩成线性关系,而阻力矩和挡位传动比差值正相关。

换挡冲击度可以衡量这种顿挫感,即车辆纵向加速度的变化率。通过对传动系统动力学分析可知,在扭矩卸载、加载阶段,传动系统有确定的动力学关系。以升挡为例,设整车等效转动惯量为 J,一挡升二挡的过程中,二挡从动齿轮转速高,两挡位从动齿轮速差为 $\Delta\omega$,此时需要驱动电动机调节转速:

$$\Delta\omega = \omega \times (i_1 - i_2) \tag{4-28}$$

式中,ω 为输入轴转速,r/min;i_1 为一挡传动比;i_2 为二挡传动比。

调节转速完毕以后,挂入目标挡位,此处由于挂挡时间很短,车速变化小,忽略行驶阻力矩的影响,此时由于目标挡位从动齿轮和接合套转速不能完全一致,在同步器接合时会产生

阻力矩,引起顿挫感。换挡冲击度 J 计算如下:

$$J = \frac{\mathrm{d}a}{\mathrm{d}t} = \frac{ri_g i_o}{J} \frac{\mathrm{d}\left(\frac{\Delta\omega}{\Delta T} I_i\right)}{\mathrm{d}t} = \frac{ri_g i_0}{J} \frac{\mathrm{d}\left(\frac{\omega \times (i_1 - i_2)}{\Delta T} I_i\right)}{\mathrm{d}t} \qquad (4\text{-}29)$$

式中, J 为整车惯量, $\mathrm{kg \cdot m^2}$; ΔT 为同步时间,s; I_i 为同步器输入端转动惯量, $\mathrm{kg \cdot m^2}$。

由公式可以看出,在给定工况下, J 只和两挡位的传动比之差有关且为正相关,德国推荐的最大冲击度是 $10\mathrm{m/s^3}$,我国推荐的最大冲击度为 $17.64\mathrm{m/s^3}$,所以两挡传动比之差不宜取得过大。

(3) 附着系数对低挡位传动比的要求。当整车行驶在附着力良好的路面时,一挡时传递到车轮用于驱动的力要小于地面能够提供的最大附着力,设计要求为

$$i_1 \cdot i_0 \leqslant \frac{m \cdot g \cdot \mu \cdot r}{T_{\mathrm{peak}}} \qquad (4\text{-}30)$$

式中, μ 为附着系数,此处取值 0.75。代入公式得一挡传动比和主减速器的乘积要小于 10.54。

(4) 整车性能对传动比的要求。整车经济性要求电动机尽可能工作在高效区。车速较低时,挂入低挡位,大传动比工作,提高电动机输出转速,快速进入高效区。车速较高时,以小传动比工作,降低电动机输出转速,增加电动机输出转矩。

整车动力性受变速器和电动机的共同作用。最高挡的传动比要满足最高车速的要求,设计要求为

$$i_2 \cdot i_0 \leqslant \frac{0.377 \cdot r \cdot n_{\max}}{v_{\max}} \qquad (4\text{-}31)$$

代入参数计算得二挡传动比和主减传动比的乘积要小于 7.985 788,且取值越小在高速时电动机的转速越低,可以增加电动机工作在高效区的概率。低挡的传动比能满足加速性能的要求,计算如下:

$$\int_0^5 \frac{\eta_{\mathrm{T}}\left(\frac{T_{\mathrm{peak}} i_g i_0}{r} - mgf_r - \frac{C_D A}{21.15} v^2\right)}{m} \mathrm{d}t \geqslant \frac{50}{3.6} \qquad (4\text{-}32)$$

低挡的传动比能满足最大爬坡度的要求,计算如下:

$$i_1 \cdot i_0 \geqslant \frac{\frac{1}{\eta_{\mathrm{T}}}\left(mgf_r \cos\gamma_{\max} + mg\sin\gamma_{\max} + \frac{C_D A}{21.15} v_r^2\right) \cdot r}{T_{\mathrm{rate}}} \qquad (4\text{-}33)$$

代入参数计算得一挡传动比和主减传动比的乘积要大于 7.35。

最终确定变速器挡位速比要求:一挡传动比和主减传动比的乘积要大于 7.358 86,小于 10.54;二挡传动比和主减传动比的乘积要小于 7.98。中心距为 68.35mm。城市工况中,较少出现 20% 这样大的坡度,而且两挡位主从动齿轮需要有较好的耐久性,综合电动机调节响应速度快的特性,最终确定主减传动比为 5.2,一挡传动比为 1.65,二挡传动比为 1.2。变速器内部如图 4-14 所示,动力总成实物如图 4-15 所示。

图 4-14　变速器内部结构图

图 4-15　动力总成实物图

思　考　题

1. 纯电动汽车的布置形式有哪几种？各有什么特点？

2. 我国优先发展纯电动汽车，请查阅资料说明理由。

3. 电动汽车的整车管理系统主要有哪些功能？

4. 为何高速电动汽车还需要使用二挡变速器？查阅资料阐述目前使用的二挡变速器有何优缺点？

第五章 混合动力汽车

第一节 概　述

随着全球汽车工业的迅猛发展,石油资源供应的日趋紧张,世界各国都在积极寻求代用燃料或者减少燃油的消耗量,大力开发新型节能环保汽车。在太阳能、电能等替代能源真正进入实用阶段之前,混合动力汽车因其低油耗、低排放、高性价比的优势越来越受到人们的关注。

混合动力汽车将存在一个较长的历史时期,并且在 21 世纪的运载车辆中占有重要的地位。

目前,要求混合动力轿车(相当于普通轿车和中级轿车)的燃料消耗量在 3L/100km 左右,废气中所排放的有害气体达到"超低污染"的排放要求,是 21 世纪初期混合动力电动汽车的努力目标。

混合动力汽车虽然没有实现零排放,但其动力性、经济性和排放等综合指标能满足当前苛刻要求,可缓解汽车需求与环境污染及石油短缺的矛盾。

一、基本概念

所谓混合动力汽车是指携带不同动力源,可根据汽车的行驶需要,同时或分别使用不同的动力源而行驶的汽车。与传统汽车的最大区别是动力传动系统,一般至少拥有两个动力源和两个能量储存系统。

混合动力汽车是介于内燃机汽车和电动汽车之间的一种车型,它是一种内燃机汽车向电动汽车(EV)过渡型的车辆,同时,也是一种"独立"型车辆。

混合动力汽车可分为两大类,即液压蓄能式混合动力汽车(hydraulic hybird vehicle, HHV)和混合动力电动汽车(hybird electric vehicle, HEV)。

液压蓄能式混合动力汽车由液压驱动系统和热力发动机驱动系统组成。

混合动力电动汽车以内燃机和电动机为动力源。现在生产的通常由电动机及内燃机发动,由一个或多个电动机推动车辆,内燃机则负责为电池充电,或者在需要大推力时(例如上斜坡或加速时)直接提供动力。

因此,在没有特殊说明的情况下,本书中出现的混合动力汽车均指混合动力电动汽车(HEV)。

二、混合动力汽车的主要组成

1. 发动机

发动机是混合动力电动汽车的主要动力源,可以广泛地采用四冲程内燃机(包括汽油机和柴油机)、二冲程内燃机(包括汽油机和柴油机)、转子发动机、燃气轮机和斯特林发动机等。一般转子发动机和燃气轮机的燃烧效率比较高,排放也比较洁净,采用不同的发动机就可以组成不同的 HEV。

2. 驱动电动机

驱动电动机是 HEV 的辅助动力源。HEV 的驱动电动机可以是交流感应电动机、永磁电动机、开关磁阻电动机、直流电动机和特种电动机等。随着 HEV 的发展,直流电动机已经很少采用,多数采用感应电动机、永磁电动机和开关磁阻电动机。发动机的动力和驱动电动机的"混合"是 HEV 的动力"混合"的另一种形式。采用不同的电动机可以组成不同的混合动力电动汽车。

3. 辅助电源

HEV 可以装备各种不同的蓄电池和超级电容等作为辅助电源,只有在混合动力汽车电动机启动发动机或电动机辅助驱动时才使用。

三、混合动力汽车的优缺点

较之纯电动车,混合动力汽车具有以下优点:

(1)与纯电动车相比,多了内燃机提供动力,因此电池较少,降低整车重量,为提高动力性作贡献。

(2)由于采用辅助动力驱动,打破了纯电动汽车续驶里程的限制,其长途行驶能力可与传统汽车相媲美。

(3)在混合动力电动汽车上采用高度实时和动态的优化控制策略,优化控制的结果尽量使动力系统各部件工作在最佳状态和最高效率区域,大大限制了内燃机在恶劣工况下的高燃油消耗率和大量的尾气排放,大大提高了混合动力汽车的燃油经济性。在排放限制严格的地区,还可关闭辅助动力,以纯电动方式工作,成为零排放汽车。

(4)空调系统等附件由内燃机直接驱动,有充分的能源供应,保证了汽车的乘坐舒适性。

(5)在控制策略的作用下,辅助动力可以向储能装置(一般为电池组)提供能量,从而保证混合动力电动汽车无须停车充电,因此可利用现有加油站,不需要进行专门充电设施的建设。

(6)由于混合动力汽车的电池组在使用过程中是浅充浅放,所以可以延长电池的使用寿命。

未来可能的优点：当电池科技及成本更进步时，不需要启动内燃机就可以提供上下班距离所需的所有能量，届时可以让车辆在上、下班时处于纯电动模式（夜间回车库充电），假日游玩等长途使用才会开启内燃机，车辆甚至可以在电力尖峰时间提供电力给办公室（或住家）；若能普及，深夜充电需求会让电力系统负荷更平均，不但电力业者获利，也会增加电厂效率及降低污染，而电力也可以使用再生能源提供。

四、混合动力汽车的关键技术

混合动力汽车是集汽车、电力拖动、自动控制、新能源及新材料等高新技术于一体的高新集成产物。它的研究涉及多个领域，其关键技术主要有电池及电池管理、电动机、发动机和整车能量管理等。

1. 电池及电池管理系统

混合动力汽车上的电池与纯电动车上的工作状况不同，常处于非周期性的充放电循环，这就要求电池必须具有快速充放电和高效充放电的能力，即混合动力汽车所用电池在具有高能量密度的同时，更重要的是要具有高的功率密度，以便在加速和爬坡时能提供较大的峰值功率。

电池的性能和寿命与电池的充放电历史、电池工作温度等因素密切相关，过充电和过放电会严重影响电池性能甚至造成电池损坏。所以通过电池管理系统对电池工作过程和工作环境进行监控，提供准确的电池剩余电量预测，对充分利用电池能效、延长电池使用寿命具有非常重要的意义。

2. 电动机

电动机是混合动力汽车的驱动单元之一，其选用原则为性能稳定、质量轻、尺寸小、转速范围宽、效率高、电磁辐射量小、成本低等；另外，电动机的峰值功率要具有起动发动机能力、电驱动能力、整车加速能力、最大再生制动能力等。目前混合动力汽车上使用的电动机主要有直流永磁电动机、永磁无刷同步电动机、交流异步电动机、开关磁阻电动机等。在交流电动机中，最具代表性的是交流感应电动机，而这种电动机的结构决定了其功率和效率之间的矛盾很难解决，应尽量采用具有高效率、高功率密度、结构紧凑的永磁电动机、开关磁阻电动机等先进电动机。

3. 发动机

由于混合动力车用发动机工作时会频繁启停，为满足严格的排放标准，热力发动机的设计目标从传统发动机的高功率变为追求高效率，并将功率的调峰任务交由电动机承担。要实现该目标，可将当前内燃机中普遍采用的奥托（Otto）循环，用大膨胀比的高效率阿特金森（Atkinson）循环取代，或采用其他高效热机，如燃气轮机、斯特林发动机等，再利用它们各自的优势来设计混合动力系统。如丰田普锐斯的1.5L汽油机采用具有高效率、高膨胀比的阿特金森工作循环、紧凑型倾斜式挤气燃烧室及铝合金缸体，其主要目的是追求高效率而不是高功率。

4. 动力耦合装置

在并联和混联系统中,机械的动力耦合装置是耦合发动机和电动机功率的关键部件,它不仅具有很大的机械复杂性,而且直接影响整车控制策略,因而成为混合动力系统开发的重点和难点。目前采用的动力耦合方式有转矩结合式(单轴式和双轴式)、转速结合式和驱动力结合式。

5. 驱动系统控制

串联混合动力汽车上,电力驱动是唯一的驱动模式,因而控制系统比较简单。并联、混联混合动力汽车驱动系统中有发动机和电动机两个动力源,两个动力源存在多种配合工作模式,如纯电动驱动、发动机驱动、发动机驱动＋电动机辅助、发动机驱动＋发电机充电等。根据汽车行驶的需要,动力系统在这些工作模式间相互切换。

驱动系统的控制策略要能通过实时分析汽车的行驶状况、发动机和电动机的转矩特性及电池 SOC 大小等信息,决定混合动力汽车的工作模式,确定发动机与电动机的合理工况点,即需要对混合动力汽车驱动系统的起步、模式切换、换挡等动态过程进行控制。

研制与开发混合动力汽车的关键技术大致可分为整车系统集成和关键零部件技术。

整车系统集成关键技术包括:动力系统参数匹配;整车能量控制系统;再生制动系统;车用数据总线;先进车辆控制技术。

关键零部件技术主要包括:混合动力汽车用发动机;驱动电动机及其控制技术;动力电池及其管理系统技术;混合动力汽车用自动变速器技术。

当前混合动力所面临的主要技术问题:

(1) 提高能量存储装置(电池)的比功率和寿命。

(2) 建立更先进、更有效的电子控制和检测系统。

(3) 电力电子器件必须减小尺寸和减轻质量。

第二节　混合动力车的分类

按 2008 年颁布的《混合动力电动汽车的类型和定义》征求意见稿,混合动力电动汽车有多种分类方式:按动力系统的结构划分主要有串联、并联和混联三种形式;按混合度划分有微混合、轻度混合、中度混合、重度混合四种类型;按外接充电能力划分,有可外接充电和不可外接充电两类;按行驶模式的选择方式,可划分为有手动选择功能和无手动选择功能两种,其中行驶模式是指热机模式、纯电动模式和混合动力模式三种选择功能;按车辆用途即被划分为乘用车、客车、货车三类。

一、按照动力系统结构形式划分

混合动力汽车一般拥有汽油-内燃机和电池-电动机两套动力系统,那么这两套动力系统要联合工作,总得有一个联合的"姿势"吧。这个不同的联合"姿势",就是混动构型,而目前最基本的有串联、并联和串并联(也可以叫混联)这几种。

1. 串联式混合动力电动汽车(series hybrid electric vehicle, SHEV)

顾名思义,就是内燃机和电动机串联工作的。它的能量流如下:油箱→内燃机→发电机→电池→电动机→驱动轴。

示意图如图 5-1 所示。

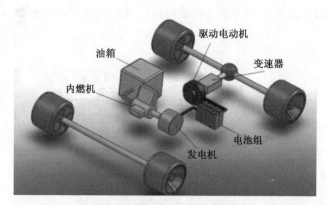

图 5-1　串联式混合动力电动汽车

实质上,串联混动就是火车上用的那种电传动机构,再加一个电池作为峰值能量机构,从而使得电动机-驱动轴的转速可以跟内燃机-发电机的转速完全解耦(没有机械变速箱就解决了调速问题),同时内燃机的功率输出也与发电机解耦,内燃机可以一直运行在最优状态下,达到提高燃油经济性的目的。

因此,串联也可以认为是"内燃机与电动机没有机械连接,而通过电连接"的动力联合形式。

它的工作模式有以下几种:

(1)内燃机带动发电机工作,同时电动机驱动车辆前进。如果驱动功率小于内燃机工作功率,则电池表现为充电,电量上升;否则表现为放电,电量逐渐下降。

(2)内燃机不工作,电动机驱动车辆前进。这种工作模式往往出现在城市低速同时电量较充足的情况下。

(3)内燃机不工作,车辆下坡或减速,电动机给电池充电。

在几种混动构型中,串联构型的结构最为简单,控制策略的优化也相对简单,甚至比传统汽车更容易。整个内燃机-发电机模块与驱动轴没有任何机械连接,只有电连接;而电线布置起来就非常自由了,因此串联混动的内燃机可以任意布置,完全突破了传统汽车布置的限制,甚至放在车顶也可以。

如果一家车企已经有了纯电动汽车,那么在此基础上增加一个内燃机和发电机的系统,就可以做出一辆串联混合动力车型。从另一个角度讲,它很像是纯电动汽车的变种。

串联模式因为驱动模式十分单一,有明显的缺点:

(1)在各种混动构型中,只有串联混动中内燃机无法直接驱动车轮,而一定要经过发电机和电动机的两次损耗。而在有些情况下,内燃机直接驱动车轮的效率其实更高。

（2）因为电动机需要能够在所有情况下独自驱动车辆，因此一定需要较大功率的电动机。此外，还需要一个较小功率的发电机，成本较高。

（3）内燃机和发电机都不能用于驱动车辆，有些浪费。

串联混动代表车型：宝马 i3、奥迪、日产小型车的 e-Power 混合动力系统。

2. 并联式混合动力电动汽车（parallel hybrid electric vehicle，PHEV）

同样顾名思义，并联混合动力系统就是将内燃机和电动机并联来驱动车辆，它的能量流如下：

$$
\begin{array}{c}
油箱 \rightarrow 内燃机 \\
+ \qquad = > 驱动轴 \\
电池 \rightarrow 电动机
\end{array}
$$

如图 5-2 所示。

图 5-2　并联式混合动力电动汽车

在并联混动汽车中，内燃机和电动机的动力有机械连接，且一般是机械耦合，输出端和内燃机、电动机两个输入端的转速或者需要成固定比例，如图 5-3 所示（实际情况未必是图中所示的齿轮形态，而可能是电动机的转子固定在传动轴上）。

还有比较特殊的一种并联混动，则是将内燃机与电动机的动力通过行星齿轮合成，这种混动有时也被错误地称为"混联"，但在只有一台电动机时，实质上是一种比较高级的并联，也叫"动力分流"（power split）。

总的来说，并联混动可以认为是内燃机和电动机之间没有电连接，只有机械连接。并联混合动力差不多就是在传统内燃机汽车中增加了一套电动机和高压电池系统。在机械构造上，它也很像是传统内燃机汽车的加强版。

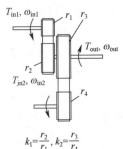

$k_1 = \dfrac{r_2}{r_1}, k_2 = \dfrac{r_3}{r_4}$

r_1, r_2, r_3, r_4——传动轮半径

图 5-3　内燃机和电动机的机械耦合图

相比串联混动,并联的模式更多,以图 5-3 中的并联为例,有以下 5 种模式:

(1) 在行驶所需功率接近内燃机最佳工作区间输出的功率时,内燃机单独驱动汽车,电动机不工作。

(2) 需要较大功率时,内燃机和电动机同时驱动汽车。当所需功率增长时,会优先将内燃机保持在最经济的转速和负荷区间,然后不断增大电动机输出扭矩。如果总功率输出仍不足以满足需求,再通过变速箱降挡增加内燃机和电动机的转速,以及功率的输出。

(3) 需要较小功率时,通过选择挡位,让内燃机以最优状态工作,驱动汽车,同时多余的功率带动电动机,此时电动机作为发电机给电池充电。

(4) 低速行驶,需要的功率很低,且电池有电量时,电动机单独驱动汽车,内燃机不工作。

(5) 下坡或减速时,内燃机不工作,电动机作为发电机回收汽车动能。

相比串联混动,并联构型只需要一个电动机,而且电动机因为不需要给车辆提供全部的驱动力,功率可以比较小,成本大大降低。同时,因为电动机和内燃机可以共同驱动车辆,往往极限动力输出也更高。

但并联混动也有一个突出的缺点,即它是所有混动构型中唯一仍然需要变速箱的。汽车变速箱又大又沉又贵,而且还会损失机械效率。即使是电动机单独驱动车辆的模式下,也仍然要经过变速箱,显得格外浪费。电动机在不同负荷不同转速的效率都很高,纯电动车一般是没有变速箱的。

并联混动代表车型:通用 e-Assist(应用于上一代君越)、本田 IMA 混合动力(用于 Insight,思域混合动力和 CR-Z)、比亚迪秦、现代绝大部分 48V 混合动力系统等。

3. 混联式混合动力电动汽车(combined hybrid electric vehicle)

既然串联和并联混动都各自有优点和不足,因此就出现了融合了二者优点的混联,可以在串联和并联模式间切换。

典型的混联/串并联的结构如图 5-4(比亚迪 F3DM)所示。

实现并联和串联切换的关键,就在于图中位于发动机 M1 和与 M2 进行机械耦合装置之间的离合器。离合器断开,就是串联模式;离合器接合,M1 断开,就是并联模式。

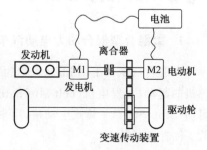

图 5-4　混联式混合动力电动汽车

串并联混动也像并联混动一样,有多种驱动模式:

(1) 当行驶速度经过内燃机和传动轴机械连接的主减速比放大后,对应的内燃机转速也正好处于最佳工作区间范围内,并且所需功率接近内燃机最佳工作区间的输出功率时,离合器接合,内燃机直接驱动汽车行驶,两台电动机都不工作。

(2) 当行驶速度对应的内燃机转速合适,但所需功率低于最佳功率时(下坡),离合器接合,内燃机保持在最佳区间工作,多余功率通过带动发电机 M1 给电池充电,电动机 M2 不工作。

(3) 当行驶速度对应的内燃机转速合适,但所需功率高于最佳功率时(加速或上坡),离合器接合,内燃机保持在最佳区间工作。如果剩余的功率缺口比较大,由电动机 M1 提供;比较小的话,则由发电机 M2 作为电动机提供。

（4）当行驶速度对应的内燃机转速偏离最佳工作区间较多时（往往是车速较高），离合器断开，转为串联模式。此时内燃机持续保持在最佳区间工作，带动发电机产生电流，同时电动机驱动车辆前进。如果驱动功率小于内燃机工作功率，则电池表现为充电，电量上升；否则表现为放电，电量逐渐下降。

（5）如果行驶速度较高，同时所需功率无法由电动机满足时（比如高速公路上坡同时加速超车），此时会切换回并联模式，由内燃机和两台电动机同时以高转速和高功率共同驱动车辆。

（6）行驶速度较低时，电动机 M2 单独驱动汽车，内燃机和发电机 M1 不工作。

（7）内燃机不工作，电动机作为发电机回收汽车动能。

典型的串并联混合动力汽车像串联混合动力一样可以不需要变速箱，增加了传动效率，节省了重量，同时又能够让发动机和电动机同时驱动车辆，达到比较高的动力输出水平。

但因为驱动模式比较复杂，串并联结构对车企优化控制策略的水平要求也较高。不仅如此，无变速箱的串并联混动电动机往往需要有较高的转速和较大的功率，成本也并不低。同时，因为对离合器也有较高的要求，内燃机的工作区间也比串联更广泛，因此常常比串联式混合动力还要更贵一些。

典型串并联混合动力车型：比亚迪 F3DM，本田 i-MMD（用于最新一代的雅阁混合动力车型）。

除去典型的串并联混合动力以外，双电动机的混合动力系统基本上也都可以看作串并联系统。

此外，基于行星齿轮的混合动力常常也被称为"混联"，不过这其实是一种不太科学的说法。如果只有一个行星齿轮组和一台电动机，其实更像是并联的一个变种，而只有用到至少两台电动机才能称得上混联。

二、按照混合度划分

1. 微混合型混合动力电动汽车（micro hybrid electric vehicle）

微混合（micro hybrids），也称为"起-停混合"。在微混合动力系统中，电动机仅作为内燃机的起动机/发电机（belt-alternator starter generator，简称 BSG 系统）。该电动机为发电启动（Stop-Start）一体式电动机，用来控制发动机的启动和停止，从而取消发动机的怠速，降低了油耗和排放。

一般情况下，电动机的峰值功率和发动机的额定功率比不大于 5%。

2. 轻度混合（弱混合）型混合动力电动汽车（mild hybrid electric vehicle）

混合动力系统采用集成启动电动机（integrated starter generator，简称 ISG 系统），车辆以发动机为主要动力来源，助动电动机安装在发动机和变速器之间。当行驶中需要更大驱动力时，助动电动机被用作驱动电动机；当需要重新启动熄火的发动机时，它被用作一个起动机。其能够实现：在减速和制动工况下，对部分能量进行吸收；在行驶过程中，发动机等速运转，发动机产生的能量可以在车轮的驱动需求和发电机的充电需求之间进行调节。

一般情况下，电动机的峰值功率和发动机的额定功率比为 5%～15%。

3. 中度混合型混合动力电动汽车（moderate hybrid electric vehicle）

以发动机和电动机为动力源的混合动力电动汽车。

一般情况下，电动机的峰值功率和发动机的额定功率比为 15%～40%。

4. 重度混合（强混合）型混合动力电动汽车（full hybrid electric vehicle）

以发动机和电动机为动力源，且电动机可以独立驱动车辆行驶的混合动力电动汽车。它们普遍采用大容量电池以供给电动机做纯电动模式运行，同时还具有动力切换装置用以发动机、电动机各自动力的耦合和分离。

一般情况下，电动机的峰值功率和发动机的额定功率比大于 40%。

三、其他划分形式

1. 按照外接充电能力划分

（1）可外接充电型混合动力电动汽车；
（2）不可外接充电型混合动力电动汽车。

2. 按照行驶模式的选择方式划分

（1）具备行驶模式手动选择功能的混合动力电动汽车。车辆可选择的行驶模式包括热机模式、纯电动模式和混合动力模式三种。
（2）无手动选择功能的混合动力电动汽车，车辆的行驶模式根据不同工况自动切换。

3. 按照车辆用途划分

（1）混合动力电动乘用车；
（2）混合动力电动客车；
（3）混合动力电动货车。

4. 按照与发动机混合的可再充电能量储存系统不同划分

（1）蓄电池式混合动力电动汽车；
（2）超级电容器式混合动力电动汽车；
（3）机电飞轮式混合动力电动汽车；
（4）动力蓄电池与超级电容器组合式混合动力电动汽车。

第三节　混合动力汽车的基本结构

由于混合动力电动汽车的组成部件、布置方式以及控制策略不同有多种分类，下面介绍串联、并联以及混联三种混合动力电动汽车的基本结构，如图 5-5 所示。

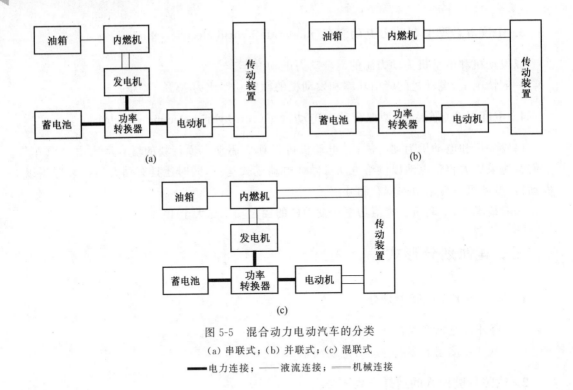

图 5-5　混合动力电动汽车的分类

（a）串联式；（b）并联式；（c）混联式

━━ 电力连接；──── 液流连接；════ 机械连接

一、串联式混合动力电驱动系

　　串联式混合动力电驱动系是一个由两个能源向单个动力机械（电动机）供电，以推进车辆的驱动系。最一般的串联式混合动力电驱动系的组成如图 5-6 所示。

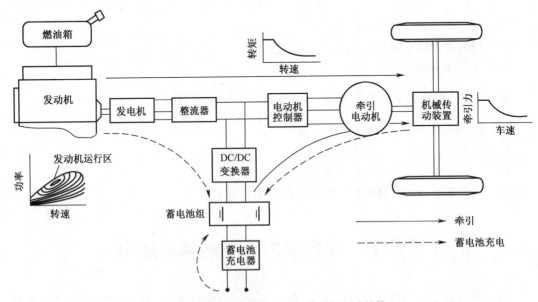

图 5-6　串联式混合动力电驱动系的组成结构

其中,单向能源为燃油箱,而单向的能量变换器为发动机和发电机的组合。发动机的输出通过电子变流器(整流器)连接到电力总线。电力总线也连接到牵引电动机的控制器,牵引电动机将被控制为电动机,或是发电机,并以正向或反向运转。该电驱动系需要一个蓄电池的充电器,以通过墙插座由电网向蓄电池充电。

串联式混合动力电驱动系蕴含以下的运行模式:

(1) 纯粹的电模式:发动机关闭,车辆仅由蓄电池组供电、驱动。

(2) 纯粹的发动机模式:车辆牵引功率仅源于发动机-发电机组,而蓄电池组既不供电也不从驱动系中吸收任何功率。电设备组用作从发动机到驱动轮的电传动系。

(3) 混合模式:牵引功率由发动机-发电机组和蓄电池组两者提供。

(4) 发动机牵引和蓄电池组充电模式:发动机-发电机组提供给向蓄电池组充电和驱动车辆所需功率。

(5) 再生制动模式:发动机-发电机组关闭,而牵引电动机运行如同一台发电机,所产生的电功率用于向蓄电池组充电。

(6) 蓄电池组充电模式:牵引电动机不接收功率,发动机-发电机组向蓄电池组充电。

(7) 混合式蓄电池充电模式:发动机-发电机组合运行在发电机状态下的牵引电动机两者都向蓄电池组充电。

串联式混合动力电驱动系具有以下优点:

(1) 当发动机与驱动轮脱开联系时,发动机是全机械构件。因此,它能运行在其转速-转矩特性图上的任何运行工作点,且可能完全运行在其最大效率区,如图 5-6 所示。在该狭小区域内的优化可使发动机性能获得很显著的改进。此外,发动机从驱动轮上的机械解耦,使高转速发动机能够得到应用,但这将使其难以直接通过机械连接去带动车轮。例如,燃气轮机发动机或具有缓动态特性的动力机械(如斯特林发动机)。

(2) 因电动机具有近乎理想的转矩-转速特性,它不需要多挡的传动设置,如第 3 章中的讨论。因此,其结构大为简化,且成本下降。此外,取代一个电动机和一个差速箱的应用,可采用两个电动机分别带动一个车轮的结构。这就如同差速器,既形成两个车轮之间的转速解耦,而且起到用于牵引控制的限制滑移的差速器作用。最终的改进将是采用四个电动机,从而可制成没有昂贵、复杂的差速器组,实现全轮式驱动的车辆,且驱动轴运转借助于车辆的大梁。

(3) 由于由电传动系所提供的机械上的解耦,可应用简单的控制策略。

然而,串联式混合动力电驱动系有以下缺点:

(1) 由于发动机的能量被两次转换(在发电机中,由机械能转变为电能;在牵引电动机中,由电能转变为机械能),发动机和牵引电动机两者的低效率相加,损耗显著。

(2) 发动机附加了额外的质量和成本。

(3) 因为牵引电动机是唯一的驱动车辆的动力机械,故其必须按满足最大的运行性能需求定制。

二、并联式混合动力电驱动系

如同传统内燃机车辆一样,并联式混合动力电驱动系是一个由发动机向车轮供给机械动力的驱动系,它由机械上与传动装置相配合的电动机予以辅助,并通过机械联轴器共同配合提供动力,如图 5-7 所示。

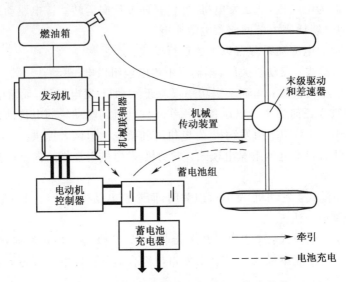

图 5-7　并联式混合动力电驱动系的组成结构

对于各种不同结构,由发动机和电动机功率的机械组合的应用将在下文详述。

1. 转矩耦合的并联式混合动力电驱动系

图 5-7 中的机械耦合可以使转矩或转速耦合。转矩耦合是将发动机和电动机的转矩一起相加,或将发动机转矩分解为两部分,分别用于驱动和蓄电池组充电。图 5-8 概念性地表明了具有两个输入转矩的机械组件耦合方案,其

图 5-8　转矩耦合配置

输入之一来自发动机,另一输入来自于电动机。机械转矩耦合输出连接到机械传动装置。

输出转矩和转速可以表示为

$$T_{out} = k_1 T_{m1} + k_2 T_{m2} \tag{5-1}$$

$$\omega_{out} = \frac{\omega_{m1}}{k_1} = \frac{\omega_{m2}}{k_2} \tag{5-2}$$

在转矩耦合的并联式混合动力电驱动系中,存在各种各样的结构。它们可分类为两轴和单轴式设计,在每一种类内,传动装置可配置在不同的位置,并设计为不同的排挡数,从而导致相异的牵引特性。优化设计主要取决于牵引需求、发动机尺寸及其特性、电动机尺寸及其特性等。

图 5-9 为一两轴式的设计,其中,应用了两个传动装置:其一位于发动机和转矩耦合装置之间;其二位于电动机和转矩耦合装置之间。显然,两个多挡传动装置形成了众多的牵引力-转速特性曲线。因为两个多挡传动装置为发动机和电牵引系统(电设备和蓄电池组)两者运行于其最佳区域,提供了更多的可能性,故此电驱动系的性能和整体效率可超过其他类型的设计。这一设计也在发电机和电动机特性的设计中提供了很大的灵活性。但是,两个多挡传动装置将使电驱动系明显地复杂化。

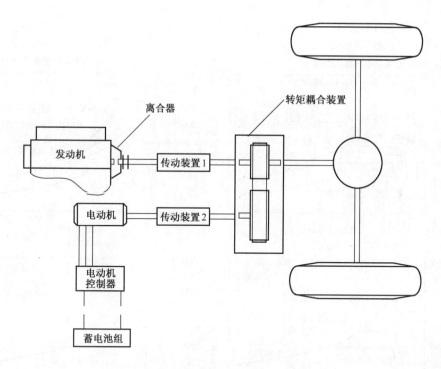

图 5-9　传动装置前置的混合动力电驱动系统

在图 5-10 中,可应用单挡传动装置 1 和多挡传动装置 2,其牵引力-转速特性曲线示于图 5-10(b)。在实际混合动力电驱动系设计中,与传动装置配置相联系的最大牵引力可足以满足车辆爬坡性能的要求,由于轮胎与地面接触的附着力的限制,并不需要更大的牵引力。单挡传动装置应用时,利用了低速时电动机高转矩特性的内在优点。采用多挡传动装置 2 可用以克服内燃机转速-转矩特性的缺陷(随转速变化无明显变动的转矩输出)。多挡传动装置 2 也有助于改进发动机的效率,并减小车速范围(此时,电动机必须单独驱动车辆),从而也就减少了蓄电池放电的能量。

与上述设计相对照,图 5-10(c)所示为电驱动系的牵引力-转速特性曲线,其中,对发动机应用了单挡传动装置 1,对电动机应用了多挡传动装置 2。因在该结构中没有发挥动力装置的优点,故为一个不合宜的设计。

图 5-10(d)所示为电驱动系的牵引力-转速特性曲线,对应于两个单挡传动装置,这一配置导致简单的结构和控制。该电驱动系的限制在于其最大的牵引力。当发动机、电动机和蓄电池组的功率,以及传动装置的参数均准确地设计时,该电驱动系将以令人满意的性能和效率适用于车辆。

理想两轴式的并联式混合动力电驱动系的结构示于图 5-11,其中,传动装置位于转矩耦合装置和驱动轴之间。传动装置的功能是以相同比例提高发动机和电动机两者的转矩。在转矩耦合装置中,两常数 k_1 和 k_2 的设计将使电动机能有一个不同于发动机的转速范围,因而,可采用高转速电动机。这一设计只用于相对地采用小型发动机和电动机的情况,同时,需应用一个多挡传动装置以增大低速时的牵引力。

对于转矩耦合的并联式混合动力电驱动系,其简单且紧凑的构造是单轴结构。其中,电动机转子起着转矩耦合装置的作用,如图 5-12 和图 5-13 所示。

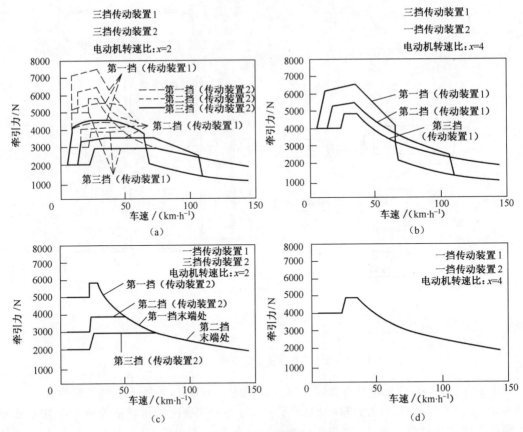

图 5-10 传动装置挡数不同时的特性

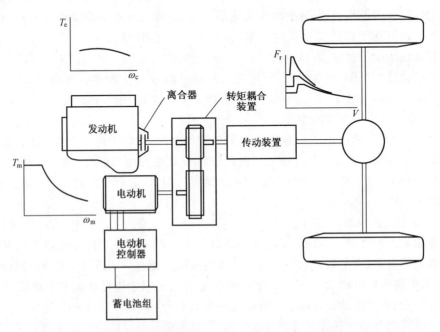

图 5-11 传动装置后置的两轴式的并联混合动力电驱动系统

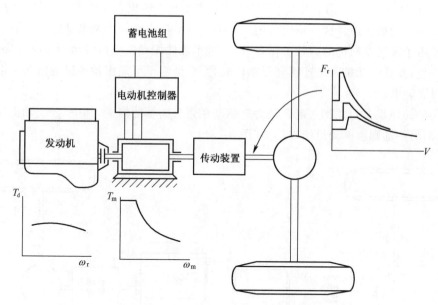

图 5-12 前传动装置单轴转矩组合的并联式混合动力电驱动系

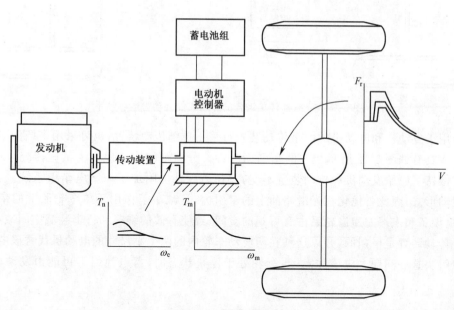

图 5-13 后传动装置

传动装置可安置在电动机的后端,该电动机通过离合器与发动机相连,也可安置在发电机和电动机之间。前者的结构称为"前传动装置"(电动机在传动装置之前,如图 5-12 所示),后者的结构称为"后传动装置"(电动机在传动装置之后,如图 5-13 所示)。

在前传动装置结构中,发动机转矩和电动机转矩两者均由传动装置调节。此时,发动机和电动机必须有相同的转速范围。这一结构常用于小型电动机的情况,称为轻度混合动力电驱动系。其中,电动机起着发动机的起动机、发电机、发动机的动力辅助机和再生制动的作用。

　　然而,在图 5-13 所示的后传动装置结构中,当电动机转矩直接传递给驱动轮时,传动装置仅能改进发动机转矩。这一结构可用于有大范围恒功率区的大型电动机的电驱动系。传动装置仅用于改变发动机的运行工作点,以改进车辆性能和发电机的运行效率。应该注意,当车辆停止,并且电动机固定连接到驱动轮时,蓄电池组不可能由发动机通过带动电动机作为发动机而充电。

　　另一种转矩耦合的并联式混合动力电驱动系是分离轴的构造,其中,一个轴由发动机给以动力,而另一轴则由电动机给以动力(图 5-14)。

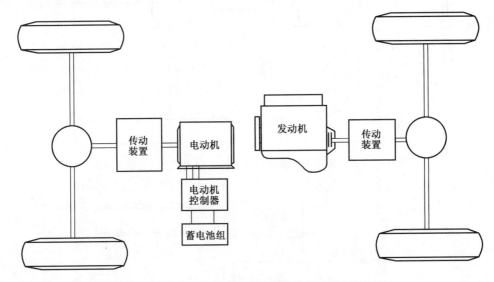

图 5-14　分离轴转矩组合的并联式混合动力电驱动系

　　应用于发动机和电动机的两个传动装置可采用单挡传动装置,也可采用多挡传动装置。这一结构具有如图 5-12 所示相似的牵引力特性。分离轴的构造提供了某些传统车辆的优点。它保持了原始发动机和传动装置不变,并在另一轴上附加了一个电牵引系统。它也有四轮驱动形式,因此可优化在光滑路面上的牵引力,且减小了作用于单个轮胎上的牵引力。然而,电设备和末端差速齿轮系占有可观的空间,致使有效的乘客和行李装载空间减小。若电动机传动装置是单挡的,并以这种在两驱动车轮内的两个小尺寸的电动机代替该电动机,则可以解决这一问题。应该注意,当车辆处于停止状态时,蓄电池组不可能由发动机予以充电。

2. 转速耦合的并联式混合动力电驱动系

　　源于两个动力装置的动力可通过它们的转速耦合相互关联,如图 5-15 所示。转速耦合的特性可描述为

$$\omega_{\text{out}} = k_1 \omega_{\text{m1}} + k_2 \omega_{\text{m2}} \qquad (5\text{-}3)$$

$$T_{\text{out}} = \frac{T_{\text{m1}}}{k_1} = \frac{T_{\text{m2}}}{k_2} \qquad (5\text{-}4)$$

式中,k_1 和 k_2 为与实际设计相关联的常数。

图 5-15　转速耦合

图 5-16 显示了两种典型的转速耦合器件,其一是行星齿轮机构;其二是具有浮动定子的电动机(本书称之为传动电动机)。行星齿轮机构的一个三端口组件,由分别标记为 1、2 和 3 的中心齿轮、齿圈和行星齿轮支架构成;三端口之间的转速和转矩关系表明该组件是一个转速耦合的器件。其中,转速、中心齿轮和齿圈相关联并通过行星齿轮支架输出。常数 k_1 和 k_2 仅取决于每一个齿轮的半径,或每一个齿轮的齿数。

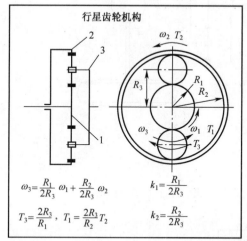
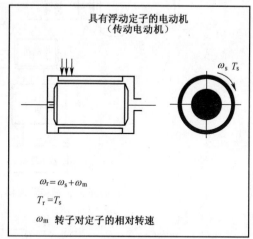

图 5-16　两种典型的转速耦合器件

传动电动机的定子通常固定在不动的车梁上,被用作一个大的输入端口,其余两个端口为转子和气隙,通过气隙,电能被转换为机械能。按通用术语而言,电动机转速即是其转子对于定子的相对转速。由于作用与反作用的效应,在定子和转子上的转矩作用是相同的,导致常数 $k_1=1$ 和 $k_2=1$。

正如转矩耦合器件一样,可应用转速耦合器件构成各种混合动力电驱动系。

图 5-17 和图 5-18 分别给出了以行星齿轮机构和传动电动机两转速耦合器件构成的混合动力电驱动系的实例。

在图 5-17 中,发动机通过离合器和传动装置向中心齿轮供给动力,传动装置用以调整发动机的转速-转矩特性,以便匹配牵引的要求,电动机通过一对齿轮向齿圈供给动力。锁定器 1 和锁定器 2 用来将中心齿轮和齿圈锁定在静止的车梁上,以便满足不同运行模式的需求。该转速耦合的并联式混合动力电驱动系可满足的运行模式如下:

(1)混合牵引:当锁定器 1 和锁定器 2 被释放时,中心齿轮和齿圈可以旋转,发动机和电动机两者都向驱动轮供给正向转速和转矩(正向动力)。

(2)发动机单独牵引:当锁定器 2 将齿圈锁定在车梁上,而锁定器 1 被释放时,仅发动机向驱动轮供给动力。

(3)电动机单独牵引:当锁定器 1 将中心齿轮锁定在车梁上(发动机关闭或离合器脱开),而锁定器 2 被释放时,仅电动机向驱动轮供给动力。

(4)再生制动:锁定器 1 置于锁定状态,发动机关闭或离合器脱开,且操纵电动机处于再生运行状态(负转矩),车辆的动能或位能可由电系统吸收。

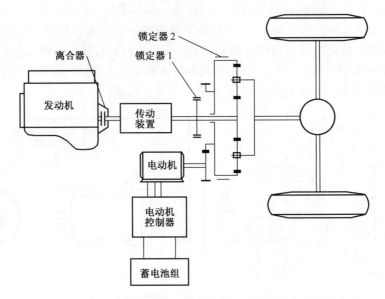

图 5-17　由行星齿轮机构转速耦合器件组成的混合动力电驱动系

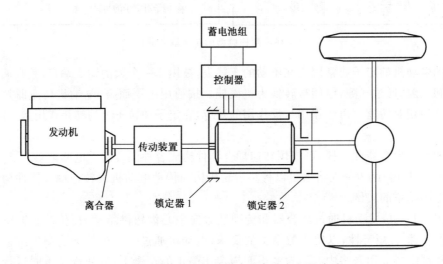

图 5-18　转矩组合的并联式混合动力电驱动系

（5）蓄电池由发动机充电：当控制器对电动机设定负向转速时，电动机由发动机吸收能量。

由传动电动机组成的混合动力电驱动系如图 5-18 所示，它具有类似于图 5-17 的结构。锁定器 1 和锁定器 2 分别用于将定子锁定在车梁和转子上。这一电驱动系可完成上述的所有运行模式，其分析留给读者。

转速耦合的混合动力电驱动系的主要优点在于两个动力装置的转速是解耦的。因而，该两动力装置的转速均能自由地进行选择。对于动力装置而言，这是显著的优点。例如，斯特林发动机和燃气轮机的效率对转速敏感，而对转矩则不太敏感。

3. 转矩耦合与转速耦合的并联式混合动力电驱动系

将转矩耦合与转速耦合相结合,可构造一种混合动力电驱动系,其中,转矩耦合和转速耦合状态能交替地予以选择。图 5-19 展示了这样的一个实例,当转矩耦合运行模式选为当前模式时,锁定器 2 将行星齿轮机构的齿圈锁定在车梁上,同时离合器 1 和离合器 3 啮合,而离合器 2 脱开。于是,通过转矩相加[参见式(5-1)],发动机和电动机的动力相加在一起,并传递到驱动轮。在这样的情况下,发动机转矩和电动机是解耦的,但它们的转速之间存在一个固定不变的关系,如式(5-2)所示。当耦合运行模式选为当前模式时,离合器 1 啮合,而离合器 2 和离合器 3 脱开,同时,锁定器 1 和锁定器 2 释放中心齿轮和齿圈。此时,连接到驱动车轮的行星齿轮支架的转速是发动机转速和电动机转速的组合。但是,发动机转矩、电动机转矩,以及作用于驱动轮上的转矩保持为一固定不变的关系,如式(5-4)所示。

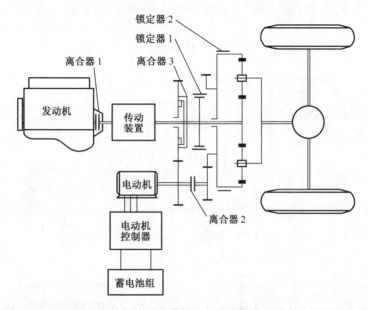

图 5-19　配置行星齿轮机构的交替转矩与转速耦合的混合动力电驱动系

随着转矩耦合与转速耦合之间选择的取舍,动力装置将有更多的可能确定其运行方式和运行区域,以便优化其性能。例如,在低车速时,转矩组合运行模式将适合于高加速性能和爬坡能力的需求;在高车速时,则应采用转速组合运行模式,以保持发动机转速处于其最佳运行区。

在图 5-19 中,配置行星齿轮机构的牵引电动机可由传动电动机所构成的类似的电驱动系(图 5-20)予以替代。

当离合器 1 啮合,将发动机轴与传动电动机的转子轴相耦合时,离合器 2 脱开,以释放发动机轴与传动电动机转子轴间的耦合,并且开启锁定器将传动电动机的定子定位于车梁上,于是,该电驱动系工作在转矩耦合模式。当离合器 1 脱开,而离合器 2 啮合时,同时开启锁定器,则该电驱动系工作在转速耦合模式。

在电驱动系中,另一既应用转矩耦合又应用转速耦合的令人满意的实例,是由丰田汽车公司在其普锐斯混合动力电动轿车中开发并实现的。该电驱动系示意图,如图 5-21 所示。

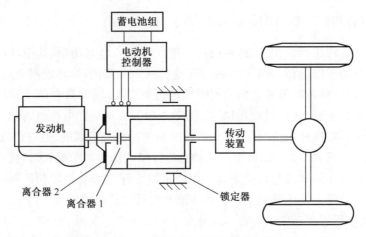

图 5-20　配置传动电动机的交替转矩与转速耦合的混合动力电驱动系

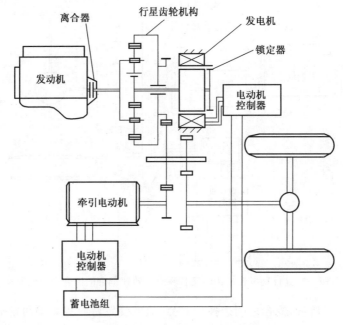

图 5-21　转矩组合的并联式混合动力电驱动系

　　一个小型电动机或发电机(几千瓦)通过行星齿轮机构予以连接(转速耦合)。行星齿轮机构将发动机转速分解为两个转速[参见式(5-3)]。其中,一个转速通过中心齿轮传递输出到小型电动机;同时,另一个是通过齿圈和固定轴的齿轮组件传递到驱动轮(转矩耦合)。一个大型的牵引电动机(几千瓦到几十千瓦)也连接到该齿轮组件以构成一个转矩耦合的平均驱动线。在低车速时,小型电动机以正向转速运行,并吸收部分发动机的功率。当车速增加而发动机转速固定在一个给定值时,该电动机转速下降为零,此时称为同步转速状态。在这一转速下,锁定器将开启以同时锁定转子和定子,于是,电驱动系即呈现为平行驱动系。当车辆行驶在高车速时,为了避免发动机转速过高,导致高油耗,小型电动机将能以负向转速运行,以便向驱动系传递功率。为了使发动机能运行在其最佳转速范围,当采用行星齿轮机构和小型电动机调节发动机转速时,即可望获得燃油的高经济性。

图 5-21 中的小型电动机和行星齿轮机构可由单一的传动电动机予以替代,如图 5-22 所示。这一驱动系具有类似于图 5-21 中驱动系的特性。

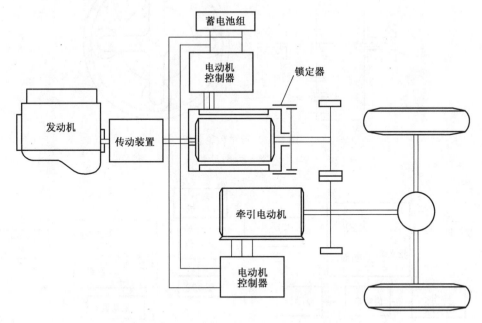

图 5-22 转矩组合的并联式混合动力电驱动系

三、混联式混合动力电驱动系

混联式或更准确地表述为转矩和转速耦合的混合动力电驱动系,具有优于串联式(电耦合)和并联式(单一转矩或转速耦合)混合动力电驱动系的一些优点。在这一电驱动系中,就转矩和转速的约束条件而论,转矩和转速耦合从驱动轮处解脱了发动机,从而瞬时的发动机转矩和转速不受车辆的负载转矩和车速制约。因此,发动机能以类似于串联式(电耦合)混合动力电驱动系的方式,运行在其高效率区域。另外,部分发动机功率直接传递到驱动轮,而没有经历多形式的转换,此优点更相似于并联式(转矩或转速耦合)混合动力电驱动系。

为了实现混联式以及复合式的混合驾驶模式,内燃机与发电机/电动机之间以及电动机与变速器之间必须进行机械连接,其中机械连接装置可以选择行星齿轮机构。图 5-23 显示了混联混合型动力所采用的一套行星齿轮机构,其中太阳轮与发电机相连,齿圈与传动装置相连,行星架与内燃机相连,发动机的动力一部分通过行星齿轮传给齿圈,然后通过传动轴传给驱动车轮,另外一部分动力传给太阳轮经发电机转化为电能。

为满足降低转矩容量的要求,降低电动机/发电机的实体尺寸和重量,将电动机/发电机与行星齿轮机构的中心齿轮相连接是适宜的选择。以行星齿轮机构为转速耦合装置的混联式混合动力电驱动系的组成,可有如图 5-24 所示的多种选择方案:

(1) 电动机/发电机连接到中心齿轮、驱动轮连接到齿圈、发动机连接到行星齿轮支架[图 5-24(a)]。

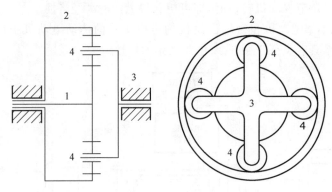

图 5-23   行星齿轮装置

1—太阳轮；2—齿圈；3—行星架；4—行星齿轮

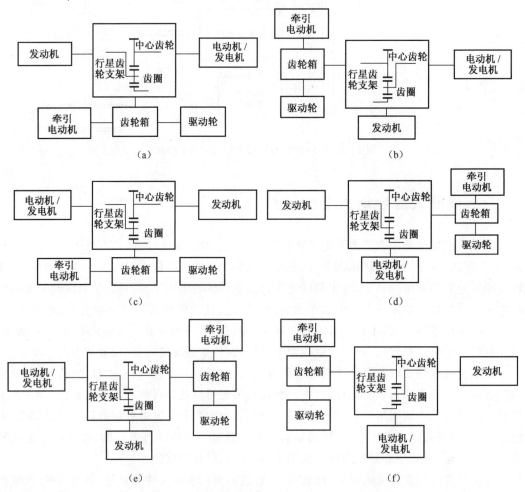

图 5-24   对应于各种连接方式的混合动力电驱动系的构造

（2）电动机/发电机连接到中心齿轮、发动机连接到齿圈、驱动轮连接到行星齿轮支架
［图 5-24（b）］。

（3）发动机连接到中心齿轮、驱动轮连接到齿圈、电动机/发电机连接到行星齿轮支架［图 5-24（c）］。

（4）驱动轮连接到中心齿轮、电动机/发电机连接到齿圈、发动机连接到行星齿轮支架［图 5-24（d）］。

（5）驱动轮连接到中心齿轮、发动机连接到齿圈、电动机/发电机连接到行星齿轮支架［图 5-24（e）］。

（6）发动机连接到中心齿轮、电动机/发电机连接到齿圈、驱动轮连接到行星齿轮支架［图 5-24（f）］。

图 5-25 描述了混联式（转矩/转速耦合）混合动力电驱动系的详细构造。行星齿轮机构组成转速耦合装置，它将发动机和电动机/发电机连接在一起。发动机和电动机/发电机分别与行星齿轮支架和中心齿轮相连接；齿圈则通过齿轮 Z_1、Z_2、Z_4、Z_5 和差速器与驱动轮相连接。牵引电动机通过齿轮 Z_3、Z_2、Z_4、Z_5 和差速器与驱动轮相连接，于是差速器把齿圈的输出转矩和牵引电动机耦合在一起。在这一构造中，应用了一个离合器和两个锁定器。离合器用以将发动机和行星齿轮机构的行星齿轮支架相连接或分离，锁定器 1 用以锁定或释放中心齿轮和电动机/发电机轴与静态车梁之间的联系，锁定器 2 用以锁定或释放行星齿轮支架与静态车梁之间的联系。

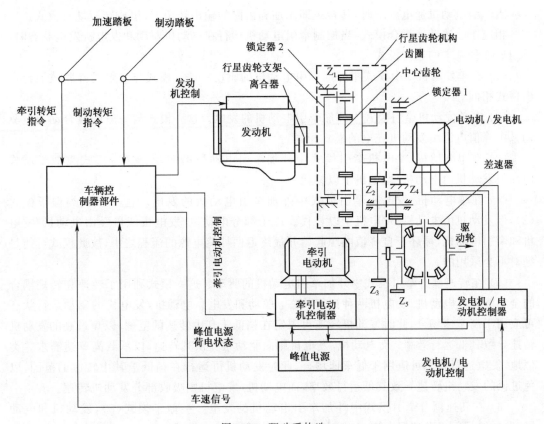

图 5-25　驱动系构造

通过控制离合器、锁定器、发动机、电动机/发电机和牵引电动机，该转速耦合的混联式混合动力电驱动系可满足的运行模式如下。

1. 转速耦合模式

在这一模式中,牵引电动机是断开的,可有 3 种子模式:

(1) 单发动机牵引。离合器啮合,发动机连接到行星齿轮支架。锁定器 1 将中心齿轮锁定在静态车梁上,而电动机/发电机被释放。锁定器 2 释放行星齿轮支架与静态车梁间的固定连接。此时,发动机单独向驱动轮传递其转矩。

(2) 单电动机/发电机牵引。在这一模式中,发动机关闭,离合器啮合或分离。锁定器 1 释放中心齿轮和电动机/发电机轴与静态车梁之间的固定连接,锁定器 2 将行星齿轮支架锁定在静态车梁上。此时,车辆由电动机/发电机单一牵引。

(3) 配置转速耦合的发动机和电动机/发电机牵引。在这一模式中,离合器啮合。锁定器 1、2 在静态车梁上释放。

在给定的车速下,发动机转速可由电动机/发电机转速予以调节。发动机转矩、电动机/发电机转矩和作用于驱动轮的负载转矩,三者始终保持一个固定的关系。其中一个转矩的变化将引起其他两个转矩的变化,致使发动机和电动机/发电机的运行点变动。

2. 转矩耦合模式

当牵引电动机通电激励时,其转矩即添加到齿圈的输出转矩上,组成转矩耦合模式。

相应于上述转速耦合模式,当控制牵引电动机运行在电动机驱动和发电机发电状态时,可组成 6 种基本的运行模式。

(1) 在单发动机牵引模式中外加牵引电动机的驱动。这一模式与一般的并联式混合牵引模式相同。

(2) 在单发动机牵引模式中外加牵引电动机的发电。这一模式与一般的混合动力电驱动系中峰值电源由发动机充电的模式相同。

(3) 在单电动机/发电机牵引模式中外加牵引电动机的驱动。这一模式类似于模式(1),但发动机由电动机/发电机予以替代。

(4) 在单电动机/发电机牵引模式中外加牵引电动机的发电。这一模式类似于模式(2),但发动机由电动机/发电机予以替代。由于部分电动机/发电机能量经由电动机/发电机和牵引电动机,循环于自峰值电源起始并最终返回峰值电源的流程之中,故此模式可能是绝对不会采用的。

(5) 在转速耦合牵引模式中外加牵引电动机的驱动。这一模式利用了转速和转矩耦合的全功能。有电动机/发电机两种运行状态:驱动和发电。电动机/发电机的驱动运行状态可应用于高车速场合,此时发动机转速可限定在稍低于其中转速的范围,以免过高的发动机转速导致其低运行效率;而电动机/发电机则向驱动系提供其转速,以承载高车速需求。类似地,发电运行状态可应用于低车速场合,此时发动机可运行在稍低于其中转速的范围,以免过低的发动机转速导致其低运行效率,而电动机/发电机则吸收部分发动机转速。

(6) 在转速耦合牵引模式中外加牵引电动机的发电。类似于模式(5),发动机和电动机/发电机运行于转速耦合模式,但牵引电动机运行在发电模式。

3. 再生制动

当车辆经历制动时,牵引电动机、电动机/发电机或两者同时都能产生制动转矩,并回收部分制动能量向峰值电源充电。此时,随着离合器的分离,发动机关闭。

综上所述,可有一些有效应用的运行模式。在控制方案设计中,取决于电驱动系的设计、行驶情况和主要组件的运行特性等,并非所有的运行模式都是真正可以应用的。

第四节　混合动力汽车能量管理

能量管理作为混合动力汽车的核心,其主要的功用是在满足汽车基本技术性能(如动力性、驾驶平稳性等)和成本等要求的前提下,根据各部件的特性及汽车的运行工况,实现能量在能源转换装置(如发动机、电动机、储能装置、功率变换模块、动力传递装置、发电机和燃料电池等)之间按最佳路线流动,使整车的能源利用效率达到最高,提高电动汽车的经济性。因此能量管理是设计混合动力汽车的重要环节之一。

一、能量的传递路线

混合动力电动汽车的能量转换装置通常由发电装置(发动机/发电机)、能量储存装置(蓄电池、超级电容器等)、功率变换模块、动力传递装置、充放电装置等组成。其能量的传递路线可划分为 4 条:①由发电装置到车轮的动力传递路线;②由能量储存装置到车轮;③由发电装置到能量储存装置;④由车轮到能量储存装置(能量回收)的能量流动路线。为了使电动汽车具有良好的力学性能、电驱动性能及合理的能量分配等,电动汽车的能量管理必须对能量传递路线的工作进行有效监测和控制。

根据能量供给方式,混合动力系统基本工作模式可分为纯电动驱动模式、纯发动机驱动模式、混合驱动模式、行车充电模式、减速/制动能量回馈模式、怠速/停车模式等驾驶循环不同阶段对应的工作模式。

二、能量的控制策略

能量的控制策略不仅作为混合动力汽车控制策略的核心,而且还决定能量的传递路线。目前世界各国研究开发的混合动力汽车有不同的结构形式,根据其驱动系统的配置和组合方式不同,大体上分为串联式、并联式和混联式三种组合方式。不同的组合方式其能量管理控制策略也不一样。

1. 串联式混合动力汽车能量管理控制策略

由于串联式混合动力汽车的发动机与汽车行驶工况没有直接联系,因此能量管理控制策略主要目标是使发动机在最佳效率区和排放区工作。主要采用静态逻辑门限控制策略,目前较为典型的两个控制策略是峰值电源最大荷电状态的控制策略、恒温控制策略(发动机开关控制策略)。

峰值电源最大荷电状态的控制策略:保持电池的 SOC 在规定的范围内,发动机带动发电机工作并尽可能地提供接近车辆行驶所需电能,电池只起负荷调节的作用。这种模式电池的充放电较小,能量损失最小。峰值电源最大荷电状态的控制策略描述如图 5-26 所示,图中点 A、B、C 和 D 表示由驾驶员给出的所需功率指令,它们不是处于牵引模式,就是处于制动模式。

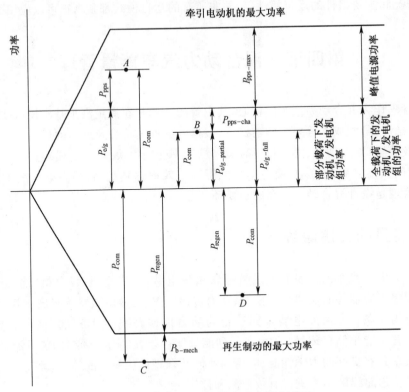

图 5-26　峰值电源最大荷电状态控制策略

(1)点 A 表示给出指令的牵引功率大于发动机/发电机组成所提供的功率。在这种情况下,峰值电源必须提供其功率,以补偿发动机/发电机组功率的不足。

(2)点 B 表示给出的指令功率小于发动机/发电机组运行于最佳运行区时所能提供的功率,此时,取决于峰值电源的荷电状态,可采用两种运行模式。若峰值电源的荷电状态低于其顶线(例如低于顶线的 70%),应用峰值电源的充电模式,即发动机/发电机组运行在最佳运行区,其部分功率供给牵引电动机以驱动车辆,另一部分功率供给峰值电源。若峰值电源的荷电状态达到其顶线,应用发动机/发电机组单一牵引模式,即控制发动机/发电机组使其发出的功率等于指令功率,而峰值电源置于空载。

(3)点 C 表示指令的制动功率大于电动机所能产生的最大再生制动功率,此时,采用混合制动模式,其中电动机产生最大的再生制动功率,而机械制动系统产生剩余的制动功率。

(4)点 D 表示指令的制动功率小于电动机所能产生的最大再生制动功率,此时仅采用再生制动模式。

通过以上对峰值电源最大荷电状态的控制策略描述,可以得到峰值电源最大荷电状态的控制流程,如图 5-27 所示。

峰值电源最大荷电状态的控制策略强调保持峰值电源荷电状态在其高电平上。但是,在某些行驶条件下,如在高速公路上低负载情况下的恒速、长时间的行驶,可轻易地使峰值电源充电至全电平状态,而发动机则被迫运行在输出功率小于最佳值的工况下,因此驱动系

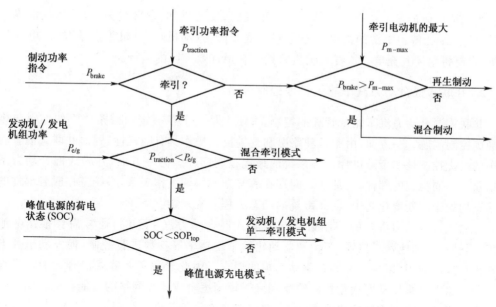

图 5-27 峰值电源最大荷电状态控制策略的控制流程

统的效率降低。

恒温控制策略：峰值电源最大荷电状态的控制策略强调保持峰值电源荷电状态在其高电平上。但是，在某些行驶条件下，如在高速公路上低负载情况下的恒速、长时间的行驶，可轻易地使峰值电源充电至全电平状态，而发动机则被迫运行在输出功率小于最佳值的工况下，因此驱动系统的效率降低。在这样的情况下，宜主要利用电池来驱动车辆，发动机组的运行完全由峰值电源的荷电状态进行控制。仅当电池 SOC 降低到最小限值时，发动机才开机，同时使发动机在最高效率区以输出恒定功率的方式工作。当 SOC 回升到最大限值时发动机关机。

采用发动机开/关控制或发动机/发电机恒温控制策略，该策略的描述如图 5-28 所示，发动机组的运行完全由峰值电源的荷电状态进行控制。

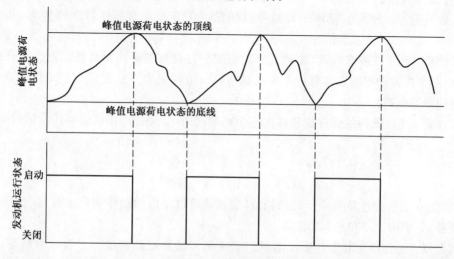

图 5-28 恒温控制策略

当峰值电源的荷电状态达到其设置的顶线时,发动机/电动机组关闭,车辆仅由峰值电源供电行驶;当峰值电源的荷电状态达到其底线时,发动机/发电机组启动,峰值电源由发动机/发电机组向其充电。这样发动机将始终在最佳效率区内运行。

2. 并联式混合动力汽车能量管理控制策略

并联式混合动力汽车能量管理的控制,本质上是一个在一定约束条件下的燃料与排放的最优控制问题。一方面,由于行驶路况和驾驶员的操作具有随机性,因而并联式混合动力汽车的最优控制是一个随机性动态系统的最优控制问题。另一方面,并联式混合动力系统包括众多不同类型的部件,各部件之间存在着复杂的协调工作关系,系统工作时各部件的运行状态均处于不断变化之中,因此系统的动态方程非常复杂。

并联式混合动力汽车的控制策略与串联式混合动力汽车不同,通常需要根据电池的SOC、驾驶员的加速踏板位置、车辆和驱动轮的平均功率等参数进行控制,使发动机和电动机输出相应的转矩,以满足驱动轮驱动力矩的要求。因此导致了并联式混合动力汽车在能源控制策略上常采用动态优化控制策略和基于模糊逻辑或神经网络的智能控制策略。

在采用动态优化控制策略的方法中,首先在忽略了各部件所受温度的影响,以及忽略了离合器、变速箱的动态过程的情况下,建立离散化公式来表示并联式混合动力汽车的数学模型。

其数学模型建立如下:以能量管理为主要目的,为了方便讨论这里将以转矩分配来代替传统功率分配的讨论方法。通过车辆动力学可知,驾驶员在车轮上需求的转矩 T_w 可以通过车速从运动学公式得到:

$$T_w(k) = \eta R(g(k)) \cdot (T_e(k) + T_m(k)) \tag{5-5}$$

$$\omega_w(k) = \omega_e(k)/r_w(\omega_e(k)) = \omega_m(k)/R(g(k)) \tag{5-6}$$

$$\omega_w(k+1) = \omega_w(k) + (T_w(k) - B_w\omega_w(k) - r_w(F_r + F_a))/(M_r r_w^2) \tag{5-7}$$

式中,ω_w、ω_e、ω_m 分别为车轮、发动机和电动机的角速度;T_e、T_m 分别为发动机、电动机输出转矩;$R(g(k))$ 为从变速箱到前轮的总的变速箱减速比;η 为从变速箱到前轮的总的传动效率;对于给定的车速 v,F_r 和 F_a 分别为滚动阻力和空气阻力。$M_r = M_v + J_r/R_d^2$ 为车辆的有效质量,J_r 为汽车旋转部件的等效惯量。在考虑其他部件数学模型时,基于以下规则:

发动机: 基于准静态假设,发动机的动态响应过程被忽略。而且假定发动机已完全预热,从而不考虑发动机的温度效应。发动机的燃油消耗率和排放假定为发动机转速和发动机转矩的静态函数。

变速箱: 变速箱挡位迁移被建模为一个离散时间动态系统,每次迁移持续的时间为 1s。

$$g(k+1) = \begin{cases} 5, & g(k) + \text{shift}(k) > 5 \\ 1, & g(k) + \text{shift}(k) < 1 \\ g(k) + \text{shift}(k), & \text{其他} \end{cases} \tag{5-8}$$

式中,状态 g 表示变速箱当前所处的挡位,变速箱可以采取的动作为向上迁移、保持不变和向下迁移,分别用 1、0 和 −1 来表示。

离合器: 离合器通常负责从发动机到变速箱传递力矩和速度。它有三种状态:分离、滑动摩擦、闭合。当离合器分开时,它不传递任何发动机的转矩到变速箱;当处于滑动摩擦状态时,它传递部分发动机的力矩到变速箱,离合器两侧处于不同的速度。当离合器闭合时,它将发动机的转矩和速度丝毫不变地传递到变速箱。

电动机:与发动机建模类似,电动机模型采用实验数据和动力学相结合的方法。主要为电动机动力学(机械特性)的模型,没有涉及复杂的电动机电磁学模型。电动机模型主要将输入功率转化为输出转速和转矩。电动机的效率是电动机转矩和转速的函数。由于电池功率和电动机最大输出转矩的限制,电动机输出转矩的表达式为

$$T_m = \begin{cases} \min(T_{m,req}, T_{m,dis}(\omega_m), T_{bat,dis}(SOC, \omega_m)), & T_{m,req} > 0 \\ \max(T_{m,req}, T_{m,chg}(\omega_m), T_{bat,chg}(SOC, \omega_m)), & T_{m,req} < 0 \end{cases} \tag{5-9}$$

式中,$T_{m,req}$ 为需求的电动机转矩;$T_{m,dis}$ 和 $T_{m,chg}$ 分别为电动机驱动状态下的最大输出转矩和发电状态下的最大输入转矩;$T_{bat,dis}$ 和 $T_{bat,chg}$ 分别为基于电池组充放电电流限制下的最大驱动转矩和最大充电转矩。因此,根据准静态原理,就可以建立起混合动力汽车的模型。系统状态向量包括 4 个变量:驾驶员需求转矩 $T_{dem}(k) = T_e(k)$,车轮速 $\omega_w(k)$,挡位 $g(k)$ 和 $SOC(k)$。

整体数学模型采用下式表示:

$$X(k+1) = f(X(k), u(k)) \tag{5-10}$$

式中,$X(k)$ 为系统的状态向量,状态向量的维数取决于控制任务所需要的精度;$u(k)$ 为控制向量。建立了并联式混合动力汽车的动态控制策略数学模型,通过数值动态规划算法、软件仿真、实验分析等手段,最终获得能量管理的动态优化控制。

采用基于模糊逻辑或神经网络的智能控制策略的方法时,模糊控制策略可以看成是逻辑门限控制策略的非线性扩展,它表达了参数在远离和接近门限值时系统行为应有的区别。模糊控制策略与经典逻辑相比,更接近人的思维方式,类似大脑的神经网络,表述上更接近自然语言的形式。在混合动力汽车控制策略中应用模糊逻辑,可以很方便地处理诸如"如果车速较低且 SOC 较高而加速踏板踩下较小的角度(请求转矩较小),则电动机单独驱动"这样无法用精确参数表达的控制规则。模糊控制与逻辑门限控制在形式上非常相似,所不同的是,前者基于模糊逻辑,用模糊值表达控制规则,而后者基于布尔逻辑,用精确值表达控制规则。

3. 混联式混合动力汽车能量管理控制策略

混联式混合动力汽车能量管理控制策略是:在汽车低速行驶时,驱动系统主要以串联混合动力汽车能量管理控制策略对能量进行管理;当汽车高速稳定行驶时,则以并联混合动力汽车能量管理控制策略对能量进行管理。这样的能量管理控制策略能较好地实现汽车的各项性能指标,使发动机工作不受汽车行驶状况的影响,总是在最高效率状态下工作或自动关闭,使汽车任何工况都可以实现低排放及超低排放。但实现该控制策略的技术复杂,能量管理控制器结构设计与制造要求高。

第五节　混合动力汽车制动能量回收系统

再生制动(regenerative braking)亦称反馈制动,是一种使用在汽车或铁路列车上的制动技术,在制动时把车辆的动能转化并储存起来,而不是变成无用的热。

汽车的再生制动只会把约30％的动能再生使用,把电力存储在飞轮、电池或电容器之内。使用再生制动的汽车仍然会有传统的摩擦制动,提供快速、强力的制动,其余的动能还是转化为热。

一、制动能量回收系统的组成

HEV装备了再生制动系统后能充分发挥自身的优点,将车辆制动、下坡滑行、减速运行等状态下的部分动能和势能转化为电能存储在蓄电池等储能装置中,有效利用了车辆制动时的动能,可以显著改善车辆的燃油经济性及车辆的制动性能,增加混合动力电动汽车的行驶里程。HEV再生制动系统的框图如图5-29所示。

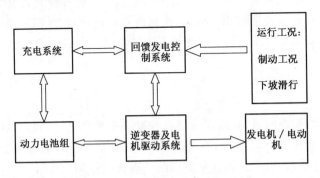

图 5-29　HEV再生制动系统组成

HEV再生制动系统电动机的减速和停止都是通过逐渐减小运行频率来实现的,在变频器变频减小的瞬间,电动机的同步转速随之下降,而由于机械惯性的原因,电动机的转子转速未变,或者说其转速变化是有一定时间的滞后,这时候就会出现转速大于给定转速,从而产生电动机反电动势高于变频器直流端电压的情况,这时电动机就变成发电机,非但不消耗电能,反而可以通过变频器专用型能量回馈单元向电源送电。这样既有良好的制动效果,又能转化为电能,向电源送电达到回收能量的效果。

二、制动能量回收系统的原理

再生制动系统的发电电压总是低于蓄电池的电压,为了使再生制动产生的电能存储在储能装置中,必须采用电子制动控制系统使电动机工作于发电状态。再生制动能量回收基本原理如图5-30所示。

图5-30中,R_1为总回路中的限流电阻,R_2为制动限流电阻;R_3为电动机回路的电阻;U为蓄电池的电压。E为电动机的感应电动势;电动机电枢的电感为L。

工作时将电动机电枢驱动电流断开,电枢两端接入开关电路,并由控制单元控制其开断。因为电动机为感性器件,感应电动势E与感应电流i随时间t的变化有如下关系:

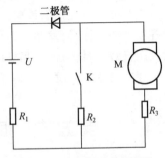

图 5-30　再生制动能量回收系统基本原理图

$$E = -L\frac{\mathrm{d}i}{\mathrm{d}t} \tag{5-11}$$

当开关 K 闭合后,电动机感应电动势引起的感应电流经过开关 K 形成回路,感应电流 i_1 为制动电流,其大小为

$$i_1 = -\frac{E}{R_2 + R_3} \tag{5-12}$$

当开关 K 断开后,$\frac{\mathrm{d}i}{\mathrm{d}t}$ 的绝对值迅速增大,由公式 $E = -L\frac{\mathrm{d}i}{\mathrm{d}t}$ 知感应电动势 E 会相应地快速增大,当感应电动势大于蓄电池的电压,即 $E > U$ 时,能量实现回收。则能量回收时的电流大小 i_2 为

$$i_2 = \frac{E - U}{R_1 + R_3} \tag{5-13}$$

因此,电动机再生制动过程中产生的电能便充入存储装置中。对于实际的混合动力电动汽车而言,其能量回收系统的电路是十分复杂的,图 5-31 为 HEV 再生制动系统的电路示意图。电路由两个 IGBT 元件 T_1 和 T_2、电动机 M、电感 L、电阻 R 等组成。

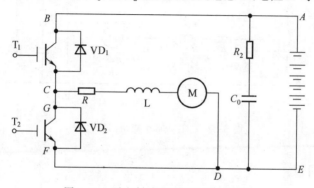

图 5-31　再生制动系统的电路示意图

HEV 正常行驶时,T_1 管工作,而 T_2 管关断,工作回路如图 5-31 中 $ABCDEA$ 所示。当驾驶员松开油门踏板需要制动减速时,T_1 和 T_2 均关断,电流通过 VD_2 续流,此时电流通过 DFG 回路转化为热能消耗,由于汽车的惯性,此时电动机工作于发电状态,回路电流反向。T_1 关断,T_2 导通时,电流通过 T_2 构成回路 DGF。经过了 T_{on} 时间后,T_2 管关断,形成回路 $EDCBAE$,电能反充回蓄电池。

制动能量回馈的具体过程可分为三个阶段,如图 5-32 所示。

1. 续流阶段

此时电动汽车开始减速,控制 T_1 和 T_2 关断,电动机电感中的电能经 L—VD_2—R 消耗一部分,如图 5-32(a)所示。根据基尔霍夫定律,电路满足下列方程:

$$i \cdot R + E + L\frac{\mathrm{d}i}{\mathrm{d}t} = 0 \tag{5-14}$$

式中,E 为电动机电势,并且 $E = K_e \cdot n_0$,K_e 为常数,n_0 为电动机转速。若 I_0 为开始反馈制动时回路的电流,则有

$$i = -\frac{E}{R} + \left(I_0 + \frac{E}{R}\right)\mathrm{e}^{-(R/L)t} \tag{5-15}$$

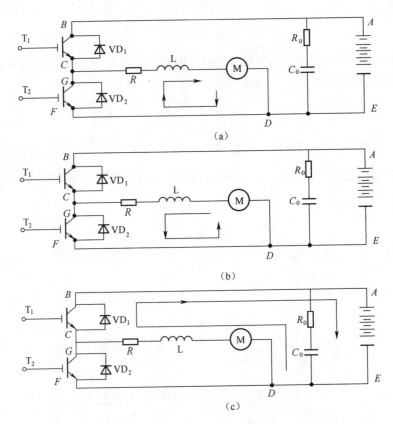

图 5-32　HEV 制动能量回馈过程

2. 电流反向阶段

由于电动汽车的惯性,电动机继续同向运转,电动机处于发电状态,电流反向为 GFD,由于 IGBT 元件 T_2 的开关频率较高,可近似认为此时电动机转速不变,有

$$i \cdot R + E + L\frac{\mathrm{d}i}{\mathrm{d}t} = 0 \tag{5-16}$$

式中,$E = K_e \cdot n_1$,E 为电动机电势,K_e 为常数,n_1 为电动机转速。若 I_1 为第二阶段开始时回路中的电流,则有

$$i = -\frac{E}{R} + \left(I_1 + \frac{E}{R}\right)\mathrm{e}^{-(R/L)t} \tag{5-17}$$

设 T_2 导通时间为 T_{on},则结束时回路中电流 i_{on} 为

$$i_{\mathrm{on}} = -\frac{E}{R} + \left(I_1 + \frac{E}{R}\right)\mathrm{e}^{-(R/L)T_{\mathrm{on}}} \tag{5-18}$$

3. 回馈馈能阶段

此时,控制 T_2 关断,由于 L 的续流作用,电流通过 U,向电池充电,回路变为 $EDCBAE$,此时电路的微分方程为

$$-U_\mathrm{L} + i \cdot R + E + L\frac{\mathrm{d}i}{\mathrm{d}t} = 0 \tag{5-19}$$

由方程可得充电电流 i 的计算式

$$i = \frac{U_L - E}{R} + \left(I_{on} - \frac{U_L - E}{R}\right) e^{-(R/L)t} \qquad (5\text{-}20)$$

设 T_2 的关断时间为 T_{off}，则此阶段向电池的充电电能为

$$W = \int_{T_{off}}^{0} E \cdot i \cdot dt \qquad (5\text{-}21)$$

此后，电动机反复工作于第二、三阶段，直至驾驶员踩下加速踏板或电动汽车停止行走为止。

三、混合动力汽车上常用的制动能量回收系统及控制策略

1. 制动能量回收-液压制动系统

在实际应用上，大部分制动能量回收系统是和液压制动系统一起工作的，因此经常把二者合称为制动能量回收-液压制动系统。

制动能量回收-液压制动系统一般应满足四个方面的要求：

（1）为了使驾驶员在制动时有一种平顺感，液压制动力矩应该可以根据制动能量回收力矩的变化进行控制，最终使驾驶员获得所希望的总力矩。同时，液压制动的控制不应引起制动踏板的冲击，以免驾驶员产生不正常的感觉。

（2）为了使车辆能够稳定地制动，前后车轮上的制动力必须很好地平衡分配。

（3）由于在电动汽车上没有发动机驱动的液压泵，所以需要一个电动泵来提高液压。液压制动力矩是电控的，将产生的液压传到制动轮缸上。制动能量回收-液压制动系统需要防止制动失效的机构，为了提高系统的可靠性，满足安全标准，系统一般采用双管路制动，当其中一条管路失效时，另一条管路必须能提供足够的制动力。

（4）为了防止汽车发生滑移，加在前后轮上的最大制动力应该低于允许的最大值（主要由滚动阻力系数决定）。

制动能量回收-液压制动系统的组成如图 5-33 所示，图（a）和图（b）分别为单轴和双轴驱动的电动汽车的组成图。当驾驶员踩下制动踏板后，制动 ECU 即得到制动信号，电动泵使制动液增压产生所需的制动力，同时，汽车 ECU 也得到回收制动能量信号。制动控制与电动机控制协同工作，确定电动汽车上的制动能量回收力矩和前后轮上的液压制动力。回收制动能量时，制动能量回收控制系统回收制动能量，并且反充到蓄电池中。电动汽车上的ABS 及其控制阀与传统燃油车上的相同，其作用是产生最大的制动力。通常，双轴驱动的电动汽车的制动能量回收-液压制动系统回收的能量一般多于单轴驱动的电动汽车。

2. 制动能量回收系统及控制策略

混合动力汽车中的再生制动对制动系统提出两个基本问题：①如何在再生制动和机械摩擦制动之间分配所需的总制动力，以回收尽可能多的车辆动能；②如何在前后轮轴上分配总制动力，以实现稳定的制动状态。通常再生制动只对驱动轴有效。为回收尽可能多的能量，必须控制牵引电动机产生特定的制动力，同时应控制机械制动系统满足由驾驶员给出的制动力指令。

基本上有下列四种不同的制动控制策略：

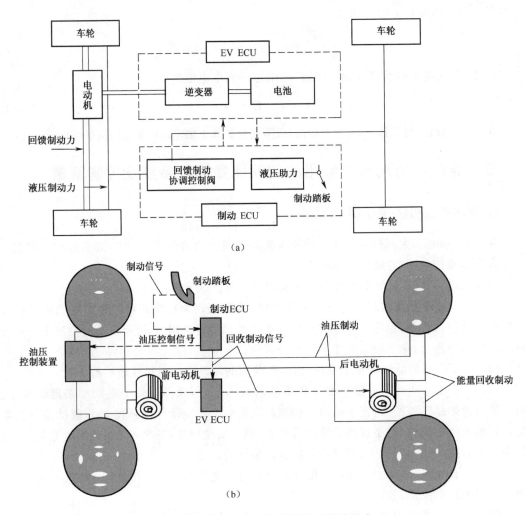

图 5-33　制动能量回收-液压制动系统组成

1）最佳制动感觉的串联制动策略

如图 5-34 所示,当给出的减速指令(由制动踏板位置提供)为小于 $0.2g$ 设定值时,将仅有再生制动施加于前轮,它模拟了传统车辆中发动机延迟点火作用。当给出减速指令为大于 $0.2g$ 设定值时,施加于前后轮的制动力遵循理想的制动力分配曲线 I(图中的粗实线所示)。

2）最佳能量回收率的串联制动策略的原理

如图 5-35 所示,在对应于给定负加速度指令的总制动力情况下,尽可能多地回收制动能量。当给出的负加速度率指令 j/g 比路面附着系数 μ 小得多,且再生制动力满足要求时,只应用再生制动,而无须在前后轮上施加机械制动。当给出的负加速度率指令 j/g 等于路面附着系数 μ 时,前后轮上的制动力工作点必在曲线 I 上。在高附着系数的路面上应用最大再生制动力,同时,剩余的部分由机械制动供给。在较低的附着系数的路面上,单独应用再生制动力,以产生施加于前轮的制动力。当给出的负加速度率指令 j/g 大于路面附着系数 μ 时,归因于路面附着力的极限,该负加速度率指令将绝不可能达到。车辆能获得的最大的负加速度为 $(a/g)_{\max}=\mu$,此时前后轮的制动工作点在曲线 I 上,与 μ 相应。工作点

k 对应的最大负加速度率为 $j/g=0.4$。

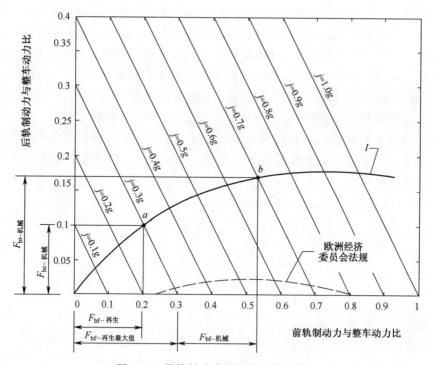

图 5-34 最佳制动感觉的串联制动策略

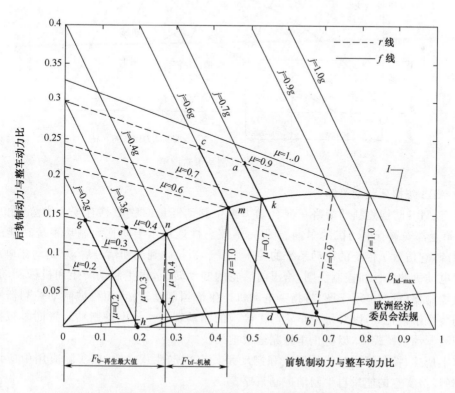

图 5-35 最佳能量回收率的串联制动策略

3）并联制动策略

制动系统具有一个对前后轮以固定的制动比率分配的传统机械制动装置。再生制动添加了施加在前轮上的附加制动力,结果形成了总制动力分布曲线。施加在前后轮轴上的机械制动力正比于主汽缸中的液压。由电动机产生的再生制动力是主缸中液压函数,因此也就是车辆制动减速度函数。由于有效再生制动力是电动机转速的函数,且因在低转速条件下,几乎没有可被回收的动能,故在车辆较高的减速度情况下,再生制动设计为零值,以保证制动平衡。当所需的负加速度小于给定负加速度设定值时,再生制动有效。当给出的负加速度率制动指令小于某设定值时,将只应用再生制动,此时模拟了传统车辆中发动机的延迟点火。在图 5-36 中图示了施加在前轮上的再生动力 $F_{bf\text{-}regen}$,以及施加在前后轮上的机械制动力 $F_{be\text{-}mech}$ 和 F_{br}。

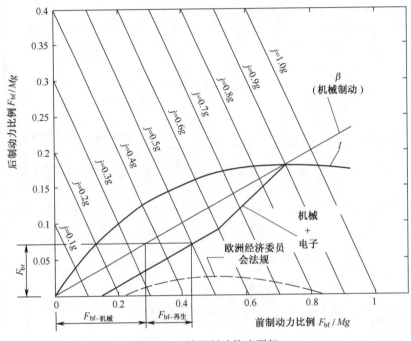

图 5-36　并联制动策略图解

4）ABS 防抱死制动策略

具有 ABS 防抱死制动策略在混合动力再生制动能量回收中具有较大优势,尤其是在 4 个车轮上都安置有电动机的车辆。图 5-37 概念性地展示了防抱死制动系统功能的再生制动系统,它仿效了传统的制动系统的控制感受。当接收到制动信号后,总制动器单元将根据牵引电动机的特性和控制法则,给出前后轮的制动转矩、再生制动转矩和机械制动转矩。电动机控制器(没有显示于图)将指令电动机产生恰当制动转矩,而机械制动控制器则向电动制动装置给出指令,以对每个车轮产生恰当的制动转矩。该电动制动装置同时被控制行驶防抱死制动系统控制,以防止车轮完全被抱死。

综上所述,控制策略对能量回收和制动是具有决定性意义的,在实际应用中应该把握好,选择经济实惠的能量再生制动控制策略。

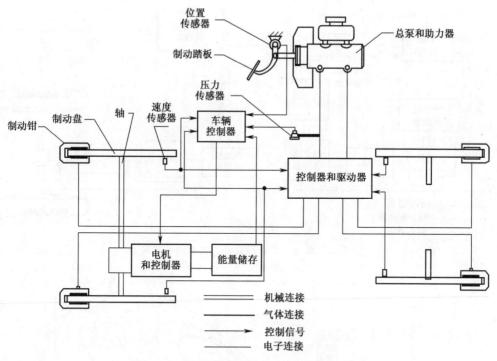

图 5-37 行驶防抱死能量再生制动系统图解

第六节 串联式混合动力电驱动系设计

串联式混合动力电驱动系的概念源于电动汽车驱动系的发展,然而,采用现代技术的电动汽车也存在一些缺点:由于车载蓄电池组能量存储不足,其行驶里程有限,因蓄电池组的质量和庞大的体积,使其有效载荷和装载容积受到限制,以及较长的蓄电池组充电时间。研发串联式混合动力电动汽车(S-HEV)的最初目的在于通过添加一个发动机/交流发电机系统为车载蓄电池组充电。

典型的串联式混合动力电驱动系的构造,如图 5-38 所示。车辆由牵引电动机驱动,该牵引电动机配置有一个蓄电池单元组,或配置有一个发动机/发电机组,或同时配置两者。当负载功率需求增加时,发动机/发电机组将向蓄电池组充电。电动机控制器是控制牵引电动机以产生为车辆运行所需的动力。

在串联混合动力电驱动系中,发动机/发电机系统与驱动轮在机械上是分离的。发动机的转速和转矩与车速和牵引力矩的要求无关。于是,可控制发动机运行在其转速-转矩平面上的任意运行点。通常,应控制发动机使其始终运行在最佳运行区,此时,发动机的油耗和排放将减至最低程度(图 5-39)。由于发动机与驱动轮在机械上是分离的,因此最佳的发动机运行状态是可以实现的。然而,它与电驱动系的运行模式和控制策略密切相关。

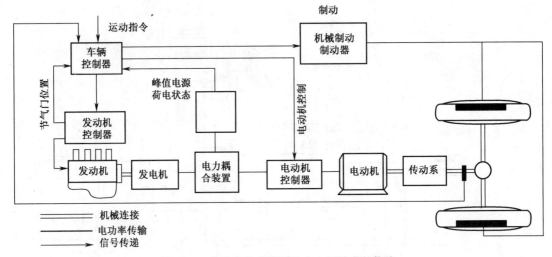

图 5-38　典型串联式混合动力电驱动系的构造

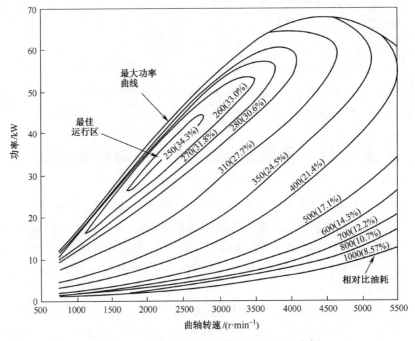

图 5-39　发动机特性及其最佳运行区的实例

一、运行模式

串联式混合动力电动汽车可以用如下 4 种工作模式来描述,如图 5-40 所示。

(1) 车辆启动、正常行驶或加速[图 5-40(a)]。发动机通过发电机和蓄电池一起输出电能并传递给功率转换器,然后驱动电动机,通过机械传动装置驱动车轮。

(2) 车辆轻载[图 5-40(b)]。发动机发出的功率大于车辆所需功率,多余的能量通过发

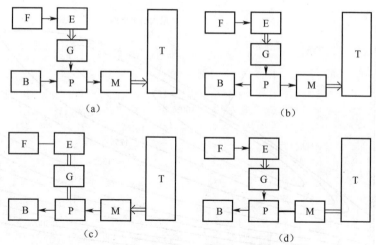

图 5-40　串联式混合动力电动汽车的工作模式

(a) 启动/正常行驶/加速；(b) 轻载；(c) 减速/制动；(d) 蓄电池充电

B—蓄电池；E—内燃机；F—油箱；G—发电机；M—电动机；P—功率转换器；

T—传动装置(包括制动器、离合器和齿轮箱)

━━电力连接；——液流连接；▬▬机械连接

电动机给蓄电池充电直到 SOC 达到预定的限值。

(3) 车辆减速或制动[图 5-40(c)]。电动机把驱动轮的动能转化为电能，并通过功率转换器给蓄电池充电。

(4) 车辆停车充电[图 5-40(d)]。发动机也可以通过发电机和功率转换器给蓄电池充电。

按照串联式混合动力电动汽车的工作模式，电驱动系有多个运行模式，这些运行模式如下。

(1) 混合牵引模式：当需要大功率时，即驾驶员猛踩加速踏板，发动机/发电机组和峰值电源(PPS)两者都向电动机提供功率。此时，由于效率和排放的原因，应控制发动机运行在其最佳运行区，如图 5-41 所示。

峰值电源将供应附加的功率，应满足牵引功率的需要。该运行模式可表达为

$$P_{\text{demand}} = P_{\text{e/g}} + P_{\text{pps}} \tag{5-22}$$

式中，P_{demand} 为驾驶员所需的功率；$P_{\text{e/g}}$ 为发动机/发电机组供给的功率；P_{pps} 为峰值电源供给的功率。

(2) 峰值电源单一牵引模式：在该运行模式中，峰值电源单独供给其功率，以满足牵引功率的需要，即

$$P_{\text{demand}} = P_{\text{pps}} \tag{5-23}$$

(3) 发动机/发电机组单一牵引模式：在该运行模式中，发动机/发电机组单独供给其功率，以满足牵引功率的需要，即

$$P_{\text{demand}} = P_{\text{e/g}} \tag{5-24}$$

(4) 峰值电源由发动机/发电机组充电的模式：当峰值电源中的能量减少到最低容量时，必须予以充电，这一充电过程可由再生制动或发动机/发电机组进行。通常，采用发动机/发电机组予以充电，因为再生充电是不能胜任该充电需求的。此时，发动机功率被分解

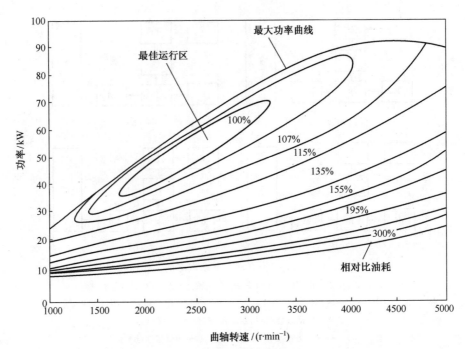

图 5-41　转矩组合的并联式混合动力电驱动系

为两部分：一部分用于驱动车辆；另一部分则用于向峰值电源充电，即

$$P_{\text{demand}} = P_{\text{e/g}} - P_{\text{pps}} \tag{5-25}$$

应该注意，仅当发动机/发电机组的功率大于负载功率需求时，该运行模式才有效。

（5）再生制动模式：当车辆制动时，牵引电动机用作发电机，将车辆质量的部分动能转变为电能，向峰值电源充电。

如图 5-40 所示，按照来自驾驶员的牵引功率（转矩）的指令，以及来自各组件、驱动系和预置控制策略的反馈，车辆控制器给出对各组件的运行指令。控制的目的是：

① 满足驾驶员的功率需求；

② 以最佳功率运行各组；

③ 尽可能地回收制动能量；

④ 在参数预置窗内，保持峰值电源的荷电状态（SOC）。

二、控制策略

控制策略是一种控制规则，它预置在车辆的控制器内，并给出各组件的运行指令。车辆控制器接受来自驾驶员的运行指令，以及来自驱动系和所有组件的反馈，然后，即应用特定的运行模式做出决策。显然，驱动系的性能主要取决于控制的质量。其中，控制策略起着决定性的作用。

串联式混合动力电驱动系有若干控制策略，它们可应用于面向不同任务要求的车辆驱动系。举例可参见第五章第四节"1.串联式混合动力汽车能量管理控制策略"。

三、电驱动系参数的设计

串联式混合动力电驱动系中的主要部件包括牵引电动机、发动机/发电机组合峰值电源。在整个系统设计中,这些部件额定功率值的设计是最初和最重要的设计阶段。对于这些参数的设计,必须考虑某些设计的约束条件:

(1) 加速性能;

(2) 高速公路行驶和市区行驶需求;

(3) 峰值电源中的能源平衡。

1. 牵引电动机额定功率值的设计

在串联式混合动力电动汽车中,电动机驱动的额定功率值完全取决于车辆加速性能要求、电动机性能和传动装置特性。在设计的初始阶段,应用下式,按加速性能(车辆从零车速加速到给定车速所需的时间)估计电动机的额定功率值:

$$P_t = \frac{\delta M}{2t_a}(V_f^2 + V_b^2) + \frac{2}{3}Mgf_rV_f + \frac{1}{5}\rho_a C_D A_f V_f^3 \tag{5-26}$$

式中,M 为车辆的总质量(kg);t_a 为期望的加速时间(s);V_b 为电动机基速(m/s)(见图 5-42);V_f 为车辆加速后的终速(m/s);g 为重力加速度(9.80m/s²);f_r 为轮胎的滚动阻力系数;ρ_a 为空气密度(1.29kg/m³);A_f 为车辆迎风正面的面积(m³);C_D 为空气阻力系数。

式(5-26)中的第一项表示用以加速车辆质量的功率;第二和第三项分别表达了克服轮胎滚动阻力和空气阻力所需的平均功率。

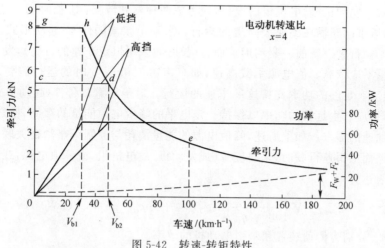

图 5-42　转速-转矩特性

图 5-42 表明配置有两挡传动装置的牵引力和牵引力功率与车速的关系。在加速期间,由低速挡起始,牵引力按迹线 $a—b—c—d$ 变化,且 $V_b = V_{b1}$。然而,当应用单挡传动装置时,仅高速挡可供应用,则牵引力按迹线 $c—d—e$ 变化,且 $V_b = V_{b2}$。

图 5-43 给出了一个电动机额定功率值对车速比率关系的实例,其中,车速比率定义为最高车速与基速之比,如图 5-42 所示。

应该注意,由式(5-26)确定的电动机额定功率仅是满足加速性能的估计值,为精确地确定电动机的额定功率必须予以校验。

车辆性能的计算,例如,加速时间、加速距离和爬坡能力,与纯电动汽车的分析完全相同。

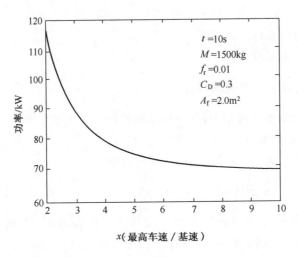

图 5-43　牵引功率对车速比率的关系

2. 发动机/发电机组额定功率值的设计

在串联式混合动力电驱动系中,发动机/发电机组用以供给稳定功率,以防止峰值电源完全放电。对于发动机/发电机组的设计,应考虑两种驾驶情况:①长时间采用恒定车速的行驶情况,如城市间车辆在高速公路上的运行;②采用频繁的停车-起动形式的行驶情况,如市区内的车辆行驶。就前一驱动形式而言(长时间采用恒定车速的行驶),发动机/发电机组和电驱动系不应依靠峰值电源承载高速,如车速达 130km/h 时的运行需要。此时,发动机/发电机组应有足够的功率支持这一车速的运行。对于频繁的停车-起动形式的行驶,发动机/发电机组应产生足够的功率以保持一定电平的峰值电源能量的存储,使之有充裕的功率供应车辆加速的需求。如上所述,峰值电源的能量消耗与控制策略紧密关联。

在平坦路面上恒速行驶时,来自能源(或发动机/发电机组,或峰值电源,或两者兼备)的输出功率可表达为

$$P_{e/g} = V \frac{V}{1000\eta_t\eta_m}\left(Mgf_rV_f + \frac{1}{2}\rho_aC_DA_fV^2\right)(\text{kW}) \tag{5-27}$$

式中,η_t 和 η_m 分别为传动装置和牵引电动机的效率。

图 5-44 给出了一个 1.5t 客车的负载功率(不包括 η_t 和 η_m 的对应于车速的变化曲线)的实例,它表明在恒定车速时的功率需求远小于加速时所需的功率。在该例中,以 130km/h 恒速行驶时所需功率约为 35kW。

当车辆在市区内以停车-起动形式行驶时,发动机/发电机组所产生的功率应等于或略大于平均的负载功率,以保持峰值电源稳定的能量存储。平均的负载功率可表示为

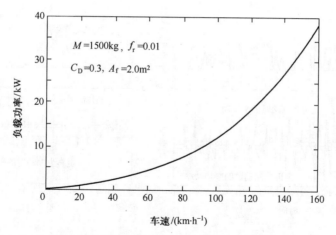

图 5-44 以恒速行驶的 1.5t 客车的负载功率

$$P_{ave} = 1/TP = \frac{1}{T}\int_0^T \left(Mgf_r + \frac{1}{2}\rho_a C_D A_f V^2 \right) V dt + \frac{1}{T}\int_0^T \delta M \frac{dV}{dt} dt \qquad (5-28)$$

式中，δ 为车辆的质量系数；dV/dt 为车辆的加速度。

式(5-28)中的第一项为克服滚动阻力和空气阻力所消耗的平均功率；第二项为消耗于加速和减速的平均功率。当车辆具有回收其全部动能的能力时，则消耗于加速和减速的平均功率不等，如图 5-45 所示，该平均功率将大于零。

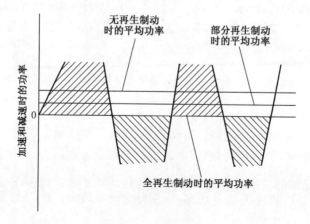

图 5-45 平均功率

在发动机/发电机系统设计中，其功率容量应大于或至少不小于维持车辆恒速（运行于高速公路）行驶所需的功率，以及运行于市区时所需的平均功率。在实际设计中，某些典型的市区行驶循环可用来预测车辆的平均功率，如图 5-46 所示。

3. 峰值电源设计

峰值电源必须在任何时刻均能向牵引发动机提供足够的功率，同时，峰值电源必须存储充裕的能量以防止由于过度放电导致功率供应中断的状态。

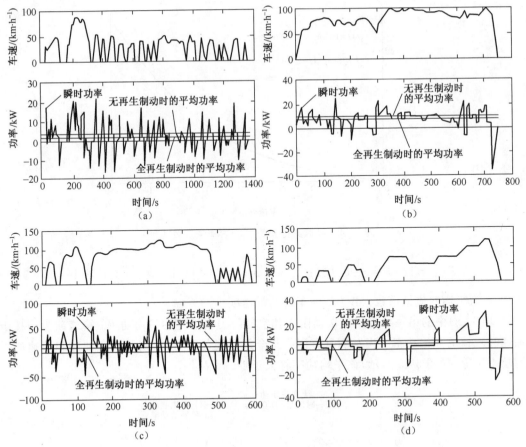

图 5-46　瞬时功率和平均功率

1）峰值电源的功率容量

为了充分利用电动机的功率容量，发动机/发电机组合峰值电源的总功率应大于或至少等于电动机的最大额定功率，因而，峰值电源的功率容量可表示为

$$P_{\text{pps}} \geqslant P_{\text{m-max}} / \eta_{\text{m}} - P_{\text{e/g}} \tag{5-29}$$

式中，$P_{\text{m-max}}$ 为电动机的最大稳定功率；η_{m} 为电动机效率；$P_{\text{e/g}}$ 为发动机/发电机组的效率。

2）峰值电源的能量容量

在某些行驶情况下，频繁的加、减速驱动形式将导致峰值电源的低荷电状态，从而降低了它的传输功率。为了正确地测定峰值电源的能量容量，必须得到在某些典型行驶循环中的峰值电源能量的变化。峰值电源中的能量变化可表达为

$$\Delta E = \int_0^T P_{\text{pps}} \, \mathrm{d}t \tag{5-30}$$

式中，P_{pps} 为峰值电源的功率。正值的 P_{pps} 表示充电功率，而负值的 P_{pps} 表示放电功率。

图 5-47 给出了在峰值电源功率随行驶时间变化过程中峰值电源能量变化的一个实例。若在行驶范围内，峰值电源的荷电状态允许其在荷电状态的顶线与底线之间变化，则该图也表明了整个行驶循环中最大的能量变化值。峰值电源荷电状态的行驶范围取决于峰值电源

的运行特性,例如,由于效率的原因,化学蓄电池对应于能量变化的中值(0.4~0.7)具有最佳工作范围。而由于受限的电压变化的原因,超级电容器组仅具有非常有限的能量变化范围(0.8~1.0)。

$$E_{cap} = \Delta E_{max}/(SOC_{top} - SOC_{bott}) \tag{5-31}$$

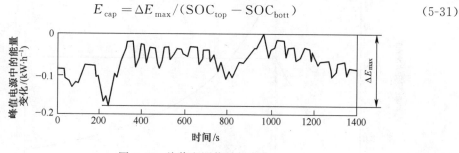

图 5-47 峰值电源能量的变化

四、设计实例

车辆参数及性能要求见表 5-1。

表 5-1 车辆参数及性能要求

车辆的总质量/kg	1500
轮胎滚动阻力系数	0.01
空气阻力系数	0.3
车辆迎风正面的面积/m^2	2.0
传动装置效率(单挡)	0.9
加速时间(从零车速到 100km/h)/s	10±1
最大爬坡能力	>30%(低速)>5%(100km/h)
最高车速/(km·h^{-1})	160

1. 牵引电动机量值的设计

应用式(5-26),并设电动机的转速比为 4,即可在给定的由零车速到 100km/h 的加速时间为 10s 的条件下,得出电动机的额定功率为 82.5kW。图 5-48 为牵引电动机的特性与其转速之间的关系图。

2. 齿轮传动比的设计

齿轮传动比的设计应使电动机在最高转速时车辆到达其最高车速,即

$$i_g = \frac{\pi n_{m-max} r}{30 V_{max}} \tag{5-32}$$

式中,n_{m-max} 为电动机最高转速(r/min);V_{max} 为最高车速(m/s)。假设 $n_{m-max} = 5000$r/min,$V_{max} = 44.4$m/s;$r = 0.2794$m,则可得 $i_g = 3.29$。

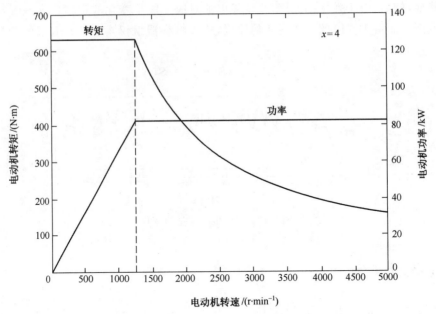

图 5-48　牵引电动机的特性与其转速之间的关系

3. 加速性能的检测

基于牵引电动机的转矩-转速特性、齿轮传动比,以及车辆的参数,可算出车辆的加速性能(加速时间和距离与车速之间的关系),如图 5-49 所示。若所算得的加速度不能满足设计要求,则应重新设计电动机的额定功率。

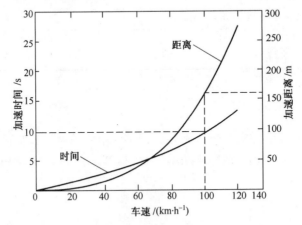

图 5-49　加速时间和距离与车速之间的关系

4. 爬坡能力的检测

应用牵引电动机的转矩-转速特性、齿轮传动比,以及车辆的参数,并由汽车动力学的关系式,可计算得出牵引力和阻力与车速之间的关系,如图 5-50(a)所示,进而可算出车辆的爬坡能力,如图 5-50(b)所示。图 5-50 表明,由计算机得出的爬坡能力远大于设计要求中规定的性能指标。这一结果意味着对于客车而言,加速性能所需求的功率通常大于爬坡所需的功率,因此,是前者决定了牵引电动机的额定功率。

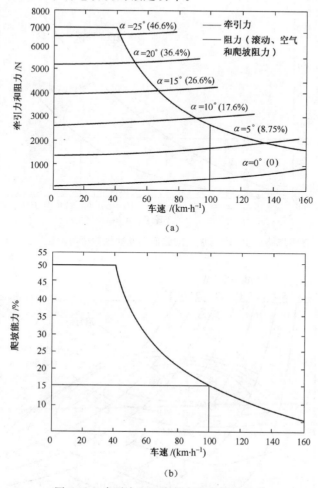

图 5-50 牵引力和阻力与车速之间的关系

5. 发动机/发电机组量值的设计

发动机/发电机组额定功率的设计要求能承载车辆在平坦路面上,以高速公路标准车速(130km/h)行驶的需要。图 5-51 表明车速在 130km/h 情况下,所需发动机功率为 32.5kW,其中,在传动装置(效率为 90%)、电动机(效率为 85%)和发电机(效率为 90%)中的能量损失已包含在内。图 5-51 也表明发动机功率为 32.5kW 时,有能力承载车辆在 5%坡度的路面上以 78km/h 的车速行驶。

发动机/发电机组额定功率设计中另一个考虑的方面在于:当车辆以某种典型的停车-起动形式行驶时所对应的平均功率。

与图 5-50 中所示的功率相比,这些行驶循环中的平均功率是较小的,因此,发动机功率为 32.5kW 可以满足这些行驶循环的需要。图 5-52 给出了发动机的特性。

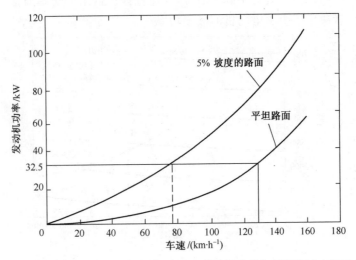

图 5-51　在平坦路面上和 5% 坡度的路面上发动机功率与恒定车速之间的关系

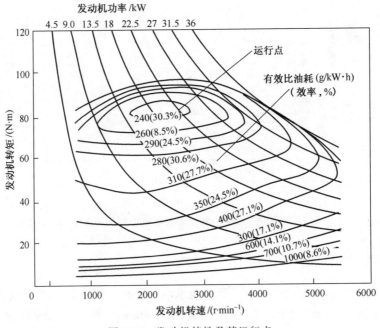

图 5-52　发动机特性及其运行点

6. 峰值电源功率容量的设计

发动机/发电机组合峰值电源输出功率之和应大于或至少等于牵引电动机的输入功率,即

$$P_{pps} = P_{motor}/\eta_{motor} - P_{e/g} = 82.5/0.85 - 32.5 \times 0.9 = 67.8 \text{(kW)} \qquad (5\text{-}33)$$

7. 峰值电源能量容量的设计

峰值电源的能量容量取决于行驶循环以及总体的控制策略。在这一设计中,由于发动机/发电机组的功率容量远大于平均的负载功率和平均的牵引功率,因此,采用恒温控制策略(发动机开/关控制)是恰当的。图 5-53 表明了实施发动机开/关控制策略的上述车辆在 FTP75 市区循环中的仿真结果。模拟中,包含了再生制动。控制中允许峰值电源内最大的能量变动为 $0.5\mathrm{kW \cdot h}$。假设容许峰值电源荷电状态的峰值功率范围为 0.2,则以蓄电池组为峰值电源,使之在荷电状态为 $0.4\sim0.6$ 范围内运行,将具有最佳的效率。若以超级电容器组为峰值电源,则荷电状态 0.2 的变化范围将限制其端电压为 10% 的变化量。在峰值电源中,总存储的能量可按下式计算:

$$E_{\mathrm{pps}} = \Delta E_{\max}/\Delta \mathrm{SOC} = 0.5/0.2 = 2.5(\mathrm{kW \cdot h}) \tag{5-34}$$

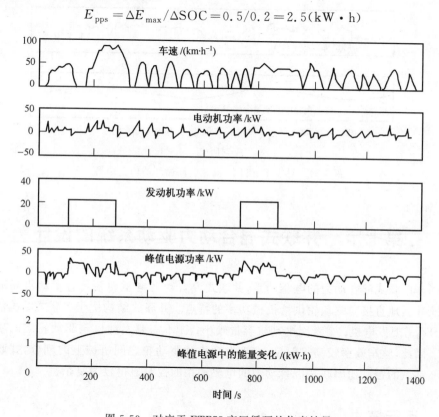

图 5-53　对应于 FTP75 市区循环的仿真结果

8. 耗油量

对应于各种行驶循环的油耗可通过仿真计算得出。在 FTP75 市区循环中,所设计的驱动系具有 $17.9\mathrm{km/L}$ 的燃油经济性,而在 FTP75 高速公路循环中,如图 5-54,所设计的驱动系具有 $18.4\mathrm{km/L}$ 的燃油经济性。

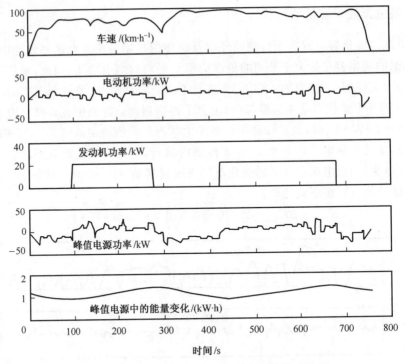

图 5-54　对应于 FTP75 高速公路循环的仿真结果

第七节　并联式混合动力驱动系统的设计

不同于串联式混合动力的电驱动系,并联式混合动力电驱动系具有发动机和牵引电动机两者能并联地直接向驱动轮供给机械功率的特点。并联式结构优于串联式结构的主要特点是:①不需要发电机;②牵引电动机容量较小;③不需要发动机至驱动轮之间功率的多向转换。因此,整车效率较高。但是,由于发动机和驱动轮之间机械上的耦合,并联式混合动力电驱动系的控制比串联式混合动力的电驱动系的控制显得较为复杂。

一、运行模式

图 5-55 给出了并联式混合动力电动汽车的四种运行模式。

(1) 车辆启动或节气门全开加速。发动机和电动机同时工作,共同分担驱动车辆所需的动力,比如,发动机和电动机分别承担总功率的 80% 和 20%。

(2) 车辆正常行驶。电动机关闭,仅由发动机工作提供车辆行驶所需动力。

(3) 车辆制动或减速。电动机工作于发电机模式,通过功率转换器给蓄电池充电。

(4) 行驶中给蓄电池充电。由于发动机和电动机驱动同一根驱动轴,因此当车辆轻载时,发动机发出的功率也可以通过电动机转化为电能给蓄电池充电。目前,本田 Insight 混合动力电动汽车采用的就是类似的功率流控制方式。

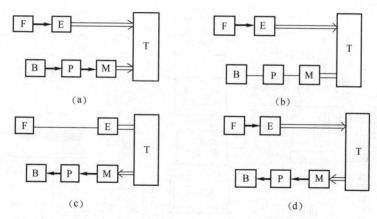

图 5-55 并联式混合动力电动汽车的运行模式

(a) 启动/加速；(b) 正常行驶；(c) 减速/制动；(d) 行驶中给蓄电池充电

B—蓄电池；E—内燃机；F—油箱；G—发电机；M—电动机；P—功率转换器；

T—传动装置(包括制动器、离合器和齿轮箱)；

━━电力连接；———液流连接；══机械连接

　　虽然有多种并联式混合动力电驱动系构造的可能性,但是,对于一种特定的结构,其设计方法可能并不适用于其他结构,且该特定结构的设计结果仅适合于给定运行环境和任务的需求。本节将聚焦与转矩耦合的并联式混合动力电驱动系的设计方法,该电驱动系的运行基于电峰值原理,即发动机供给满足基本负载需求的功率,而电牵引则供给满足峰值负载需求的功率。

　　在标准的市区和高速功率行驶循环中,基本负载比峰值负载低得多,由此启示发动机的额定功率可低于牵引电动机的额定功率。由于牵引电动机与发动机相比,有更好的转矩-转速特性,因此,对牵引电动机配置单挡传动装置是其特有的方案。

　　本节将讨论图 5-56 所示电驱动系的设计,这一设计的任务是:

　　(1) 满足给定的性能要求(爬坡能力、加速性能和最高巡航能力)。

　　(2) 达到整体的高效率。

　　(3) 在整个行驶循环进程中,保持蓄电池组的荷电状态处于适当的电平,而不必从车辆的尾部给予充电。

　　(4) 回收制动能量。

二、控制策略

　　在并联式混合动力电驱动系中,可应用的运行模式主要包括:

　　(1) 单发动机牵引;

　　(2) 单电动机牵引;

　　(3) 混合牵引(由发动机与电动机合成);

　　(4) 再生制动;

　　(5) 由发动机向峰值电源(PPS)充电。

车辆运行期间,应采用特定的运行模式,以满足驱动转矩的要求,达到整体的高效率,保

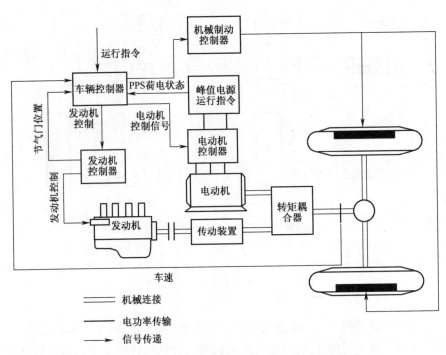

图 5-56　转矩耦合的并联式混合动力电驱动系的构造

持峰值电源的荷电状态处于适当的电平,并尽可能多地回收制动能量。

　　整体控制方案由两个层次组成:①车辆控制系统层次的控制器(高位控制器)起着控制指令长的作用,并基于驾驶员指令、组件特性和由组件反馈的信息,向低位控制器(局部控制器或组件控制器)给出转矩命令;②低位控制器(局部控制器或组件控制器),如发动机控制器、电动机控制器以及在多挡传动装置中的传动装置控制器,控制相应组件执行其特定的运作。

　　并联式混合动力电驱动系的整体控制方案如图 5-57 所示。它由车辆控制器、发动机控制器、电动机控制器和机械制动控制器组成。车辆控制器处于最高位置,它汇集了来自驾驶员和所有组件的数据,例如所期望的转矩、车速、峰值电源的荷电状态、发动机转速和节气门位置、电动机转速等。基于这些数据、组件特性和预置的控制策略,车辆控制器向各组件控制器或局部控制器给出控制信号。后者控制相应组件运作,以满足电驱动系的需求。

　　车辆控制器在电驱动系的运行中起着中枢的作用。按照行驶情况,以及由组件与驾驶员指令汇集的数据,车辆控制器应实现各种运行模式,并应向每个组件控制器给出正确的控制命令。因此,预置控制策略是电驱动系运行达到最佳成果的关键。

1. 峰值电源最大荷电状态的控制策略

　　当车辆运行于停车-起动形式时,峰值电源必须向电驱动系频繁地提供功率,因此峰值电源趋向于很快放电。在这种情况下,为了确保车辆性能,必须维持峰值电源的高荷电状态,因此,峰值电源最大荷电状态的控制策略可能是独特的选择。

　　峰值电源最大荷电状态的控制策略可由图 5-58 阐明。在该图中,描绘了混合牵引(由发动机和电动机合成)、单发动机牵引、单电动机牵引和再生制动各运动模式对应于车速的

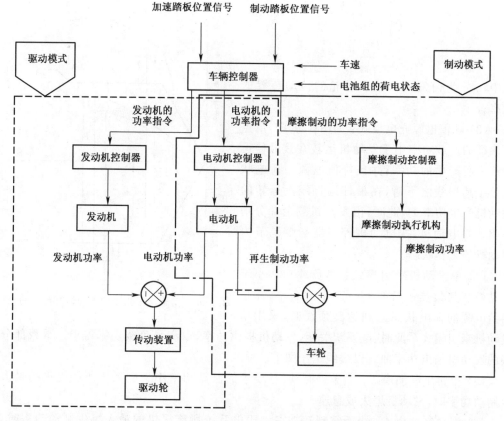

图 5-57　并联式混合动力电驱动系的整体控制方案

最大功率曲线,也绘出了在不同情况下通过 A、B、C 和 D 表示的功率指令。

电驱动系的运行模式阐述如下。

(1) 单电动机牵引模式:车速小于预设值,该预设值被设定为车速的底线,即车速若低于该值,则发动机将不能稳定地运转。此时,发动机单独向驱动轮提供功率,而发动机处于熄火或怠速状态。发动机功率、电牵引功率和峰值电源放电功率可表示为

$$P_e = 0 \tag{5-35}$$

$$P_m = \frac{P_L}{\eta_{t,m}} \tag{5-36}$$

$$P_{pps-d} = \frac{P_m}{\eta_m} \tag{5-37}$$

式中,P_e 为发动机输出功率;P_L 为驱动轮上的负载功率需求;$\eta_{t,m}$ 为由电动机至驱动轮的传动装置的效率;P_m 为电动机的输出功率;P_{pps-d} 为峰值电源的放电功率;η_m 为电动机效率。

(2) 混合牵引模式:如图 5-58 中,由点 A 表征的负载功率大于发动机所提供的功率时,发动机和电动机两者必须同时向驱动轮传递功率,称为混合牵引模式。此时,通过控制发动机的节气门,设定发动机运转在其最佳运行线上,并产生功率 P_e,剩余部分的功率需求则由电动机提供。电动机的输出功率和峰值电源的放电功率为

$$P_{\mathrm{m}} = \frac{P_{\mathrm{L}} - P_{\mathrm{e}}\eta_{\mathrm{t,e}}}{\eta_{\mathrm{t,m}}} \qquad (5\text{-}38)$$

$$P_{\mathrm{pps-d}} = \frac{P_{\mathrm{m}}}{\eta_{\mathrm{m}}} \qquad (5\text{-}39)$$

式中，$\eta_{\mathrm{t,e}}$ 为由发动机至驱动轮的传动装置的效率。

（3）峰值电源充电模式：如图 5-58 中，由点 B 表征的负载功率小于发动机运转在其最佳运行线上所产生的功率，并且峰值电源的荷电状态处于其顶线之下时，在最佳运行线上运转的发动机产生功率 P，此时，由发动机剩余部分功率驱动的电动机，按电动机控制器指令调节为发动机的工作状态。

（4）单发动机牵引模式：当负载功率小于发动机在其最佳运行线上所产生的功率，并且峰值电源的荷电状态已到达其顶线时，采用单发动机牵引模式。此时，电系统关闭，发动机提供功率，以满足负载功率需求。承载部分负载的发动机输出功率曲线以虚线示于图中。

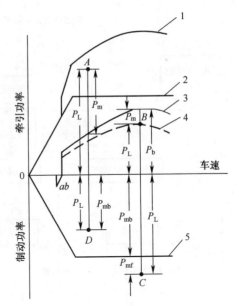

图 5-58　基于功率指令的各种运行模式的论证

（5）单再生制动模式：当车辆制动，且要求的制动功率小于电系统所能提供的最大再生制动功率时，发动机熄火或怠速。

（6）混合制动模式：当所需制动功率大于电系统所能提供的最大再生制动功率时，必须应用机械制动。此时，电动机应产生其最大的再生制动功率，而机械制动系统则应控制剩余部分的制动功率。

应该注意，为求更佳的制动性能，作用于前后车轮上的正向牵引力应正比于施加在这些车轮上的铅垂负载。因而，将不能如上所述精确地实施制动功率控制。峰值电源最大荷电状态的控制流程见图 5-59。

2. 发动机开/关控制策略

类似于在串联式混合动力电驱动系中的应用，发动机开/关的控制策略可应用于某些处于低速和低加速的行驶情况。在发动机开/关控制策略中，发动机的运行由峰值电源荷电状态予以控制，如图 5-60 所示。在发动机运转期间，实施的控制为峰值电源最大荷电状态控制策略。当峰值电源荷电状态到达其顶线时，发动机关闭，车辆仅由电动机驱动。当峰值电源荷电状态到达其底线时，发动机起动，控制再次进入峰值电源最大荷电状态。

三、并联式电驱动系参数的设计

电驱动系参数如发动机功率、电动机功率、传动装置的齿轮传动比、峰值电源的功率及其能量容量均是关键参数，并对车辆性能和运行效率产生显著影响。然而，作为设计的初始状态，这些参数应基于性能要求予以估算。上述参数也应通过更精确的仿真予以完善。

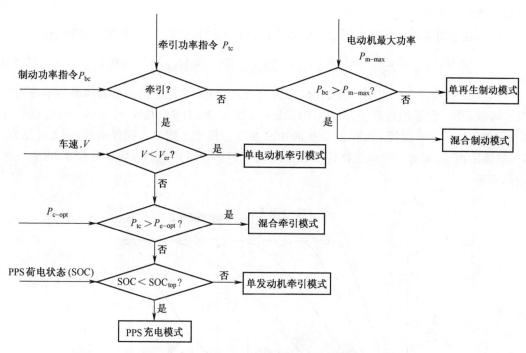

图 5-59　峰值电源最大荷电状态控制策略的流程

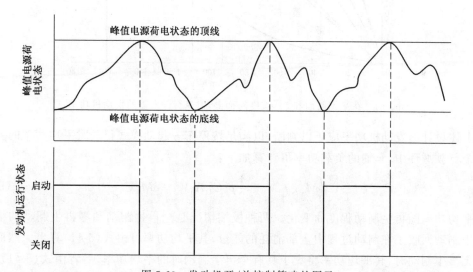

图 5-60　发动机开/关控制策略的图示

本节进行设计计算的客车参数为：车质量 $M_v = 1500\text{kg}$；滚动阻力系数 $f_r = 0.01$；空气密度 $\rho_a = 1.29\text{kg/m}^3$；迎风正面积 $A_f = 2.0\text{m}^2$；由发动机至驱动轮的传动装置的效率 $\eta_{t,e} = 0.9$；由电动机至驱动轮的传动装置的效率 $\eta_{t,m} = 0.95$。

1. 发动机功率容量设计

发动机应能供给足够的功率，以保证车辆在没有峰值电源的帮助下，可按规定恒速运行于平坦的或低坡度的路面上。同时，当车辆以停车-起动模式行驶时，发动机应能产生大于平均负载功率的平均功率。

作为在平坦的或低坡度路面上规定的高速公路恒速行驶的要求,所需功率可表达为

$$P_e = \frac{V}{1000\eta_{t,e}}\left(M_e g f_r + \frac{1}{2}\rho_a C_D A_f V^2 + M_v g i\right) \quad (kW) \qquad (5\text{-}40)$$

图 5-61 描绘了在平坦路面和 5% 坡度路面上,1500kg 客车实例的负载功率与车速的关系。可以看出,在平坦路面上,对应于 160km/h 的车速,需要 42kW 的功率。经过综合分析,配置多挡传动装置的 42kW 发动机的功率曲线亦描绘于图中。同样由图 5-61 可见,在5% 坡度路面上,配置四挡和三挡传动装置的该车辆分别可达到约 92km/h 和 110km/h 的最高车速。

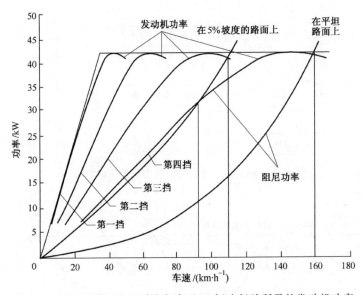

图 5-61 在平坦路面和 5% 坡度路面上,恒速行驶所需的发动机功率

上述设计的发动机功率应予以判断,以满足按停车－起动模式行驶时平均功率的要求。在一个行驶循环中,车辆的负载功率可计算如下:

$$P_{ave} = \frac{1}{T}\int_0^T \left(M_v g f_r V + \frac{1}{2}\rho_a C_D A_f V^3 + \delta M_v V \frac{dV}{dt}\right) dt \qquad (5\text{-}41)$$

平均功率随再生制动程度而变化。两种极端情况是全再生制动和零再生制动的情况,全再生制动回收了在制动过程中全部消耗的能量,其平均功率可由式(5-41)算出。然而,当车辆无再生制动时,其平均功率将大于具有全再生制动时的平均功率,后者由式(5-41)以这样的方法算得,即当瞬时功率小于零时,其被给定为零值。

图 5-62 描绘了 1500kg 客车在一些典型行驶循环中,对应于全再生制动和零再生制动两种情况下的车速、瞬时负载功率和平均功率的变化关系。

在发动机功率设计中,发动机所能产生的平均功率必须大于平均的负载功率。对于并联式混合动力电驱系统,发动机通过机械方式与驱动轮相耦合,因此,发动机转速随车速而变化。另外,节气门全开的发动机功率随发动机的转速而变化,因而,在一个行驶循环中,满足平均功率要求的发动机功率的确定并不像串联式混合电驱动系那么简单,对于串联式混合电驱动系而言,发动机运行情况是确定不变的。就节气门全开的发动机而言,所能产生的

平均功率可计算如下:

$$P_{\max-\text{ave}} = \frac{1}{T}\int_0^T P_e(v)\,\mathrm{d}t \tag{5-42}$$

式中,T 为行驶循环的总时间;$P_e(v)$ 为节气门全开时发动机的功率,当传动装置的传动比给定时,它是车速的函数。

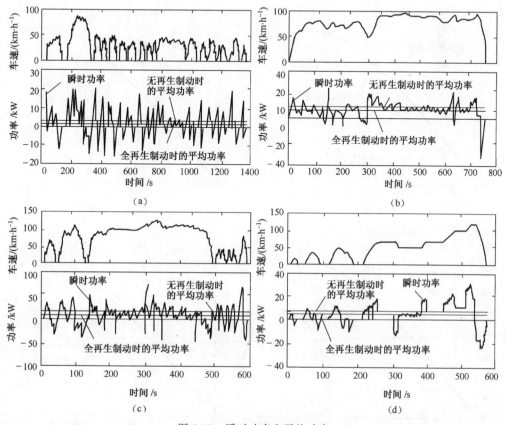

图 5-62 瞬时功率和平均功率

在一些典型行驶循环中,节气门全开状态下发动机可能的运行点,及其最大可能的平均功率示于图 5-63 所示。

其中,发动机最大功率为 42kW,配置单挡(仅为图 5-61 中的第四挡)传动装置。将这些最大可能的平均功率与图 5-61 所示的平均负载功率相比较,可以断定,对于这些典型行驶循环,发动机功率足以供给车辆运行的需要。

2. 电动机功率容量设计

在混合动力电动汽车中,电动机的主要功能是向驱动系提供所需的峰值功率。对于电动机的功率设计,车辆的加速性能以及在典型行驶循环系统中负载的峰值功率是其主要关注点。

由给定的加速性能直接计算电动机功率是比较困难的,根据给定的加速要求,必须先进行有效的估算,然后通过精确模拟,再得出最终的设计结果。作为初始的估算,可假设稳态负载(滚动阻力和空气阻力)由发动机承载,而动态负载(加速中的惯性负载)由电动机承载。基于这一假设,车辆的加速直接与电动机的输出转矩相关联,其关系式为

$$\frac{T_{m}i_{t,m}\eta_{t,m}}{r}=\delta_{m}M_{v}\frac{dV}{dt} \tag{5-43}$$

式中,T_{m} 为电动机转矩;δ_{m} 为与电动机相关联的质量系数。

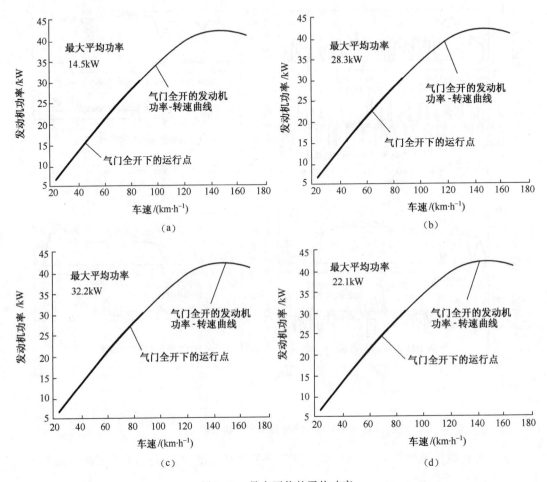

图 5-63　最大可能的平均功率

根据电动机输出特性,由零车速到最终高车速 $V_{f}=100\text{km/h}$ 的给定加速时间 $t_{a}=10\text{s}$,$\delta_{m}=1.04$ 的 1500kg 的客车,电动机的额定功率为 74kW。如图 5-64 所示。

应该注意,以上所得的电动车功率估算值略高。实际上,发动机有一些剩余功率协助电动机加速车辆,如图 5-61 所示。这一事实也示于图 5-65 中,其中,车速、节气门全开的发动机功率、阻尼功率(滚动阻力、空气阻力和传动装置中的功率损耗)和单挡转换随着加速时间而变化均分别描绘于图中。

用于加速车辆的发动机的剩余平均功率可计算如下:

$$P_{e,a}=\frac{1}{t_{a}-t_{i}}\int_{t_{i}}^{t_{a}}(P_{e}-P_{r})dt \tag{5-44}$$

式中,P_{e} 和 P_{r} 分别为发动机功率和阻尼功率。

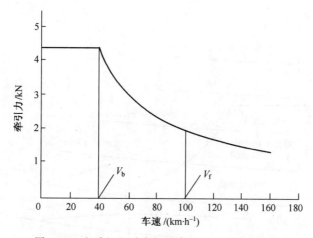

图 5-64　电动机驱动车辆的牵引力与车速的关系

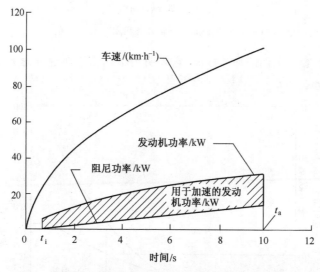

图 5-65　车速、发动机功率和阻尼功率与加速时间的关系

应当注意,发动机功率传递给驱动轮是与传动装置相关联的,即是与齿轮数量和传动比相关的。显然,由图 5-61 可见,多挡传动装置将有效地增加在驱动轮处的剩余功率,因而也就减少了加速对电动机功率的需求。

应用发动机功率值和前述的车辆参考值,可计算得出发动机的剩余功率(图 5-65)为 17kW,这样,电动机功率的最终计算值为 74kW－17kW＝57kW。

最初设计发动机和电动机的额定功率时,需要完成对车辆性能较精确的估算,主要包含最高车速、爬坡能力和加速性能的计算,最高车速和爬坡能力可由牵引力和阻力与车速的关系曲线求得。

如图 5-66 所示的图形给出了客车实例的设计结果,它表明当车速为 100km/h 时,对应于单发动机牵引力模式,具有 4.6％(2.65°)的爬坡能力;对应于单电动机牵引模式,具有 10.36％(5.91°)的爬坡能力;对应于混合牵引模式(由发动机与电动机合成),具有 18.14％(10.28°)的爬坡能力。

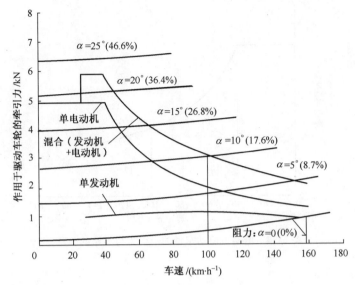

图 5-66　在斜坡路面上，牵引力和阻力与车速的关系

图 5-67 描绘了客车实例的加速性能，它表明当车辆由零车速加速到 100km/h 时，需要 10.7s，行程为 167m。

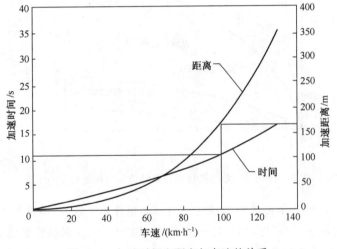

图 5-67　加速时间和距离与车速的关系

3. 传动装置设计

由于电动机提供峰值功率，并在低速时具有高转矩性能，因此，在电动机和驱动轮之间配置单挡传动装置已能产生足够的转矩，以供爬坡和加速的需求。然而，发动机和驱动轮之间配置多挡传动装置确实能增进车辆的性能。

多挡传动装置的应用（如图 5-61 所示）能有效地增加发动机的剩余功率，从而可增进车辆性能（加速和爬坡能力）。另外，可利用发动机较大的功率向能量存储装置充电；同时，多挡传动装置特定挡的应用，将使发动机运行于接近最佳的转速区，也就可以改善车辆燃油的经济性。此外,发动机较大的剩余功率将能快速充电,使能量存储装置由低荷电状态转化为高荷电状态。

但是,多挡传动装置比单挡传动装置结构复杂得多,而且需要复杂的齿轮换挡控制,因此,在并联式混合动力电动汽车设计中,必须采用某些折中方案。

4. 能量存储设计

能量存储设计主要包含其功率和能量容量的设计,功率容量设计较为简捷。能量存储装置的端口功率必须大于电动机的输入电功率,即

$$P_s \geqslant \frac{P_m}{\eta_m} \tag{5-45}$$

式中,P_m 和 η_m 分别为电动机额定功率和效率。

能量存储装置的能量容量设计与各种行驶循环中的能量消耗密切相关,其中,主要是典型行驶循环中全负载加速时的能量消耗。

在加速期间,从能量存储装置和发动机所提取的能量可与加速时间和距离一起计算:

$$E_s = \int_0^{t_a} \frac{P_m}{\eta_m} dt \tag{5-46}$$

$$E_{eng} = \int_0^{t_a} P_e dt \tag{5-47}$$

式中,E_s 和 E_{eng} 分别为从能量存储装置和发动机所提取的能量;P_m 和 P_e 分别为从电动机和发动机所提取的功率。

对于客车实例,图 5-68 描述了经历车速加速期能量存储装置和发动机所提取的能量,在终速为 120km/h 时,约有 0.3kW·h 的能量来自于能量存储装置。

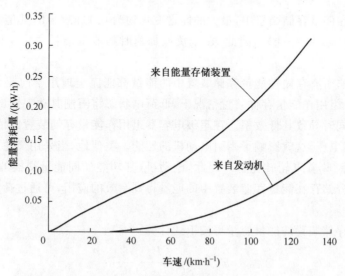

图 5-68　加速期间从能量存储装置和发动机所提取的能量

能量存储装置的能量容量也必须满足典型行驶循环中停车-起动模式的要求。能量存储装置的能量变化计算如下:

$$E_{e} = \int_{0}^{t} (P_{sc} - P_{sd}) dt \qquad (5-48)$$

式中，P_{sc} 和 P_{sd} 分别为能量存储装置的充电和放电功率。

就给定的控制策略而言，能量存储装置的充、放电功率可通过驱动系的仿真得出。

图 5-69 描述了按 FTP75 市区循环，对配置最大荷电状态控制策略的客车实例的仿真结果。

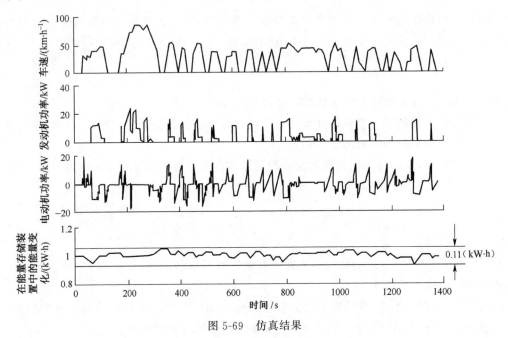

图 5-69　仿真结果

可以看出，在能量存储装置中，最大的能量变化约为 0.11kW·h，其值小于全负载加速时的能量变化值（0.3kW·h）。因此，在全负载加速时的能量消耗决定了能量存储装置的能量容量。

事实上，并非所有存储在能量存储装置中的能量都能完全地用于向驱动系传递充分的功率。在蓄电池组用作能量存储装置情况下，低荷电状态将限制其功率输出，且由于蓄电池内阻的增大，将同时导致其低效率。在超级电容器组用作能量存储装置的情况下，低荷电状态将导致低的端电压，这就影响了牵引电动机的性能。类似地，当采用飞轮为能量存储装置时，低荷电状态意味着飞轮转速低。因此，电动机（其功能如同能量交换的通道）的端电压低。这样，仅部分储存在能量存储装置中的能量得到有效的应用，可通过荷电状态的百分率予以表达。

从而，能量存储装置的能量容量可按下式计算：

$$E_{cs} = \frac{E_{d}}{SOC_{t} - SOC_{b}} \qquad (5-49)$$

式中，E_{d} 为源于能量存储装置的放电能量；SOC_{t} 和 SOC_{b} 分别为能量存储装置荷电状态的顶线和底线。

在本例中，$E_{d} = 0.3kW$，并设能量存储装置总能量的 30% 得到利用，则能量存储装置的最小能量容量为 1kW·h。

四、并联式车辆仿真实例

当所有主要组件均已设计完毕时,就应通过应用仿真程序对驱动系进行仿真研究。在典型行驶循环中的仿真,能给出有关驱动系的大量有用信息,例如发动机功率、电动机功率、峰值电源中的能量变化、发动机运行点、电动机运行点和油耗等。

图 5-69 描述了在 FTP75 市区行驶循环中,对客车实例得出的随行驶时间变化的车速、发动机功率、电动机功率和峰值电源中的能量变化。

图 5-70 和图 5-71 分别描述了发动机和电动机的运行点。

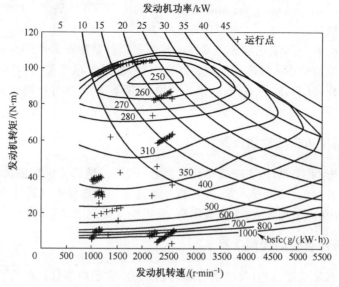

图 5-70 发动机运行点的仿真结果

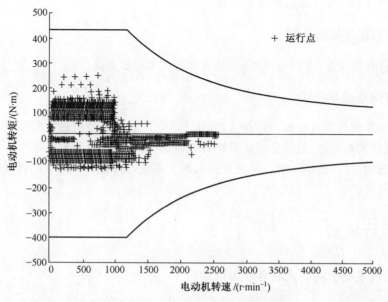

图 5-71 电动机运行点的仿真结果

当发动机在车辆停止和制动期间熄火时，本例在燃油经济性方面的仿真结果为每 100km 油耗 4.66L；当发动机在车辆停止和制动期间怠速时，本例在燃油经济性方面的仿真结果为每 100km 油耗 5.321L。

第八节　混联式混合动力电动汽车的设计

混联式混合动力系统目前已经成为混合动力技术的主流。无论是丰田的 THS 系统还是通用的 AHS 系统或者其他结构大都应用行星齿轮机构作为动力耦合装置实现电动无级变速功能（electric continuously variable transmission，ECVT），整车在燃油经济性与动力性方面也实现理想结合。

混联式混合动力 ECVT 电动无级变速的核心是以行星齿轮机构作为动力耦合装置，目前市场上主流行星齿轮功率分流动力耦合器有多种，根据行星齿轮结构区分主要有单排单行星齿轮结构耦合器（THS）、单排双行星齿轮结构耦合器、多排行星齿轮结构耦合器、圆锥齿轮差速耦合器等。

1. 单排单行星齿轮结构耦合器

采用行星齿轮 NGW 结构实现功率分流耦合，因其行星齿轮机构的大内齿圈加工必须采用进口专用设备加工，设备投入大，并且热处理过程中的形变很难通过后续精加工予以修正，导致该结构存在加工难度大、生产成本高、总成精度提高困难等问题。

2. 单排双行星齿轮结构耦合器

采用单排双行星齿轮结构（拉维纳行星齿轮结构）实现功率分流耦合，并设计有制动器或离合器等控制执行部件。既存在行星机构大内齿圈的问题，同时结构更加复杂，导致生产成本与技术难度高于单排单行星齿轮结构。

3. 多排行星机构耦合器

与传统自动变速器（AT）结构类似，其成本与技术难度更高。

4. 锥齿轮差速耦合器

某些方案采用传统汽车锥齿轮差速器（属于 2K-H 特殊行星齿轮机构）实现功率分流耦合，理论上虽然完全可行，但是受到锥齿轮差速器结构限制，整车布置难度大。同时，锥齿轮一般采用锻造加工，齿轮精度低。即便是提高加工精度，直齿锥齿轮的传动特性也不太适合应用于高速传动。

一、运行模式

1. 发动机主动型混联式混合动力电动汽车

图 5-72 给出了发动机主动型混联式混合动力电动汽车的六种运行模式。

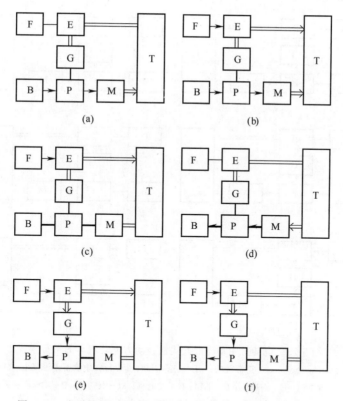

图 5-72　发动机主动型混联式混合动力电动汽车的运行模式

(a) 启动；(b) 加速；(c) 正常行驶；(d) 减速/制动；(e) 行驶中给蓄电池充电；(f) 蓄电池充电

B—蓄电池；E—内燃机；F—油箱；G—发电机；M—电动机；P—功率转换器；

T—传动装置(包括制动器、离合器和齿轮箱)

——电力连接；——液流连接；══机械连接

(1) 启动。车辆启动时，发动机关闭，蓄电池工作提供车辆行驶所需的动力[图 5-72(a)]。

(2) 加速。节气门全开车辆加速行驶时，发动机和电动机同时工作，共同分担车辆行驶所需的动力[图 5-72(b)]。

(3) 正常行驶。车辆正常行驶时，电动机关闭，发动机工作，提供车辆所需的动力[图 5-72(c)]。

(4) 减速/制动。车辆制动或减速行驶时，电动机工作于发电机模式，通过功率转换器给蓄电池充电[图 5-72(d)]。

(5) 行驶中给蓄电池充电。车辆行驶给蓄电池充电时，发动机一部分力用于驱动车辆，另一部分动力由发动机经功率转换器给蓄电池充电[图 5-72(e)]。

(6) 停车蓄电池充电。当停车时，发动机也可以通过发电机给蓄电池充电[图 5-72(f)]。

目前，尼桑 Tino 混合动力电动汽车就采用了类似的功率流控制方法。

2. 电力主动型混联式混合动力电动汽车

图 5-73 显示了电力主动型混联式混合动力电动汽车的六种工作模式。

(1) 启动。车辆启动或轻载运行时，发动机关闭，由蓄电池给发动机提供电能驱动车辆[图 5-73(a)]。

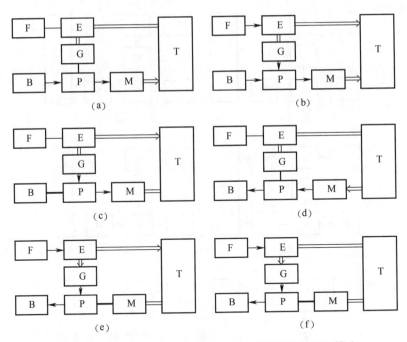

图 5-73 电动机主动型混联式混合动力电动汽车的运行模式

(a) 启动/轻载；(b) 加速；(c) 正常行驶；(d) 减速/制动；(e) 行驶中给蓄电池充电；(f) 蓄电池充电

B—蓄电池；E—内燃机；F—油箱；G—发电机；M—电动机；P—功率转换器；

T—传动装置(包括制动器、离合器和齿轮箱)

——电力连接；——液流连接；══机械连接

(2) 加速、正常行驶。车辆正常行驶或节气门全开、车辆加速行驶时，发动机和电动机一起工作，共同提供车辆所需功率[图 5-73(b)、(c)]。

两种工况的区别在于，车辆正常行驶的动力仅由发动机驱动发电机提供，而节气门全开加速行驶时，其动力由蓄电池和发电机共同提供，通常用行星齿轮机构分流发动机的输出功率，一部分用于驱动车辆，另一部分用于驱动发电机。

(3) 减速/制动。车辆制动或减速行驶时，电动机工作于发电机模式并通过功率转换器给蓄电池充电[图 5-73(d)]。

(4) 行驶给蓄电池充电。行驶中给蓄电池充电时，发动机一部分动力用于驱动发电机给蓄电池充电[图 5-73(e)]。

(5) 停车时蓄电池充电。发动机也可以通过发电机给蓄电池充电[图 5-73(f)]。

丰田普锐斯混合动力电动汽车就采用了这种功率流控制方式。

二、控制策略

混联式混合动力电驱动系独特的属性在于其发动机转速和转矩可完全解耦，或部分通过转速耦合和转矩耦合从驱动轮处解耦。同时，在有效的运行模式选择上，相比于串联式或并联式混合动力电驱动系，它也有更多的适应性。因此，对于改进电驱动系的效率和排放而言，这一电驱动系具有更大的潜力。由于更多种的有效运行模式，故有许多种类的控制策略。始终满足驾驶员的转矩指令(牵引和制动)，以及始终保持峰值电源的荷电状态处于适当的电平(如在 70% 上下,且绝不低于 30%)之下,应有高的综合燃油利用率以及低排放。

1. 发动机转速控制策略

车速范围区分为三个区域:低、中、高车速区,如图 5-74、图 5-75 所示,当车速低于给定速度 V_L 时,转速耦合被用于避免过低的发动机转速。车速 V_L 取决于所允许的发动机的最低转速,此时电动机/发电机为零转速(锁定器 1 将中心齿轮锁定在静态车梁上)。在低车速区域中,电动机/发电机必须以正向转速运转,所产生并施加在行星齿轮机构的中心齿轮上的转矩,其指向与电动机/发电机的转速方向相反。因而,此时电动机/发电机吸收部分发动机功率,向峰值电源充电。

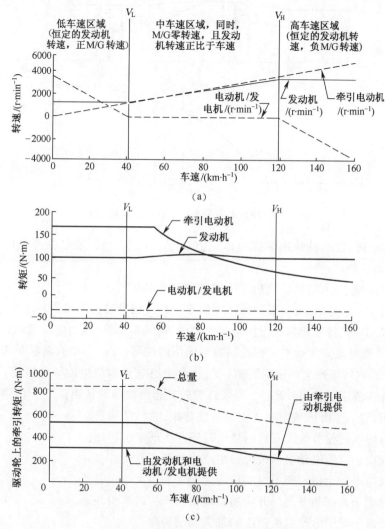

图 5-74　转矩与转速依循车速变化

(a) 动力装置的转速;(b) 动力装置的转矩;(c) 驱动轮上的转矩

当车速高于 V_L,但低于给定车速 V_H 时,电动机/发电机断电,而中心齿轮(电动机/发电机轴)被锁定在静态车梁上。电驱动系以转矩耦合模式运行,发动机转速正比于车速。车速 V_H 取决于所允许的发动机的最高转速 $n_{e\text{-max}}$,超过这一转速,发动机的运行效率降低。

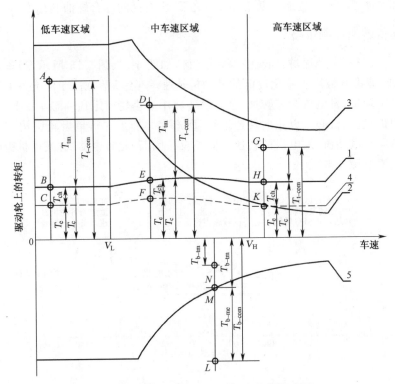

图 5-75　峰值电源最大荷电状态控制策略图

当车速高于 V_H 时,发动机转速保持为恒定值 $n_{e\text{-}max}$,且电动机/发电机再次以负向转速起动,以平衡发动机转速。

在中车速区域中,所有的发动机功率都传递到驱动轮。

当车速高于 V_H 时,为限制发动机转速低于所允许的发动机的最高转速 $n_{e\text{-}max}$,电动机/发电机必须以发动机转速相反的方向运转。此时,电动机/发电机为电动机运行状态。

图 5-75 峰值电源最大荷电状态控制策略的图解说明:$T_{t\text{-}com}$ 来自驾驶员指令的牵引转矩;$T_{t\text{-}e}$ 由发动机转矩产生的牵引转矩;$T_{t\text{-}m}$ 由牵引电动机产生的牵引转矩;T_{ch} 用于峰值电源充电的等值牵引转矩;$T_{b\text{-}com}$ 为来自驾驶员指令的制动转矩;$T_{b\text{-}m}$ 由牵引电动机产生的制动转矩;$T_{b\text{-}me}$ 由机械制动产生的制动转矩。

曲线 1 对应于最佳节气门开启的最大转矩产生的牵引转矩。

曲线 2 对应于牵引电动机的最大转矩产生的牵引转矩。

曲线 3 对应于发动机和牵引电动机两者产生的最大牵引转矩。

曲线 4 对应于局部的节气门开启的发动机所产生的牵引转矩。

曲线 5 对应于牵引电动机所产生的最大制动转矩。

2. 牵引转矩控制策略

类似于并联式混合动力电驱动系中的转矩(功率)控制,图 5-75 概念性地描述了由驾驶员指令发动机(电动机/发电机)和牵引电动机构成的总牵引转矩的配置,或由驾驶员指令牵引电动机和机械制动系统构成的总制动转矩的配置。

1）低车速区域

如上所述，当车速低于 V_L 时，发动机以给定的转速 n_{e-min} 运转。在此转速下，对应于发动机具有最高燃油利用率的节气门位置，所产生的发动机转矩在图 5-75 中由曲线 1 标记。该发动机节气门位置应尽可能接近其节气门全开点。

点 A 描述了驾驶员指令的牵引转矩，它大于发动机最佳节气门位置所对应的发动机转矩（图 5-75）。此时，发动机不能单独应对这一指令的牵引转矩，而需要牵引电动机的帮助。于是，应调节发动机处于点 B 所在的其最佳节气门位置（图 5-75）。但是，牵引电动机的转矩取决于峰值电源的能量电平。当峰值电源的荷电状态低于规定值 SOC_L（如 30%）时，峰值电源不应继续放电。此时，牵引电动机的最大功率即是由电动机/发电机所产生的功率。这样，由于没有能量进入或流出峰值电源，行星齿轮机构、电动机/发电机和牵引电动机一起组合运行如同一个电气的可变传动装置。

当峰值电源的荷电状态高于底线（SOC_L），即峰值电源有足够的能量供给牵引电动机时，应控制牵引电动机产生转矩 T_{tm}，以满足指令的牵引转矩，如图 5-75 所示。此时，峰值电源向牵引电动机提供功率。

当指令的牵引转矩 T_{t-com} 小于发动机最佳节气门位置所对应的发动机转矩（图 5-75 中点 B）时，有多种发动机和牵引电动机运行的可选方案：

（1）在峰值电源荷电状态低于 SOC_L 的情况下，发动机以转速 n_{e-min} 运转，且具有最佳节气门位置（图 5-75 中点 B）；峰值电源由电动机/发电机提供充电功率，牵引电动机的转矩 T_{ch} 则如图 5-75 所示。

（2）当峰值电源荷电状态处于 $SOC_L < SOC < SOC_H$ 时，可控制发动机和电动机/发电机使发动机以转速 n_{e-min} 运转，且产生满足指令的牵引转矩，牵引电动机停机（断电），峰值电源仅由电动机/发电机予以充电。

（3）在峰值电源荷电状态高于 SOC_H 的情况下，发动机关闭；单一由牵引电动机产生其转矩，以满足指令的牵引转矩。

2）中车速区域

如图 5-74 和图 5-75 所示，当车速在高于 V_L 但低于 V_H 的范围中时，仅能采用转矩耦合（传统的并联式）模式。也就是说，锁定器 1 将行星齿轮机构的中心齿轮（电动机/发电机轴）锁住在静态车梁上。在这一模式中，发动机转速正比于车速。基于指令的牵引转矩和峰值电源的荷电状态，其发动机和牵引电动机的控制策略与并联式电驱动系完全相同。

3）高车速区域

如图 5-74 和图 5-75 所示，当车速高于 V_H 时，发动机转速被控制为其最高转速 n_{e-max}。此时，电动机/发电机运行在电动机状态，从峰值电源获得能量，并传递至电驱动系。基于指令的牵引转矩和峰值电源的能量电平，控制发动机和牵引电动机的转矩。

当指令的牵引转矩 T_{t-com}（图 5-75 中点 G）大于发动机在其转速 n_{e-max} 下最佳节气门位置所对应的发动机转矩，且峰值电源荷电状态低于 SOC_L 时，也就是说，峰值电源不能再供电支持电动机/发电机的电驱动运行，以及牵引电动机所需的功率，而发动机必须以高于规定的转速 n_{e-max} 过载提供大功率。此时，有两种可选方案：①应用仅有的转矩耦合单发动机模式，它与在中车速范围的运行模式相同；②控制发动机在转矩耦合模式中相比于车速所对应的转速，以稍高的转速运转。电动机/发电机可运行在其上述的发电状态下，而由电动机/发电机所发出的功率供给牵引电动机,以产生附加的牵引转矩。这一运行模式即是前述的电气的可变传动装置的模式。

若峰值电源荷电状态处于平均电平和高电平,即 SOC>SOC_L,则控制发动机以最佳节气门位置在给定转速 n_{e-max} 下运转(图 5-75 中点 H),且牵引电动机所产生的转矩和发动机转矩相组合,以满足指令牵引转矩的需求。

指令的牵引转矩比处于最佳节气门位置的发动机转矩小(图 5-75 中点 K),且峰值电源荷电状态低于 SOC_L 的情况下,发动机运行于点 K 状态,而牵引电动机工作在发电机状态向峰值电源充电。若峰值电源荷电状态处在平均电平区域(SOC_L<SOC<SOC_H),则牵引电动机可以断电,由单一的发动机牵引车辆(点 K)。若峰值电源荷电状态处于高电平(SOC>SOC_H),则发动机可关闭,而由单一的牵引电动机驱动车辆。

3. 再生制动控制

类似于并联式电驱动系的控制,当指令的制动转矩大于运行在发电机状态下的电动机所能产生的最大转矩时,需同时应用牵引电动机的再生制动和机械制动。在其他情况下,仅应用再生制动。

应该注意,以上讨论的控制策略仅是实际控制策略设计的导引,更细致和透彻的研究必须在特定的设计约束、设计对象、组件特性和运行环境等方面的基础上进行。可以采用更复杂和有辨别力的方法,例如模糊逻辑、动态规划等方法。此外,在设计一个优良的控制策略时,计算机仿真是非常有效的。

三、混联式电驱动系参数设计

电驱动系参数的设计原理,如发动机功率、电动机功率、峰值电源的功率和能量容量的设计与串联式、并联式的电驱动系参数的设计非常相似,在此不作进一步的讨论。然而,必须进一步讨论电动机/发电机的转矩和功率容量的设计。

在发动机低于最低转速 n_{e-min} 和高于最高转速 n_{e-max} 的转速区域中,电动机/发电机的转矩被要求与发动机转矩相平衡,使发动机在接近于节气门全开状态下运行。这样,电动机/发电机的转矩容量应取决于发动机在低转速和高转速区域中的最大转矩。但是,为了安全的目的,电动机/发电机的转矩容量理应设计为在发动机的整个转速范围内均能与发动机的最大转矩相平衡。电动机应在整个转速范围内均能提供其最大转矩,而不是在一个指定的运行点上。因而,理想的电动机转矩-转速特性应在整个转速范围内为一恒定的转矩。在零车速时,电动机/发电机发出的功率最大。也就是说,所有发动机产生的功率送达电动机/发电机。

四、混联式车辆仿真实例

1. 丰田 ECVT 技术

普瑞斯上的"电子控制无级变速器"与其他量产的无级变速器工作原理完全不同。这里介绍其 THS-Ⅱ 技术,最新方案取消了链传动。在低速时,普瑞斯的传动系统并不会提高内燃机的扭矩。其实,内燃机是与车轮连接的,就好像始终挂在最高速挡位上一样。如果没有一台强有力的电动机向内燃机提供额外动力,这会是一种严重的缺陷。由于有一台电动机提供了相当大的扭矩,人们才会说普瑞斯好像始终挂在一挡上那样动力十足。

1) THS-Ⅱ 的组成

普瑞斯传动系统的核心部件是高速电动机 MG1、低速大扭矩电动机 MG2、锂电池(HV 蓄电池)、控制两个电动机的变频器、发动机和动力分配机构(行星齿轮机构)。系统的动力经主减速器和差速器输出到驱动轮。其结构组成如图 5-76 所示。

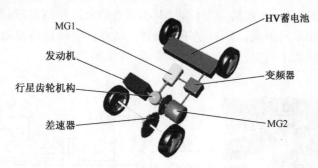

图 5-76　THS-Ⅱ 结构组成

2) MG1(电动机-发电机)功能及参数

MG1 功能及参数如表 5-2 所示。

表 5-2　MG1 电动机功能及参数

车型	04 PRIUS
类型	同步交流电动机
功能	发电机,发动机的起动机
额定电压/V	AC 500
最大输出功率/[kW(PS)/(r·min^{-1})]	37.8(51)/9500
最大输出扭矩/[N·m(kgf·m)/(r·min^{-1})]	45(4.58)/0~6000
最大扭矩时的电流/A$_{rms}$	75
最大转速/(r·min^{-1})	10 000
冷却系统	水冷

3) MG2(电动机)功能及参数

MG2 功能及参数如表 5-3 所示。

表 5-3　MG2 电动机功能及参数

车型	04 PRIUS
类型	同步交流电动机
功能	发电,驱动车轮
额定电压/V	AC 500
最大输出功率/[kW(PS)/(r·min^{-1})]	50(68)/1200~1540
最大输出扭矩/[N·m(kgf·m)/(r·min^{-1})]	400(40.8)/0~1200
最大扭矩时的电流/A$_{rms}$	230
最大转速/(r·min^{-1})	6700
冷却系统	水冷

4）动力分配机构

其实物结构及系统组成如图 5-77 所示，其中 MG1、MG2 的轴与发动机的输出轴通过行星齿轮同轴安装，其中 MG1 的轴连接太阳轮，MG2 的轴连接内齿圈，发动机的输出轴连接行星架，内齿圈通过连接有链轮（轮齿为渐开线齿轮状，和传动链配合具有较高的传动效率）输出动力的主减速器和差速器。MG2 为低速大扭矩电动机，MG1 为高速小扭矩电动机。由连接方式可以看出，MG2 是通过传动机构刚性连接驱动轮，其能单独驱动车辆，MG2 可以驱动也可以空转。发动机的动力必须通过控制 MG1 才能输出给驱动轮，因为单排行星齿轮有 2 个自由度，如连接太阳轮的 MG1 没有给太阳轮约束，则发动机的动力通过行星架不能可靠输出给内齿圈。MG1 连接太阳轮，具有发电和启动发动机的功能，详细过程将在下面的工作模式中讨论。

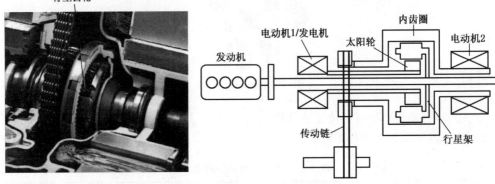

图 5-77　实物结构及系统组成图

5）THS-Ⅱ运作模式

模式说明中用到了列线图，列线图是指平面直角坐标中用一族互不相交的线段表示含有两个独立变量的函数的图，即为三个因子或要素值之间的关系图。普锐斯（04 款）的行星齿轮机构中的太阳轮齿数为 30，内齿圈齿数为 78，齿轮为非标齿轮。设内齿圈齿数与太阳轮齿数之比为 α(2.6)，单排行星齿轮的运动方程为

$$n_{太阳轮} + \alpha n_{内齿圈} - (1+\alpha)n_{行星架} = 0 \tag{5-50}$$

其动力学方程为

$$T_{太阳轮} : T_{内齿圈} : T_{行星架} = 1 : \alpha : -(1+\alpha) \tag{5-51}$$

列线图的中间线为行星架（连接发动机），右边线为内齿圈（连接 MG2），左边线为太阳轮（连接 MG1），中间线与右边线的距离假设为 1，则中间线和右边线的距离为 α。其中向上的箭头表示受力的方向，也就是扭矩的方向。

模式 1：启动发动机。其列线图和能量流动图如图 5-78 所示。MG1 作为起动电动机来启动发动机。在车辆静止时启动发动机，此时需要约束行星齿轮中的内齿圈使其不转动，电流流进 MG2 使得齿圈静止（类似于杠杆的支点，限制单排行星齿轮的一个自由度），较低的电压即能获得较大的电枢电流，从而提供给内齿圈较大的阻扭矩使得内齿圈不转动。MG1 输出能量路线为：太阳轮→行星架→发动机，拖动发动机到一定转速后启动发动机。

模式 2：MG1 启动发动机后，发动机驱动 MG1 发电并给 HV 电池充电。当检测到 HV 需要补充电能时，在车辆静止状态发动机将驱动 MG1 发电，给 HV 电池充电，HV 电池的

容量约为 $10\mathrm{kW} \cdot \mathrm{h}$。此时驻车制动系统工作，限制 MG2 转动。其列线图和能量流动图如图 5-79 所示。

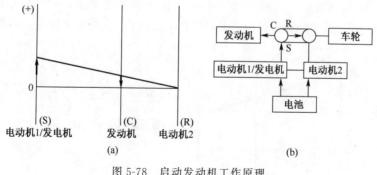

图 5-78　启动发动机工作原理

（a）列线图；（b）能量流动图

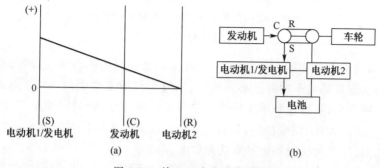

图 5-79　给 HV 充电工作原理

（a）列线图；（b）能量流动图

模式 3：小负荷时起步。车辆起步分为两种模式：一种为小负荷下起步；直接用 MG2 即可驱动整车起步；另一种为需更多动力时起步，例如坡道起步，需要起动发动机后，MG2 电动机和发动机共同驱动整车起步。小负荷起步时的列线图和能量流动图如图 5-80 所示，由于 MG2 为低速大扭矩电动机，其最大扭矩为 $400\mathrm{N} \cdot \mathrm{m}$，经内齿圈后直接驱动车辆起步，其能量由蓄电池提供。但由于其最高转速不高，所以纯电驱动车辆的最高车速约为 $40\mathrm{km/h}$。

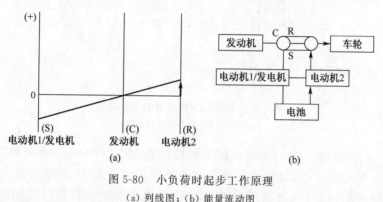

图 5-80　小负荷时起步工作原理

（a）列线图；（b）能量流动图

模式 4：需更多动力时起步。首先 MG1 要启动发动机，然后发动机和 MG2 同时驱动车辆起步，例如较大油门起步或者坡道起步时采用该模式。其列线图和能量流动图如图 5-81 所示。由能量流动图可知，此时 MG1 工作于发电机状态，输出电能给 MG2 供电，这降低了系统对于 HV 的依赖，同时也是给 MG1 施加约束，使发动机的一部分动力能输出给驱动轮。

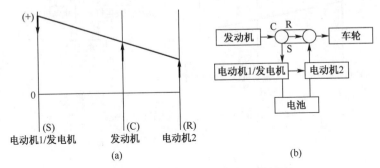

图 5-81　需更多动力时起步的工作原理
(a) 列线图；(b) 能量流动图

模式 5：轻负荷下的加速。车辆起步后，在车辆低速范围内有大的加速时，则发动机会被启动。所以车速较低时车辆需要小加速度，以发动机为主要驱动，MG2 提供附加的驱动力以补充发动机动力，且为保证单排行星齿轮可靠输出动力，MG1 一直处于发电状态，驱动 MG2 的电流主要由 MG1 发电提供，只有在 MG1 输出电流不足时锂离子电池组才提供附加的电流给 MG2。其列线图和能量流动图如图 5-82 所示。

模式 6：在重负荷下加速（节气门全开）。在加速期间 MG2 提供附加的驱动力补充发动机动力，MG1 处于发电状态产生的电流供给 MG2，HV 电池也会根据加速的程度给 MG2 提供不同大小的电流。供给 MG2 的电能很大一部分是由 MG1 提供，即发动机为主要能量提供者，能有效延长续驶里程数。MG1 发电后通过控制器直接给 MG2 供电，减少了蓄电池的充放电量，也提高了系统的效率。其列线图和能量流动图如图 5-83 所示。

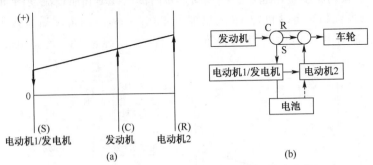

图 5-82　轻负荷下加速时的工作原理
(a) 列线图；(b) 能量流动图

模式 7：减速（D 挡）。减速期间电能不再提供给 MG1 和 MG2，MG2 被车轮驱动作为发电机给 HV 蓄电池充电。这期间需要控制器提升或调整 MG2 的输出电压，以保证锂离子电池组充电状态良好，也就是制动能量回收和再生制动。其列线图和能量流动图如图 5-84 所示。

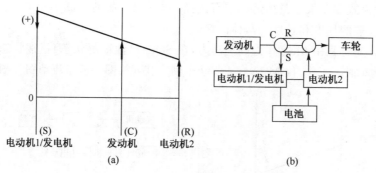

图 5-83　重负荷下加速时的工作原理

（a）列线图；（b）能量流动图

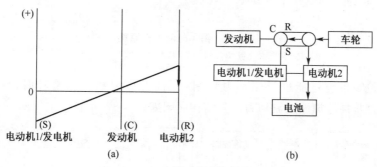

图 5-84　减速（D 挡）时的工作原理

（a）列线图；（b）能量流动图

　　模式 8：减速（B 挡）。车轮带动 MG2 产生的电能，一部分给锂离子电池组充电，另一部分给 MG1，约束行星齿轮中的太阳轮，即太阳轮在转动时具有一定的扭矩，使得连接行星架的发动机被 MG1 驱动（单排行星齿轮的太阳轮被以一定转速和扭矩约束），此时单排行星齿轮具有一个自由度，所以 MG1 能拖动发动机，同时发动机燃油切断，发动机被 MG1 和 MG2 的原动力用作发动机制动，其列线图和能量流动图如图 5-85 所示。这种情况用于在下长坡情况下，需要较高速度持续制动，类似于传统汽车的缓速器，不仅能利用发动机制动（防止行车制动器长时间摩擦产生大量的热，使得摩擦制动器温度升高较大），还能存储能量。

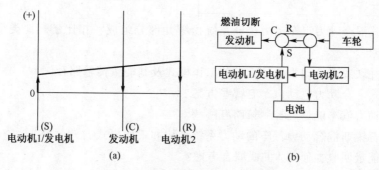

图 5-85　减速（B 挡）时的工作原理

（a）列线图；（b）能量流动图

模式 7 和模式 8 要根据具体情况进行选择,例如 HV 的荷电状态是严重亏电还是接近于充满电,下长坡的坡度和长度等具体因素。

模式 9:倒车。只用 MG2 作为倒车动力,在 SOC(电池荷电状态)正常状态下,发动机和MG1 在车辆倒车时不工作,仅 MG2 就能驱动车辆。其列线图和能量流动图如图 5-86 所示。

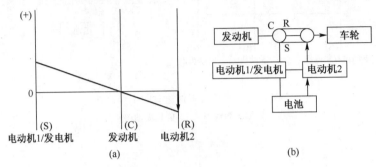

图 5-86　倒车时的工作原理

(a) 列线图;(b) 能量流动图

THS-Ⅱ控制系统还能进行驱动力限制控制,当检测到车轮滑转时,HV ECU 控制MG2 的驱动力并且施加液压制动力。其结构简图如图 5-87 所示。

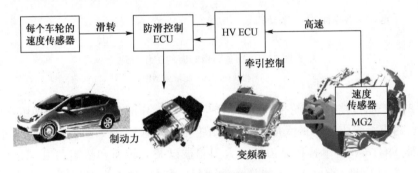

图 5-87　驱动力限制控制结构简图

思　考　题

1. 串联式混合动力汽车动力传动系统由哪几部分组成? 相比于其他类型的混合动力汽车有何特点?

2. 简述并联式混合动力电动汽车的工作模式及其能量传输路径。

3. 混联式混合动力电动汽车有哪些方案?

4. 混合动力汽车能量的控制策略有哪些?

5. 阐述普锐斯混合动力汽车的动力系统结构和工作模式。

6. 制动能量回收如何与 I 曲线联合考虑?

7. 电动机反电动势与电动机的哪些运行参数有关?

第六章 燃料电池汽车

第一节 燃料电池特点

燃料电池(fuel cell)是一种将存在于燃料与氧化剂中的化学能直接转化为电能的发电装置。

燃料和空气分别送进燃料电池,电就被奇妙地生产出来。燃料电池从外表上看有正、负极和电解质等,像一个蓄电池,但实质上它不像蓄电池一样能储电,而是一个发电机。燃料电池的高效率、无污染、建设周期短以及易维护的潜能将引爆21世纪新能源与环保的绿色革命。

燃料电池在20世纪60年代第一次作为动力电源被美国用于"双子座"和"阿波罗"航天飞船,此外,它还能为载人航天飞船产生足够洁净的饮用水。

近年来国际上开发出了清洁、高效、低噪声的民用燃料电池,用作电站峰值备用电源、通信台(站)电源、户用电源、动力车辆电源。

随着人们对自身环境的关注、绿色环保的力度不断加大以及世界石油资源日趋枯竭,人类迫切需要一种既环保又高效的汽车用清洁再生能源。

在车辆中,燃料电池的应用已是人们注意力的焦点所在。与化学蓄电池形成对比,燃料电池产生电能而不储存电能,并且只要维持燃料供给,它将持续运行,源源不断地输出电流。

相比于配置蓄电池的电动汽车,配置燃料电池的车辆具有行程较长、无须过长的蓄电池充电时间的优点。

相比于内燃机车辆,它具有高能量效率和低排放的优点,因为其燃料中的自由能直接转换为电能,而不经历燃烧过程。

燃料电池与普通电池的区别如下:

(1)燃料电池是一种能量转换装置,普通蓄电池是一种能量储存装置,这是燃料电池与普通电池本质的区别。

(2)燃料电池的技术性能确定后,其放电特性是连续进行的;普通蓄电池的技术性能确定后,其放电特性是间断进行的。

(3)燃料电池需要一套燃料储存装置和附属设备,在工作过程中,质量逐渐减轻;普通蓄电池没有其他辅助设备,蓄电池的质量和体积基本不变。

(4) 燃料电池在产生电能时,氢不断地消耗不再重复使用;普通蓄电池的活性物质反复进行可逆性化学变化,活性物质并不消耗。

第二节　燃料电池的工作原理

氢燃料电池的基本工作原理非常简单,第一个燃料电池的演示装置是由律师、科学家 William Grove 在 1839 年发明的,实验装置如图 6-1 所示。

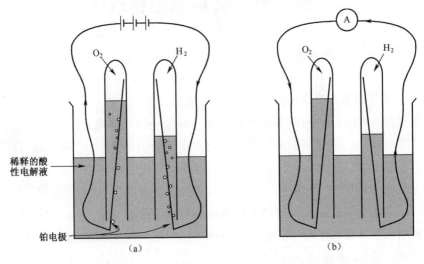

图 6-1　William Grove 的实验装置

(a) 电解水示意图(水被电流电解成氢气和氧气);(b) 微小的电流产生示意图(氧气和氢气重新结合)

箭头方向表示电子从"一"流向"+"

在图 6-1(a)中,水被电解成氢气和氧气。在图 6-1(b)中,电源被电流表所取代,产生了微小的电流,电解过程发生逆转,氢气和氧气重新结合,从而产生电流。

图 6-1 阐明了燃料电池的基本原理,但产生的电流很小,其主要的原因是:

(1) 电解质中电极仅仅是个小环,电极上气体的接触面积很小。

(2) 电极间的距离较大,电解质阻碍了电流的流动。

为克服上述问题,电极通常做成平板,再附上一层薄电解质,如图 6-2 所示。电极结构通常是多孔的,而正是这种多孔结构保证了两侧的电解质和气体可以顺利通过,这样的结构使得电极、电解质和气体之间有了最大程度的接触。

目前应用最广泛和最早投入商业化生产的燃料电池是磷酸燃料电池(PAFC),一些 PAFC 系统可以在无须停车维护和人工干涉条件下连续运行一年或更长时间,可以解决民用用电的需要,一个实例如图 6-3 所示。

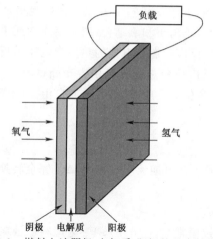

图 6-2　燃料电池阴极-电解质-阳极的基本结构图

图 6-3　提供 200kW 电能的磷酸盐燃料电池

　　燃料电池在汽车中也获得广泛的尝试,图 6-4 显示了奔驰轿车用的燃料电池。

　　交警用来测量酒后驾驶的仪器也是一种燃料电池,根据呼出的空气中酒精的浓度来确定饮酒量,如图 6-5 所示。

图 6-4　奔驰轿车 75kW 燃料电池系统

图 6-5　以燃料电池为基础的酒精分析仪

　　由上述可知,燃料电池是一种原电池,借助于电化学过程,其内部燃料的化学能直接转换为电能。燃料和氧化剂持续且独立地供给电池的两个电极,并在电极处进行反应。电解液中的正离子从一个电极传导至另一电极,如图 6-6 所示。

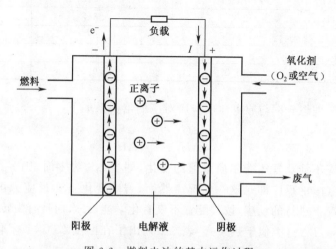

图 6-6　燃料电池的基本运作过程

燃料供给阳极或正极,在该电极处,依靠催化剂,电子从燃料中释放。在两电极间电位差作用下,电子经外电路流向阴极或负极,在阴极处,正离子和氧结合,产生反应物或废气。

燃料电池中的化学反应类似于蓄电池中的化学反应。燃料电池的热力学电压与反应中释放的能量和转移的电子数密切相关。被原电池反应所释放的能量由吉布斯(Gibbs)自由能的变化量 ΔG 给出,通常以摩尔质量予以表达。在化学反应中,该吉布斯自由能的变化可表示为

$$\Delta G = \sum_{\text{Products}} G_i - \sum_{\text{Reactants}} G_j \qquad (6\text{-}1)$$

式中,G_i 和 G_j 分别为生成物 i 和反应物 j 的自由能。在可逆反应过程中,ΔG 完全转换为电能,即

$$\Delta G = -nFV_r \qquad (6\text{-}2)$$

式中,n 为反应中转移的电子数;$F = 96\,495$ 为法拉第常数(C/mol);V_r 为燃料电池的可逆电压。在标准状态下(温度 25℃,1 个标准大气压),原电池的开路(可逆)电压可表示为

$$V_r^0 = -\frac{\Delta G^0}{nF} \qquad (6\text{-}3)$$

式中,ΔG^0 为在标准状态下吉布斯自由能的变化量。ΔG 可表示为

$$\Delta G = \Delta H - T\Delta S \qquad (6\text{-}4)$$

式中,ΔH 和 ΔS 分别为绝对温度 T 时,反应的热函(焓)变化和熵变化。表 6-1 给出了一些典型物质的标准焓、熵和吉布斯自由能值。

表 6-1 典型燃料标准的生产焓和吉布斯自由能值

物质	分子式	$\Delta H_{298}^0/(\text{kJ} \cdot \text{mol}^{-1})$	$\Delta S_{298}^0/(\text{kJ} \cdot \text{mol}^{-1} \cdot \text{K}^{-1})$	$\Delta G_{298}^0/(\text{kJ} \cdot \text{mol}^{-1})$
氧	$O_2(g)$	0	0	0
氢	$H_2(g)$	0	0	0
碳	$C(g)$	0	0	0
水	$H_2O(l)$	-286.2	-0.1641	-237.3
水	$H_2O_2(g)$	-242	-0.045	-228.7
甲烷	$CH_4(g)$	-74.9	-0.081	-50.8
甲醇	$CH_3OH(l)$	-238.7	-0.243	-166.3
乙醇	$C_2H_5OH(l)$	-277.7	-0.345	-174.8
一氧化碳	$CO(g)$	-111.6	0.087	-137.4
二氧化碳	$CO_2(g)$	-393.8	0.0044	-394.6
氨	$NH_3(g)$	-46.05	-0.099	-16.7

可逆原电池的理想效率与原电池反应所对应的焓关系如下:

$$\eta_{id} = \frac{\Delta G}{\Delta H} = 1 - \frac{\Delta S}{\Delta H}T \qquad (6\text{-}5)$$

若电化学反应不涉及气体摩尔质量值的变化,即当 ΔS 为零时,则 η_{id} 将为 100%。例如,$C + O_2 \Longrightarrow CO_2$ 的反应即是这一情况。然而,若熵变化 ΔS,反应为正向,则原电池内在等温且可逆情况下进行的反应,按其配置不仅有化学能 ΔH,而且有为转换成电能从周围环境所吸收的热量 $T\Delta S$(类似于热泵)。表 6-2 列出了在温度 25℃,1 标准大气压下,对应于不同反应的热力学数据。

表 6-2　不同反应的热力学数据

分子式	ΔH_{298}^0 /(kJ·mol^{-1})	ΔS_{298}^0 /(kJ·mol^{-1}·K^{-1})	ΔG_{298}^0 /(kJ·mol^{-1})	n	E^0/V	η_{id}/%
$H_2 + \frac{1}{2}O_2 \longrightarrow H_2O(l)$	-286.2	-0.1641	-237.3	2	1.23	83
$H_2 + \frac{1}{2}O_2 \longrightarrow H_2O(g)$	-242	-0.045	-228.7	2	1.19	94
$C + \frac{1}{2}O_2 \longrightarrow CO(g)$	-393.8	0.087	-137.4	2	0.71	124
$C + O_2 \longrightarrow CO_2(g)$	-393.8	0.0044	-394.6	4	1.02	100
$CO + \frac{1}{2}O_2 \longrightarrow CO_2(g)$	-279.2	-0.087	-253.3	2	1.33	91

在化学反应中,自由能的变化,以及由此产生的燃料电池电压,均为溶质活性的函数。图 6-7 展示了燃料电池电压、理想的可逆效率与温度的关系。

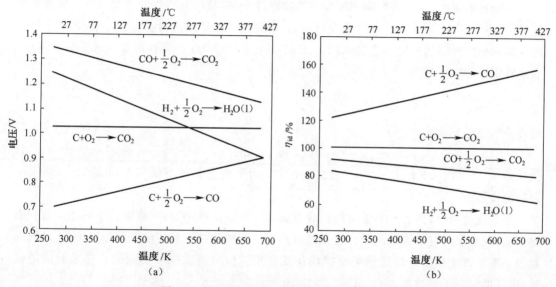

图 6-7　燃料电池电压、可逆效率与温度的关系

燃料电池电压与反应物活性的关系可表示为

$$V_r = V_r^0 - \frac{RT}{nF}\ln\left[\frac{\prod(生成物活度)}{\prod(反应物活度)}\right] \tag{6-6}$$

式中,R 为普适气体常数(8.31J·mol^{-1}·K^{-1});T 为绝对温度(K)。

对于气态反应物和生成物,式(6-6)可表示为

$$V_r = V_r^0 - \frac{RT}{nF}\sum_i V_i\ln\left(\frac{p_i}{p_i^0}\right) \tag{6-7}$$

式中,V_r 为燃料电池电压,对应于非标准大气压 p_i 条件下,该电池内气态参与物进行的反应;V_r^0 为在标准大气压 p_i^0(通常为 1atm)条件下,所有气体参与反应相应的燃料电池电压;V_i 为物质 i 的摩尔质量(对于生成物,其值为正;对于反应物,其值为负)。

第三节　电极电位、电流-电压曲线

实验已经证明,燃料电池的静电压 V 一般低于其由 ΔG 值计算得出的可逆电压 V_r^0。电压降被称为静电压降 ΔV_0。其理由可能是电极过程存在显著的动态延迟,否则就没有发生在 V_r^0 的热力学计算中所假设的过程。通常,这一静电压降取决于电极材料和所使用的电解液种类。

当由燃料电池提取电流时,固电极和电解液中存在欧姆电阻从而产生电压降,它正比于电流密度,即

$$\Delta V_\Omega = R_e i \tag{6-8}$$

式中,R_e 为按面积所得的等值欧姆电阻;i 为电流密度。

在燃料电池中,由于需要附加能量去克服活性势垒,故部分产生的能量损失于促成物质反应的过程之中。这些损耗称为活性损耗,并由活性电压降 ΔV_a 予以表达。该电压降与电极材料和催化剂密切相关。塔费尔(Tafel)关系式是应用于这一特性的最一般的数学描述,由此可得活性电压降为

$$\Delta V_a = \frac{RT}{\beta n F} \ln\left(\frac{i}{i_0}\right) \tag{6-9}$$

或更合适地可写为

$$\Delta V_a = a + b \ln i \tag{6-10}$$

式中,$a = -(RT/\beta n F)\ln(i_0)$;$b = RT/\beta n F$;$i_0$ 为平衡态条件下的交变电流;b 为取决于过程的常数。

当电流流通时,离子在邻近负极处放电,因此,在该区域中,离子浓度趋于减小。若为维持电流,则必须向电极输运离子。这一过程的发生自然归结于整体电解液中离子的分解,并起因于离子浓度梯度所形成的场直接输运的作用。由对流或扰动引起的整体电解液的运动,也有助于离子的增加。

因离子缺少所导致的电压降称为浓度电压降,因为它与紧邻电极处的电解液浓度的降低相关联。对应于较低的电流密度,浓度电压降通常较小。然而,当电流密度增加时,浓度电压降将达到其极限值,接近于离子趋于电极的最大可能输运率,并且在电极表面处离子浓度降至零。

在电极处离子被迁移(燃料电池中的阴极)条件下,由离子浓度所引起的电压降可表示为

$$\Delta V_{c1} = \frac{RT}{n F} \ln\left(\frac{i_L}{i_L - i}\right) \tag{6-11}$$

而在电极处离子被生成(燃料电池中的阳极)条件下,则为

$$\Delta V_{c1} = \frac{RT}{n F} \ln\left(\frac{i_L + i}{i_L}\right) \tag{6-12}$$

式中,i_L 为极限电流密度。

因离子浓度所导致的电压降不仅限于电解液,当反应物或生成物是气态物时,在反应区中,局部压力的变化也表征了浓度的变化。例如,在氢氧燃料电池中,氧可以从空气中引入,当反应发生时,氧被迁移到接近电极微孔中的电极表面,而在那里与在整体空气情况中相比,氧的局部压力必然下降。由局部压力变化所必然导致的电压降可确定如下:

$$\Delta V_{cg} = \frac{RT}{nF} \ln\left(\frac{p_s}{p_0}\right) \tag{6-13}$$

式中,p_s 为表面处的局部压力;p_0 为所用多孔材料中的局部压力。更详尽的阐述可阅读相关资料。

图 6-8 展示了氢氧燃料电池在温度为 80℃ 条件下的伏安特性曲线。由图可见,由化学反应包含活性和浓度变化引起的压降是电压降的原因。同时也表明,改进电极材料及其生产,采用新技术,例如,纳米技术和改进的催化剂,都将显著地减小电压降,并将因此完善燃料电池的效率。

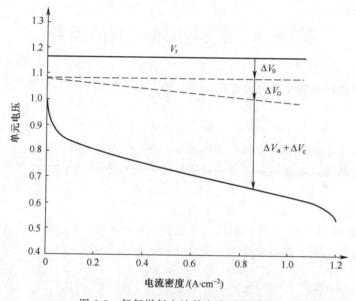

图 6-8　氢氧燃料电池的电流-电压曲线

燃料电池中的能量损耗可通过电压降予以表达,因此,燃料电池的效率可表示为

$$\eta_{fc} = \frac{V}{V_r^0} \tag{6-14}$$

式中,V_r^0 为在标准条件下($p = 1atm$,$T = 298K$)单元电池的可逆电压。燃料电池的效率曲线与其电压曲线严格相似。氢氧燃料电池(参见图 6-8)的效率-电流曲线示于图 6-9。

图 6-9 表明,随着电流增加,效率下降而功率增加。因此,在低电流下运用燃料电池,即在低功率下可获得高运行效率。然而,计及其辅助设备(如空气循环泵、冷却水循环泵等)所消耗的能量,由于辅助设备的功率消耗占有较大的百分比,故很低功率(10%的最大功率)的运行,将导致较低的运行效率。

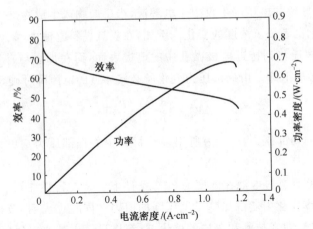

图 6-9   氢氧燃料电池中的运行效率和功率密度随着电流密度的变化

第四节   燃料和氧化剂的消耗

燃料电池中燃料和氧化剂的消耗正比于其所生成的电流。燃料电池内的化学反应通常可描述如下：

$$A + x_B B \longrightarrow x_C C + x_D D \tag{6-15}$$

式中，A 为燃料；B 为氧化剂；C 和 D 为生成物，且迁移的电子数为 n。

与燃料电池所生成电流相伴随的燃料质量流可表示为

$$\dot{m}_A = \frac{W_A I}{1000 nF} \quad (kg/s) \tag{6-16}$$

式中，W_A 为相对分子质量；I 为燃料电池的电流；$F = 96\,495$ 为法拉第常数（C/mol）。

氧化剂质量流与燃料质量流化学计量之比可表示为

$$\frac{\dot{m}_B}{\dot{m}_A} = \frac{x_B W_B}{W_A} \tag{6-17}$$

对于氢氧燃料电池（其反应见表 6-2），氢与氧化学计量之比为

$$\left(\frac{\dot{m}_H}{\dot{m}_O}\right) = \frac{0.5 W_O}{W_H} = \frac{0.5 \times 32}{2.016} = 7.937 \tag{6-18}$$

氧化剂与燃料的等价比定义为实际的氧化剂-燃料比与其化学计量比之比值，即

$$\lambda = \frac{(\dot{m}_B / \dot{m}_A)_{\text{actual}}}{(\dot{m}_B / \dot{m}_A)_{\text{stoi}}} \tag{6-19}$$

当 $\lambda < 1$ 时，为浓燃料对应的反应；$\lambda = 1$ 时，为化学计量对应的反应；$\lambda > 1$ 时，为稀燃料对应的反应。实际上，燃料电池始终运行于 $\lambda > 1$ 的工况下，即为了降低因浓度引起的电压降，运行中供给了超过化学计量值的过量空气。对于燃料电池采用氧为氧化剂，通常利用空气而不是纯氧。此时，燃料与空气化学计量之比为

$$\frac{\dot{m}_{\text{air}}}{\dot{m}_a} = \frac{(x_O W_O)/0.232}{W_A} \tag{6-20}$$

式中,假设氧质量为空气质量的 23.2%。对于氢-空气燃料电池,式(6-19)变为

$$\frac{\dot{m}_{air}}{\dot{m}_H} = \frac{(0.5W_O)/0.232}{W_H} = \frac{(0.5 \times 32)/0.232}{2.016} = 34.21 \tag{6-21}$$

第五节　燃料电池系统特性

实际上,燃料电池需要辅助设备支持其运行。辅助设备主要包括空气循环泵、冷却水循环泵、排气扇、燃料供应泵和电控设备,如图 6-10 所示。辅助设备中,空气循环泵的能量消耗最大,其消耗功率(含其驱动电动机)大约可占燃料电池堆总输出功率的 10%,其他辅助设备消耗的能量比空气循环泵消耗的能量要小得多。

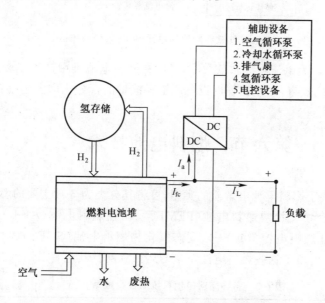

图 6-10　氢-空气燃料电池系统

在燃料电池中,为减小电压降,电极表面的空气压力 p 一般高于大气压力 p_0,根据热力学,质量流空气从低压压缩至高压所需功率的计算式为

$$P_{air\text{-}comp} = \frac{\gamma}{\gamma - 1} \dot{m}_{air} RT \left[\left(\frac{p}{p_0} \right)^{(\gamma-1)/\gamma} - 1 \right] \tag{6-22}$$

式中,$\gamma = 1.4$ 为空气比热系数;$R = 287.1 \mathrm{J} \cdot \mathrm{kg}^{-1} \cdot \mathrm{K}^{-1}$ 为空气的气体常数;T 为压缩机进口处温度(K)。当计算空气循环泵消耗的功率时,必须计及空气泵和驱动电动机中的能量损耗,因而总消耗功率为

$$P_{air\text{-}cir} = \frac{P_{air\text{-}comp}}{\eta_{ap}} \tag{6-23}$$

式中,η_{ap} 为空气泵外加驱动电动机的效率。

图 6-11 所示为氢-空气燃料电池系统运行特性的一个实例,其中,$\lambda = 2$,$p/p_0 = 3$,$\eta_{ap} = 80\%$,净电流和净功率为流向负载的电流和功率。

图 6-11 显示该燃料电池系统的最佳运行区域在其电流范围的中间区域,估计在最大电

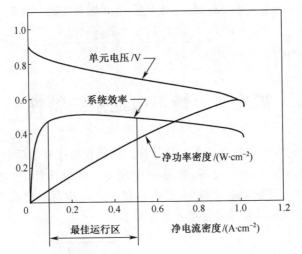

图 6-11　氢-空气燃料电池的单元电压、系统效率

流的 7%～50% 范围内。大电流将导致低效率,是因在燃料电池堆中产生了较大的电压降;另外,很小的电流导致低效率,则是因辅助设备所消耗能量的百分比增大之故。

第六节　燃料电池技术

燃料电池技术取决于燃料电池电解质的类型,可将其分类为 6 种主要的燃料电池,即质子交换膜(PEM)或聚合物交换膜燃料电池(PEMFC)、碱性燃料电池(AF-C)、磷酸燃料电池(PAFC)、熔融碳酸盐燃料电池(MCFC)、固态氧化物燃料电池(SOFC)和直接甲醇燃料电池(DMFC)。表 6-3 列出了这些燃料电池正常的运行温度及其电解质的状态。

表 6-3　各种燃料电池系统的运行数据

电 池 系 统	工作温度/℃	电解质状态
质子交换膜燃料电池	60～100	固态
碱性燃料电池	100	液态
磷酸燃料电池	60～200	液态
熔融碳酸盐燃料电池	500～800	液态
固态氧化物燃料电池	1000～1200	固态
直接甲醇燃料电池	100	固态

燃料电池的优势包括:

(1) 洁净、安全的发电装置,有害气体 SO_x、NO_x 及噪声排放都很低;积木化强,规模及安装地点灵活,燃料电池电站占地面积小,建设周期短。

(2) 能量转化效率高,直接将燃料的化学能转化为电能,中间不经过燃烧过程。目前燃料电池系统的燃料-电能转换效率在 45%～60%,而火力发电和核电的效率在 30%～40%。

(3) 多燃料系统,可根据各种燃料电池的用途和条件选择使用最合适的燃料。

(4) 负荷响应快,运行质量高,燃料电池在数秒钟内就可以从最低功率变换到额定功率。

单独的燃料电池堆是不能发电并用于汽车的,它必须和燃料供给与循环系统、氧化剂供给系统、水/热管理系统以及一个能使上述各系统协调工作的控制系统组成燃料电池发电系统,简称燃料电池系统。燃料电池系统主要由燃料电池组、辅助装置和关键设备组成,辅助装置和关键设备包括:

(1) 燃料和燃料储存器(包括碳氢化合物转化的重整器);

(2) 氧化剂和氧化剂存储器;

(3) 供给管道系统和调节系统(包括气体输送泵、热交换器、气体分离和净化装置);

(4) 水和热管理系统。

以下分不同的燃料电池介绍其工作原理,至于其他附属系统在后续章节讨论。

1. 质子交换膜燃料电池

质子交换膜燃料电池的关键材料与部件为电催化剂、电极(阴极与阳极)、质子交换膜、双极板。

其工作原理如下:

(1) 氢气通过管道或导气板到达阳极。

(2) 在阳极催化剂的作用下,1个氢分子解离为2个氢质子,并释放出2个电子,阳极反应为

$$2H_2 \longrightarrow 4H^+ + 4e^- \tag{6-24}$$

(3) 在电池的另一端,氧气(或空气)通过管道或导气板到达阴极,在阴极催化剂的作用下,氧分子和氢离子与通过外电路到达阴极的电子发生反应生成水,阴极反应为

$$O_2 + 4H^+ + 4e^- \longrightarrow 2H_2O \tag{6-25}$$

总的化学反应为

$$2H_2 + O_2 \longrightarrow 2H_2O \tag{6-26}$$

电子在外电路形成直流电。因此,只要源源不断地向燃料电池阳极和阴极供给氢气和氧气,就可以向外电路的负载连续地输出电能。

质子交换膜燃料电池的工作温度约为80℃。在这样的低温下,电化学反应能正常地缓慢进行,通常用每个电极上的一层薄的白金进行催化。

每个电池能产生约0.7V的电,足够供一个照明灯泡使用。驱动一辆汽车则需要约300V的电力。为了得到更高的电压,将多个单个的电池串联起来便可形成燃料电池存储器。

质子交换膜燃料电池采用固态聚合物膜为电解质。该聚合物膜为全氟磺酸膜,它也称为Nafion(美国杜邦公司),是酸性的,因此迁移的离子为氢离子H^+或质子。质子交换膜燃料电池是由纯氢和作为氧化剂的氧或空气一起供给燃料。

聚合物电解质膜被碳基催化剂所覆盖,催化剂直接与扩散层和电解质两者接触以求达到最大的相互作用面。催化剂构成电极,在其之上直接为扩散层。电解质、催化剂层和气体扩散层的组合称为膜片-电极组件。

质子交换膜燃料电池中的催化剂是关键性的焦点所在。在早期实践中,为了燃料电池的特定运行,需要很可观的铂载量。目前在催化剂技术方面已取得了巨大进展,使铂载量从$28mg/cm^2$减少到$0.2mg/cm^2$。由于燃料电池的低运行温度,以及电解质酸性的本质,故应用的催化剂层需要贵金属。因氧的催化还原作用比氢的催化氧化作用更为困难,所以阴

极是最关键的电极。

在质子交换膜燃料电池中,另一关键性问题是水的管理。为了燃料电池的稳定运行,聚合物膜必须保持湿润,事实上,聚合物膜中离子的导电性需要湿度。若聚合物膜过于干燥,就没有足够的酸离子去承载质子;若聚合物膜过于湿润(被积渍),则扩散层的细孔将被阻断,从而反应气体不能扩展触及催化剂。

水在质子交换膜燃料电池中的阴极生成。通过将燃料电池保持在某一温度下,并靠流动足以使水蒸发,即可令其迁移,且以水蒸气移出燃料电池。然而,由于误差范围很窄,故这一方法操作起来比较困难。某些燃料电池堆运行在空气远远过量的状态,使得正常干燥的燃料电池,需同时采用外部增湿器由阳极供水。

质子交换膜燃料电池中最后的关键是其毒化问题。铂催化剂极富活性,因而提供了优异的性能。该催化剂高度活性的制约在于其对一氧化碳和硫的生成物与氧相比有较高的亲和力。毒化效应强烈地约束了催化剂,并阻碍了扩展到其中的氢或氧,因此电极反应不能在毒化部位发生,而使燃料电池性能递减。假若氢由重整装置提供,则气流中将含有一些一氧化碳;若吸入的空气来自于被污染城市中的大气,则一氧化碳也可从空气的气流中进入燃料电池。由一氧化碳引起的毒化是可逆的,但它增加了成本,且各个燃料电池需要单独处理。

1960年,第一个质子交换膜燃料电池成功开发,并应用于美国载人空间项目中。目前,大部分研究燃料电池应用于汽车的技术来自于巴拉德(Ballard)等制造厂商,其产品运行于 $60\sim100℃$,可提供 $0.35\sim0.6W/cm^2$ 的功率密度。在电动汽车和混合动力电动汽车的应用中,质子交换膜燃料电池具有一些确定的优点,可低温运行,因此,对电动汽车和混合动力电动汽车而言,可期望有快速起动性能;其次,在所有可用的燃料电池类型之中,其功率密度最高。显然,功率密度越高,为满足功率需求所需安装的燃料电池的体积越小;再次,其固态电解质不变化、迁移或从燃料电池中汽化;最后,在燃料电池中,因唯一的液体是水,故任何腐蚀的可能性本质上已被限定。然而,它也有某些缺点,例如需昂贵的贵金属,高价的聚合物膜;以及易于毒化催化剂和聚合物膜;电池工作时聚合物膜表面需要处于润湿状态,长时间不工作会造成聚合物膜干燥,引起燃料电池失效;如果聚合物膜表面水分过多,又会影响其工作效率,所以该种燃料电池内部的湿度控制非常重要。

2. 碱性燃料电池

碱性燃料电池采用氢氧化钾(KOH)溶剂为电解液,以传导电极之间的离子。氢氧化钾是碱性的。因为电解液为碱性,故离子传导机理不同于质子交换膜燃料电池。被碱性电解液迁移的离子是氢氧离子(OH^-),其反应式如下:

阳极: $$2H_2 + 4OH^- \longrightarrow 4H_2O + 4e^- \qquad (6\text{-}27)$$

阴极: $$O_2 + 4e^- + 2H_2O \longrightarrow 4OH^- \qquad (6\text{-}28)$$

不同于酸性燃料电池,水是在氢电极处生成的。此外,在阴极处,由于氧的还原需要水,水的管理问题往往按电极防水性和在电解液中保持含水量的需求予以分解。阴极反应从电解液中消耗水,而其中阳极反应则排出其水生成物。过量的水(每次反应 $2mol$)在燃料电池堆外汽化。

碱性燃料电池可以运行在一个较宽温度($80\sim230℃$)和压力($2.2\sim45atm$)范围。高温的碱性燃料电池也可使用高浓度电解液,该高浓度致使离子迁移机理从水溶剂转换成熔融盐状态。

由氢氧化钾电解液所提供的快速动力学效应,能够使碱性燃料电池获得很高的效率。尤其是氧的反应($O_2 \longrightarrow OH^-$)比酸性燃料电池中氧的还原反应容易得多,因此,活性损耗非常低。碱性燃料电池中的快速动力学效应可用银或镍替代铂作为催化剂,这样,碱性燃料电池堆的成本显著下降。

通过电解液完全的循环,碱性燃料电池动力学特性得到了进一步的改善。当电解液循环时,燃料电池被称为"动态电解液的燃料电池"。

这类结构的优点是:由于电解液被用作冷却介质,因此易于热管理;更为均匀的电解液的集聚,解决了阴极周围电解液浓度分布问题;提供了利用电解液进行水管理的可能性;如果电解液已被二氧化碳过度污染,则有替换电解液的可能性;最终当燃料电池堆关闭,且其具有可显著延长使用寿命的潜能时,提供了从燃料电池内移置电解液的可能性。

但是,循环电解液的利用,提出了某些困难的问题,其中最突出的问题是增加了泄漏的风险:氢氧化钾是高腐蚀性的,并具有自然渗漏,甚至可能透过密封。此外,循环泵和热交换器结构,以及最后的汽化器均更为复杂。另外,如果电解液被过于激烈地循环或单元电池没有完善地绝缘,则在两单元电池间将存在内部电解质短路的风险。循环电解液的碱性燃料电池结构如图 6-12 所示。

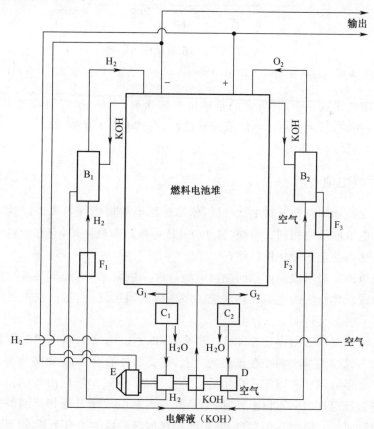

图 6-12　碱性燃料电池结构

B_1,B_2—热交换器;C_1,C_2—冷却器;F_1,F_2,F_3—CO_2 吸收装置;G_1,G_2—排气;D—泵;E—电动机

碱性燃料电池最大的问题在于二氧化碳的毒化,二氧化碳与反应气一起进入电池,碱性电解液对二氧化碳具有显著的化合力,它们共同作用生成碳酸离子(CO_3^{2-}),生成物为K_2CO_3,因为K_2CO_3水溶液的电导率远低于KOH溶液,所以会导致电池欧姆极化增加,性能下降。且K_2CO_3水溶液的蒸汽压高,K_2CO_3的生成会导致隔膜失水、盐结晶析出,严重时隔膜失去阻气性能,氢、氧互串而导致电池失效,即碳酸的沉积和阻塞电极也将是一种可能的风险,这一问题可通过电解液的循环予以处理。使用二氧化碳除气器是添加成本和复杂度的解决方法,它将从空气流中排除二氧化碳气体。二氧化碳对碱性电池的影响如图 6-13 所示。

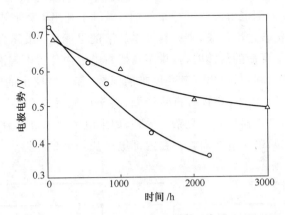

图 6-13　CO_2 对电极电位的影响

条件:Pt 载体 0.2mg/cm^2;6mol/L KOH;100mA/cm^2;△—不含 CO_2 的空气;○—含 CO_2 的空气

碱性燃料电池优点在于,其所需的是廉价的催化剂、电解液,以及高效率和低温运行。但是,它也有一些缺点,例如由于电解液的腐蚀性,在其电极上生成水,且由于二氧化碳的毒化,降低了电池的延续工作时间。

3. 磷酸燃料电池

磷酸燃料电池如同碱性燃料电池一样,依靠酸性电解液传导氢离子。其阳极和阴极反应与碱性燃料电池的反应相同。磷酸(H_3PO_4)是一种黏滞性液体,它在燃料电池中通过多孔硅碳化物基体内的毛细管作用以储存。

磷酸燃料电池是最早成为商品的燃料电池。许多医院、宾馆和军事基地使用磷酸燃料电池提供部分或总体所需的电力和热供应。多半因其温度问题,这一技术在车辆中的应用很少。

磷酸电解液的温度必须保持在 42℃(其冰点)以上。冻结的和再解冻的酸将难以使燃料电池堆激化。保持燃料电池堆在该温度之上,需要额外的设备,这就需增加成本、复杂性、重量和体积。大多数问题就固定式应用而言是次要的,但对车辆应用来说是不相容的。另一个起因于高运行温度(150℃以上)的问题是其与燃料电池堆升温相伴随的能量损耗。每当燃料电池启动时,一些能量(即燃料)必须消耗在加热燃料电池直至其运行温度,而每当燃料电池关闭时,相应的热量(即能量)即被耗损。对于市区内驾驶情况,该损耗是显著的。然而,在公共交通运输情况下,如公共汽车,这一问题看来是次要的。

磷酸燃料电池的优点是其应用了廉价的电解液、低温运行及合理的启动时间,其缺点是采用了昂贵的催化剂(铂)、酸性电解液的腐蚀性、二氧化碳的毒化和低效率。

4. 熔融碳酸盐燃料电池

熔融碳酸盐燃料电池为高温燃料电池(500～800℃),它依靠熔融碳酸盐(通常为锂-钾碳酸盐或锂-钠碳酸盐)传导离子。被传导的离子是碳酸离子(CO_3^{2-})。离子传导机理类同于磷酸燃料电池或高浓度的碱性燃料电池中熔盐的相应机理。

熔融碳酸盐燃料电池的电极反应不同于其他的燃料电池,即

$$阳极: \qquad H_2 + CO_3^{2-} \longrightarrow H_2O + CO_2 + 2e^- \qquad (6\text{-}29)$$

$$阴极: \qquad \frac{1}{2}O_2 + CO_2 + 2e^- \longrightarrow CO_3^{2-} \qquad (6\text{-}30)$$

其主要差异在于阴极处必须供给二氧化碳。因二氧化碳可从阳极中回收,故不需要外部的二氧化碳供应源。熔融碳酸盐燃料电池不使用纯氢,而是使用碳氢化合物。事实上,高温燃料电池的主要优点是其几乎直接地处理碳氢化合物燃料的能力,这是由于高运行温度使在电极处能分解碳氢化合物制氢。这应该是应用于汽车的极大优点,因为当今碳氢化合物燃料获得了有效应用,高运行温度达到可采用廉价催化剂的程度。

但是,熔融碳酸盐燃料电池由于其电解液和所需运行温度的本质,产生了许多问题。碳酸盐是碱性物质,特别在高温下腐蚀性极强。这不仅不安全,而且也是对电极的腐蚀问题。在车辆外壳下,安装有一个温度为500～800℃的大设备,显然是不安全的。但另外确实在内燃机中温度到达1000℃以上,而这一温度是被约束在气体自身,且借助于冷却系统,发动机的大部分是保持微冷的(约100℃)。与燃料电池升温相伴随的燃料消耗也是一个问题,它因很高的运行温度,以及为熔融电解液所必需的潜热而变得更为严重。这些问题可能限制熔融碳酸盐燃料电池应用于固定式的或恒定功率需求的场合,如船舶上的应用。

熔融碳酸盐燃料电池的主要优点是加注碳氢化合物燃料、低价格的催化剂、因快速动力学效应所具有的完善的效率、毒化的低敏感性。其主要缺点是启动缓慢、因高温减少了材料的可选性、起因于CO_2循环的燃料电池系统的复杂性、电极的腐蚀和缓慢的功率响应。

5. 固态氧化物燃料电池

固态氧化物燃料电池(SOFC)在陶瓷隔膜中的高温下(1000～1200℃)传导离子。通常,陶瓷材料为钇稳定化的二氧化锆(YSZ),它将传导氧离子(O^{2-}),而其他陶瓷材料传导氢离子。其导电机理类似于在半导体中观察到的机理,经常称之为固态器件,燃料电池名称即由该类似性衍生而来。其半反应式如下:

$$阳极: \qquad H_2 + O^2 \longrightarrow H_2O + 2e^- \qquad (6\text{-}31)$$

$$阴极: \qquad \frac{1}{2}O_2 + 2e^- \longrightarrow O^{2-} \qquad (6\text{-}32)$$

此反应中,水也是在燃料电极处生成。固态氧化物燃料电池的最大优点是其静态的电解质,除了在辅助设备中,没有迁移作用。非常高的运行温度使其像熔融碳酸盐燃料电池那样,能应用碳氢化合物燃料。同时,固态氧化物燃料电池不会被一氧化碳毒化,且其处理一氧化碳大致如同处理氢那样有效,因此阳极反应为

$$CO + O_2 \longrightarrow CO_2 + 2e^- \tag{6-33}$$

固态氧化物燃料电池因其高运行温度,也从降低活性损耗中获得益处。该损耗中以欧姆损耗为主。固态氧化物燃料电池可分为两类:平面型的或管型的。平面型固态氧化物燃料电池类似于其他燃料电池技术,为两极组合。

管型结构固态氧化物燃料电池如图 6-14 所示。单电池间的连接体设在还原气一侧,这样可使用廉价的金属作电流收集体。单电池采用串联、并联方式组合到一起,可以避免当某一单电池损坏时,电池组完全失效。用镍毡将单电池的连接体联结起来,可以减小单电池间的应力。管型 SOFC 电池组相对简单,易于密封,减少了对陶瓷材料的限制,容易通过电池单元之间并联和串联组成大功率的电池组。管型 SOFC 一般在很高的温度下操作,主要用于固定电站系统,所以高温 SOFC 一般采用管型结构。其缺点为电流通过的路径较长,限制了 SOFC 的性能。

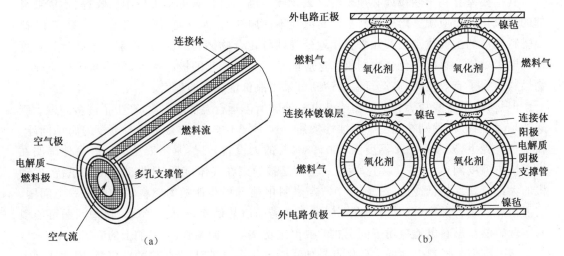

图 6-14　管型结构固态氧化物燃料电池及电池组

如同熔融碳酸盐燃料电池,固态氧化物燃料电池的缺点基本上与其高运行温度相关联(安全性、燃料经济性)。由于陶瓷电解质和电极的脆性,故出现了附加的问题。就车辆中的应用而言,振动是其一般的现象,从而成为其主要的缺点。热循环进一步使陶瓷处于受力状态,且成为平面型固态氧化物燃料电池的主要问题。

6. 直接甲醇燃料电池

替代氢的应用,甲醇可直接用作燃料电池的燃料,这就是通常所说的直接甲醇燃料电池。对于应用于车辆的直接甲醇燃料电池,有一些确定的动机。首先,甲醇是一种液态燃料,在车辆的应用中,它易于存储、分配和销售。因此,目前燃料供应的基本设施无需过多的再投资即可应用。其次,甲醇是最单一的有机燃料,它是最为经济和相对丰富的矿物燃料。此外,甲醇也可从农产品中制造,例如甘蔗。

在直接甲醇燃料电池中,其阳极和阴极采用铂或铂合金为电催化剂。电解液可是三氟甲烷磺酸或质子交换膜。其化学反应式为

阳极:
$$CH_3OH + H_2O \longrightarrow CO_2 + 6H^+ + 6e^- \tag{6-34}$$

阴极：
$$\frac{3}{2}O_2 + 6H^+ + 6e^- \longrightarrow 3H_2O \tag{6-35}$$

综合反应：
$$CH_3OH + \frac{3}{2}O_2 \longrightarrow CO_2 + 2H_2O \tag{6-36}$$

在前述的燃料电池中，直接甲醇燃料电池是相对的未成熟的技术，以目前该燃料电池技术状态而论，其一般运行在 $50 \sim 100℃$。相比于直接供氢的燃料电池，直接甲醇燃料电池功率密度低、功率响应慢，且效率低。

第七节　燃 料 供 应

就燃料电池在车辆中的应用而言，将燃料供应给车载燃料电池是其主要的难题。如前所述，氢是应用于燃料电池车的理想燃料。因此，制氢及其储存是车载中重要的关注点。通常，有两种途径向燃料电池供应燃料：①在地面供应站生产氢气，而在车上储存纯氢；②在车上从易于含氢的承载装置中生产氢，并直接供给燃料电池。

至今，在车上有三种储存氢的方法：①在环境温度下，在储存器内储存压缩氢；②在低温下，低温液氢的储存；③金属氢化物的储存方法。所有这些方法都各有其优、缺点。

1. 压缩氢

纯氢可用车载方式在加压状态下储存在罐内。储存在容积为 V、压力为 p 的容器中的氢气质量可利用理想气体方程计算，即

$$m_H = \frac{pV}{RT}W_H \tag{6-37}$$

式中，p 和 V 分别为容器中的压力和容积；R 为气体常数（$8.31\mathrm{J \cdot mol^{-1} \cdot K^{-1}}$）；$T$ 为绝对温度；W_H 为氢的相对分子质量（$2.016\mathrm{g/mol}$）。从而，在氢中储存的能量为

$$E_H = m_H HV \tag{6-38}$$

式中，HV 为氢的热值，取决于所生成水的冷凝能量是否回收，该热值或是高热值（$HHV_H = 144\mathrm{MJ/kg}$），或是低热值（$LHV_H = 120\mathrm{MJ/kg}$）。就内燃机而言，最常采用的是低热值。

图 6-15 展示了室温（25℃）下，对应于不同压力的 1L 氢的质量和能量，以及等值汽油升。等值汽油升定义为含有与 1L 氢同样能量的汽油的升数。图 6-15 还表明在 3501bar 时（$1\mathrm{bar} = 10^5\mathrm{Pa}$）的压力下，每升氢的能量小于 $1\mathrm{kW \cdot h}$，并约等价于 0.1L 的汽油。即使压力增加到 700bar，这被认为是可以达到的最大压力，但每升氢的能量仍小于 $2\mathrm{kW \cdot h}$，约为 0.2L 等值汽油。此外，一定量的能量需要用于从低压至高压压缩氢气。在氢压缩过程中，可以假设为绝热过程，即在该过程中不发生热量的交换，这样，所消耗的能量可表示为

$$E_{com} = \frac{\gamma}{\gamma - 1}\frac{m}{H}RT\left[\left(\frac{p}{p_0}\right)^{(1-\gamma)/\lambda} - 1\right] \tag{6-39}$$

式中，m 为氢的质量；H 为氢的相对分子质量；γ 为比热系数（$\gamma = 14$）；p 为氢的压力；p_0 为大气压力。该能量消耗示于图 6-15 中。

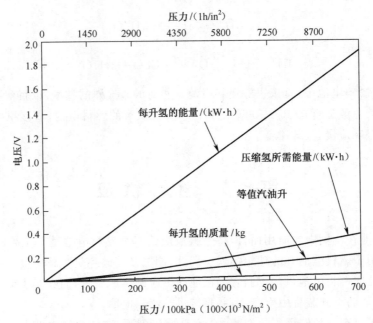

图 6-15　每升氢的质量和能量及等值汽油升

由图 6-15 可见,约 20% 的氢能量必须消耗在将氢压缩至高压的过程中。计及压缩机和电机的低效率后,估算约有 25% 的氢能量被消耗。

在几百标准大气压力下储存气体要求有很高强度的储气罐。为了使得罐的质量尽可能的轻,而其容积合理,目前,应用于汽车的储氢罐的制造采用了复合材料,如碳纤维材料。因而,压缩储氢罐的成本可能会较高。另外,必须考虑车载压缩氢的易燃性。除了因为在罐壁、密封处等开裂导致氢泄漏的危险外,还存在氢穿过罐壁材料的渗透问题。这是由于含两个氢原子的分子是如此的小,致使其能扩散通过某些材料。

此外,万一失事,压缩氢储气罐是一个潜在的炸弹。就氢而言,其危险性甚至更大。在空气中,氢具有 4%～77% 很宽的爆炸范围,且可以非常迅速地与空气混合。与汽油相比,汽油的爆炸范围仅为 1%～6%,且为液体。应该注意,氢有很高的自燃温度(571℃),尽管汽油的自燃温度大约在 220℃,但其首先必须被汽化。至今,车载压缩氢的储存技术仍然是应用于汽车的非常复杂的问题。

2. 低温液氢

另一可供选择的车载储氢方法是在低温(−259.2℃)条件下使之液化。如此储存的氢被称为 LH_2。LH_2 储存受到对压缩氢起作用的同一密度问题的影响。事实上,液态氢的密度很低,1L 氢仅重 $7.1×10^{-2}$ kg。这一低密度导致每升液氢约为 $8.52×10^6$ J 的能量值。

在 −259.2℃ 这样的低温下储存液体,其技术上是困难的。它要求深度绝热,以力求将从周围空气到低温液体的热传递减至最小,从而防止其沸腾。通常的方法是构造一个高度绝热的储罐,且使之坚固地足以承受因液氢汽化所产生的相当的压力,而过量的压力则通过安全阀释放至大气中。这一储罐的绝热、高强度和安全设置也显著地增加了 LH_2 储存的质量和成本。

汽化是一种疑难的现象：假如车辆在一个封闭区域（车库、地下停车场）内停车，则存在氢在有限的大气范围内聚集的危险。这样所形成的易爆混合气体在初次产生火花（灯开关、打火机等）条件下将起爆。

液氢储罐的加注需要特殊的防护措施，即空气必须排除在环路之外。为此，一般采用的方法是在加注前先用氮注满储罐，以便排空罐中的剩余气体。另外，必须应用专门用来控制爆炸和低温事故的设备。事实上，低温液体对有生命的生物是一种危险的化合物，例如它能冷冻灼伤皮肤和器官。

3. 金属氢化物

某些金属能与氢结合，可以形成稳定的化合物，而在特定的压力和温度条件下，该化合物接着可予以还原。这些金属可以是铁、钛、锰、镍、锂，以及它们的某些合金。在正常的温度和压力条件下，金属氢化物是稳定的，而仅当需要时，可以释放氢。

储氢金属及其合金为 Mg，Mg_2Ni，$FeTi$ 和 $LaNi_5$。这些金属及其合金吸收氢，构成 $Mg-H_2$，Mg_2Ni-H_4，$FeTi-H_2$ 和 $LaNi-H_6$。理论上，这些金属及其合金以比纯氢具有更高的储氢密度。但实际上，储蓄容量取决于该材料吸收氢分子的表面积。通过由这些金属或其合金的精细研磨粉末所制成的微小多孔组件，可得到相应材料每单位质量较大的表面积。

图 6-16 描述了储存 6kg 氢所需有关配置的实际质量和体积。由图可见，$Mg-H_2$ 为有前景的技术。

碱金属氢化物是可供选择的金属氢化吸收材料。这类氢化物剧烈地与水反应，释放氢和氢氧化物。钠氢化物的实例如下：

$$NaH + H_2O \longrightarrow NaOH + H_2 \tag{6-40}$$

其主要缺点是在同一车辆中必须承载高活性的氢化物和腐蚀性的氢氧化物溶液。相比于许多其他储氢技术，其储氢密度是合宜的，但不足以与汽油相比，这类氧化物的制造及其回收也是复杂的问题。

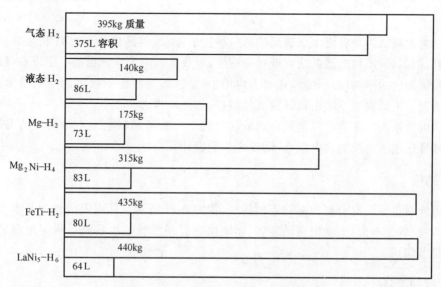

图 6-16　储存 6kg 氢所需的当前质量和体积

在 1991 年发现的碳纳米管因其潜在的对氢的高吸收容量,以及质量轻,理应是储氢系统有前景的方法。但是,碳纳米管技术尚在萌芽状态,且在评价其实用性之前还有很远的路。

第八节　无氢燃料电池

某些燃料电池技术可直接处理除氢之外的燃料。一些有希望的配对如下:

(1) 直接甲醇质子交换膜燃料电池;

(2) 氨碱性燃料电池;

(3) 直接碳氢化合物熔融碳酸盐或固态氧化物燃料电池。

直接甲醇质子交换膜燃料电池(DMFC)正在积极研究之中,且已呈现了许多优点,例如,不需要重整器、液态燃料的处理,以及系统中不存在高温。其主要缺点是需要在液态水中稀释甲醇,以供给燃料极,并为甲醇的强交换体,此归因于在聚合物膜中的吸收,但主要还在于其缓慢的动力学效应。

氨碱性燃料电池是替换氨热裂化的可供选择的方案。氨气直接供给燃料电池,并在阳极催化裂解。氨碱性燃料电池反应给出了稍低些的热力学电压,且与氢碱性燃料电池相比,其活性损耗较高。这一活性损耗可通过改进催化剂层予以减小。可以利用氨直接与其他燃料电池技术相结合,只要燃料电池电解液的酸性本质不会因碱性氨而破坏。熔融碳酸盐燃料电池(MCFC)和固态氧化物燃料电池(SOFC)因其高工作温度,故能直接裂化碳氢化合物在其内部存在氢。

第九节　燃料电池混合动力电驱动系设计

燃料电池被认为是应用于交通运输的一种先进能源,但是仅装备燃料电池的车辆存在一些缺点,例如,因燃料电池系统的低功率密度,导致体积庞大且沉重的电源设备,较长的启动时间和缓慢的功率相应。此外,在牵引应用中,急剧加速状态下极大的功率输出,以及低速驾驶情况下极低的功率输出均导致其低效率,如图 6-17 所示。

燃料电池系统与峰值电源的混合组成是克服单一装备燃料电池车辆缺点的有效技术,其技术特征区别于传统的油电混合,需要全新的设计方法。

1. 结构

配置燃料电池的混合动力驱动系的构造,如图 6-18 所示。其主要由作为基本电源的燃料电池系统、峰值电源、电动机驱动装置、车辆控制器和燃料电池系统与峰值电源之间的电子接口设备组成。

2. 控制策略

在车辆控制器中预置的控制策略,控制燃料电池系统、峰值电源盒驱动系统之间的功率

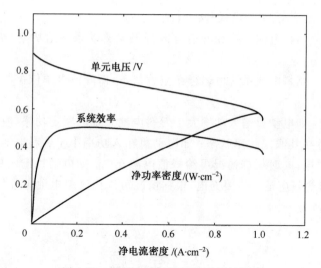

图 6-17　燃料电池系统的典型运行特征

流,它应确保以下功能:

（1）电动机的输出功率始终满足功率要求;

（2）峰值电源的能级始终维持在其最佳范围;

（3）燃料电池系统运行在其最佳运行区。

由驾驶员通过加速踏板或制动踏板给出的牵引指令或制动指令,对整车的控制策略流程图如图 6-18 所示。

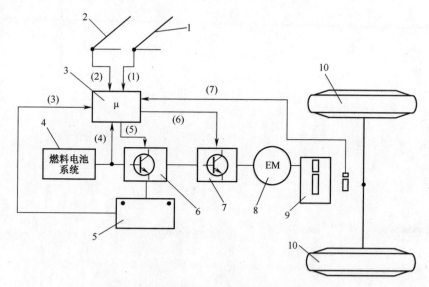

图 6-18　典型燃料电池混合动力驱动系的结构

1—加速踏板;2—制动踏板;3—车辆控制器;4—燃料电池系统;5—峰值电源;6—电子接口设备;

7—电动机控制器;8—牵引电动机;9—传动装置;10—车轮

(1)—牵引指令信号;(2)—制动指令信号;(3)—峰值电源的能量信号;(4)—燃料电池功率信号;

(5)—电子接口设备的控制信号;(6)—电动机控制信号;(7)—转速

其工作分为停顿模式、制动模式和牵引模式。

（1）停顿模式：燃料电池系统和峰值电源都不向驱动系供给功率，燃料电池系统可运行在空载状态。

（2）制动模式：燃料电池系统可运行在空载状态，而峰值电源依据制动系统运行特性，吸收再生制动能量。

（3）牵引模式：如电动机输入功率大于燃料电池系统的额定功率，应用混合牵引模式，燃料电池系统运行在其额定功率状态；如电动机输入功率小于燃料电池系统的额定功率，由燃料电池系统供电，同时根据情况可给峰值电源充电；如电动机输入功率小于燃料电池系统的额定功率且燃料电池不需要充电，根据情况可以由燃料电池单独供电或峰值电源单独供电。

思 考 题

1. 新能源汽车用燃料电池有哪些类型？其特点是什么？
2. 写出燃料电池的阴极和阳极化学反应式。
3. 燃料电池在新能源汽车中应用，目前还存在哪些困难？

第七章

再生制动的基本原理

第一节　概　　述

再生制动是指通过控制,使车辆动力模块全部或部分具有能量逆向流动功能,从而实现将车辆的惯性能部分回馈至储能器,与此同时,对车辆起制动作用。整体看,是指电动汽车在电气制动过程中,将车辆惯性能变成电能,并将其储存于蓄能器中。微观上,根据电动机驱动系统功率变换器控制信号的不同,再生制动的基本制动模式有两种:一种模式是蓄能制动与回馈制动的交替;另一种是反接制动与回馈制动的交替。

再生制动的作用主要体现在以下方面:

(1) 再生制动是提高电动汽车能量利用率的重要途径之一。尤其是在起、停频繁的城市工况下,研究表明,利用再生制动,可使城市工况下的电动汽车续驶里程延长14%~40%。

(2) 再生制动可承担低制动强度的制动任务。通常情况下能承担制动强度在 0.1 以下的制动任务,但当车型与挡位不同时,能承担的制动强度可以更大。

(3) 再生制动可起辅助制动作用。特别是电动汽车恒速下长坡时,为保持制动强度的恒定性,延长行车制动系工作寿命,再生制动单独或与行车制动系协同对车辆进行速度控制。

(4) 利用再生制动提高电动汽车主动安全性。这种功能包括两个方面:一是电动汽车在低附着系数路面上进行再生制动时,通过控制再生制动力来使驱动轮获得最佳滑移率,缩短制动距离,这是一种区别于传统机械 ABS 的电磁制动系统,它在保持滑移率最佳的同时,能回收制动能,即具有再生 ABS 功能。二是利用再生制动产生横摆力矩来提高电动汽车的转弯操纵稳定性。

(5) 电动汽车的再生制动反应速度快,控制精度高。制动系统反应时间对车辆动态性能的影响十分显著,通常,行车制动系制动管路中的电磁阀会存在死区时间,管路中传力介质的压力反应也存在明显的延迟现象,因此行车制动系起作用的时间一般较长,如真空助力制动系与气压制动系的起作用时间为 0.3~0.9s,液压制动系起作用的时间在 0.1s 左右。由于电动汽车再生制动的制动性质是电制动,而电动机时间常数一般为 1ms,因而有利于对制动力矩实现快速而精确的控制。

制动能量回收问题对于提高 EV 的能量利用率具有重要意义。电动汽车采用电制动时,驱动电动机运行在发电状态,将汽车的部分动能回馈给蓄电池以对其充电,对延长电动汽车的行驶距离是至关重要的。目前国内关于制动能量回收的研究还处在初级阶段。制动能量回收要综合考虑汽车动力学特性、电动机发电特性、电池安全保证与充电特性等多方面的问题。研制一种既具有实际效用、又符合司机操作习惯的系统是有一定难度的。电动汽车和混合动力电动汽车最重要的特性之一是其显著回收制动能量的能力。在电汽车和混合动力电动汽车中电动机可被控制作为发电机运行,从而将车辆的动能或势能变换为电能,并储存在能量存储装置(各种蓄电池、超级电容、超高速飞轮或者它们之间的复合)之中,得以再次利用,以延长其续驶里程。而制动能量回收较有意义的汽车还包括城市公交车,城市公交车工况参考数据如表 7-1 所示。

表 7-1　城市公交车工况参考数据

工　况	时　间　比	功 率 范 围
加速	25%	80～150kW
减速	24%	−50～−100kW
匀速	26%	15～25kW
怠速	25%	0
最大功率	<10	150kW
平均功率	—	30kW
最高车速	50km/h	60kW
平均车速	18km/h	

由表 7-1 可知,其减速的功率较大,达到−50～−100kW(这也是因为电动汽车或混合动力电动汽车本身装备了一个较大功率的电动机,使得回收制动能量可行),所占时间比约为 24%,制动消耗的能量占牵引能量较大比重,因此本章讨论再生制动的同时会提及城市公交车的再生制动。由于城市公交车目前一般为内燃机动力,如何低成本有效回收其制动能量有一定的难度,目前相关研究较多。由表 7-1 可知,城市公交制动功率很大,单一蓄电池如果吸收如此大的电流,对于蓄电池的使用寿命不利,因此提出了蓄电池+超级电容等组合,用以吸收制动时的大电流,但其成本的缺点限制了该技术的应用。

汽车制动性能无疑是影响车辆安全性的重要因素之一。对于汽车,成功地设计其制动系统必须始终满足两个截然不同的要求:首先,在紧急制动状态下,必须促使汽车在最短的距离停止;其次,必须保持对于汽车方向的控制。前者要求在所有车轮上的制动系统能供给足够的制动转矩,后者要求在所有车轮上平均地分配制动力。一般而言,当电动汽车或混合动力汽车减速、在公路上放松加速踏板巡航(有相关的算法判断)或踩下制动踏板停车时,再生制动系统启动。正常减速时,再生制动的力矩通常保持在最大负荷状态;电动汽车或混合动力汽车高速巡航时,其电动机一般是在恒功率状态下运行,驱动扭矩与驱动电动机的转速或者车速成反比。由上可见,研究电动汽车的制动模式也是非常重要的,电动汽车制动可分为以下三种模式。

1. 紧急制动

紧急制动对应于制动加速度大于 $2m/s^2$ 的过程。出于安全性方面的考虑,紧急制动应以机械为主,电制动同时作用。在紧急制动时,可根据初始速度的不同,由车上 ABS 控制提供相应的机械制动力。

2. 中轻度制动

中轻度制动对应于汽车在正常工况下的制动过程,可分为减速过程与停止过程。电制动负责减速过程,停止过程由机械制动完成。两种制动的切换点由电动机发电特性确定。

3. 汽车下长坡时的制动

汽车下长坡一般发生在盘山公路下缓坡时。在制动力要求不大时,可完全由电制动提供。其充电特点表现为回馈电流较小但充电时间较长。限制因素主要为电池的最大可充电电流。

由于制动能量回收主要工作在城市工况下有较大意义,而城市工况车辆的最高车速不会太高,且紧急制动的概率较小,所以应将研究重点放在中轻度制动能量回收方向上。

一方面,恒功率下驱动电动机的转速越高,再生制动的能力就越低。另一方面,当踩下制动踏板时,驱动电动机通常运行在低速状态。由于在低速时,电动汽车的动能不足以驱动电动机提供能量来产生最大的制动力矩,因而再生制动能力也会随着车速的降低而减小。

图 7-1 显示了电动机再生制动和机械摩擦制动系统复合的制动系统。电动机的再生制动力矩通常不能像传统燃油车中的制动系统一样提供足够的制动减速度,所以,在电动汽车中,再生制动和机械摩擦制动通常共同存在。不过应该注意,只有当再生制动已经达到了最大制动能力而且还不能满足制动要求时,机械摩擦制动才起作用。

通常,所要求的制动转矩比电动机所能产生的转矩大得多。在电动汽车和混合动力电动汽车中,机械摩擦制动系统应该与电再生制动同时存在。因此,机械与电制动系统两者的特定设计和控制是重要的关注点。

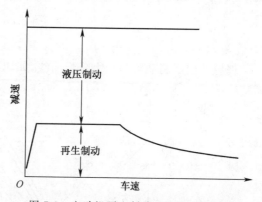

图 7-1　电动机再生制动和机械摩擦制动

制动过程的三种可能:

(1) 前轮先抱死拖滑,然后后轮抱死拖滑;稳定工况,但丧失转向能力,附着条件没有充分利用。

(2) 后轮先抱死拖滑,然后前轮抱死拖滑;后轴可能出现侧滑,不稳定工况,附着利用率低。

(3) 前、后轮同时抱死拖滑;可以避免后轴侧滑,附着条件利用较好。

前、后制动器制动力的分配比例,将影响制动时前后轮的抱死顺序,从而影响汽车制动时的方向稳定性和附着条件利用程度。理想的条件是:前后车轮同时抱死。

图 7-2 所示为地面对前、后车轮的法向反作用力,力的关系如式(7-1)~式(7-3)所示。

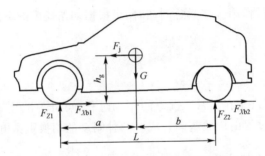

图 7-2　地面对前、后车轮的法向反作用力

$$\begin{cases} F_{\mu 1} + F_{\mu 2} = \varphi G \\ F_{\mu 1} = \varphi F_{Z1} \\ F_{\mu 2} = \varphi F_{Z2} \end{cases} \tag{7-1}$$

$$F_{Z1}L = Gb + m\frac{\mathrm{d}u}{\mathrm{d}t}h_g \tag{7-2}$$

$$F_{Z2}L = Ga - m\frac{\mathrm{d}u}{\mathrm{d}t}h_g \tag{7-3}$$

式中，令 $\frac{\mathrm{d}u}{\mathrm{d}t} = zg$，$z$ 为制动强度。

$$F_{Z1} = G(b + zh_g)/L \tag{7-4}$$

$$F_{Z2} = G(a - zh_g)/L \tag{7-5}$$

理想的前后制动器制动力分配曲线，如图 7-3 所示。

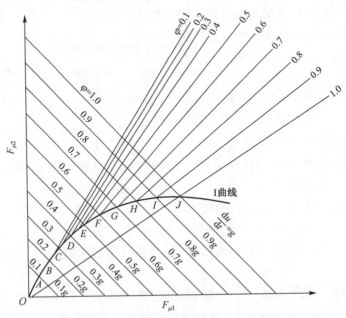

图 7-3　理想的前后制动器制动力分配曲线

I 曲线：在各种附着系数的路面上制动时，要使前、后车轮同时抱死，前、后轮制动器制动力应满足的关系曲线。

制动器制动力分配系数 β：前、后制动器制动力之比为固定值时，前轮制动器制动力与汽车总制动器制动力之比。

$$\beta = \frac{F_{\mu1}}{F_{\mu}} \tag{7-6}$$

由

$$F_{\mu} = F_{\mu1} + F_{\mu2} \tag{7-7}$$

$$F_{\mu1} = \beta F_{\mu} \tag{7-8}$$

得

$$F_{\mu2} = (1 - \beta)F_{\mu} \tag{7-9}$$

第二节 制动中的能量损耗

汽车在制动期间，消耗了较多的能量。例如，将 1500kg 车辆从 100km/h 车速制动到零车速，在几十米距离内约消耗了 0.16kW·h 的能量。如果能量消耗在仅克服阻力（滚动阻力和空气阻力）而没有制动的惯性滑行中，则该车辆将行驶约 2km，如图 7-4 所示。

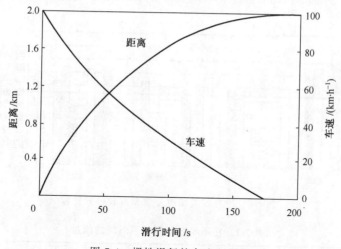

图 7-4 惯性滑行的车速和距离

当车辆在市区内以停车-起动模式行驶时，显著的能量消耗在频繁的制动上，导致很大的燃油消耗。

图 7-5 展示了一辆 1500kg 的客车驱动轮上总牵引能量、阻力（滚动阻力和空气阻力）和制动所消耗的能量。从图中可以看出，制动能量占了较大的比例。

图 7-6 展示了不同城市公交车工况的比例。我国的城区公交车快速通道很好地解决了公交车的拥堵问题，匀速比例最高，而制动占比例较少。从图中可以看出，全世界公交车消耗于制动的能量都占了较大比例。表 7-2 列出了 1500kg 客车的最高车速、平均车速、驱动轮上的总牵引能量，以及每 100km 行程因阻力和制动所消耗的总能量。

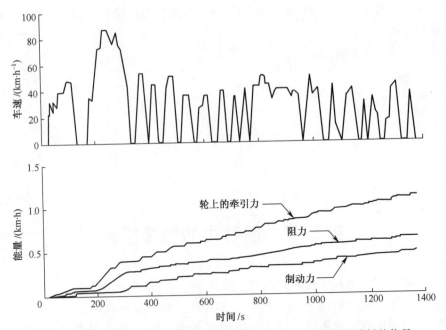

图 7-5　按 FTP75 市区循环运行的总牵引力和因阻力与制动所消耗的能量

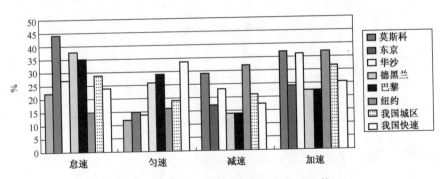

图 7-6　世界各大城市公交车行驶模式比较

表 7-2　在不同行驶循环下消耗的能量

车速与能量	FTP75 市区	FTP75 高速公路	US06	ECE-1	纽约城市
最高车速/(km·h^{-1})	86.4	97.7	128	120	44.6
平均车速/(km·h^{-1})	27.9	79.3	77.5	49.9	12.2
总牵引能量/(kW·h)(在驱动轮上)	10.47	10.45	17.03	11.79	15.51
阻力所消耗的总能量/(kW·h)(在驱动轮上)	5.95	9.47	11.73	8.74	4.69
制动所消耗的总能量/(kW·h)(在驱动轮上)	4.52	0.98	5.30	3.05	10.82
制动能量对于总牵引能量的百分数/%	43.17	9.38	31.12	25.87	69.76

　　由图 7-5 和表 7-2 可见,在典型的市区中,制动能量最高可达到总牵引能量的 25% 以上。如在纽约这样的大城市中,制动能量最高可达 70%。可以断定,有效的再生制动能显著改善电动汽车和混合动力电动汽车的燃油经济性。

第三节 前后轮上的制动功率和能量

制动能量回收要受到一些条件的约束,实用的能量回收系统应满足以下要求:

(1)满足刹车的安全要求,符合驾驶员的刹车习惯。

刹车过程中,对安全的要求是第一位的。需要找到电刹车和机械刹车的最佳覆盖区间,在确保安全的前提下,尽可能多地回收能量。具有能量回收系统的电动汽车的刹车过程应尽可能地与传统的刹车过程近似,这将保证在实际应用中,系统有吸引力,可以为大众所接受。

(2)考虑驱动电动机的发电工作特性和输出能力。

电动汽车中常用的是永磁直流电动机或感应异步电动机,应针对不同电动机的发电效率特性,采取相应的控制手段。

(3)确保电池组在充电过程中的安全,防止过充。

电动汽车中常用的电池为镍氢电池、锂电池和铅酸电池。充电时,应避免因充电电流过大或充电时间过长而损害电池(这也是限制内燃机汽车应用电制动回收制动能量的一个难点)。

由以上分析可得能量回收的约束条件:

① 根据电池放电深度的不同,电池可接受的最大充电电流。

② 电池可接受的最大充电时间。

③ 能量回收停止时电动机的转速及与其相对应的充电电流值。

所以研究电制动的制动能量回收系统,要充分了解电池和电动机的特性,如果采用液压或飞轮来吸收存储制动能量,也需要掌握其特性。同时,内燃机汽车制动能量回收用电制动并非一枝独秀,例如1987年德国首次开发出车载内燃机-飞轮电池混合动力电动汽车,飞轮吸收汽车制动时90%的能量,并在需要短时加速时释放出来以补充内燃机的功率要求,可以使内燃机工作在最佳的工况下,既节能又提高了机器寿命。

由前后轮所消耗的制动功率和制动能量与施加在前后轮上的制动力密切相关。充分了解典型行驶循环中的制动力,以及由前后轮所消耗的制动功率和制动能量,对于再生制动系统的设计是有益的。它们之间的分配比例关系可以用图 7-7 来表示,这只是一种两者之间的分配关系,目的是保持最大的再生制动力矩的同时为驾驶员提供与燃油车相同的制动感。

最初,假定在前后轮上的制动力分布遵循 I 曲线,并忽略不计阻力,则施加于前后轮上的制动力可分别表示为

$$F_{bf} = \frac{jM_v}{L}\left(L_b + \frac{h_g}{g}j\right) \tag{7-10}$$

$$F_{br} = \frac{jM_v}{L}\left(L_a - \frac{h_g}{g}j\right) \tag{7-11}$$

式中,j 为车辆的负加速度(m/s^2);L 为车辆的轮距;L_a 和 L_b 分别为车辆重心至前后轮中心之间的水平距离;h_g 为车辆重心至地面的高度。图 7-8 展示了按 FTP75 市区循环运行的车辆的车速及其加/减速度。

图 7-9~图 7-11 显示了 1500kg 客车以 FTP 市区循环运行时的制动力、制动功率和制

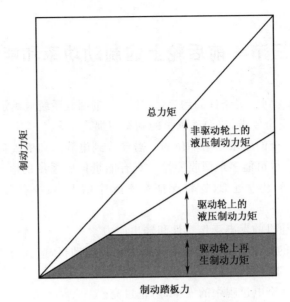

图 7-7　再生制动力矩与机械摩擦制动力矩的分配

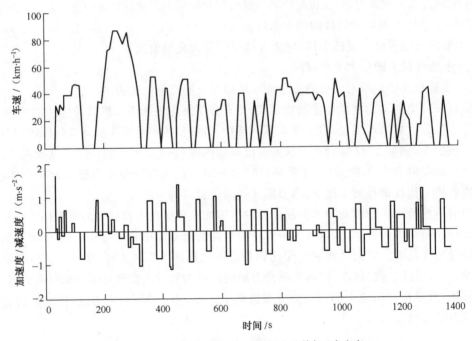

图 7-8　按 FTP75 市区循环的车速及其加/减速度

动能量。这一实例的参数为 $L=2.7\mathrm{m}$，$L_\mathrm{a}=0.4L$，$L_\mathrm{b}=0.6L$ 和 $h_\mathrm{g}=0.55\mathrm{m}$。

图 7-9～图 7-11 表明：

（1）前轮消耗约 65% 的总制动功率和能量，因此，若仅在一个轴上实施再生制动，则在前轮上的再生制动比后轮上的再生制动将更为有效。

（2）在车速小于 50km/h 的车速范围内，制动力几乎为一恒值，且当车速大于 40km 时，其值减小。这一特性与电动机在低转速区域中的恒转矩特性，以及在高转速区域中的恒功

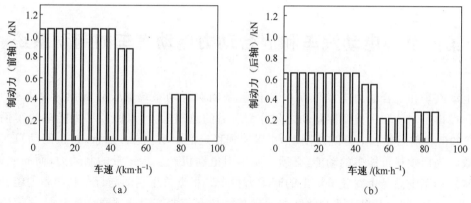

图 7-9　按 FTP75 市区循环运行时制动力随车速变化的关系

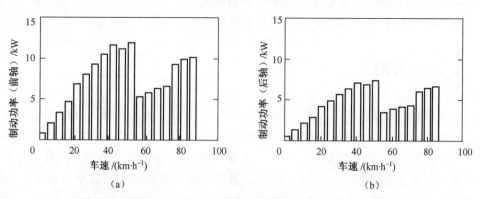

图 7-10　按 FTP75 市区循环运行时制动功率随车速变化的关系

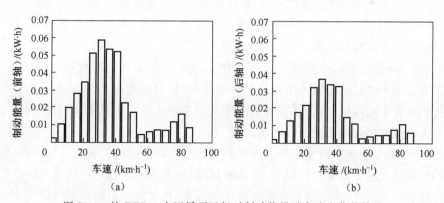

图 7-11　按 FTP75 市区循环运行时制动能量随车速变化的关系

率特性自然地相匹配。此外,图 7-11 还表明大部分制动能量消耗在 50km/h 的车速范围内。

对于该客车,为了防止后轮在前轮之前抱死,从而导致不稳定的制动,实际施加于前轮的制动力通常大于理想分布 I 曲线所确定的制动力值。因此,在前轮上的制动功率和制动能量实际还要大于图 7-9 和图 7-11 所示的数值。第四节将聚焦于仅前轮应用再生制动的构造。

第四节　电动汽车和混合动力电动汽车的制动系统

电动汽车和混合动力电动汽车中的再生制动对制动系统的设计提出两个基本问题：①如何在再生制动和机械摩擦制动之间分配所需的总制动力，以回收尽可能多的车辆的动能；②如何在前后轮轴上分配总制动力，以实现稳定的制动状态。通常，再生制动只对驱动轴有效。为回收尽可能多的动能，必须控制牵引电动机产生特定量的制动力，而同时，应控制机械制动系统满足由驾驶员给出的制动力指令。根据再生制动与行车制动系的组合方式不同，机电混合制动有串联式与并联式两种基本控制策略。串联式再生制动控制策略分为最佳制动感觉控制策略、能量最优回收策略和与传统行车制动系串联的控制策略。并联式再生控制策略分为自由行程策略、严格并行制动策略和外包络 I 曲线分段固定比策略。

一、串联制动

关于串联制动在第五章已经有过相关的介绍，本节就一些问题再进行相关的讨论。具有最佳制动感觉的串联制动系统由制动控制器组成，该制动控制器用以控制施加于前后轮上的制动力，其控制目标在于使制动距离趋于最小值，且优化驾驶者的感觉。最短的制动距离和良好的制动感觉要求施加在前后轮上的制动力遵循理想的前后制动器制动力分配曲线 I。

图 7-12 用图解形式说明了制动控制策略的原理。当给出减速指令（由制动踏板位置提供）为小于 $0.2g$ 时，将仅有再生制动施加于前轮。当给出减速指令为大于 $0.2g$ 时，施加于前后轮的制动力遵循理想的制动力分布曲线 I。

施加于前轮（驱动轴）上的制动力可分为两部分：再生制动力和机械摩擦制动力，当所需要的制动力小于电动机所能产生的最大制动力时，将只应用电再生制动。当给出的制动力指令大于可应用的再生制动力时，电动机将运行以产生其最大的制动转矩，同时，剩余的制动力将由机械摩擦制动系统予以满足。

应该注意，由电动机所产生的最大再生制动力与其转速密切关联。在低转速（低于其基速）状态下，其最大转矩为常量。但是，在高转速（高于其基速）状态下，其最大转矩随着转速呈双曲线形下降。因此，在给定车辆负加速度条件下，机械摩擦制动转矩将随车速而变化。

1. 最佳制动感觉控制策略

当制动强度小于或等于 0.1 时，只有后轴上的再生制动力对车辆起制动作用（后轴为驱动轴），如图 7-13 所示的 AB 段，仅用后轴上的再生制动即能满足制动要求。当制动强度大于 0.1 时，控制策略使前后轴制动力分配曲线与理想制动力分配曲线（即曲线 I）一致。其优点是能充分利用地面附着条件，有足够高的制动能回收潜力；缺点是需要精确检测前、后轴法向载荷，控制器设计复杂。但与线控制动系统整合，该策略可以走向实用。

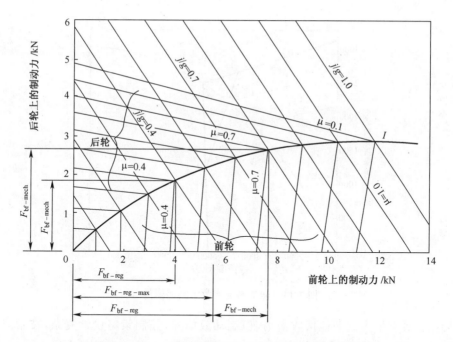

图 7-12　对应于串联制动施加在前后轮上制动力的图解

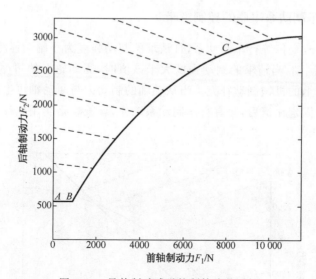

图 7-13　最佳制动感觉控制策略的图解

2. 能量最优回收策略

其制动力的控制策略要点是只要地面附着力足够,先充分利用再生制动力。图 7-13 中 AB 线为等制动强度线,当再生制动力产生的制动强度与 AB 线的值相等时,则只用再生制动,如再生制动力不够,再由行车制动系补充。图 7-14 中 AD 线为前轮没有抱死而后轮抱死时前、后地面制动力关系曲线,BD 线为后轮没有抱死而前轮抱死时的前后地面制动力关系曲线,C 点和 D 点为在不用附着系统路面上的同步附着系数点,即在该点前、后轮同时抱死。

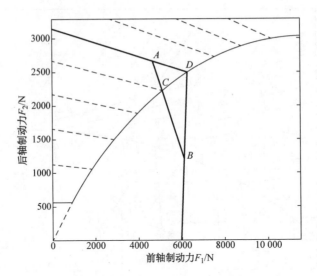

图 7-14　能量最优回收策略的图解

其特点是具有最大制动能回收潜力，但制动效能差，控制策略设计复杂，技术难度大。故该策略只具理论价值，无实用价值。

3. 与传统行车制动系串联的控制策略

当考虑基本不改变传统行车制动系，且请求的制动强度为小制动强度时（如制动强度小于 0.1），仅有再生制动，当请求的制动强度大于该值时，驱动轮上的再生制动力维持不变，不足部分由从动轴上的机械制动补充。当从动轴的制动力与驱动轴再生制动力的比值等于传统行车制动系的固定比值后，只有行车制动系工作，该策略是实用化程度最高的串联控制策略，如图 7-15 所示。

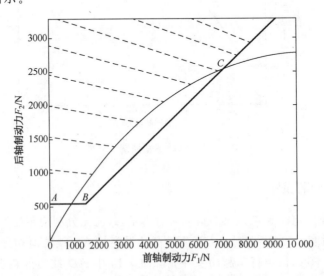

图 7-15　与传统行车制动系串联的控制策略图解

二、并联制动

1. 自由行程策略

自由行程策略在制动踏板自由行程时施加再生制动力,制动力的大小与踏板自由行程成固定比增大,当踏板到达自由行程结束时,再生制动力为额定最大制动力,在踏板行程继续增大之后,再生制动力保持上限不变,摩擦制动力按照原车制动系统工作。其控制策略图解如图 7-16 所示。

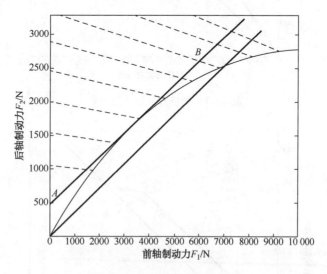

图 7-16　自由行程策略的图解

自由行程策略对制动能的回收能力较强。但该策略使得新的制动力分配曲线自小制动强度起就可能完全进入 I 曲线上方且距其较远,这样,地面结冰时,虽请求的制动强度较小,也将使后轮先抱死,从而造成制动效能与制动稳定性都恶化。

2. 严格并行制动策略

这种策略使再生制动力与行车制动系同时工作,而且也是在再生制动力达到最大值以后就保持不变,这样使得该策略在中小制动强度时,基本满足 ECE 法规要求,故在地面结冰等低附着系数路面进行小强度制动时,制动效能与制动稳定性均好于自由行程方案策略,但大制动强度时,已高于 I 曲线且距离较远,制动稳定性变差。此外,在良好路面上的制动能回收能力低于自由行程方案策略。其控制策略图解如图 7-17 所示。

3. 外包络 I 曲线分段固定比策略

该策略实际制动力分配曲线基本上形成对 I 曲线的外包络态势,因此本书称之为外包络 I 曲线分段固定比策略。该策略基本上与严格并行制动策略一样,只是在高制动强度区缩小了再生制动力的制动比例,且当制动强度过大时,只有行车制动系工作,虽存在制动稳定性弱的隐患,但制动效能显著提高。其控制策略图解如图 7-18 所示。

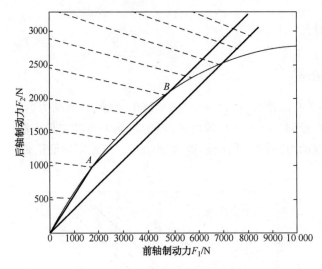

图 7-17　严格并行制动的图解

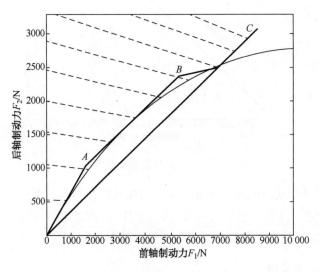

图 7-18　外包络 I 曲线分段固定比策略的图解

三、防抱死制动系统

电动机制动力(制动转矩)的有效控制相比于机械制动力控制较为容易。因而,对于电动汽车和混合动力电动汽车,在配置有电制动装置的制动过程中,防抱死系统(ABS)是其另一个固有的优点,尤其是对于在 4 个车轮上安置有电动机的车辆。图 7-19 概念性地图示了行使防抱死制动系统功能的再生制动系统图。

防抱死制动系统的主要组件是制动踏板、主汽缸、电动与电控的制动装置、电控的三端口开关(通常模式:端口 1 开,端口 2 关,端口 3 开)、流体蓄压器,压力传感器和总控制器单元。压力传感器检测流体压力,它表征了驾驶员所期望的制动强度。流体通过电控的三端口开关被释放至流体蓄压器,由此仿效了传统制动系统的制动感受。当接收到制动压力信号后,总控制器单元将根据牵引电动机特性和控制法则,给出前后轮的制动转矩、再生制动转矩和机械制动转矩。电动机控制器(没有显示在图 7-19 中)将指令电动机产生恰当的制动转矩,而机械制动控制器则向电动制动装置给出指令,以对每个车轮产生恰当的制动转矩。

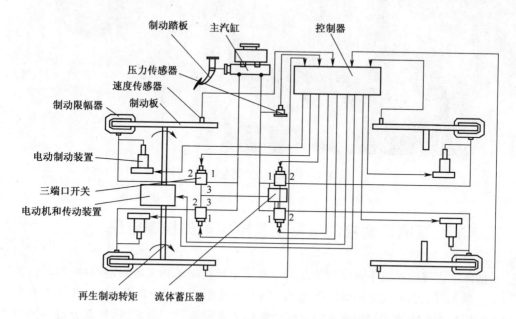

图 7-19 行驶防抱死制动系统功能的电控再生制动系统

电动制动装置同时被控制行使防抱死制动系统的功能,以防止车轮完全地被抱死。假若检测出某个电动制动装置失效,则相应的两个端口开关将关闭端口 3,而开启端口 2。于是,流体直接释放至车轮汽缸,产生制动转矩。其控制策略对能量回收和制动性能是有决定性意义的。

四、BMW 制动能量回收技术

宝马(BMW)轿车虽然是内燃机汽车,但是仅通过在制动、滑行或减速时给蓄电池充电,制动能量回收系统即可改善燃油效率最多达 3%,并确保发动机加速时拥有完全功率。系统模型如图 7-20 所示。

由于电动和电子车载舒适和安全系统的范围比旧车型更加广泛,当今的车辆所需要的电能比旧车型多得多。这些电能由发电机将发动机功率输出转化成电能。在传统系统中,发电机由连接到发动机的皮带持久驱动。BMW 制动能量回收系统以不同的方式运行:发电机仅在驾驶员的脚离开油门或制动时启动。以往会被浪费掉的动能现在得以有效利用,由发电机转化为电能并储存到蓄电池中。

以这种高效方式发电还有一个优势:当驾驶员踩下油门时发电机关闭,因此发动机的全部功率都可以施加到驱动轮上。制动能量回收系统由此增加了燃油效率,同时提高了驾驶动感。作为安全预防措施,制动能量回收系统监视蓄电池的充电水平,并在必要时(即使正在加速)也持续为蓄电池充电,以防止蓄电池完全放电。

图 7-20　宝马汽车再生制动

五、永磁直流无刷电动机用于发电机时的控制电路

目前无刷直流电动机中电气制动方式一般采用反接制动和发电制动两种,两者最大的区别在于制动时是否有能量回馈到直流端。对于反接制动方式通常需要直流电压源提供制动电流。而发电制动方式则由电动机反电动势作为电源提供充电电流,这部分电流同时也具有制动功能。这里为了分析问题的方便,在制动过程中,将由电动机反电动势产生的电流称为再生电流,由直流电源产生的电流称为反接电流,两种电流共同构成了制动电流。

图 7-21 是采用三相全桥驱动无刷直流电动机的电路图。

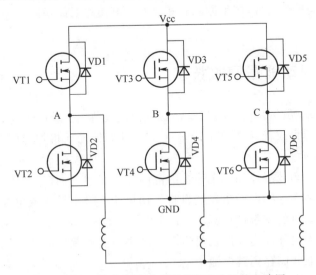

图 7-21　三相全桥驱动无刷直流电动机的电路图

图 7-22 是三相反电动势及其在换相区间内各开关管的导通情况。

在采用发电制动时,通过反接开关管的状态,例如当电动机电动工作时 VT1 和 VT4 进行

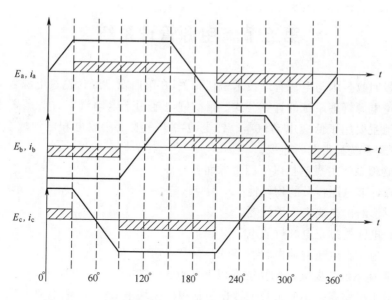

图 7-22 三相反电动势及其在换相区间内各开关管导通情况

PWM 调制,进行减速或制动时,采用 VT2 和 VT3 进行 PWM 调制的方法来实现恒转矩制动。

发电制动初期,在蓄电池电压和反电动势的作用下,相电流迅速减小到零,接着电流反流形成再生制动电流。当 VT2 和 VT3 导通时,电流流向为:蓄电池→VT3→B 相绕组→A 相绕组→VT2→蓄电池,这里的制动电流包括反接电流和再生电流,其各自的大小取决于直流源和反电动势的大小。当 VT2 和 VT3 关断时,电流流向为:A 相绕组→VD1→蓄电池→VD4→B 相绕组→A 相绕组。这里值得注意的是,VT2 和 VT3 采用相同的 PWM 调制方式,即同时开关,通过这种方式即能实现制动能量的回收。

如图 7-23 所示,再生制动时,电流流向为:VD6→C 相→B 相→VD3。

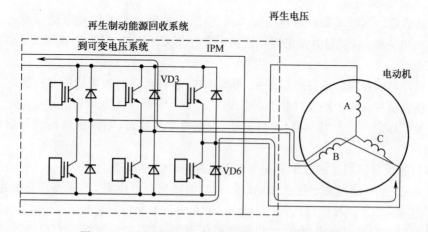

图 7-23 再生制动时 VT3 和 VT6 导通时的电流方向

第五节　电源管理系统

制动能量回收技术与电源管理技术密切相关,在第四章已经讨论过电源管理系统,本节再进一步讨论电源管理系统的计算公式。目前锂电池用于电动汽车主要是高速电动汽车,而铅酸蓄电池主要用于低速电动汽车。锂电池由于在大电流放电和电池成组使用时有难点,所以其管理系统显得非常重要。

锂电池管理系统主要包括以下四个方面:

(1) 保障各节电池容量的均匀性。

(2) 及时诊断出电池出现的问题。

(3) 防止电池的过充电和过放电。

(4) 准确地获得电池的荷电状态(SOC)。

锂电池管理系统需要完成的功能有以下几点:

(1) 电池工况监测。实时采集的数据包括单体模块电池电压、电池总电压、电池总电流以及多点温度等。

(2) 剩余电量(SOC)估计。电池剩余能量相当于传统汽车的油量。系统应在线采集电流、电压等参数,通过相应的算法进行 SOC 的估计。

(3) 电池健康度(SOH)估计。电池健康度表示了电池寿命的信息,通过相应的算法进行 SOH 的估计。

(4) 充放电控制。根据电池的工作状况,对电池进行充放电控制。如电池电压超标或过电流,系统将切断继电器,停止电池工作。

(5) 电池均衡控制。由于电池个体的差异以及使用状态的不同,电池在使用过程中不一致性会越来越严重,如何实现电池的均衡就非常重要,这关系到电池组的放电电流、电池组电压等多项指标。

(6) 热管理。实时采集每组电池的多点温度,采取散热措施防止电池温度过高。锂电池组由于大电流放电,引起电池组爆炸在国内有过相关的报道,可见热管理关系到电池组或整车的安全性。

(7) 故障诊断报警。通过数据采集,可预测电池性能,进行故障诊断和报警。

(8) 信息监控。电池的主要信息传送到车载显示终端进行实时显示。

(9) 参数标定。具有对车型、车辆编号、电池类型及数量、电池组装模式等信息标定记录的功能。

锂电池管理系统相关的技术有充电技术、均衡技术、SOC 估计等。

在充电过程中,超过充电接受曲线(图 7-24)的任何充电电流,不能提高充电速率,而且会增加析气量;小于此接受曲线的充电电流,便是电池的允许充电电流,不会对电池造成伤害。通过瞬时停充或大电流放电,可以消除极化现象,使电池的可接受充电曲线不断右移,从而大大提高充电速度和效率,缩短充电时间。即在电池充电接受能力下降时,可以在充电的过程中加入放电来提高接受能力。

电池之间的不一致性虽然不可以完全消除,尤其这种不一致性是在其生产之初便已存

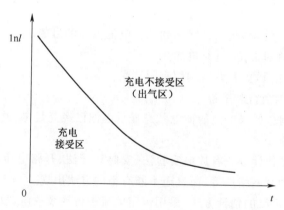

图 7-24　动力电池充电特性曲线

在,但是,我们可以通过均衡充电的方法,尽量减少这种不一致性,延长电池组的使用寿命。当电池组之间差异过大时,有效地均衡充电可以将电池组内各电池重新拉回至"同一起点"。

耗散型均衡充电方案,如图 7-25 所示。即每单元电池通过一个开关并联一个电阻,当检测某个电池电压高时,接合对应的开关,使其放电,直到其电压与其他单元电池相差不多。这种均衡方案利用电池组内单体电池自消耗放电,实现单体电压过高电池的能量消耗来平衡电池组内各单体间容量差。其缺点是均衡效率低,能耗大,且电阻发热对系统造成恶劣影响。

电容均衡充电方案,如图 7-26 所示。利用电容作为能量的载体,将能量从能量高的单体转移到能量低的单体上,从而实现电池组内单体电池电量的均衡。其缺点是有电弧或干扰,耗时长。当检测到某个单元电池电压高了以后,接通其连接电容的开关,电池对电容充电;当电容充足电后,切断该开关,然后接通电压低的某个单元电池开关,使得电容对该单元电池放电。

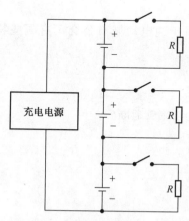

图 7-25　耗散型均衡充电方案

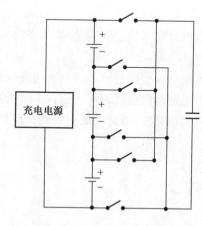

图 7-26　电容均衡充电方案

其他均衡技术还有非耗散型分流器、分散式直流变换模块、集中式均衡变换器及集中式有源均衡等方案。

SOC 定义为在一定放电倍率下,电池剩余电量与相同条件下额定容量的比值。其估计有四个方面的意义：

（1）保持电池性能的均匀性，最终达到延长电池寿命的目的。

（2）避免电池出现过放电、过充电。

（3）合理地分配能量，更有效地利用有限能量。

（4）预测车辆的剩余行驶里程。

对于制动能量回收，如果电池的荷电状态显示电池已经充足电，此时不宜再进行电制动以回收制动能量。

动力电池的 SOC 估计方法有放电实验法、安时计量法、开路电压法、线性模型法、内阻法、卡尔曼滤波法和神经网络法等，而且还不断有新的方法出现。

放电实验法是最可靠的估计方法，采用恒定电流进行连续放电，放电电流与时间的乘积即为剩余电量。其缺点是需要大量时间；电池进行的工作要被迫中断。放电实验法不适合行驶中的电动汽车，可用于电动汽车电池的检修。

安时计量法是最常用的估计方法。它以安培小时简单计算出从蓄电池输出的能量或者输入蓄电池的能量。如果充放电起始状态为 SOC_0，那么当前状态的 SOC 为

$$SOC = SOC_0 + \frac{1}{C_N} \int_0^I (I_{batt} - I_{loss}) dt \qquad (7\text{-}12)$$

式中，C_N 为额定容量；I_{batt} 为电池电流；I_{loss} 为损耗反应过程中消耗的电流。

锂电池组由于其在大电流放电和电池均衡技术方面还有一些难点未克服，所以国内有部分厂商已经放弃锂电池作为新能源汽车的储能元件，而改用铅酸蓄电池和超级电容的组合（即第二章提及的混合储能系统），但该技术目前还处于研究试验阶段，目前在用的电池中还是锂电池占主流。

思 考 题

1. 城市公交车的运行特点有哪些？再生制动对于纯电动城市公交车有哪些特殊的意义？

2. 再生制动如何与液压机械制动系统协同工作？

3. 再生制动的曲线为何一般在 I 曲线的下方？

4. 再生制动时，以何种逻辑控制驱动控制电路的功率管通断？

参 考 文 献

[1]   邹政耀,王若平. 新能源汽车技术[M]. 北京. 国防工业出版社,2012.

[2]   王成. 电动汽车发展对能源与环境影响研究[D]. 长春:吉林大学,2005.

[3]   关云霞,梁晨. 新能源汽车技术[M]. 北京:机械工业出版社,2018.

[4]   曲凌夫. 汽车与环境污染[J]. 生态经济,2010(7):146-149.

[5]   马德粮. 新能源汽车技术[M]. 北京:清华大学出版社,2017.

[6]   王传琪. 中国新能源汽车发展现状分析及战略规划研究[D]. 天津:天津大学,2010.

[7]   唐任远. 现代永磁电机理论与设计[M]. 北京:机械工业出版社,2018.

[8]   何洪文. 电动汽车原理与构造[M]. 北京:机械工业出版社,2018.

[9]   麻友良. 电动汽车概论[M]. 北京:机械工业出版社,2012.

[10] 张金宝,梁荣光. 汽车新能源的研究现状与应用[J]. 内燃机,2007(5):49-51.

[11] 黄雄健. 我国未来汽车新能源发展研究[J]. 内燃机与动力装置,2006(5):36-38.

[12] 崔胜民. 新能源汽车技术[M]. 北京:北京大学出版社,2009.

[13] 胡信国. 动力电池技术与应用[M]. 北京:化学工业出版社,2009.

[14] 陈清泉,孙逢春,祝嘉光. 现代电动汽车技术[M]. 北京:北京理工大学出版社,2002.

[15] 陈全世,朱家琏,田光宇. 先进电动汽车技术[M]. 北京:化学工业出版社,2007.

[16] 成会明. 纳米碳管制备·结构·物性及应用[M]. 北京:化学工业出版社,2002.

[17] 崔心存. 现代汽车新技术[M]. 北京:人民交通出版社,2001.

[18] 爱赛尼,等. 现代电动汽车、混合动力电动汽车和燃料电池车——基本原理、理论和设计[M]. 倪光正,等译. 北京:机械工业出版社,2008.

[19] 吕云嵩. 我国汽车流体传动技术的研究现状与发展[J]. 机床与液压,2007(6):208-212.

[20] 余远彬. 车载复合电源设计理论与控制策略研究[D]. 长春:吉林大学,2008.

[21] 戴兴建,于涵,李奕良. 飞轮储能系统充放电效率实验研究[J]. 电工技术学报,2009,24(3):19-24.

[22] 刘任先,陈定宙. 飞轮储能电池的发展与应用[J]. 电池工业,2003,8(5):221-223.

[23] 张富兴. 城市车辆行驶工况的研究[D]. 武汉:武汉理工大学,2005.

[24] 潘姝月. 城市公交车行驶工况的研究[D]. 大连:大连理工大学,2009.

[25] 莫梅松,姚祖根. 公交车用发动机的现状与分析[J]. 现代车用动力,2006(5):36-39.

[26] FERGUSON C R, KIRKPATRIK A T. Internal Combustion Engines-Applied Thermo-Sciences [M]. 2nd ed. New York: John Wiley & Sons,2001.

[27] 胡骅,宋慧. 电动汽车[M]. 北京:人民交通出版社,2006.

[28] 叶金虎. 现代无刷直流电动机[M]. 北京:科学出版社,2006.

[29] 詹姆斯·拉米尼,安德鲁·迪克斯. 燃料电池系统——原理·设计·应用 [M]. 朱红,译. 北京:科学出版社,2008.

[30] 宋慧滨,徐申,段德山. 一种直流无刷电机驱动电路的设计与优化[J]. 现代电子技术,2008(3):122-124.

[31] ZOU Z Y, LIU Y. Simulation Calculation of the Magnetic Torque of Dual Mode Permanent Magnet Transmission Based on Magnetic Circuit Analysis[J]. IEEE ACCESS,2019,10:149926-149934.